KB037134

표절,
남의 글을
훔치다

표절, 남의 글을 훔치다

펴낸날 | 초판 1쇄 2017년 8월 25일

지은이 | 토머스 맬런
옮긴이 | 박동천
펴낸이 | 양미자
펴낸곳 | 도서출판 모티브북
등록번호 | 제313-2004-00084호
주소 | 서울시 마포구 큰우물로 76, 4층 403호(도화동, 고려빌딩)
전화 | 010 8929 1707
팩스 | 0303 3130 1707
이메일 | motivebook@naver.com

ISBN 978-89-91195-58-5 93190
책값은 뒤표지에 있습니다.

이 도서의 국립중앙도서관 출판예정도서목록(CIP)은 서지정보유통지원시스템
홈페이지(http://seoji.nl.go.kr)와 국가자료공동목록시스템(http://www.nl.go.kr/kolisnet)에서
이용하실 수 있습니다.(CIP제어번호: CIP2017019821)

표절, 남의 글을 훔치다

토머스 맬런 지음
박동천 옮김

모티브북

차례

일러두기

1. 인명, 지명, 책이나 기사 제목, 신문, 잡지, 영화, 단체, 등등, 이름이나 제목을 본문에서는 한국어로 번역해서 적었고, 로마자 이름을 병기하지 않았다. 각주에 출전 표시는 원주의 경우 영어로 달았고, 역주의 경우 한국어로 달되 필요한 만큼 로마자 표기를 병기했다. 역주는 꼭 필요하다고 판단되는 경우로 최소화했다. 본문에도 각주에도 표시되지 않은 이름과 제목의 로마자 표기는 책 말미에 찾아보기로 모아 정리했다. 찾아보기에서는, 인명의 경우 생년과 (사망자라면) 몰년을 최소한 표시하고자 했으나, 제이콥 엡스타인이라든지 메리 흐리코 등등, 생년을 검색하지 못한 사람들도 꽤 있다.
2. 책(단행본) 제목은 한국어로 번역할 때 『 』로, 논문 제목은 「 」로 표시했다. 영화, 신문, 잡지 제목은《 》로 표시했고, 신문이나 잡지에 기고된 기사 제목은「 」로 표시했다. 로마자 표기에서 책, 영화, 신문, 잡지 제목은 이탤릭체, 안에 기고된 기사 제목은 " "로 표시된다. 편지라든지 출판되지 않은 상태의 문서 등을 가리킬 때도 로마자로는 " ", 한국어 번역으로는「 」안에 넣었다. 회사나 단체 명칭의 경우, 〈로젠펠드, 마이어 그리고 서스맨〉처럼 〈 〉 안에 넣은 사례도 있지만, 사이먼 앤드 슈스터처럼 아무 표기 없이 음역만을 노출한 경우도 있다. 로마자에서는 각 단어의 첫 글자를 대문자로 표기하여 구분한다.
3. 인용문 중간에 [ ]로 표시된 부분은 저자가 인용문의 의미를 선명하게 드러내기 위해 첨가한 문구다. 인용문 중간이든, 본문 중간이든, 역자가 한국어 문장에서 의미를 드러내기 위해 첨가한 문구는 { } 안에 넣어 표시했다.

초판 머리말

살인처럼 중대한 죄는 아니다. 도둑질이라는 게 그렇듯이, 대단한 일이라기보다는 치사한 짓이다. 어쨌든 나쁜 짓인 것은 틀림없다.

안 그런가?

왠지 우리는 표절에 관해 분명한 선을 긋지 못한다. 지난 주《뉴욕 타임스》는 논문 표절이 발각되어 사표를 낸 하버드 대학교 정신과 교수 기사를 1면에 실었다.[1] 그리고 어제는《뉴요커》의 칼럼니스트 마이클 아를런의 글,「한 표절범을 둘러싼 소동」을 사설 맞은편 페이지에 실었다.[2] 아를런은 당연히 표절을 개탄하면서도 — 표절을 대놓고 옹호하는 사람은 거의 없다 — 그 모든 야단법석의 초점이 어디에 있는지를 궁금해 한다. "날마다 한 무리의 시민들이 망치를 들고 다른 시민들을 때리거나, 아니면 선배들을 화형에 처한다. 그랬는데도 처벌은 가장 약한 정도이거나 때로는 아예 아무런 대가도 치르지 않고 넘어간다. 어떤 경우든,《뉴욕 타임스》 1면에 얼굴이 도

---

1 Lawrence Altman, "Eminent Harvard Professor Quits Over Plagiarism," *New York Times*, A1, A22, November 29, 1988. — 역주

2 Michael Arlen, "Much Ado Over A Plagiarist," *New York Times*, A31, December 7, 1988.

배되는 경우는 없다."[3]

뭔가 사악한 반역의 분위기, 뿌연 연기 사이에서 누군가 낄낄대는 소리가 들리는 듯한 기분이 혼란을 더욱 부추긴다. 사람들은 표절이라는 것을 학교 다닐 적에 저질렀다가 들킨 일, 젊은 시절의 작은 비행쯤으로 생각한다. 최근 여러 해 동안, 내가 이 책을 쓰고 있다고 말하면 "그냥 표절을 하지 책을 왜 쓰냐?"는 농담을 건넨 사람이 수십 명이었다. 학교에서 있었던 이야기들 말고도, 문학사의 매혹적인 일화들도 ("지미, 왜 내가 저 표현을 먼저 생각해내지 못했을까?" "걱정 마 오스카, 결국 그렇게 될 거 잖아")[4] 이 주제 주변에 덕지덕지 붙어 있다. 옛날의 심술궂은 연극 비평이나 신고전주의자들 사이의 언쟁 같은 것들에는 사악한 재미가 있다. 그러나 그런 측면에서 나 자신 재미를 느꼈고, 이 책 전체를 통해서 그런 방면의 재미에 충분히 지면을 할애했지만, 이 연구를 통해 결과적으로 나는 처음 기대했던 것보다 훨씬 끔찍한 느낌에 사로잡히게 되었다. 표절의 피해가 얼마나 큰지, 가해자들이 얼마나 뻔뻔한지, 그리고 가해자들이 변명이랍시고 어떤 얘기를 늘어놓는지를 알게 되었기 때문이다. 표절의 사례를 명확하게 규정하지 못하고, 합당한 처벌은 그보다도

3 다른 사람을(많은 경우 자기보다 선배인 사람을) 표절로 고발한다는 것은 망치로 때리거나 화형에 처하는 것만큼이나 상대방에게 심한 피해를 주는 일이지만, 고발이 잘못일 때 고발한 사람이 대가를 치르는 경우는 별로 없다는 뜻. — 역주

4 19세기 말 어떤 사교 모임에서 누군가 재치 넘치는 말로 좌중을 사로잡았는데, 이를 들은 오스카 와일드가 "왜 내가 저 표현을 먼저 생각해내지 못했을까?" 하면서 아쉬워하자, 제임스 위슬러가 촌철살인으로 대꾸했다고 전해지는 일화. 평소에 오스카 와일드가 위슬러를 비롯해 남이 한 말을 마치 자기가 했던 말인 양 여기저기서 써먹고 다닌 버릇이 있었다고 한다. 주변 상황에 관해서는 여러 가지 판본들이 전해지는데, 아래 제3장, 247페이지에 소개되는 판본도 그 중 하나다. — 역주

더욱 못하는, 문단과 학계의 무능력을 나는 반복해서 목격해왔다. 그리하여 나는 이 주제에 관한 우리의 사유 자체가 원시적임을 깨닫게 되었다. 학창시절의 회고 또는 문학사의 한 사건으로 다룰 때 말고, 현재 당장 표절이 밝혀졌을 때일수록 우리는 그 일의 철저한 처리 자체를 겁냄으로써 서툴기 짝이 없는 실수와 불의로 빠져들게 된다는 사실을 나는 깨닫게 되었다. 나는 또한 나름으로는 진지하게 시작했지만 결과적으로 틀린 표절 고발이 쌍방에게 모두 얼마나 큰 피해를 초래하는지에 소름이 돋았다.

내가 지난번에 쓴 논픽션, 『자아에 관한 책』은 일기에 관한 책으로, 저자의 심장박동을 공명할 수 있을 만큼 뚜렷하게 진실이 가득 묻어나는 기록에 관한 책이었다.[5] 그 일기들의 저자들과 더불어 여러 해를 보낸 다음이라서 더욱, 표절범들과 어울려 지내기는 혼란스럽고 어려운 일이었다. 그런 자들에 관해 어떤 책을 쓸 수 있단 말인가? 그 따위 물건에 무슨 제목을 붙여야 할까? 『훔쳐온 자아에 관한 책』?

잘한 건지 잘못한 건지는 모르겠으나, 쓰인 단어를 조사하는 데에만 국한하기로 결심했다. 표절의 문제는 시각 예술, 음악, 모든 형태의 디자인과 제품에서 발생한다. 그러나 문학에서 벌어지는 문제만도 충분히 복잡해서 더 이상 관심을 확장하는 것이 현명해보이지 않았다. 사례를 역사적으로 열거하는 방식은 일찌감치 제외했다. 비슷한 얘기의 반복일 (X는 Y의 글을 훔쳤고, P는 Q의 글을 훔쳤고, 그리고 ……) 뿐만 아니라, 그런 방식으로는 "표절의 가벼운 측면"을 강조

---

5 Thomas Mallon, *A Book of One's Own: People and their Diaries*, New York: Tichnor & Fields, 1984. — 역주

하는 데 그치기가 십상이기 때문이다. 앞서 나온 알렉산더 린디의 『표절과 독창성』 그리고 모리스 샐즈먼의 『표절: 문학 작품을 훔치는 "예술"』은 표절을 연구하는 사람에게는 엄청나게 유용한 책들이지만, 종합성을 추구하다 보니 어쩔 수 없는 한계를 지닌다. 많은 사례들을 제시하려다보니 어떤 사례도 충분히 다뤄지는 경우가 드물다. 그래서 나는 주로 현재 우리의 시대라고 하는 맥락으로부터 몇 개의 사례를 골라서 상세하게 다루는 편이 더 유익하리라고 생각했다.

제1장은 표절에 관한 우리의 기본적 감각이 17세기에 어떻게 생겨나게 되었는지 간략하게 훑어본다. 그러면서 로렌스 스턴과 새뮤얼 테일러 콜리지의 평판이 표절 행위 때문에 그늘지게 된 사연을 살펴본다. 빅토리아 시대 소설가로서 국제 저작권 제도의 옹호자이면서 동시에 공격적인 표절범이었던 찰스 리드의 허황한 삶과 작품은 제2장의 주제를 구성한다. 제3장, 4장, 5장은 1980년대에 뉴욕의 출판계와 학계와 할리우드에 있었던 일들을 다룬다. 제3장은 부친은 랜덤하우스 출판사 편집위원이었고 모친은《뉴욕 리뷰 오브 북스》의 공동 편집장이었던 젊은 작가 제이콥 엡스타인이 처녀작으로 발표한 소설의 재치 있는 문장 여럿이 또 다른 작가 집안의 후손 마틴 에이미스에게서 훔친 것이라는 사실이 발각나는 사연이다. 다음 제4장은 저술의 상당수가 표절의 결과였던 것으로 드러난 젊은 역사학 교수가, 큰 소문 없이 텍사스 이공대학교에서 조용히 사임하고, 재능을 발휘할 안락한 틈새를 다른 곳에서 찾을 수 있도록 기회를 얻은 사연이다. 마지막으로, 제5장은 캘리포니아 포도 농장에 관한 소설을 쓴 작가가 CBS-TV와《팰컨 크레스트》의 제작진을 고소하여, 로스앤젤레스 지구 연방법원에서 팽팽한 공방을 이어가는 와중에, 쌍방이 자신의 주장을 입증하기 위해 캘리포니아 대학교 로

스앤젤레스 캠퍼스의 영문학과에서 전문가를 각각 증인으로 불렀던 이야기다.

이런 이야기들을 통해 표절의 본질적인 특징과 아이러니가 드러나는 것이 내 바람이다. 이 책의 주안점은 표절의 심리학을 발굴하고, 현재 표절을 고발하고 처벌하는 과정이 얼마나 엉터리인지를 알리는 데 있다. 대부분의 다른 주제에서도 일반화는 조심해야 할 일이지만, 표절에 관해 항간에 돌아다니는 일반화는 특히 위험스럽고 엉성하다. 그렇지만 큰 줄기로서, 두어 개의 결론은 자명하게 떠오를 것이라고 생각한다. 첫째, 사람들이 표절을 하는 이유는 다양하겠지만, 표절하는 사람은 거의 예외 없이 한 번에 그치지 않는다. 둘째, 우리는 —작가, 저자, 독자, 학자 등— 거의 모두 표절에 관해 본격적인 조사보다는 끼리끼리 떠들어대는 뒷공론과 수다를 더 좋아한다. 워낙 본격적인 조사를 꺼리는 것이 보통이기 때문에, 최대한 숙고를 거친 다음 누군가의 표절을 고발하는 사람에 대해서까지 속이 좁아서 저지른 짓으로 몰아붙이는 풍조가 사라지지 않는다. 아울러 우리는 (현재 활동하는 대가에 관해서는 두말할 필요도 없고) 오래 전에 죽은 대가에 관해서나 지금 살아 있는 무명 저자에 관해 표절 혐의가 불거질 때 어떻게 처리해야 할지 불편해한다. 그리고 또한, 우리는 표절이라는 범죄가 마치 정도의 문제인 것처럼 잘못 생각할 때가 많다. 정당한 "모방"이나 "자료수집"을 하는 와중에 어쩌다 선을 넘어버린 것처럼 잘못 생각하는 것이다.

표절은 살인이 아니다. 그러나 살인이든 표절이든, 우리는 편안하게 방관자의 거리를 유지한 채 흥미를 기울인다. 안전선 바깥에서 불구경을 하듯이, 배심원의 의무를 면제받았을 때처럼. 그렇지만, 다른 것들은 모두 접어두더라도, 한 저자의 작품은 그의 자식이라고 부르는 경우가 얼마나 많은지 생각해보라. 동화 속에서 아이를 바꿔치기하듯이, 한 저자의 단어들이 누군가 다른 사람의 글 안으로 유괴당해 감금되는 광경은 제3자의 마음에도 역겨움을 일으키기 마련이다. 모든 형태의 창조가 그렇듯이, 글쓰기란 어떻게 그런 일이 가능한지를 알 수 없다는 점에서 신비한 일이다. 눈길을 사로잡는 문구를 만났을 때 우리는 "이런 단어들을 어디서 찾았을까?"라며 경이로워한다. 어떤 문구를 만났는데, 실제로 "이걸 어디서 찾았는지 나는 안다"고 말할 수 있는 순간은 훨씬 드물지만 그래서 충격적인 것이다.

문제는 바로 여기서 시작한다.

토머스 맬런

뉴욕 시

1988. 12. 8.

흔한 생각, 전에 사용된 표현

: 고전 시대의 모방에서부터 국제 저작권까지

스턴은 인생을 바라보는 자기 나름의 방식, 자기 자신의 도덕적 지성적 개성을 표현하려는 목적으로 소설을 이용했다.

_ C. E. Vaughan, *The Cambridge History of English Literature*, 1913

그의 글에서 좋은 문장들은 모두 표절이다.

_ George Gregory, *Letters on Literature, Taste, and Composition*, 1809.

세기가 달력에 맞춰 시작하는 경우는 없다. 영문학에 조예가 있는 독자라면 누구나 18세기가 1798년에 끝났다고 말할 것이다. 워즈워스와 콜리지가 『서정시집』을 터뜨려 신고전주의의 정돈된 문체를 날려버리고 현기증 날 정도로 화려한 낭만주의 시대의 문을 열었던 해다. 그처럼 엄청난 사건이 벌어지던 시점에, 이미 30년 전에 죽은 로렌스 스턴에게 관심을 기울일 사람이 있었을 법하지 않아 보인다. 그러나 1798년 봄 "R. F."라고 이름의 첫 글자만을 밝힌 한 사람이 《신사 잡지》에[1] 편지 한 통을 보내, 죽은 소설가의 이미 상처받은 평판에 한 방을 더 때렸다.

1 《신사 잡지》(*The Gentleman's Magazine*): "창고"라는 뜻을 가진 프랑스어 magazine을 따다가 정기간행물의 제목으로 처음 사용한 잡지로, 1731년에 창간되어 1922년에 폐간되었다. — 역주

스턴의 표절 행위들은 최근까지 지성계의 주목을 끌었고 연구 대상이 었습니다. 페리어[2] 박사를 비롯한 여러 사람들의 노력에 의해서 그 흥미로운 작가는 빌려다 쓴 깃털 장식들을 대부분 박탈당했습니다. 그의 명성을 드높인 독창성과 재치는 조사 결과 쭈그러들었습니다. 그리고 한때 찬사를 받던 작가에게 이제 남은 것이라고는 비열한 모방꾼이라는 불쌍한 평판뿐입니다.[3]

•

이런, 불쌍한 요릭![4] 이 편지를 쓴 사람은 『트리스트럼 섄디』와 『감상여행』의 창조자를 능수능란하게 박살낸 것으로 보인다. 그러나 실제 불쌍한 것은 R. F.라는 인물이다. 자기가 전에 했던 고발을 표절했기 때문이다. 4년 전에 "에보라켄시스"라는[5] 인물이 똑같은 "빌려다 쓴 깃털 장식들"을 고발하기 위해 《신사 잡지》에 편지를 보내왔었다. 십중팔구 에보라켄시스와 R. F.는 신사답지 못한 동일한 사람일 것이고, 그렇다면 이 인간은 자기표절을 범하고 있었다는 말이 된다. 자기표절은(이 책의 적절한 지점에서 다뤄질 것이다) 표절보다 약한 범죄이기는 하지만, 각주에 일일이 표시하기가 불편할 정도로 많은 사람들이 지적했듯이, 유리로 만든 집에 사는 사람을 공격할 때에는 조심할 필요가 있다.[6] 두 고발자가 동일인이든 아니든, 요지는

---

2 페리어 박사(Dr. John Ferriar, 1761-1815): 스코틀랜드의 의사이자 시인. — 역주

3 Howes, ed. *Sterne: The Critical Heritage*, 314에서 재인용.

4 『햄릿』, 제5막, 제1장, 190-191행. (요릭은 궁정의 어릿광대였는데, 인부들이 무덤들을 파헤칠 때 그의 유골이 나오자 햄릿이 "이런, 불쌍한 요릭. 내가 알던 친구야, 호레시오"라고 말한다. — 역주)

5 에보라켄시스(Eboracensis): 에보라쿰(Eboracum)에서 온 사람이라는 뜻의 라틴어로, 에보라쿰은 로마 시대 영국의 지명인데 지금 요크(York)의 위치다. — 역주

6 "빌려다 쓴 깃털 장식들"은 에보라켄시스나 R.F.보다 훨씬 앞선 시대부터 있었다. 『이솝 우화』 가운데 「어치와 공작새」에도 나오는 이야기다.

마찬가지다. 1798년에는 스턴의 도둑질에 대한 공격은 이미 진부한 일이었다.

그렇더라도 스턴이 정확히 무슨 짓을 했는지, 그것이 사악하기는 하지만 문학적인 장난이었는지 아니면 도덕적 비행이었는지, 등에 관한 논쟁이 제대로 정리된 적은 없다. 부분적으로는 각 시대마다 벼려야 할 예술적 칼날이 따로 있었기 때문이기도 하고, 비록 17세기부터 불가피한 차용과 괘씸한 복제 사이의 경계가 면밀하게 경비되고 그 근처가 위험한 지역으로 여겨지기 시작했지만, 그 범죄가 절대적으로 규정된 적도 합의된 적도 없었기 때문이기도 하다. 신호위반에 비유해서 말하자면, 지금까지 수백 년 동안 표절 혐의에 대항하는 변론은 "위반하지 않았다"든지 "빨간 신호가 들어오기 전이었다"는 식이 아니라, "신호등의 정확한 의미가 무엇인가?" 또는 "위반을 정의해보라"는 식이었다. 따라서 스턴에게 잘못이 있었다면 그것이 정확히 무엇인지를 논의하기 전에, 그보다 앞선 시대로 거슬러 올라가 몇 가지 역사적 기본 사항들을 고찰할 필요가 있다.

***

문학이 무엇인지에 관해 우리가 지금도 수용하고 있는 아리스토텔레스적 관념에는 모방이라는 작업이 하나의 칭찬할 만한 일로 포함되어 있다. 문제의 뿌리는 부분적으로 여기에 있다.

> 모방은 인간에게 유년기부터 자연스러운 일이다. 인간이 다른 동물과 다른 점 중의 하나는 흉내를 가장 잘 낸다는 것이다. 인간이 처음 배우는 사항들은 모방을 통해 전달된다. 그 뒤로도 인간은 모두 모방적

인 재현에서 즐거움을 느낀다. 실제 경험이 이를 증명한다. …… 원본을 모른다면 모방도 즐거울 수가 없다. 원본을 알 때, 그때 모방자의 재주, 풍미, 그리고 뭔가 이런 것들과 비슷한 이유로부터 즐거움이 도출된다.[7]

우리는 인생을 모방하며 즐거움을 느낀다. 그리고 모방할 능력이 있기 때문에 우리는 실제 인생만이 아니라 모방된 인생들까지도 모방하고 싶어지게 된다.

솔 벨로는 작가란 "직접 써 보기로 충동을 받은 독자"라고[8] 정의한 바 있다. 버지니아 울프는 1926년에 쓴 일기에 이렇게 썼다. "예이츠를 읽고 나면 내 문장이 이쪽으로 갔다가, 스턴을 읽고 나면 저쪽으로 간다."[9] 모든 작가의 책상은 어떤 면에서 위저보드와[10] 비슷하다. 작가가 그 순간 불러들인 문학적 혼이 이끄는 대로 펜이 움직인다. 그러지 말아야 할 이유가 있는가?(그리고 스턴을 꼬집어 도마 위에 올릴 이유가 있는가? 근대 문학의 위대한 실험가 가운데 한 명인 울프가 스턴을 영향을 받기보다는 영향을 준 사람으로 평가하고 있지 않은가?) 이미 죽은 문학가의 영혼을 의도적으로 불러들여 인도자로 삼고자 했던 시절이 있었다. 독창성이라는 이름 아래 젊음을 무턱대고

---

7 Aristotle, "The Poetics," *On Poetry and Style*, 7–8.

8 Tad Friend, "Dim Lights in the Big City," *Gentlemen's Quarterly*, December 1987, 301에서 재인용.

9 Virginia Woolf, *The Diary of Virginia Woolfe*, vol. 3, 119.

10 위저보드(Ouija board): 글자들이 적혀 있는 나무 판 위에 작은 하트 모양의 판이 움직이도록 만든 게임 도구의 상표명. 하트 모양의 판에 손가락을 대면 판이 저절로 움직여 심령의 메시지를 가리킨다는 오래 된 미신과 흔히 결부된다. — 역주

찬양하는 풍조가 조상숭배의 풍조를 밀어내기 전까지 그랬다. 그 시대가 짧지도 않아서 문학사의 대부분이 그랬던 시대에 해당한다.

고전 문학이 가치를 높인 표어는 "너 자신을 믿으라"는 에머슨의 구호가 아니라 남들을 따르라는 호라티우스의 권고였다. 「시론」에서[11] 극중 인물의 창조에 관해 말하는 대목이 전형적이다. "전통을 따르거나, 아니면 그대 스스로 지어내는 글에서는 일관성을 지키라. …… 공공연히 알려진 작품으로부터 단어만을 다른 단어로 바꿔놓거나, 한번 빠지고 나면 두려움 때문에 그리고 원래 작품에 들어있는 규칙 때문에 벗어날 수 없게 되는 상습적인 모방의 좁은 틀에 투신하지 않아야 독창성을 달성할 수 있을 것이다."[12] 단어만을 다른 단어로 바꿔 놓아서도 안 되고, 일부 대목을 가져와도 안 되지만, "공공연히 알려진" 글을 쓸 적에나 해당하는 충고다. 글쓰기가 하나의 직업이 되려면 아직 수백 년을 기다려야 했던 시대에, 저자들이 쓴 글 가운데 "공공연히 알려진" 글은 극히 일부였다.

한 가지는 분명하다. 작가들이 글쓰기를 자신의 직업으로 여기기 전에는 표절이라는 것이 그들에게 그다지 아픈 구석이 아니었다. 대놓고 남의 글을 훔친 사례에 관한 농담들은 아리스토파네스의 희극 「개구리」에도 나온다. 반면에 우리가 표절이라고 부르는 사안은 농담거리라기보다는 소송거리다. 로마인들은 그리스인들의 작품을 다시 썼다. 베르길리우스는 대체적으로 호메로스를 모방한 재탕이다.

---

11 「시론」(詩論, Ars poetica, The Art of Poetry): 로마의 시인 호라티우스(Horatius, 65-8 B.C.)가 시와 희곡을 쓰는 방법에 관해 서간체로 쓴 시. 유럽 문학에 큰 영향을 미쳤다. — 역주

12 Bate, ed., *Criticism: The Major Texts*, 53에서 재인용.

그리고 성경학자들에 따르면 신약성경의 내용 대부분은 구약성경에 이미 예시되었던 일들이다. 4세기에 제롬은 선배 철학자 오리겐을 번역하고 주석하면서, 제롬의 전기를 쓴 사람의 표현을 빌리면, 오리겐이라는 "마약에 중독"되어 자기와 그 "마약"이 어디서 갈라지는지를 분간하는 데 곤란을 겪었다 고 한다.[13] 중세의 수도승들은 누군가 써서 남긴 육필 원고들을 문자 그대로 필사했다.[14]

초서는 보카치오에서 소재를 찾았다. 그리고 『캔터베리 이야기』나 『데카메론』의 진짜 원본은 방랑시인/악사들에 의해 널리 전파되고 구전되어 오던 이야기들이다. 물론 인쇄술과 더불어 모든 일이 변화했다. 방랑시인/악사라는 직업이 퇴출되었고, 일정한 서법에 의거해서 자신이 쓴 서정시나 서사시를 나름의 필체로 두어 부 직접 복제해서 가까운 사람들 사이에만 돌려보던 시대가 막을 내리게 되었다. 문필가라는 새로운 직업이 인쇄기에 의해서 생겨났다. 그에 따라 문필가의 자본과 신원도 문득 중요해졌다. 저자와 독자 사이의 관계는 시 낭송을 듣고, 연극을 보러가고, 뭔가 높게 인정받는 작품을 돌아가면서 감상하는 등, 육성을 통해서 그리고 시각적으로 아늑하게 유지되던 형태에서 금전적이고 익명적인 형태로 대체되었다.[15] 그리고 인쇄는 와전의 기회를 엄청나게 확대했다(한 가지만 보더라도, 널리 유포된 글을 통해 다른 사람의 공로를 도둑질하는 것은 육성을 통해 잘못된 정보를 말하는 것보다 더 나쁠 수밖에 없다. 다른 사람에 관한 사

---

13 Steinmann, *Saint Jerome and His Times*, 355.

14 Lindey, *Plagiarism and Originality*, 68.

15 Bronson, "Strange Relations: The Author and His Audience," *Facets of the Enlightenment*, 302를 보라.

실과 다른 험담을 하더라도 범죄라고 생각하는 사람은 없다. 대화의 와중에 충분히 있을 수 있는 일이기 때문이다. 반면에 같은 내용이라도 인쇄물을 통해 공표된다면 누구나 심각성을 이해한다. 영구적인 거짓말이기 때문이다.).

모방의 필연성에 관한 고전적 관념들은 16세기까지도 내내 유지되었는데, 그러는 와중에서도 독특함의 가치를 더 중시하는 경향이 나타났다.[16] 장기적으로 볼 때 세상은 위계질서와는 반대 방향으로 흘러갈 운명에 처한 터라, 후원자라는 부류의 사람들도 사라지는 추세였다. 엘리자베스[17] 시대의 런던에는 스스로 문필가라고 자처했던 기지 넘치는 인물들이 넘쳤다. 역사적 연대기와 이탈리아의 연애담을 동료들과 협동해서 번안한 작품들이 희곡의 표준이었다. 그러나 새로운 형태로 나타난 "저자들의 동업관계"의 내면에는[18] 꽤나 많은 불화와 소유욕도 있었다. 이제는 모든 일에 개인적이고 경쟁적인 의미가 섞였고, 부당하게 약탈당했다고 생각하는 저자들이 반격에 착수했다. 로버트 그린이 쓴 문장 중에 가장 유명한 것은 아마도 셰익스피어의 도둑질을 비난한 "배우의 두겁 아래 포식자의 심장"을[19] 가진 자라는 대목일 것이다.

성난 작가는 그린만이 아니었다. 『저자들의 불운』을 쓴 디즈레일

---

16 Salzman, *Plagiarism*, 10 그리고 Harold Ogden White, *Plagiarism and Imitation during the English Renaissance*, 201을 보라.

17 엘리자베스 1세(Elizabeth I, 1533-1603): 영국 여왕(재위 1558-1603). — 역주

18 "fellowship of authors", Sheavyn, *The Literary Profession in the Elizabethan Age*, 127.

19 "tiger's heart wrapped in a player's hide", Robert Greene, *Groatsworth of Wit*(1592). 이 문구는 셰익스피어가 『헨리 6세, 제3부』(*3 Henry VI*) 제1막, 제4장, 137행에서 쓴 대사 "tiger's heart wrapped in a woman's hide"를 패러디한 것이다. — 역주

리는[20] 이제는 아무도 기억하지 않는 토머스 처치야드(1520?-1604)를 "평생 동안 시를 쓰면서, 불운이 완성될 때까지 오래 살았던 불행한 사람 가운데 한 명"이라고 묘사했다. 실제로, 처치야드는 직업 군인으로 힘들게 살다가 시인으로 직업을 바꿨는데, 문학으로 생계를 꾸려야 한다는 걱정 때문에 어디까지가 자기 것인지에 관해 무리를 범했다. 자기 것을 지키기 위한 그의 신경증을 해롤드 오그덴 화이트는 이렇게 묘사한다.

> 거의 20년 동안 …… 처치야드는 당시 문단에서 보편적으로 통용되던 고전적 모방론이 정직하지 못하다고 고집하면서, 자기는 한 번도 그런 적이 없다고 줄곧 격렬한 주장을 반복했고, 경쟁자들이 자신의 글을 훔쳐가면서 자기가 쓴 글에 대한 저작권을 부정한다고 고발했다. 영국의 저자 중에 1600년 이전에 이런 입장을 취한 사람은 그가 유일하다.[21]

어쩌면 정신이 이상했을지 모른다. 그러나 만약 문화의 조류가 깊은 곳에서부터 서서히 바뀌지 않았다면, 그런 편집증은 처치야드 자신에게도 이해할 수 있는 일이 아니었을 것이다. 근대 세계는 인쇄를 통해 그리고 인쇄물을 유포함으로써 자신의 존재를 증명하고 있었다. 글로 적힌 상품들은 과거의 작품을 솜씨 좋게 변용해서가 아

---

20 아이작 디즈레일리(Isaac Disraeli, 1766-1848): *Calamities of Authors*(1812)의 저자. 1868년과 1874-1880년에 영국 수상을 지낸 벤저민 디즈레일리의 부친. — 역주

21 White, *Plagiarism and Imitation during the English Renaissance: A Study in Critical Distinctions*, 117.

니라 독창적이라는 점에서 팔려나갈 것이었고, 그랬을 때 문학적 "경력" 또한 "만들어질" 것이었다. 토머스 처치야드가 제기한 무리한 고발에는 미래 세계의 한 조각이 들어 있었다. 출판이 저자의 품격을 저속하게 떨어뜨리는 것이 아니라 저자를 탄생시키는 시대가 열리고 있었다. 결국 부르주아는 소설이라는 자기 나름의 새로운 장르를 창조하게 되고, 작가의 이름은 상표가 되어 마치 올해 나올 신차 모델을 찾듯이 "스코트 신작"을[22] 찾게 될 날로 접어든다.

16세기가 17세기로 바뀌고, 엘리자베스 여왕이 후사 없이 사망한 다음을 대비하는 분위기에, 정치적 고려가 깊은 사람들은 무엇보다도 계승과 정당성이라는 질문을 캐 들어갔다. 이런 질문들에 관해 혼란이 발생한 것은 당연한 일이었지만, 하여간 그러한 혼란은 그 후 백여 년 동안에 왕이 참수당하고, 왕정이 복구되고, 또 다시 혁명이 일어나는 세월로 이어졌다. 문학계에서도 생각이 깊은 사람들 사이에 정당성의 표준에 관해 흡사한 혼란이 발생했고, 1600년 이후 수십 년 동안 많은 짜증과 고발을 초래했다.

고전 시대에 plagiary는 어린아이 또는 노예를 유괴한 사람을 가리켰다.[23] 마르티알리스가[24] 문학적 도둑을 가리키는 뜻으로 이 단어를 사용했지만, 『옥스퍼드 영어사전』에 따르면 영어에서 그런 뜻의 용례는 벤 존슨이 최초다. "뭐라고? 가사가 모두 호라티우스

---

22 스코트(Walter Scott, 1771-1832): 스코틀랜드의 시인, 소설가, 극작가. — 역주

23 "표절"은 영어 단어 "plagiarism"에 해당하는 유럽어의 번역이다. 이 어원은 납치하는 자라는 뜻의 라틴어 plagiarius다. 영어에서 plagiary는 16세기까지 납치범이라는 뜻이었다. — 역주

24 마르티알리스(Martialis, 38/42경-102/104경): 고대 로마의 시인. — 역주

를 베꼈다고? 이 도둑놈을 매달자."[25] 작가도 독자도 연극 관객들도 plagiary라는 단어를 언제 사용해야 할지 잘 알지는 못했지만, 남의 글을 훔치는 행위는 점점 더 하나의 범죄 행위로 여겨지고 있었고, 그런 행위를 가리키는 명칭도 생겼다. 정직한 작가일수록 마음속으로 두려워해야 할 일도 새로이 생겼다.

문학사회학자 로버트 머튼은 1965년에 『거인들의 어깨 위』라는 제목으로 매력적인 책을 한 권 썼다. 흔히 아이작 뉴턴의 말이라고 전해지는, "내가 만일 더 멀리 봤다면, 거인들의 어깨 위에 서서 본 덕택"이라는 격언이 원래 어디서 나온 것인지를 추적하려는 시도였다. 머튼은 같은 내용의 말이 온갖 형태로 사실상 모든 곳에 있었다는 결론에 도달했다. 그리고 17세기를 다루면서는 다음과 같은 지적을 하지 않을 수 없다고 느꼈다. "표절의 혐의를 거는 것이나 표절의 혐의를 받는 것은 그 시대의 풍조와 보조를 아주 잘 맞추는 셈이었다. 이 역동적인 시대에 조금이라도 영향을 미친 사람 가운데 문학적 또는 과학적 도둑질의 피해자였거나 아니면 가해자라는(대개는 한때 피해자였다가 다른 때에는 가해자였다) 논란에 휘말려 발가벗겨지지 않은 사람이 한 명이라도 생각나는가? 나는 생각나지 않는다."[26] 그가 열거하는 원고와 피고의 목록에, 다른 사람들은 접어두고, 버냔, 데카르트, 라이프니츠, 월리스, 렌, 후크, 홀더, 뉴턴, 핼리, 파스칼 등이 들어 있다. 불안감이 너무 커서 로버트 보일 같은 경우에는 "서로 관계가 없어 보이므로 누가 봐도 훔칠 만한 가치가 있다는 생각이 들지 않도록, 종이 낱장들 또는 여기저기 남는 종이

---

25 Ben Jonson(1572-1637), *Poetaster*, 제4막, 제3장, 98-99행. — 역주

26 Merton, *On the Shoulders of Giants*, 68.

위에 글을 쓰기로"[27] 결심할 정도였다고 한다.

로버트 버튼은 1621년에 출판한 『우울증의 해부』에서 "데모크리토스의 아들"을 자처하면서 말한다. 그리고 자기가 사용한 잡다한 방법들을 머리말에서 고백한다. "약제사처럼 우리는 한 병의 내용물을 다른 병에 따라 붓는 식으로 날마다 새로운 약을 만들어낸다. 고대 로마인들이 위치가 좋지 않은 자기네 로마를 새로 세우기 위해 세계의 모든 도시들을 강탈했듯이, 우리는 우리 자신의 재미없는 이야기를 새로 시작하기 위해 다른 사람들의 재치 있는 문장에서 알맹이만 취하고, 남들이 가꿔 놓은 정원에서 가장 예쁜 꽃을 뽑아 온다"[28]

이 문구는 140년 후에 누군가 다른 사람에 의해서 이용되어 악명을 드높이게 되는데, 그 얘기는 잠시 후에 다룰 것이다. 이 지점에서 이 문구의 중요성은, 표절을 범죄로 규정해야 하느냐는 불편한 질문이 이제 막 고개를 내밀던 시기에, 지식을 뒤죽박죽 모아 놓은 잡동사니에 해당하는 책을 한 권 써보기로 착수한 사람이었던 버튼이, 행복한 심정으로 인용을 즐기는 방식으로 하나의 표준을 찾아 나섰다는 데 있다. 취득하고, 변용하고, 사사謝辭를 붙여 인정한다는 표준이다. 심호흡을 한 번 한 다음, 홀브룩 잭슨이 20세기에 편집한 『우울증의 해부』 판본에서 버튼의 말을 훑어보자.

> 훌륭한 주부가 여러 가지 실로 하나의 옷감을 짜듯이, 꿀벌이 여러 꽃에서 밀랍과 꿀을 모아 하나의 새로운 묶음을 만들듯이, 숲속의 꽃

---

27 Merton, 72에서 재인용.

28 Burton, *The Anatomy of Melancholy*, 23.

밭에서 벌들이 각기 자신의 꿀샘을 빨아마시듯이, 나는 수많은 저자들로부터 이 발췌문들을 누구의 권리도 침해하지 않고 힘들여 끌어모았다. 나는 어떤 저자에게도 잘못을 범하지 않고, 각자에게 각자의 몫을 줬을 뿐이다. …… 나는 저자들을 인용하고 출전을 표시한다(제대로 배우지 못하고 잡문이나 쓰는 사람들은 이것을 자신들이 허세부리는 세련된 문체에 반대되며 현학적이라고 배척하지만, 이는 단지 무지의 소치일 따름이다. 나는 그렇게 해야 하고 그렇게 할 것이다……). 그 내용은 대부분 원래 저자들의 것이지만 내 것이기도 하다. (세네카도 승인했듯이) 그것이 어디서 왔는지는 쉽게 알 수 있고, 동시에 새로운 문맥에서는 뭔가 다른 것이 되기 때문이다. 식인종이 우리 육신에 있는 영양분을 섭취하고 소화해서 자기 육신에 동화시키듯이, 나는 내가 삼킨 것을 나와 동화시키고, 내가 취한 것을 처리한다.[29]

이보다 몇 줄 아래에서[30] 버튼은 머튼이 탐색한 주제인 "거인의 어깨 위에 선 난장이는 거인보다 더 멀리 본다"는 격언의 한 형태를 언급한다. 버튼은 그 말의 원조가 디다쿠스 스텔라라고 생각했지만,[31] 머튼이 지적하듯이 그는 원조가 아니다. 어쨌든 중요한 점은 버튼이 나름 출전을 밝혔다는 데 있다.

---

29 Burton, 24-25.

30 Burton, 25.

31 디다쿠스 스텔라(Didacus Stella, 1524-1578): 에스파냐의 프란체스코파 신학자, Diego de Estella(세속 이름은 Diego Bellesteros y Cruzas)의 라틴어 이름. 『누가복음 해설』을 썼는데(이 책은 종교재판에 걸려 금서로 되었다), 제2권 제10장에 "Pigmei Gigantum humeris impositi plusquam ipsi Gigantes vident"라는 문구가 나온다고 버튼은 전거를 밝혔다. 후일 나온 편집본 중에는 버튼이 이 격언의 원조를 루카누스로 본 것처럼 잘못 표기한 경우들이 있다. — 역주

그렇지만 각자 어디까지 책임을 져야 하는지 아직 모호해서, 아이작 월튼은 『완전한 낚시꾼』에서 진실을 말하면서도 동시에 모호할 수 있었다. 현대의 학자(마커스 골드먼의 얘기를 요약했을 뿐이라고 자인하는) 존 쿠퍼에 따르면, 월튼은 "가능하면 자기가 인용한 원저자에게 공로를 돌렸고, 원저자를 알 수 없을 때에는 '어떤 동지', '정직이 확인된 어떤 신사', 또는 단순히 '아무개'라는 식으로 지칭하면서 은혜를 밝혔다. '아무개가 기지 넘치게 관찰했듯이'라는 식으로 말하면서 월튼이 멍청한 물고기와 사악한 인간 사이의 비교를 시작한다면, 십중팔구 그 자신이 출전을 잊었기 때문이다."[32]

단어가 처음 사용한 저자의 소유라는 말이 이런 와중에도 돌아다니고 있었다. 뉴캐슬 공작 부인을 비롯한 몇 명은 드라이든을 표절범이라고 공격했다.[33] 드라이든의 변명은 자기는 마치 다른 사람들의 원료를 가지고 뭔가를 만들어내는 (또는 변형해내는) 시계제작자와 같다는 것이었다. 제라드 랭베인은 1687년에 『성공한 모모스: 영국 희곡사의 표절범들』이라는 제목으로 불편하기 짝이 없는 서지학 연구의 결과를 내놓았다.[34] 밀턴은 작가라면 모름지기 자기가 차용한 내용에 경의를 표명해야 한다고 촉구한 고전적인 인물이지만, 그 자신이 당대에 그리고 후대에 도둑질의 혐의를 받았다.[35] 한참 나중에 찰스 1세의 옹호자로 나선 윌리엄 로더는 찰스의 처형에 대한 밀턴의 찬성에 복수하기 위해 『실락원』의 일부가 표절이라는 주장

---

32 Cooper, *The Art of the Compleat Angler*, 151.

33 Paull, *Literary Ethics*, 109; 그리고 Lindey, 80을 보라.

34 모모스(Momus): 그리스 신화에서 풍자와 조롱의 신이다. — 역주

35 Paull, 108; 아울러 "Arts, Fraudulence," *Encyclopedia Britannica*, 15th ed., vol. 14, 156을 보라.

을 담은 팸플릿을 퍼뜨렸다. 랭베인은 그 서사시의 문구 일부를 자기가 라틴어로 번역해봤더니, 자기 시대에(이미 그 시대에는 사어로 전락한 라틴어로 글을 쓰면서) 활동한 시인들의 작품과 겹친다는 점을 "증거"랍시고 제시했다. 밀턴보다 백 년 정도 나중에 활동한 시인들을 밀턴이 베꼈다는 얘기다.

이처럼 혼란도 있었지만, 동시에 표절은 양날의 칼이 되었다. 폴이 『문학의 윤리: 문학적 양심의 성장에 관한 연구』에서 말하듯이, 표절 행위는 "이제 변명이 필요한 일이 되었다 …… 직접적인 표절은 점점 비난의 대상이 되었다 …… 이에 관한 논란이 만연했다."[36]

영문학의 역사에서 예민하기로 필적할 상대가 없는 알렉산더 포프는 당연히 이런 상태를 대충 넘어가려는 풍조에 열을 냈다. 그의 『비평론』에서 어쩌면 가장 유명한 문장은 독창성에 관한 얘기다.

> 진정한 지혜란 포장된 이익의 본질,
> 생각은 많이들 했다지만, 제대로 표현된 적은 없는,
> 누구나 보기만 하면 진실이라고 받아들일 어떤 것,
> 우리 마음의 모습을 알려줄.

독자들이 비슷한 생각이나 느낌을 가졌더라도, 그것을 단어에 담아 표현한 것은 오직 저자뿐이라는 것이 요지다. 그렇다고 할 때, 진정한 지혜란 흔한 내용을 독특하게 표현하는 재주가 된다. 단어들 자체를 어떻게 조합하는지가 중요한 것이다.

---

36 Paull, 110-111.

이와 같은 표준은 현대의 미학과 윤리의 근거에 해당한다. 제임스 1세의 시대에는 이 현상을 가리키는 용어로 "표절"이라는 단어가 자리를 잡았지만, 그 본질이 무엇인지에 관해서는 혼란이 계속되어 냉소로 점철된 비난만 팽배했다. 아직은 고전 시대의 이념을 행복하게 신봉하는 사람들이 충분히 남아 있어서, 골드스미스는 "어떤 운 좋은 개성을 발휘해서 모방자의 무리 중에서 돋보이는 것이야말로 천재의 …… 주된 특권 가운데 하나"라고[37] 선언하고 있었다. 그렇지만 남의 말을 그대로 베낀 표절범이라는 혐의는 문단에서 거의 사형선고라 할 수 있을 정도의 범죄였다. 부르르 떨면서 독설을 내뿜는 포프의 문장에서 그 혐의가 가장 강력하고 자주 사용된 무기 중 하나였다는 사실도 놀랍지 않다. 『얼간이 시합』 제2권은 다음 네 행에서 가짜 지식인 한 명을 꼬집어낸다.

> 남의 지혜를 베꼈을 뿐인 바보가
> 운 좋은 한 방에 그토록 돋보인 적이 없었지;
> 비평가는 말했고 아첨꾼은 맹세하길, 지혜로운 말이로다,
> 그리고 그 유령시인을 모어라고 불렀지.

운 나쁘게 포프의 독설에 걸린 제임스 무어 스마이드는 —포프가 모어More라고 적은 이름은 무어Moore를 가리킨다— 포프에게 지목 당한 많은 사람들이 그랬듯이, 문학적 연쇄 살인과도 같았던 『얼간이 시합』에 딸린 각주 정도로만 이름을 남겼다. 짧은 생애(1702-

37 Crane, *Evidence for Authorship*, 276에서 재인용.

1734) 동안 그는 문단이라는 곳에서 사회적 인정을 받으려고 너무 눈에 띄게 애를 써서, 포프의 경멸 대상이 되었고 여러 편의 풍자시에서 과녁이 되었다. 《그러브-스트리트 저널》에[38] 「신사 J. M. S. 씨」라는 제목 아래 익명으로 실린 다음 4행시의 저자는 포프였다.

창녀 손에 금시계,
또는 J—my M—e의[39] 문장에 좋은 문구가 있다면,
뭔가 숨길 게 있다는 증거다.
부자라서가 아니라 훔쳤기 때문에.

이런 혐의에 대한 무어의 변론은 그 자체로 다시 풍자 대상이 되었다.

표절하지 않았다는 증거로 무어는,
종전에 아무도 쓰지 않았던 문장을 쓰고야 말았네.
무어 씨, 그대의 지혜는 마치 저 아일랜드 사람들이
엉덩이에 털이 안 났음을 보여 주기 위해 자기 엉덩이를 까는 것과 같구려.

은혜 받은 사실을 인정하는 것에 관해 신고전주의 시대에는 워낙

---

38 《그러브-스트리트 저널》(*The Grub-Street Journal*): 1730년부터 1738년까지 런던에서 발행된, 싸구려 출판물과 질 낮은 잡문들을 공격한 풍자지. 그러브 스트리트는 대중을 상대로 출판물을 염가로 찍어서 내놓은 회사들이 모여 있는 곳이었다. — 역주

39 J—my M—e: 실상은 명백히 Jemmy(=James) Moore를 가리키면서도 그 신원을 감춰준다는 듯한 풍자로 포프는 이렇게 표기했다.

심하게 까다로워서, 심지어 시인이자 극작가였던 리처드 새비지의 인생이 분노와 불운으로 점철되는 결과까지 빚었다. 그는 고귀한 출신이라고 가짜 이야기를(그러고도 그 사실을 너무나 바빠서 스스로 깨닫지는 못한 채) 지어내고, 자기 어머니라고 자기가 지목한 사람과 (「사생아」라는 시를 통해) 싸우고, 친구들에게 돈을 빌리고는 배신하고, 술집에서 싸우다 사람을 죽여서 사형선고를 받기도 하고, 형 집행을 면제받기도 하고, 노숙자로 지내기도 했다. 새뮤얼 존슨은 『새비지의 일생』에서, 그 시인은 "자신이 상상 속에서라도 누군가에게 의존하는 상태에 있는 모습을 견디지 못했다"고[40] 전한다. 원고료로 생계를 꾸려야 했던 사람으로서는 충분히 그럴 만하다고 이해가 된다. 그러나 다음 얘기는 덜 그렇다.

> 그는 자기의 공로와 다른 사람의 공로를 분간하고, 자기가 받을 권리가 없는 칭찬을 거부하기 위해 항상 조심했다. 자신의 업적을 언급할 적에는 다른 사람들의 제안을 받았다든지 해서 수정된 부분을 낱낱이 공표했다. 『방랑자』에 나오는 단어 세 개가 친구들의 조언 덕택이었다고 밝힐 정도로 그는 정확했다.[41]

출처에 대한 이와 같은 강박증은 그가 다른 종류의 의존을 혐오한 데 따르는 반작용이었을지 모른다. 그러나 토머스 처치야드의 경우에도 해당하는 이야기겠지만, 마치 자동차가 일정한 온도 이상일 때에만 시동이 걸리듯, 방어의 메커니즘이라는 것도 문화적 풍토가 알

---

40 Johnson, *Lives of the English Poets*, 181.

41 Ibid.

맞게 따뜻해야 작동할 수 있다. 18세기는 출전에 관한 관심이 뜨겁던 시기였다.

18세기 중엽에는 머리카락이 스치기만 해도 터질 정도로 이 주제가 민감해져서, 사태를 진정시키기 위해 존슨이 자기 특유의 방식으로 나서야 했다. 1751년, 《횡설수설》[42] 143호에서, 그는 다른 사람을 표절로 고발하려는 사람들에게 조심하라고 충고한다. 억측에 의한 의혹인데도 "때로는 확률이 높은 것처럼 느껴질 수 있기"[43] 때문이다. 결국 해 아래 새로운 것이라고는 그다지 많지 않고, 가령 시가 인간의 행위를 기록하는 가장 영구적인 방법이라는 발상에, 말하자면, 호라티우스와 키케로가 각자 따로 도달할 수도 있다. 표절이라는 고발이 정당화될 수 있는 경우도 물론 있다. 예를 들면, "우연의 일치라고 상상할 수 있는 정도보다 더 많은 대목들이 일치할 때, 어떤 자연적인 흐름 또는 필연적인 정합성도 없는데 똑같은 관념들이 결합되어 있을 때, 또는 생각만이 아니라 단어들까지도 복사되었을 때"가[44] 그렇다. 다른 말로 하면, 내용이 아니라 문체라는 것이다 — 존슨의 시대 이후 줄곧 일반적으로 합의된 탄핵의 기준이 바로 이것이다. 《횡설수설》에 실린 이 논고는 용납할 수 있는 모방을 가리키기 위해 주조된 역사상 최선의 은유로 끝을 맺는다. "열등한 천재는 추종한다는 사실을 밝히지 않은 채 선인의 길을 따라가도 괜찮다. 단, 발자국까지 그대로 밟지는 않을 때까지만이다."[45]

---

42 《횡설수설》(*The Rambler*): 새뮤얼 존슨이 1750년에서 1752년 사이에 매주 화요일과 토요일에 펴낸 정기간행물(또는 일련의 논고들). — 역주

43 Johnson, *The Rambler*, vol. 2, 394.

44 Ibid., 399.

45 Ibid., 401.

그보다 2년이 지난 1753년에 존슨은 다시 한 번 이 주제를 거론했다. 이번에는 《모험가》[46] 95호에서였다. 그는 악행 중에서 표절이 최악은 아니라고 봤다. "문단의 범죄 중에서 비록 가장 극악한 짓은 아닐지 몰라도 가장 비난받아야 할 짓 가운데 하나."[47] 마지막으로, 존슨은 1755년에 자신이 편찬한 『영어사전』에서, 이 명사의 두 형태를 "placket"과 "plague" 사이에, 각각 나름대로 공식적으로 정의했다.

Plagiarism. n.f. (plagiary에서 나옴.) 도둑질; 문장에서 다른 사람의 생각이나 작품을 취함.

With great impropriety, as well as *plagiarism*, they have most injuriously been transferred into proverbial maxims. *Swi*. (그 말들이 부당하게도 격언으로 둔갑한 것은 표절일 뿐만 아니라, 대단히 부적절하다. 스위프트.)

PLÁ GIARY. n.f. (라틴어 plagium에서 나옴.)

1. 문학의 도둑; 다른 사람의 생각이나 글을 훔치는 자.

The ensuing discourse, lest I chance to be traduced for a *plagiary* by him who has played the thief, was one of those that, by a worthy hand, were stolen from me. *South*. (그 결과 생

46 《모험가》(*The Adventurer*): 런던에서 《횡설수설》(*The Rambler*)에 이어 1752년부터 1754년까지 주 2회 발행된 신문. 새뮤얼 존슨이 주요 필진 중 한 명이었다. — 역주

47 Johnson, *The Idler and the Adventurer*, 425.

산된 글은, 도둑질을 한 사람이 나를 오히려 표절범으로 비방하지 않는 한, 누군가가 날랜 솜씨로 내게서 훔쳐간 글이 되었다. 사우스.)

Without invention, a painter is but a copier, and a poet but a *plagiary* of others; both are allowed sometimes to copy and translate. *Dryden*. (새로운 것을 창작해내지 못한다면 화가는 단지 복사쟁이일 뿐이고, 시인은 표절범일 뿐이다. 둘 다 때때로 복사하고 번안하도록 허용된다. 드라이든.)

2. 문학적 도둑질의 범죄. 지금은 사용되지 않는 뜻.

Plagiary had not its nativity with printing, but began when the paucity of books scarce wanted that invention. *Brown*. (표절행위는 인쇄와 더불어 태어난 것이 아니라, 책이 희귀해서 표절할 필요가 거의 없던 때부터 시작했다. 브라운.)[48]

브라운에서 따온 인용문은 이 범죄의 오랜 역사를 보여주기 위해 채택되었다면, 사우스의 문장은 영토를 둘러싸고 당시에 벌어지고 있던 숱한 다툼들을 가리키기 위해 선택된 것으로 보인다.

존슨은 사전이라는 장르 자체가 도둑질에 관한 고발이 별로 의미를 가질 수 없는 하나의 분야라고 봤다. "똑같은 사항에 관한 정의는 모두 거의 같을 수밖에 없다"고[49] 그는 《횡설수설》 143호에 썼다. 실제로 사전편찬의 역사는 우리 시대에 이르기까지도 교활한 밀렵과 날카로운 비명소리로 가득하다. 흔히 최초의 영어사전이라고 간

---

48 Johnson, *A Dictionary of the English Language*.

49 Johnson, *The Rambler*, vol. 2, 395.

주되는 로버트 코드리의 『알파벳 표』(1604)는 에드먼드 쿠트의 『영어교사』(1596)와 토머스 토머스의 『라틴어와 영어사전』(1588)에 의지했기 때문에 —토머스의 사전은 자체로 토머스 쿠퍼의 『로마어와 브리타니아어의 창고』(1565)를 축약한 것이다— "전혀 독창적이지 않다"고 사전의 역사를 추적한 시드니 랜도는 선포했다.[50] "진실로 새로운 사전이라는 것은 하나의 끔찍한 물건이리라"는[51] 점에서, 랜도는 이 모든 일에 관해 새뮤얼 존슨만큼이나 냉정한 자세를 유지한다.

『옥스퍼드 영어사전 부록』의 편집자 버치필드는 근대의 약탈 행위에 관해 약간 더 부정적인 견해를 취한다. 다른 사전에 신세진 빚을 분명히 인정한다면 깔끔하지만, 실제에서는 사전편찬자들이 먼저 나온 사전을 취급하는 방식은 좀도둑과 비슷하다고 그는 주장한다. 예를 들어 『웹스터 뉴 인터내셔널 사전 제3판』(1961), 비속어 대부분을 금제에서 풀고 표제어로 실어 그 다음 10년 동안 벌어질 풍조에 바탕을 제공한 그 사전은 실상 권위 있는 『옥스퍼드 영어사전』에 의존하고도 그 사실을 인정하지 않았다.[52]

---

50 Landau, *Dictionaries*, 41.

51 Ibid., 35.

52 "『웹스터 제3판』은 거슬러 올라가는 한계 연도를 1755년으로 잡았다. 셰익스피어와 킹 제임스판 성경만을 예외로 두고, 일반적으로 그들은 1755년 이전 모두를 제외했다. 그 사전의 인용문들은 1900년 이후 시기의 것들이 대단히 풍부한데 비해, 1900년에서 1755년 쪽으로 올라갈수록 드물어진다. 다른 말로 하면, 1755년에서 1900년 사이의 기간에 유행하다가 어쩌면 소멸한 단어들에 관해서는 가부간에 확증할 만한 나름의 증거가 그들에게는 없었다. 그래서 『옥스퍼드 영어사전』이라든지, 여타 특정 시기 특정 지역에서 나온 과거의 사전들에 의존할 수밖에 없었다." Burchfield, "Dictionaries, New and Old," 14.

잠깐 18세기를 벗어나 다른 방향으로 흘렀다. 이제 18세기로 돌아가 로렌스 스턴을 고찰할 때가 되었다. 표절과 관련해서 스턴이 겪었던 문제들은 워낙 다양하고 복잡해서, 이 책에서 다루게 될 표절의 모든 양상을 조금씩이나마 담고 있기는 하지만, 하나의 시범적 선례로서는 아마도 쓸모가 없을 것이다.

새뮤얼 존슨은 스턴을 딱 한 번 만났다. 그리고 그의 예의범절과 어법에 관해 나쁜 인상을 받았다. 윌버 크로스가 쓴 스턴의 전기에는 이 만남이 이렇게 인용되어 있다.

> 존슨은 친구들에게 이렇게 말했다고 전해진다. "최근 어떤 모임에 갔더니 트리스트럼 섄디가 자기소개를 하더이다. 트리스트럼 섄디는 자리에 앉지도 않은 채, 자기가 스펜스 경에게 바치는 글을 하나 쓰고 있는 중이라고 말하더니, 아무도 청하지 않았는데 원고를 주머니에서 꺼내고, 아무도 청하지 않았는데 자청해서 읽기 시작하더군요. 대여섯 줄 정도 읽어내려 갔을 때, 이번에는 내가 자청해서 말했지요, '그런데요, 그건 영어가 아니네요, 선생님.'"[53]

이 장의 서두에서 지적했듯이, 스턴이 세심한 독자들과 불화를 겪게 된 것은 자신의 영어 때문이라기보다는 다른 사람의 영어를 도용했기 때문이었다. 특기할 만한 점은 그의 범행을 고발한 사람들이 원본으로 제시한 책들은 대부분, 전반적인 구도와 전개에 있어, 영어에서 가장 독창적이라는 데 시비 걸 사람이 없는 작품들이었다는 점

53 Cross, *The Life and Times of Laurence Sterne*, 260.

이다.

『트리스트럼 섄디』를 아는 사람이라면 대개, 너무나 다정다감해서 파리 한 마리도 해칠 수 없었던 퇴역 군인 토비 삼촌의 마지막 작전이 과부 워드먼에 대한 구애였음을 기억할 것이다. 제8권 제27장에서 토비는 성실한 트림 상병에게 자신의 열정을 폭발적으로 털어놓는다. 인생을 살면서 모든 나날들이 흥미로운 사연들로 가득 차지 않듯이, 『트리스트럼 섄디』는 장의 길이를 통일하는 데에는 거의 관심이 없다. 그래서 제8권 제27장 전부를 아래 인용할 수가 있다.

> 세상은 덕을 쌓기를 수치로 여긴다 — 우리 삼촌 토비는 세상을 잘 몰랐다. 그래서 과부 워드먼에게 사랑을 느꼈을 때, 그런 일 때문에 사람들이 가령 자기 손가락에 어쩌다 워드먼 부인이 구멍 뚫린 부엌칼로 살짝 상처를 내기라도 했을 때에 비해 더 신기하게 여길 거라는 생각 같은 것은 하지 못했다. 하기야 그는 항상 트림을 겸손한 친구로 믿었고, 게다가 그를 그렇게 대해야 할 이유를 날마다 발견했기 때문에, 설사 그런 생각을 했다고 해도, 그가 그 얘기를 그에게 알려준 방식은 달라지지 않았을 것이다.
>
> "나는 사랑에 빠졌어, 상병!" 우리 삼촌이 트림 상병에게 한 말이다.

운 좋게도 나는 『트리스트럼 섄디』를 토비 삼촌 본인, 아니면 적어도 1970년의 소란스러운 봄철에 사악한 세상에서 찾아볼 수 있었던 토비 삼촌과 가장 비슷한 사람에게 배웠다. 나는 브라운 대학교 1학년으로서, 캄보디아를 상대로 미군과 베트남군이 전쟁을 벌이고 캠퍼스에서는 봉기가 일어나고 있던 그 계절에, 로버트 케니 교수의 영문학 48반 과목을 수강했다. 그는 머리 전체가 백발로 뒤덮이고 콧수염을 단정하게 가꾼 건장하고 역동적인 신사였다. 브라운 대학교의 늙은 자식으로서(1925년 졸업생), 학교의 주요 직책들을 두루 역임했고, 태평양 전쟁에 나가서는 전쟁영웅이었으며 예비군 편제로는 준장이었다.

그해 봄학기에 그는 겨울을 만난 사자였다. 반쯤 은퇴한 상태에서, 가르치는 과목을 사랑했고 훨씬 유순했던 과거의 학생들을 의문의 여지없이 그리워하는 부류의 늙은 인물에 속했다. 브라운 대학교에서 텍스트 분석의 유행은 기호학으로 이동하는 시기였는데, 그는 여전히 서사를 중시하는 접근법을 유지했다. 그는 보스웰과 스몰레트에 관한 이야기들을 우리에게 말해줬으며, 알렉산더 포프에게 분쟁 해결을(『겁탈당한 머리카락』을 두고 한 말이다) 부탁하기보다는 차라리 자기 손녀딸을 로드아일랜드의 상어부화장에서 수영을 시키겠노라 맹세했다. 그리고 자기가 학부생이던 시절에는 『트리스트럼 섄디』는 음란하다는 이유로 (펨브로크[54] 대학에서 건너온) 여학생들에게는 금서여서, 그 작품이 다뤄지는 주에 여학생들은 자기네 ("여성 전용구역"이라 불리던) 캠퍼스로 돌아가 『이블리나』를[55] 읽어야 했다는 사실 등, 비평사의 숨은 얘기들을 우리에게 전승하기도 했다.

케니 교수가 가르친 책 중에서 『트리스트럼 섄디』만큼 케니 교수의 내면에 경이와 환희를 불러일으킨 작품은 없었다. 실제로, 어

---

54 펨브로크 대학(Pembroke College): 브라운 대학교에 상응하는 여학교로 1891년에 설립되어 운영되다가 1971년에 브라운 대학교로 통합되었다. — 역주

55 『이블리나』(*Evelina*): 여성 작가 프랜시스 버니(Frances "Fanny" Burney, 1752-1840)의 1778년 작품. — 역주

느 오전에 그가 스턴에 관해 말하다가 중간에 더 이상 말을 잇지 못하던 모습이야말로 내가 지금까지 목격한 가장 위대한 교육의 장면이다. 웃음을 참지 못해 터져버린 것이다. 얼굴은 벌겋게 달아올랐고, 셔츠 단추들이 터질듯 부풀었다. 수강생들에게 얘기를 이어갈 만큼 숨이 진정되었을 때, 그가 한 말은 토비 삼촌이 트림 상병에게 선포한 말만큼 자연스러웠다. "나는 이 책을 사랑해!"

스턴 역시 자신의 작품을 사랑했다. 그는 1750년대 말까지만 해도, 서튼-온-더-포레스트의[56] 이름 없는 시골 목사로서, 건강은 좋지 않고, 결혼생활은 불행했고, 걸핏하면 진탕으로 취하기 일쑤면서 명성을 갈구하는 40대 중반의 남자였다. 위대한 소설을 한 편 쓴다면 모든 문제가 해결될 터였다. 『전국 전기 사전』에 기록되어 있듯이, "그는 위안거리를 찾아 문학 작업에 매달렸고, 우울증을 덜기 위한 방편으로 『트리스트럼 섄디』의 앞부분을 썼다. 작업에 임하는 그의 열의는 보기 드문 수준이었다. 육필 원고를 꽤 자주 수정하는 와중에도, 그는 6주 만에 14개의 장을 완성했다. …… 이 일에 매달리느라 다른 일 대부분은 돌볼 수 없었다. 자신의 생산성이 너무나 기꺼워서 남은 생애 동안 매년 책 두 권씩을 쓰겠노라 장난삼아 기염을 토했다."[57]

이와 같은 폭발적인 글쓰기가 아니었다면, 그는 결핵에 걸린 폐가 버틸 때까지 앞에서는 설교하고 뒤에서는 잔돈푼이나 챙기면서 바람피우고 다니는 시골 목사로 인생을 마쳤을 것이다. 그러나 『트리스

---

56 서튼-온-더-포레스트(Sutton-on-the-Forest): 잉글랜드, 요크셔 지방에 있는 작은 마을. — 역주

57 *Dictionary of National Biography*, vol. 18, 1093.

트럼 섄디』가 제1권에서 제9권까지 연이어 출판되자,[58] 그는 유행을 선도하는 사랑받는 저자가 되었고 그래서 아주 기뻤다. 크로스의 뒤를 이어 스턴의 전기를 쓴 아서 캐시는 이렇게 말한다. "스턴은 독서 대중 전체로부터 애호를 받지는 않았지만, 제9권을 제외하면 4천 명의 애독자를 확보할 수 있었다. …… 남은 생애 내내 유행의 세계로부터 총애를 받는 대상이었다."[59]

『트리스트럼 섄디』는 영어소설의 전형적인 형태가 채 완전히 창작되기도 전에 그것을 흉내 내는 데 성공했다. 도처에 나타나는 서사의 반전과 (여러 개의 별표 또는 빈 페이지로 표시된) 뜬금없는 장면 전환들은 신고전주의라기보다는 포스트모던에 가까워 보인다. 그리고 월터와 트리스트럼 섄디와 트림 상병과 토비 삼촌이 벌이는 애처로우면서도 웃기는 모험들은 현대의 심리학적 개념들을 여러 면에서 암시하는 듯이 보인다. 그러나 1760년대에 문단의 흐름을 앞에서 이끄는 이면에, 스턴은 시대의 꽁무니를 따라가는 데 그쳤던 많은 흘러간 작가들의 주머니를 성공적으로 털고 있었다.

성공하기 위해 여러 갈래 길들을 시도했던 이 목사 작가는 실제로 수많은 당대 문인들에게는 매력을 주지 못했다. 그의 성공이 문학적 양심이라고는 없는 짜깁기의 상상력 덕분이라고 열을 올린 사람들이 많았다. 그의 생전에 그리고 사망 직후에, 남의 글에서 따다 써먹고도 그 사실을 밝히지 않았다는 불평이 많았다. 예를 들어, 존슨의 친구였던 트레일 부인은 1756년에 출판되었다가 1774년에

---

58 이 작품은 1-2권(1759), 3-4권(1761), 5-6권(1762), 7-8권(1765), 9권(1767)의 순서로 출판되었다. — 역주

59 Cash, *Laurence Sterne*, vol. 2, 94.

야 더비의 한 서점에서 자기 눈에 띈 『베이츠 상병의 삶과 기억』에서 스턴이 『트리스트럼 섄디』의 구상을 떠올렸을 것으로 확신했다.[60] 그러나 그에 대해 세부 항목이 적시된 두 개의 진짜 고발장이 작성된 것은 1790년대에 접어든 다음이었다. 비교적 점잖은 고발장이 1791년에, 그리고 훨씬 혹독한 고발장이 1798년에 나왔는데, 작성자는 뜻밖에도 존 페리어라는 의사였다. 그는 어쩌면 그 소설의 처음 몇 권에서 임신과 출산에 관한 이야기가 길게 나온다는 말을 듣고, 처음으로 『트리스트럼 섄디』를 살펴 볼 생각을 하게 되었을지 모른다.[61] 탐사해 본 결과를 공표하면서, 페리어는 스턴의 소설에 나오는 돌팔이 의사 슬로프와 같은 부류로 비칠까봐 염려한 것으로 보인다. 『스턴이 제시한 사례들』(1798)을 광고하면서, 자신의 선의와 치밀함을 이렇게 천명한다.

> 이 책에 적은 모든 내용들은 전문직에 현역으로 종사하는 가운데 틈틈이 짬을 내어 조사한 "한가롭지 않게 사용된 한가한 시간"의 결실이라 간주될 수 있겠지만, 또한 내가 공론을 존중하는 정도에 비례하는 정성으로 이뤄진 결실이라는 사실도 누구나 알아주기를 희망한다. 아울러 내가 과거에 무절제로 말미암아 건방을 떨거나 경솔했던 적이 없지는 않지만, 이번에는 그러지 않았다는 사실도 확연히 드러나기를 희망한다.[62]

---

60 Howes, *Yorick and the Critics*, 81.

61 Ibid., 81-82.

62 Ferriar, Advertisement to *Illustrations of Sterne*.

페리어는 한편으로는 "추측에 불과한 의견들의 남용에 대한 일반적인 풍자라는 구상을 스턴은 라블레에게서 취한 것으로 보인다"고[63] 선언한다. 이는 스턴에게 경외감을 가진 논평자라도 기꺼이 받아들일 정도이다. 어찌되었든, 그 정도는 존슨의 용어로 말하자면 발자국이 아니라 길을 따라 간 셈일 뿐이다. 그러나 페리어는 나아가 라블레가 "생생하게 무리하는 대목들"[64] 몇 개 그리고 눈길을 끌 만한 대화의 소재 몇 개를 특정하면서 스턴이 그것들을 도용했음을 밝히고자 한다. 이 지점에서부터 페리어는 『트리스트럼 섄디』의 번뜩이는 촌철살인을 가능하게 만들어 준 모든 자료들에 대한 미시적인 분석을 진행한다. 도비녜, 베로알드, 타바랭, 브뤼스캉비유 등의 저작들이 스턴의 창고에서 발견되고, 특정한 목적으로 수입된 물건과 독창적으로 생산된 제품 사이에 출납 계산이 점점 더 수상하다는 인상을 자아낸다.

실제로, 페리어가 보여주듯이, 스턴의 사업을 위한 원료들은 영불해협 너머에서보다 옥스퍼드의 오래 된 도서관에서 가장 많이 나왔다. 앞에서 언급했던 버튼의 『우울증의 해부』, 잡다한 견해들을 엄청나게 모아 놓은 17세기의 그 잡동사니는 아마도 그의 부도덕한 친구 홀-스티븐슨에 의해 스턴의 손에 처음으로 들어가게 되었을 것이다.[65] 그러나 그 경위는 어찌되었든지, 종이가 닳도록 자주 이용된 것은 맞다. 『우울증의 해부』와 관련해서 스턴에 대한 페리어의 의심은 시대가 뭔가 뒤죽박죽이라는 느낌에서 출발했다. "스턴이 자

---

63 Ferriar, *Illustrations of Sterne*, 24.

64 Ibid., 31.

65 Yoseloff, *A Fellow of Infinite Jest*, 16.

기 시대에 유행하지 않던 견해들을 조롱하느라 애를 쓴다는 점이 나는 자주 궁금했다. 주인공 섄디 씨의 초상에다가 한 세기 전에나 어울리는 온갖 얼룩과 곰팡이를 붙여놓아야 한다는 것은 이상하다고 생각했다."[66] 『트리스트럼 섄디』 제5권의 서두 근처에 이른바 "영웅의 부담"을 서술하는 대목은("그 위대하고, 그 가장 탁월하고, 그리고 세계에서 가장 고귀한 피조물, 조로아스터가 자연의 기적이라고 부른 인류를, 땅에서 하늘까지 한 순간에 끌어올릴 수 있는 힘을 가지고, 창조한 이가 누군가") 『우울증의 해부』 첫 문단을 ("세상에서 가장 탁월하고 고귀한 피조물, 조로아스터가 '신의 으뜸가고 위대한 작품, 자연의 경이'라고 부르는 인류") 표절했다. 이뿐이 아니라, 표절 자체에 관한 스턴의 논평이 또한 버튼을 표절했다.

『트리스트럼 섄디』 제5권에는 이렇게 적혀 있다.

> 약제사들이 한 병의 내용물을 다른 병에 붓고서 새로운 약을 만들듯이, 새 책도 계속 그렇게 만들어야 할까? 똑같은 새끼줄을 꼬았다가 풀기를 계속 반복해야 할까?[67]

독자도 기억나겠지만, 『우울증의 해부』 머리말에는 이렇게 적혀 있다.

> 약제사처럼 우리는 한 병의 내용물을 다른 병에 따라 붓는 식으로 날마다 새로운 약을 만들어낸다. …… 똑같은 새끼줄을 꼬았다가 다

---

66 Ferriar, 56-57.
67 Ferriar, 66에서 재인용.

시 꼬기를 반복하면서 우리는 똑같은 그물을 짠다.[68]

이를 바라보는 방식에는 두 가지가 있다. 문단 내부인들끼리만 알아볼 수 있는 장난스러운 농담, 누군가 탐지하리라 예상하고 빤히 보이는 뻔뻔함에 의해 폭소가 터지도록 마련된 장치라고 볼 수 있다. 아니면 미사여구를 과시하려는 엄청난 금메달급 당돌함의 사례로 볼 수도 있다. 현대의 비평가 대다수는 전자로 본다. 작품 자체의 익살스러운 목적을 위해 수백 개의 인용문들을 조작하고, 잘라내고, 장식하고, 갖고 노는 책의 일부로 보는 것이다. 아서 캐시가 놀란 기색이 없이 다음과 같이 말하는 것은 이런 관점 때문이다. "흔히 알려진 책들이 그의 소장도서 가운데 발견되지는 않았지만, 그가 그 책들을 가지고 있었고 『트리스트럼 섄디』를 집필하면서 시시때때로 거기서 인용했을 확률은 대단히 높다. 그렇지 않고서는, 예컨대 잠에 관한 장 같은 글을 쓰기는 어려웠을 것이다 …… 세르반테스, 몽테뉴, 셰익스피어, 성경, 그리고 어쩌면 필립 시드니 경의 문장 또는 이미지가 함께 펼쳐지기 때문이다."[69]

스턴을 연구하는 학자 대부분은 이런 점을 포착하지 못한 것이 페리어의 문제였다고 믿는다. 그는 놀이공원의 유령의 집에서 유령이 진짜인지를 따지는 사람이다. 영상이 찌그러지는 거울을 보고 유쾌하게 웃기보다는 사기당했다고 느끼는 사람이다. 더군다나 왓킨스 교수에 따르면, 표절에 관한 논평을 표절했다는 대목에 이르면 페리어 박사야말로 사실상 그 농담의 화룡정점에 해당한다.

---

68 Ferriar, 67에서 재인용.

69 Cash, *Laurence Sterne*, vol. 2, 73.

페리어 박사는 "이 문장 전부가 단어까지 똑같이 버튼의 서문에서 취해졌다는 것은 특이하다"고 눈살을 찌푸리면서 말하지만, 이는 부분만을 본 것이다. 버튼 본인이었다면 그 대담함이 어떤 뜻인지, 많은 함축을 담고 있는 아이러니, 농담 이상에 해당하는 농담을 완벽하게 상미했을 것이다. 기실, 페리어 박사는 자기도 모르는 사이에, 그 대목이 가장 잘 돋보일 수 있는 풍부한 문맥을 제공해준 셈이다.[70]

결국 페리어는 바보였다는 말인가? 스턴의 작품 안에도 등장하는 고지식하기만 한 사람? 실상은 그렇게 생각하는 것이 바보짓이다. 한 가지 분명한 점부터 짚고 가자면, 페리어는 복잡한 문학이론에 조예나 유머감각을 결여한 사람이 아니었다. 칭찬에 비판을 섞는 것은 그의 전형적인 어법이었고, 『트리스트럼 섄디』에서 저자의 장난기가 발동한다는 사실을 그가 인지한 모습도 나타난다. 다만 남의 글에 빚진 사실을 인정하지 않고 넘어갔다는 점 때문에 마음이 편할 수가 없었던 것이다("모아놓기로 치면 잘 모았다고 할 수 있다 …… 다만 스턴은 불쌍한 선배 버튼에게 자기가 얼마나 신세를 졌는지 배려했어야 했다").[71] 좌우지간에, 표절에 관한 논평은 그렇다 치더라도, 박식한 독자더러 어디서 따온 것인지를 알아채고서 지적인 쾌락을 느끼라고 영리하게 도용을 가장했다는 식의 해석이 전혀 불가능한 대목에 관해서는 어떻게 봐야 할까? 섄디 씨는 형 보비가 죽었을 때 이렇게 말하면서 스스로를 위로한다. "피할 수 없는 운수소관이야 —마그나카르타의 제1조— 나의 소중한 형이시여, 이것은 의회가

70 Watkins, *Perilous Balance*, 155.
71 Ferriar, 73.

정한 불후의 법률이야 — 인간은 모두 죽을 수밖에 없어."[72] 이보다 먼저 백 년 전에 버튼은 이렇게 쓴 바 있다. "피할 수 없는 운수소관, 마그나카르타의 제1조, 의회가 정한 불후의 법률, 인간은 모두 죽을 수밖에 없다."[73] 자, 여기서 정확히 무엇이 농담일까? 스턴의 재치 있는 말장난을 우리더러 탐지해보라고 고안된 능란한 변형 또는 경신이라고 할 만한 것이 무엇일까? 진실을 말하자면 여기 그런 것은 전혀 없다. 독자들은 스턴이 버튼과 관련해서 뭔가 영리한 농담을 하고 있다고는 생각할 리가 없다. 독자들은 스턴 자신이 뭔가 영리한 말을 하고 있다고 생각할 것이다. 때로는 패러디가 스턴의 목적인 경우가 있다손 치더라도, 등쳐먹기가 그의 목적인 경우도 때로는 있었던 것이 명백하다.

페리어의 첫 번째(1791년에 결과가 발표된) 탐사를 보면, 영향과 표절을 추적한다는 명분 아래 박식을 과시하는 풍조를 18세기 사람들이 얼마나 지겨워했는지를 그가 잘 알고 있었음이 드러난다. "찬양의 대상들을 분석하는 행위를 비난하는 것이 최근의 유행이다. 재치 있는 문장과 문학적 쾌락의 뒤에 숨은 수수께끼를 파헤쳐보려는 사람들은 학식의 시신을 악의와 게으른 호기심 때문에 난도질하려는 불경한 해부학자 취급을 받는다."[74] 더욱 준엄한 태도를 보인 1798년의 연구에서도 때때로 변명조의 말투가 보인다 — 고소해 하기보다는 울적한 마음으로 발걸음을 뗐다고 짐작할 수 있는 단서다. 그리고 페리어는 자기가 진 신세는 모두 공개적으로 인정할 만큼 태

72 Ferriar, 74에서 재인용.

73 Ferriar, 74에서 재인용.

74 Howes, *Sterne*, 283.

생적으로 충분히 조심스럽다("블라운트가 『필로스트라투스』를 번역하고 붙인 주석들을 스턴이 이용했다는 사실은 아이작 리드 씨가 찾아내서 내게 알려줬다").[75] 다음 문단은 페리어 박사가 내심으로 동경하고 있던 수준보다 실제로 더 높은 수사학의 경지에 자기도 모르는 새 도달해 있었음을 보여주는 하나의 사례라 할 만하다. 여기서 그는 스턴을 점잖고 시적인 용어로 꾸짖고는 있지만, 그가 문학의 선배들에게 무슨 짓을 했는지 낱낱이 밝혀냄으로써 어떤 선을 기대할 수 있는지를 가리킨다.

> 스턴은 버튼과 홀의 작품들을 아주 잘 알고 있었고, 그들의 문장을 이용함으로써, 스턴 자신의 문체에 상당한 영향을 받았다. 그의 문체는 그들의 문체에 동화됨으로써 더욱 쉬워지고 더 자연스러워지고 더 표현력을 담게 되었다. 나름의 안목과 느낌을 가진 작가라면 누구나 "오염되지 않은 영어의 맑은 샘"에서 물을 마심으로써 활력을 실제로 보충해야 할 것이다. 그러나 옛날 연애소설에 나오는 젊음의 샘처럼, 그 샘물은 훔쳐 마시려는 자들이 기를 쓰고 움켜쥐려는 손가락 사이를 빠져 나간다.[76]

그럼에도 여전히 페리어는 현대의 학자들에게는 분위기를 잡치는 존재다. H. J. 잭슨은 여러 사정을 설명할 목적으로 정리된 학문적인 명제 하나를 가지고 있다. "『트리스트럼 섄디』의 뒷부분 몇 권에 스턴은 버튼의 작품에서(감사하는 마음이 없지는 않은 채로) 따온

75 Ferriar, 87.
76 Ibid, 98-99.

인용문들을 의도적으로 심어 놓았다. 그것들이 암시로 작용해서 그 소설에 아이러니의 차원을 더해주리라고 의도했던 것으로 보인다."[77] 그러나 스턴이 괄호 안에 담은 말과는 다소 모순되는 이야기를 잭슨은 덧붙인다. "출전에 관해 자신이 밝힌 안내 없이 그 암시를 포착해낼 정도로 『우울증의 해부』를 잘 알았던 사람은 당대인들 가운데 거의 없었다는 사실을 그가 몰랐을 리는 없다. 왜냐하면, 스턴의 시대에 거의 모든 독자들은 차용해 온 문구들이나 문장들을 소설 본문에 들어 있는 독창적인 내용들과 구분할 수가 없었기 때문이다."[78] 아이러니를 즐겨 이용하는 저자가 있는데, 바로 그 저자는 독자들이 그 아이러니를 알아차릴 수 없다는 사실을 분명히 알고 있다 — 이처럼 양립할 수 없는 두 갈래 길에 봉착해서, 잭슨은 대부분의 비평가들이 증거가 없을 때 하는 일을 한다. 추측을 시작하는 것이다 — 다시 말하면, 뭔가를 일궈내기 시작한다. 다시 말하면, 뭔가를 지어내기 시작한다. "스턴은 자기 책의 복잡한 암시들을 자기가 살아있는 동안만큼은 하나의 사적인 농담으로 유지하는 데 만족한 것이 분명해 보인다. 농담을 하는 사람이 농담의 과녁 대부분에게 승리하는 추가적인 게임으로 승화시키고자 한 것이다."[79] 오! 이 정도면 기가 막힌다. 지연된 행동, 죽은 다음을 계산한 아이러니라는 얘기가 아닌가!

이런 종류의 사회적 인정을 받기 위해 기꺼이 생을 바친 저자가 있다면 내게 알려주기 바란다. 그런 사람은 사후의 삶에 대해 순교

---

77 Jackson, "Sterne, Burton, and Ferriar," 458.

78 Ibid.

79 Ibid.

자나 어린이보다도 강한 믿음을 가진 사람일 것이다.

"월터 섄디가[80] 인용하는 명언들의 출전이 『우울증의 해부』임은 페리어의 시대 이래 주지의 사실"이라고[81] 잭슨은 진술하는데, 이것은 의도되지 않은 유머에 해당한다. 실로 재미있지 않은가. 스턴의 시대 이래가 아니라 페리어의 시대 이래라니! 잭슨은 이렇게도 말한다. "스턴의 독자들은 『트리스트럼 섄디』에 버튼에서 따온 인용문이 있으리라고는 기대하지 않는다. 그러다 인용문을 알게 되면 놀라게 된다."[82] 독자들은 놀랄 수밖에 없다. 왜냐하면, 잭슨도 말하듯이, 대부분의 독자는 애당초 버튼은 들어본 적도 없을 테니까. 왓킨스 교수와 마찬가지로 잭슨은 스턴이 마치 코미디를 완성하기 위해 고지식한 짝 코스텔로가 필요했던 애보트와 같았다고 본다.[83] 스턴이 기다린 고지식한 짝은 바로 페리어였던 셈이다. 페리어가 연극을 완성한다. "하나의 간접적인 방식으로, 페리어는 『트리스트럼 섄디』를 읽기 알맞은 조건을 조성하는 도구가 되었다. 왜냐하면 잘 갖춰진 도서관이라면 모두 버튼의 『우울증의 해부』를 몇 권 비치하도록 만드는 데 기여했기 때문이다."[84]

스턴과 버튼을 나란히 두고 대조해 가면서 읽은 독자가 몇 명일까? 『트리스트럼 섄디』를 읽다가 (후대의 편집자들이 첨가해 놓은) 각

---

80 월터 섄디(Walter Shandy): 스턴의 소설에서 트리스트럼 섄디의 아버지. — 역주

81 Jackson, 463.

82 Ibid., 465.

83 코스텔로(Lou Costello, 1906-1959)와 애보트(Bud Abbott, 1897-1974)는 미국의 코미디언으로 짝을 이뤄 활동했다. 애보트의 능란한 말장난에 코스텔로가 혼동에 빠지는 구도로 인기를 얻었다. — 역주

84 Jackson, 468.

주가 나올 때마다 버튼의 책을 뒤져보는 우회로를 거친 다음에야 다음 줄을 읽어나간 독자가 몇 명일까? 모르긴 몰라도 거의 없으리라고 나는 짐작한다. 대다수 독자는 그 소설의 문장에 지혜가 담겨 있다고 생각될 때마다 버튼의 지혜가 아니라 스턴의 지혜라고 생각하면서, 아이러니와는 전혀 상관없이 내용을 음미하리라고 짐작하는 만큼, 나는 스턴이 독자들로 하여금 바로 그렇게 받아들이기를 원했다고 짐작한다. 만약 스턴에게 페리어 같은 짝이 필요했다면, 살아생전에 그런 인물을 고안해낼 수 있었다. 스턴이라는 사람은 애당초, 『트리스트럼 섄디』를 칭찬하는 편지를 한 통 직접 쓴 다음, 데이비드 개릭에게 보내면서 아무나 여자 한 명을 구해서 그 편지의 저자인 것처럼 서명하게 만들라고 시켰을 정도로 자가발전에 관해 아무런 양심의 가책 따위가 없었던 인물이다.[85] 아무나 한 명 골라서 페리어가 했던 것 같은 폭로를 공표하도록 시켰다면, 그 책의 아이러니가 확실히 "완성"되었을 일 아닌가? 그랬다면 스턴은 아직 살아 있는 동안에 자신의 아이러니가 음미되는 보람 있는 광경을 즐길 수 있었을 것이다. 후대에 실제 페리어가 출현하지 않을지도 모르는 위험도 예방되었을 것이다. 왜 그렇게 하지 않았을까?

그 이유는 이런 모든 구상이 스턴의 것이 아니기 때문이다. 그는 자기 책의 독창성에 대한 칭찬을 받으면서 즐기기에도 너무 바빴다. 자기를 흠모한 1760년대 런던의 어느 누구에게도, "잠깐 기다려요. 진짜는 아직 나오지 않았어요"라고 말했다는 기록이 전혀 없다. 트리스트럼을 자기 "스승"이라고 부른 머튼이 『거인들의 어깨 위』에서

85 Cash, vol. 2, 4 그리고 Yoseloff, 97을 보라.

지적하듯이, 『우울증의 해부』는 1621년의 초판 이후, 1624, 1628, 1632, 1638, 1651/1652, 1660, 그리고 1676년에 출간되었다.[86] 그러나 그 후로는 1800년까지 다시 출간되지 않았고, 이는 잭슨도 인정한다.[87] 그렇다고 볼 때, 스턴의 시대에 그 책은 최소한 이미 80년 묵은 고서다. 유행에 민감한 자신의 독자들 대부분이 이렇게 케케묵은 책을 집에 한 권씩 가지고 있으리라고 스턴이 기대했을 수는 없다.

스턴의 작품 중에 후일 표절의 혐의를 ―자기표절을 포함해서(후일 새커리는 『감상여행』에 나오는 죽은 당나귀 이야기는 그보다 3년 전 『트리스트럼 섄디』 제7권과 제8권에서 처음 등장했다고 주장했다)[88]― 받지 않은 것이 없다. 페리어의 고발보다 더욱 공격적인 혐의들이 제기되었다. 스턴 목사의 설교문들은 후일 애처로운 짜깁기로 밝혀져 잊혀졌다. 대부분의 설교자들이 남의 글을 빌려다가 설교하는 것은 사실이고, 18세기 설교문에 관한 연구들에 따르면 동료 목사들의 말을 자신의 말인 것처럼 아끼고 사랑한 사람이 스턴만은 아닌 것도 사실이다[89](아서 캐시는 이를 단지 "경미한 죄"로[90] 본다). 그렇더라도, 스턴은 아무런 죄의식도 없이 도서관만 뒤지면 설교문이 나온다고 확신했던 사람인지라, 학자들이 그를 위해 특별한 핑계를 찾아줘야 할 정도였다. 『로렌스 스턴의 삶과 시대』에서 윌버 크로스는 왜 그 시골 목사가 양심이 없었는지를 이렇게 설명한다. "설교자로서 자

86 Merton, 8.
87 Jackson, 466-467.
88 Thackery, *The English Humorists of the Eighteenth Century*, 222.
89 Thompson, *Wild Excursions*, 150-151.
90 Cash, vol.2, 40.

기 나름의 양식을 형성하기 위해 그는 홀, 바클리, 영, 틸롯선, 여타 도덕주의자들과 신학자들의 훈화들을 공부하고, 특별한 제약을 느끼지 않고 그들의 글을 자료로 사용했다. 수확 철이 되어 독자적인 작문을 위한 시간이 아마도 부족했을 때에는, 원문의 표현만을 바꾼 경우들도 있었다."[91]

소설과 설교문 말고 또 무엇이 있을까? 편지가 있다. 왓킨스 교수는, 먼저 지적해두지만, 표절이 "셰익스피어의 경우에 비해 스턴의 경우라고 더 중요할 수는 없고, 다른 각도에서 말하자면, 변용과 변형을 통해 그의 방법이 드러난다는 점에서만 표절이 중요하다"고[92] 느끼는 사람이다. 그런 그조차도 스턴이 정부情婦 엘리자 드레이퍼에게 보낸 연애편지 일부는 여러 해 전에 자기 부인에게 썼던 편지를 베꼈다는 사실을 인정할 수밖에 없었다.[93] 오! 하늘이여, 탐욕스럽게 모든 것을 빨아들이는 그의 펜이 빨아들이지 않은 글은 없었단 말인가? 조이스가 『피네간의 경야』에서 필적 위조꾼 솀에 관해 묻는 긴 수사의문문을 인용하자면, "표절하는 그의 펜이 이 병든 과정을 통해 최초로 베낀 글 가운데 모양만 흉내낸 사이비 하늘은 얼마나 많았는지, 사기가 공적으로 가장 존경받은 경우는 얼마나 많거나 적었는지, 경건하게 위조된 고문서는 진실로 얼마나 많았는지를 누가 말할 수 있겠는가?"[94]

---

91 Cross, 140.

92 Watkins, 154.

93 Ibid.

94 Joyce, *Finnegans Wake*, 181-182. {제임스가 Pelagius와 plagiarist를 합성해서 만든 단어 pelagiarist를 여기서 "표절하는"이라고 옮겼고, shamiana를 "하늘"이라 옮겼다. — 역주}

소설가들이 실제로 표절해야 할 것이 있다면, 그것은 물론 현실이다. 다른 대부분의 소설가와 마찬가지로 스턴도 아마 현실의 인물들을 모델로 삼아 소설의 등장인물을 구상했을 것이다. 그렇다고 해서 『트리스트럼 섄디』를 하나의 실화라고 생각한다는 것은 심한 환원주의다. 그런데 캐시는 평하기를, "스턴의 등장인물 슬로프 박사의 실제 모델은 요크의 존 버튼 박사였고, 법률가 디디어스의 모델은 유명한 교회법학자이자 영국교회 법정의 재판관이었던 프랜시스 토팸 박사였다는 것은 다들 아는 얘기였을 것이다."[95] 소설가들이, 특히 젊은 소설가들이 자기 자신을 모델 삼아 인물을 창조하는 것도 마찬가지로 흔한 일이다. 반면에, 자기가 창조한 등장인물을 저자가 스스로 따라 가면서, 그처럼 살고 그처럼 된다면 특이한 경우다. 왜냐하면 독자들은 소설의 등장인물들이 저자보다 앞서 살았다고 여기고 싶어 하기 때문이다. 그런데 중년에 접어든 스턴의 경우가 어쩌면 그렇게 특이한 경우였는지 모른다. "『트리스트럼 섄디』가 성공을 거두자 스턴은 문득 '자신의 모습을 발견'한 것으로 보인다. 그의 책 첫 권이 런던에 폭풍을 몰고 온 때부터, 스턴은 자기가 그때부터 맡아야 할 역할을 감지한 것으로 보인다"고 스테드먼드 교수는 썼다.[96]

실제로 레오 브로디는 『유명해지려는 발작: 명성과 그 역사』에서 스턴을 "유명인이라 일컬을 수 있는 최초의 영국 작가"로[97] 묘사했다. 그런 종류의 명성을 스턴은 그다지 오래 누릴 수는 없었다. 스턴은 1760년대가 지나가는 동안 아내와는 점점 멀어졌고 폐결핵으로 점

---

95 Cash, vol. 2, 22-23.

96 Stedmond, "Genre and *Tristram Shandy*," 48.

97 Braudy, *The Frenzy of Renown: Fame and Its History*, 13.

점 더 쇠약해졌다. 군데군데 음탕한 대목을 담고 있는 『트리스트럼 섄디』를 통해서 자기가 무엇을 이룬 것인지 그는 의심했고, 따라서 『감상여행』의 집필은 그에게 부분적으로는 하나의 새침한 참회 행위였다.[98](그러나 그는 바로 그 기간에 드레이퍼 부인과 연애 중이었다.) 그가 친구 한 명 없이 죽었다든지, 심지어 숙소에서 그를 돌봐주던 사람들이 그의 커프스 링을 훔쳐갔다는 따위의 전설은, 캐시 교수에 따르면, 그저 전설일 뿐이다.[99] 그러나 후세 사람들이 그런 전설을 그렇게 오랫동안 열심히 믿었다는 사실이야말로 그가 죽었을 때 그의 명성에 대해서만이 아니라 그의 시신 자체에 대해 많은 사람들이 바랐던 처벌의 일부에 해당한다.

1768년 3월 22일, 스턴은 런던의 하노버 스퀘어 소재, 성 조지 교회가 관장하는 패딩턴 묘지에 묻혔다.[100] 불행히도 사형집행장소 타이번에서 가까운 이 묘지는 도굴꾼들의 손을 탔다.[101] 시신을 과학적인 목적으로 기증하는 절차를 정규화한 해부법이 1832년 통과되기까지, 의학 연구자들은 ("부활의 인부들"이라고 불리던) 시체도둑들의 도움을 받아야만 했다. 디킨스의 『두 도시 이야기』에 나오는 제리 크런처의 아버지가 그런 사람이었고, 최근에 처형당해서 이 외딴 곳에 누워 있는 연고자 없는 유해가 가장 먼저 선택을 받았다. 오호라, 상상력을 빌려다 쓰던 스턴의 관이 과학적 진보를 위해서 차용된 것은 분명해 보인다. 데이비드 톰슨은 이렇게 썼다. "《공공 신

---

98 Cash, vol. 2, 319 그리고 Yoseloff, 209를 보라.

99 Cash, vol. 2, 339.

100 Ibid., 328.

101 Thompson, 278-279.

보》는 한 대학교의 시체 해부대 위에 스턴이 등장했다는 소문을 1769년 3월에 보도했다."[102] 나중에 보도된 바에 따르면, 시신을 덮은 천이 머리에서부터 벗겨지자 참관자 한 명이 『트리스트럼 섄디』의 저자를 알아봤다고 한다.[103]

물론 조금이라도 이름을 남긴 저자는 모두 대학교의 해부대 위에 오른다. 그러나 포스트모던의 사체해부는 도서관에서, 학자들이 문학적 유해라고 부르는 것을 대상으로 이뤄지는 것이 정상이다. 만성적인 좀도둑의 신체적 유해가 (스턴의 것이었다고 보도된 바처럼) 도용되었다는 사실은 그를 사후에 비방한 사람들에게는 오싹할 정도로 마땅한 일이었을지 모른다. 시체도둑질에 관한 전설은 진실이 아니라고 의심하는 사람도 있지만, 현재 시점에서 스턴 전기의 결정판을 쓴 아서 캐시는 믿을 만한 얘기로 받아들이는 것 같다. 패딩턴 묘지는 아파트 개발업자에게 매각되어, 1969년에 로렌스 스턴 재단의 총무 케네스 몽크먼의 요청에 따라 수색이 이뤄졌다. 발굴된 유해 한 구는 두개골이 톱으로 잘려 있었다[104] — 부검의 증거였다. 그리고 놀레컨스가 제작한 스턴의 흉상 복제품이 몽크먼의 집에 있었는데, 이 흉상과 유해가 일치했다. 처음 땅에 묻힌 지 201년이 지나 스턴은 다시 매장되었다. 이번에는 자기가 목사로 일했던 콕스월드 교구에 묻혔다.

캐시 교수는 스턴이 전반적으로 독창적이었고, 영향력도 잠재되어

---

102 Ibid., 280.

103 Ibid.

104 Cash, vol. 2, 354.

있기는 했었다고, 크게 그리고 적절하게 주장한다. "나를 포함해서 스턴을 연구하는 대다수 학자는 {윌리엄} 제임스와 베르그송이 영감을 제공했고 마르셀 프루스트, 앙드레 지드, 버지니아 울프의 소설에 현저하게 드러나는 서사의 장치들이 『트리스트럼 섄디』에서 나타난다고 믿는다."[105] 또는 해즐릿처럼 표현할 수도 있겠다. "메스꺼운 표절이 대단한 독창성과 한 곳에 머무를 수도 있다. 스턴은 표절범으로 악명이 높지만 진정한 천재이기도 했다."[106]

표절은 거의 한결같이 역설을 품고 있는 강박증이다. 먼저, 이 도둑은 자기를 파멸시킬 단서를 애써 남겨둔다. 캐시는[107] 『트리스트럼 섄디』 제4권에서 스턴이 "호미나스라는 인물의 목소리로, 서투르게 표절하는 성직자를 조롱하는" 대목을 적시한다. "솜씨 좋게 표절하는 재주를 자랑스럽게 여기면서도 그런 짓을 하지 말아야 한다는 것도 분명히 알았던" 것으로 보이는 사람이 쓴 글의 한 예라는 것이다.(간통은 일종의 성적 표절이다. 캐시는 엘리자 드레이퍼를 향한 자신의 죄스러운 애정도 스턴이 마찬가지로 당돌하게 드러냈음을 지적한다. "애정을 공개적으로 드러낸다는 것은 스턴에게 사랑이라는 감정의 핵심적인 알맹이였다. 아마도 그 때문에 자기가 하는 일에 부끄러울 게 전혀 없다고 자신할 수 있었을 것이다.")[108]

표절범은 또한 자신의 작품에 관해서는 유난스럽게 소유권을 지키려고 한다는 점에서도 역설적이다. 스턴은 자기가 "유명해지려고

105 Ibid., xv.

106 Howes, *Yorick and the Critics*, 113에서 재인용.

107 Cash. vol. 1, 219.

108 Cash, vol. 2, 276.

쓰는 것이지 이용당하려고 쓰는 것은 아니"라고[109] 말했다. 학생 시절에 그는 금방 페인트칠한 교실 천장에 자기 이름을 적어놓는 충동을 이기지 못해서, 교사에게는 매를 벌었지만 교장에게는 칭찬을 받았다. "교장 선생님은 이 일에 아주 깊은 상처를 받았고, 내가 듣는 데서 그 이름을 절대로 지우지 말라고 말했다. 왜냐하면 나는 소년 천재였고, 내가 크게 되리라고 그가 확신했기 때문이다" — 스턴 자신의 회고다.[110] 수십 년이 지나 스턴은 제본이 완료된 『트리스트럼 섄디』 제5권 (버튼을 표절한 문장을 가장 많이 담고 있는 책이다) 4천여 권 모두에 하나하나 자신의 서명을 직접 적어 넣었다. 복제를 방지하기 위한 대책이었다. 얼마 전에 "분량과 양식에서 트리스트럼 섄디를 닮은"[111] 모작이 출현했다는 소식을 듣고 경각심을 가진 것이다. 스턴은 자기가 그토록 갈망했던 명성의 원천이 될 자산 어느 것도 내주면 안 된다고 경험을 통해 배웠다. 『트리스트럼 섄디』보다 여러 해 전에, 그는 글재주가 없었던 친구 존 파운틴을 위해, 케임브리지에서 신학박사 학위를 받을 수 있도록, 라틴어 설교문 하나를 써줬다. 나중에 스턴은 파운틴과 다투고 되묻게 된다. "그는 그 덕에 명예를 얻었는데 나는 무엇을 얻었단 말인가?"[112] 그 일 이후 그는 자신의 창작물을 꽉 움켜쥐고 지킨다. 많은 표절범들이 그렇듯이, 너무나 강하게 움켜쥔 탓에 팔에 쥐가 났을 수도 있다. 그리고 이 때문에 발생하는 긴장을 누그러뜨릴 방법 중에 하나는 팔을 넓

109 Cash, vol. 2, 1에서 재인용.
110 Yoseloff, 14.
111 Cash, vol. 2, 113.
112 Cash, vol. 2, 100에서 재인용. 아울러 Yoseloff, 138-139를 보라.

게 벌려서 다른 사람들의 소유물을 품에 안는 것이었다.

독창성은 —표절하지 않았다는 정도가 아니라 참으로 뭔가 새로운 것을 만들었다는 의미에서— 18세기 중반 무렵에 핵심적인 문학적 덕목으로 자리를 잡은 후 여태 그 자리만 지키고 있다. 월터 잭슨 베이트가 『과거로부터의 부담과 영어 시』에서 표명하듯이, "양심은 다시 한 번 트로이 목마처럼 작동하고 말았다 …… 1750년대에 이르면 당시에 가장 독창적이지 못한 정신의 소유자들이 줄곧 '독창성'에 관해 수다를 떨기 시작했다."[113] 독창성이라는 이 새로운 시볼레스는, "진지함"이라는(문학 작품이 재치 있는 언어의 구성이 아니라 마음에서 우러난 자아표현이어야 한다는) 발상과 더불어, "두려운 유산으로 위대한 낭만주의자들에게" 전해졌다.[114]

감수성이 있는 작가라면 위대한 과거의 문학을 숭배하는 것이 정상일진대, 새로움에 대한 요구가 더해질 때 어떤 느낌일까? 불안감과 의기소침일 것이다. 그리고 해롤드 블룸이 "영향에 관한 걱정"이라고 명명한 문제를 극복하기 위해, 시인은 자신만의 "상상 공간을 확보"할 수 있도록 선배들의 작품을 의도적으로 오독하는 깜찍한 잔재주를 부린다.[115] 그러나 낭만주의 시대 이후 지금까지, 저자들과 독자들은 뭔가 독창적인 것을 변함없이 동경하지만 그것을 달성할 가망은 없다는 느낌을 공유해왔다. 과거의 작가들만큼 우리 작품이 독창적일 수는 없다는 느낌, 왜냐하면 설령 우리가 뭔가 새로운 것

113 Bate, *The Burden of the Past and the English Poet*, 105.

114 Ibid. 107.

115 Bloom, *The Anxiety of Influence*, 5.

을 쓴다고 하더라도 별로 대단한 작품일 수는 없을 테니까 — 그것은 별로 "독창적"이지 못할 테니까. "시의 죽음은 혹시라도 독자들이 트집을 잡는다고 앞당겨질 리 없다. 우리의 전통 안에서 시가 만약 죽는다면, 그것은 그 자신의 과거가 가진 힘에 의한 죽음, 자살일 것이라고 추정하는 것이 옳게 보인다"고 블룸은 지적한다.[116]

"상상으로 가득 차 있는"[117] 시인과 달리, 우리의 생각은 누군가의 글에서 읽은 내용으로 가득 차 있다. 「책으로부터」라는 제목의 논문에서 소설가 엘리자베스 보웬은 세상에 창조적 글쓰기라는 것이 실제로 있었는지를 의문시한다. "그러한 결실 하나하나를 낳은 것처럼 보이는 상상력은 망각된 책들의 조합에 뿌리를 둔다. …… 경험 가운데 전적으로 나 자신의 경험이라고 장담할 수 있는 것은, 오랜 시간이 지나 기억이 아무리 단순화되었더라도, 거의 없다 — 내가 겪은 일인가, 아니면 그런 일이 있었다고 들었나, 아니면 어디선가 읽은 일인가? 내가 글을 쓸 때, 나는 나에게 창조된 일을 다시 창조한다."[118]

"경이로운 소년" 토머스 채터턴은 과거를 극복하거나 오독하지 않고 스스로 과거의 일부인 척 보임으로써, 18세기 후반에 경이롭게 독창적인 작가가 되었다. 그는 14세기의 작품처럼 보이는 운문들을 짓고 나서, 롤리라는 이름의 수도승이 쓴 것을 자기는 다만 찾아냈을 뿐이라고 주장했다. 원저자를 날조함으로써 표절의 가능성을 차

---

116 Ibid., 10.

117 "광인과 연인과 시인은 상상으로 가득 차 있다". 셰익스피어, 『한 여름 밤의 꿈』, 5막 1장. — 역주

118 Bowen, "Out of a Book," in *Collected Impressions*, 268-269.

단한 것이다. 날조가 탄로 나자 그는 자살했고, 이는 다시 불멸의 이름으로 이어졌다.

우리 시대에는 다작하는 작가들이 각기 하나의 제도를 구성하는 만큼, 그런 작가들일수록 자신의 과거가 주는 부담에서 벗어나려는 욕구가 일어날 수 있다. 독자들이 자신을 좋아하는 이유가 작품 때문인지 아니면 이름 때문인지를 확인하기 위해서다. 몇 년 전에, 조이스 캐롤 오츠가 로저몬드 스미스라는 가명으로 사이먼 앤드 슈스터 출판사에 작품 (『어느 쌍둥이의 인생』) 한 편을 팔았다는 사실이 밝혀진 바 있다. "나 자신의 정체로부터 벗어나고 싶었다"고 그녀는 말했다.[119] "집 안에서 만든 물건"만큼이나 자기와 익숙해진 출판계 사람들이 "신선한 독서"를 할 수 있기를 그녀는 바랐다.

여러 면에서 우리는 여전히 낭만주의의 시대에 살고 있다. 그 시대의 문학적, 심리적, 정치적 이상들이 아직 대체로 우리의 이상이라는 것과 근대의 예술가가 과거에 관한 걱정을 극복할 수 있는 한 가지 방법은 대담하게 밝은 대낮에 도둑질을 벌이는 데 있다는 일반적 합의가 낭만주의 시대의 시작부터 줄곧 있어왔다. 그렇지만, 어디서 따온 것을 완전히 자기 것으로 만들려면, 그것을 녹여서 결국 뭔가 철저히 새로운 것으로 합성하려면, 도둑질 때문에 얼굴이 빨개질 필요가 없다는 것은 시대를 초월한 요령이다. 요컨대, 모방에 관한 고전적인 관념이 단지 강화되었을 뿐이다. 과거에 대해 경의를 표하지만 말고, 겁탈하라. 초기에 쓴 소네트 한 편이 심하게 밀턴식이라는 비판에 대해 오스카 와일드는 이렇게 대답했다. "비평가가

---

119 Oates, *New York Times*, 1987년 2월 10일, C17에서 재인용.

메아리라고 부르는 그것이 사실은 하나의 성취다. 나는 처음부터 밀턴의 작품과 같은 소네트, 밀턴의 작품만큼 훌륭한 소네트를 쓸 작정이었다."[120] 이 대답에서 보이는 제약은 기실 르네상스 시대의 장인에게 해당하는 것이다. 와일드가 이런 식으로 시대에 역행하는 미학적 취향을 발설한 경우는 몇 차례밖에 없다. 제임스 1세 시대에 활동했던 극작가 필립 매신저에 관한 논문에서 T. S. 엘리어트가 발한 유명한 선언이 더 근대적이다 — 또는 적어도 우리 시대까지 연장된 낭만주의의 시대에 더 전형적이다.

> 한 가지 확실한 검증 방법은 시인이 차용하는 방식을 보는 것이다. 미숙한 시인은 흉내를 내고, 성숙한 시인은 훔친다. 못난 시인은 빌려가서는 망쳐놓고, 좋은 시인은 그것을 뭔가 더 나은 것으로 만들거나, 아니면 적어도 뭔가 다른 것으로 만든다. 좋은 시인은 장물들을 용접해서 원래의 문맥과는 완전히 다른, 독특한 느낌의 온전한 전체를 조성하지만, 못난 시인은 응집력이라고는 없는 잡탕으로 전락시킨다.[121]

엘리어트는 셰익스피어를 어정쩡하게 베꼈다고 매신저를 비판하면서, "매신저가 한 짓은 표절도 아니고 모방도 아닌 단지 메아리 역할일 뿐이다 — 차용의 형태 중에서 가장 의식이 없기 때문에 가장 저질이다"[122]라고 단호하게 꾸짖는다.

여타 수많은 예술 분야에서 수많은 창조자들이 이와 비슷한 정

---

120 Ellmann, *Oscar Wilde*, 82에서 재인용.
121 Eliot, "Philip Massinger," in *Selected Essays*, 1917-1932, 182.
122 Ibid., 183.

서를 표현했다는 사실을 모르는 사람이라면, 이처럼 역설을 담고 있는 명제들을 진실이라기보다는 영리한 소리 정도로 일축하고 넘어가기 쉬울 것이다. 버질 톰슨의 제자 네드 로렘은 이렇게 말했다. "사람은 자기가 좋아하는 것을 모방한다. 존경하는 것을 훔치고, 안 그런 척하면서 죄책감을 느낀다."[123] 죄책감이 덜한 마사 그레이엄은 필기장에 이렇게 적어 놓았다. "나는 도둑이다 — 그리고 나는 수치스럽지 않다. 최고의 춤이 내 눈에 띌 때마다 나는 훔쳤다."[124] 해롤드 블룸마저도 『영향에 관한 걱정』에서, 재가공이라는 주제에 관해 엘리어트가 남긴 대조문을 재가공한 듯 보인다. "나약한 재능의 소유자는 이상화하지만, 유능한 상상력을 가진 인물은 집어가서 자기 것으로 만든다."[125]

그러나 이 바탕에는, 수확된 것이 씨로 다시 뿌려져 창조의 수레바퀴에서 다음 단계를 예비한다는 무언의 공감대가 깔렸다. 훔쳐온 음식을 그대로, 마치 하루 종일 요리한 결과인 척 저녁상에 다시 내놓는 식은 아니다. 그런데 『트리스트럼 섄디』의 몇 군데에서 스턴은 그런 식이었고, 과거라는 부담을 짊어지고 영향을 걱정하는 낭만주의 시대가 시작된 무렵에 그 시대에 가장 위대한 문학 비평가 축에 들어가는 고통 받은 한 영혼이 저지른 짓도 논란의 여지없이 바로 그런 식이었다.

---

123 Peyser, "Ned Rorem Delivers a Solo on the State of Music," *New York Times*, 1987년 5월 3일, Arts and Leisure, 21에서 재인용.

124 Graham, *The Notebooks of Martha Graham*, 303.

125 Bloom, 5.

새뮤얼 테일러 콜리지 역시 아마도 로렌스 스턴이 그랬듯이 버튼의 『우울증의 해부』를 알았을 것이다. 그의 필기장은 거기서 따온 인용문으로 가득하다. 그리고 그는 「재치, 익살, 기문奇文, 유머의 차이에 관하여」라는 제목의 강연에서 다름 아닌 스턴에 관해 몇 가지 심상치 않은 고찰을 행했다. 스턴의 방종한 재치 일부가 자아와 벌인 전쟁의 결과라는 것이었다.

> 남아있는 선과 침입해 들어오는 태생적인 악 사이에 그 개인의 마음이 요동친 결과다 —악마와 어울리며 빈둥거리기의 일종— 손가락으로 촛불을 처음 꺼보는 사람처럼, 또는 아마 더 좋은 비유로, 만지지 말라고 금지된 뜨거운 차 주전자를 만지는 아이의 떨리는 당돌함처럼, 용기와 비겁을 결합하는 융합적인 행위의 결과다. 그리하여 정신은 마치 늙은 탕녀와 요조숙녀 사이에서 오락가락하듯이, 자기 자아의 천사에게서나 악령에게서나 똑같거나 비슷한 쾌락을 즐긴다.[126]

대다수의 철학자와 심리학자들의 경우에 그렇듯이, 콜리지의 통찰은 자신만이 아니라 다른 사람들의 정신 안으로도 깊숙이 연장된다. 그래도 이 인용문이 스턴의 두뇌가 여성해부학을 화제 삼아 즐기면서 거쳐 간 과정보다는 독일의 형이상학에 직면해서 콜리지 자신의 두뇌 안에서 벌어진 과정을 설명한 것이라고 말하면 그 역시 십중팔구 고개를 저었을 것이다.

천재가 내부의 강박이나 외부의 사정에 의해 그토록 괴로워한 적

---

126 Coleredge, "On the Distinctions of the Witty, the Droll, the Odd, and the Humorous," in *Literary Remains*, vol. 1, 141.

이 있을까? 콜리지는 나이팅게일이나 아름다운 도자기가 아니라 낙심에 바치는 송가를 지었다. 그는 목 주위에 죽은 알바트로스가 떠도는 선장이라는 이미지를 창조했다. 콜리지 자신이 고질적인 문제에 시달렸다. 영문학사에서 가장 유명한 마약중독자였던 콜리지는 아편만이 아니라, 사랑(아내도 이름이 사라졌고 애인도 이름이 사라졌다), 건강(1834년의 해부 결과에 따르면, 심장과 폐에 오랫동안 그를 괴롭힌 것으로 보이는 질환이 진행 중이었다), 그리고 작업과 관련해 문제투성이였다. 어떤 기획에 착수할 때에도 어려움을 겪었고, 그 와중에 다른 기획을 마무리하지 못해서 어려움을 겪었다. 그는 남의 글을 검토해주고 강연하고 번역하느라, 타고난 천재의 많은 부분을 소모했다. 시적 영감이 찾아 온 때에도, 얼마나 오래 머무를지 알 수가 없었다. 「쿠블라 칸」은 꿈속에서 찾아왔는데, 그는 결국 끝맺지 못했다. 「폴록에서 온 사람」은 문 두드리는 소리와 함께 찾아와 그를 잠에서 깨웠다.

윌리엄 워즈워스의 여동생이자 동료이자 경쟁자였던 도로시의 일기에는 들여다보면 볼수록 점점 더 낙심하게 만드는 정보가 담겨 있다. 1800년 9월 1일: "콜리지는 차를 마신 후 침대에 눕혀져야 했다."[127] 1802년 1월 29일: "콜리지에게서 가슴을 찢는 편지 — 우리는 모두 이보다 더 슬플 수 없었다."[128] 1802년 4월 20일, 콜리지의 「낙심」을 읽은 후: "그 시구들에 영향을 받았다, 그리고 몸도 좋지 않던 차에, 전체적으로 비참한 마음에 사로잡혔다."[129]

---

127 Dorothy Wordsworth, *Home at Grasmere*, 65.

128 Ibid., 134.

129 Ibid., 210.

그에게 글쓰기는 맨 처음 실습 때부터 일종의 정신적 상해였다. 『문학적 자서전』에는 크라이스트 호스피털 기숙학교의 교장 제임스 보이어에게 훈육된 얘기가 나온다. "그의 혹독했던 처사들이 지금까지도 드물지 않게 꿈속에서 보이는데, 불면증의 고통이 꿈으로 번역된 결과일 것이다. 그렇지만 나의 도덕적 지적 의무감은 깊은 곳에서 줄어들지도 흐려지지도 않는다."[130] 이렇게 빚진 바를 공표하고 나서 다음 문단에서, 콜리지는 다른 작가들에게 영향을 받고 영향을 주는 일에 관해 기념비적인 글을 남긴다. "원인을 여기서 탐구해 들어갈 자리는 아니지만, 과거의 모범 사례들은 아무리 완벽하더라도 동시대 천재의 산물만큼 생생한 효과를 젊은 작가의 마음에 남길 수는 없다."[131]

보이어의 엄격한 훈육 덕택에 콜리지는 1790년대 초 케임브리지 대학교의 지저스 칼리지에 생활비까지 지원받는 장학생으로 입학할 수 있었다(두 세대 앞서 로렌스 스턴도 같은 학교에 같은 자격으로 입학했다). 하지만 그의 교육이 진실로 완성된 것은 세기가 바뀌기 직전, 괴팅겐 대학교에서였다. 거기서 그는 당대 독일의 형이상학에 관한 책들을 많이 구입했다.[132]

셸링, 슐레겔, 그리고 여타 대륙의 철학자들과 비평가들에게서 훔친 콜리지의 도둑질은 범인의 강박증, 합리화, 그리고 변명이 온전히 갖춰진 근대 최초의 완결판에 해당한다. 적어도 그를 좋아하는 독자

---

130 Coleridge, *Biographia Literaria*, in *Samuel Taylor Coleridge: The Oxford Authors*, ed. by H. J. Jackson, 161.

131 Ibid.

132 Fruman, *Coleridge*, 135.

들이 보기에는 훔쳐야 할 필요를 생각도 할 수 없을 것만 같은 진정한 재능, 다른 사람들의 반칙에 대한 요란한 혐오와 자신은 그런 적이 없다는 맹렬한 부인, 들킬 위험을 어떻게 생각하지 않을 수 있었는지 궁금증을 자아낼 수밖에 없을 정도로 명백한 문장의 증거 — 이 모든 요소들이 여기 있다. 그리고 이 요소들이 어떻게 전개되었는지를 나중의 장에서 더욱 상세하게 다룰 것이다. 그러나 콜리지가 남겨놓은 유산은 표절범의 심리분석만이 아니다. 대가들의 (그러고 보면 그렇게 대가는 아니었던 작가들의) 표절에 대해 후세 사람들이 보여준 전형적인 반응, 다시 말해 혐의가 제기되었을 때 별일 아니라는 식으로 대응하고 거기에 대한 재반박은 진땀나게 어려워지는 패턴 또한 그가 남긴 유산이다.[133] 앞에서 언급한 강연에서 콜리지는 "우리의 지적인 활동에서 어쩌면 가장 중요한 일은 비슷한 사항들에서 차이를 찾아내고 상이한 사항들에서 공통점을 찾아내는 일"이라고 선포했다.[134] 어쩌면 그럴지도 모른다. 그러나 삽을 삽이라고 부르는 것도 지적으로 중요한 활동 가운데 하나다. 그리고 콜리지를 찬미하는 사람들은 150년 동안 바로 이 일을 해낼 능력을 보여주지 못했다.

콜리지는 들판을 걷는 사이 또는 숲을 헤쳐 나가는 사이에 시를 썼다고 알려져 있다.[135] 나뭇가지를 꺾어서 시를 적었듯이, 그는 책

---

133 콜리지의 표절, 그리고 그에 대해 여태껏 이어지고 있는 반응의 문학사를 가장 잘 요약한 글은 Peter Shaw, "Plagiary," *American Scholar*, summer 1982, 325-337이다. 이 글은 기실 표절이라는 주제 전체, 그 심리와 그에 대한 제재에 관해 최고의 논문이다.

134 Coleridge, "On the Distinctions," in *Literary Remains*, vol. 1, 131.

135 Jacox, *Aspects of Authorship*, 18.

을 읽을 때는 거의 언제나 여백에 잉크로 뭔가를 써넣었다. "여백에 적어 넣은 글만 모아도 탄탄한 책 여러 권이 될 것"이라고 존 루이스 헤이니는 썼다.[136] "세계에서 돋보이는 시인, 비평가, 사상가들 사이에서 다방면에 걸친 조예로 독특한 위상을 확보한 새뮤얼 테일러 콜리지는 스스로 다른 사람들이 쓴 수백 권의 책에 대한 주석가였음도 가장 내밀하고 완전하게 드러냈다." 그가 사망한 지 백 년 후에, 학자들은 그가 주석을 붙인 책 6백 권 이상을 찾아냈다.[137] 이 주석들에는 저자와 독자 사이에 거의 약탈적이라 일컬을 만큼 긴밀한 관계, 글 읽기가 즉각적으로 글쓰기로 이어지는 기이한 기생 관계가 나타난다.

요점들이 적혀 있는 콜리지의 필기장이 왜 그에게 완벽한 매개수단이었는지, 다시 말해 방금 읽은 것과 방금 쓴 것 사이의 구분이 왜 그 필기장 안에서 불분명해지는지에 관해 최근에 비평가 폴 해밀턴은 하나의 추측을 내놓았다.

> 그 필기장들은 하나의 이상적인 문학 형식, 완벽하게 공감하는 유일한 독자에 의해서만 읽히는 형식을 표상한다. 콜리지의 "정신 전부", 내면세계와 외부세계 사이의 교환, 그리고 사적인 것과 공적인 것 사이의 교환이 아무런 손실 없이 기록된다. 그러나 이러한 경지는 하나의 정합적인 작품 그리고 모순되지 않는 작품을 발행하기 위해 필요한 온갖 결정들을 거부한 다음에나 달성될 수 있다. 필기장을 읽을

136 Haney, "Coleridge the Commentator," in *Coleridge*, ed. Blunden and Griggs, 109.

137 Ibid.

공중은 사적인 존재로 머물 뿐이다 — 콜리지 자신이 독자들로부터 차단된 채로 자신의 필기장을 읽을 뿐이다.[138]

표절범 중에는 다작하면서 마약중독자가 많은데, 콜리지도 그랬다. 필기장들은 자기가 읽은 것을 안전하게 갈무리하고 때때로 가지고 놀다가 자신의 생각들과 섞을 수 있는 장소였다. 그렇게 합성된 결과가 나중에 시장에 선을 보였을 때 —다시 말해, 출판되었을 때— 만일 누가 합성을 의심한다면, 언제나 해명이 준비되어 있었다. 필기장 기입은 워낙 사적으로 별다른 생각 없이 이뤄지는 일이라서 때때로 혼동 때문에 —꼼꼼히 챙기지 못한 까닭에— 악의는 없이 문제가 초래될 수 있다.[139] 실제로 표절범들이 자기 필기장을 핑계 삼아 빠져나가는 빈도는 악당들이 애국심을 포장하는 빈도와 대략 비슷하다는 사실이 이 책의 논의가 진행되면서 분명해질 것이다.

콜리지는 무엇을 훔쳤는가? 1811년부터 1818년 사이에 행한 강연의 많은 부분들을 훔쳤고, 그리고 더 악명이 높기로는 『문학적 자서전』의 상당한 분량마저도 훔쳐다 썼다. 자질이 있는 학부생 정도의 수준이면 이것들을 찾아낼 수 있다. 『위스콘신 대학교 논문집』 1907년 6월호를 찾아서 거기에 통째로 실려 있는 애너 오거스타 헬름홀츠의 대가급 학사학위 논문을 보라. 모든 범행을 대조해서 증거로 제시하는 표가 거기 있다. 차분하면서도 체계적으로 그 표를 제

---

138 Hamilton, *Coleridge's Poetics*, 119.

139 1826년 8월의 필기장에서 발췌한 대목을 보라. *Samuel Taylor Coleridge: The Oxford Authors*, ed. by H. J. Jackson, 558-559.

시하지만, 그녀는 오히려 슬퍼한다. "1818년의 강연들"을 다룬 제5절에 붙인 논평 하나를 예시한다. "「그리스 희곡: 셰익스피어 희곡의 특징에 관하여」라는 제목이 붙은 강연, 그리고 비평의 일반 원리를 논의한 여타 강연들에는, 착상만이 아니라 표현에서도 [슐레겔]에 의거하지 않았다고 볼 수 있는 문장이 단 하나도 없다."[140] 다른 학자들에 의해 칸트, 멘델스존, 마스 등이 콜리지의 긴 출전목록에 추가되었다.

이 작가의 평판에 대해 가장 파괴적이고 가장 굳건하게 타격을 가한 1971년의 연구 『콜리지: 파손된 대천사』를 쓴 노먼 프루먼은 콜리지의 명성을 삭탈하기에는 이런 공격이 너무 늦었음을 인정할 수밖에 없었다. "슐레겔의 경우를 제외하면, 착상의 일치는 모두 그가 사망한 다음에 발각되었고, 일부는 최근에 밝혀졌다. 그 결과, 영향력을 떨친 많은 문장들이 그의 이름과 결부되었고, 이는 어쩌면 돌이킬 수 없을 것이다."[141] 우리 시대에는 게일 쉬히나 존 가드너 같이 "대중화"에 주력하는 작가들은 심리학과 문학에 관한 전문적인 개념들을 가져다 대중의 구미를 자극할 수 있도록 바꾸고 섞어 돈과 명성을 취하고도 신세진 사실을 온전히 밝히지 않는다는 혐의에 직면하여 자신을 변호해야만 했다.[142] (쉬히의 베스트셀러 『인생의 예견된 위기』 그리고 초서에 대한 가드너의 책에 대해 제기된 혐의를 비롯해서) 이 혐의들은 모두 해당 작가의 평판에 나름대로 정당한 손상

---

140 Helmholtz, *The Indebtedness of Samuel Taylor Coleridge to August Wilhelm von Schlegel*, 322.

141 Fruman, 71.

142 "Gail Sheehy," *Contemporary Authors*, New Revision Series, vol. 1(1981), 591과 "Theft or 'Paraphrase'?" *Newsweek*, 1978년 4월 10일, 92-94를 보라.

을 입혔다. 그러나 대중화와 도둑질을 가르는 정확한 지점을 분간하려는 시도는 최소한만 말하더라도 논쟁거리일 수밖에 없다. 콜리지의 행위에 관해서는 —비록 자신과 셸링 사이의 관계에 관해 "그의 체계 자체를 우리나라 사람들이 이해할 수 있도록 표현하는 데 성공한다면 충분한 행복과 명예"일[143] 것이라고 말한 적이 있기는 하지만— 이와 같은 대중화와 관련된 질문은 나올 수가 없다. 왜냐하면 그가 훔친 착상들이 영어를 쓰는 공중에게 전달될 때, 그 단어들과 형태들이 독일어 원문과 대체로 그리고 밀교적으로 똑같았기 때문이다.

콜리지가 1834년에 사망한 직후에 토머스 드 퀸시가 그의 표절을 고발했다. 이는 두 가지 이유로 아이러니였다. 하나는 드 퀸시가, 7년 전에 《에딘버러 토요일 밤 소식》의 편집자에게 보낸 편지에서, 표절 사냥질을 저질 비평 사업이라고 경멸하면서 자기는 그런 짓을 하지 않노라 명시했기 때문이다.

> 때로는 더 은밀하게 때로는 덜 은밀하게 표절로 생계를 이어가는 부족한 작가 수천 명이 활동하고 있는 것은 부인할 수 없다. (스펜서를 비평한 토드, 채터턴을 비평한 밀스 목사, 기타 등등처럼) 부족한 비평가 수천 명이, 실제이든 자신의 상상이든, 모방과 표절을 탐지함으로써 생계를 이어가는 것도 마찬가지로 부인할 수 없다.[144]

다른 하나는 드 퀸시 자신이 표절범이었기 때문이다. "그 자신이 요

143 Coleridge, *Biographia Literaria*, 236.
144 De Quincey, "Plagiarism," in *New Essays by De Quincey*, 181.

약했거나 들어내다가 써먹은 분량은 콜리지가 그랬던 분량에 비해 보수적으로 산정해도 최소한 스무 배는 될 것"이라고 월터 잭슨 베이트는 썼다.[145] 실로 표절을 연구하다 보면, 문학적 잡탕을 끓여내는 가마솥이 문학적 잡탕을 끓여내는 냄비를 나무라는 소리에 귀청이 떨어질 지경이라서 간신히 연구를 진행한다.

드 퀸시가 고발한 지 6년 후, 제임스 F. 페리어는(이름에 a를 썼던 스턴의 페리어와 달리 e를 쓴다) 《블랙우드의 에딘버러 잡지》에 기고한 글에서 우연히 그러나 점잖게 콜리지에 대해 의문을 제기했다.[146] 그러나 콜리지가 살아 있을 때부터 학문적 반칙에 관해서 숙덕거리는 소리가 널리 돌아다니고 있었고, 콜리지 자신이 셸링의 생각과 자기 생각 사이에 "생래적 일치"라는 것은 두 사람 모두 독일의 같은 거장들을 공부했기 때문에 불가피하다는 해명을 내놓았다. 뿐만 아니라,[147] 부분적으로 표절의 산물인 바로 그 『문학적 자서전』에는 차후의 모든 고발을 선제적으로 차단하려는 변론이 하나 삽입되었다.

> 인색한 은닉이나 의도적 표절 따위 혐의는 내게 해당이 없기를. 그의 책 중에 지금까지 내가 입수할 수 있었던 것은 두 권밖에 안 된다. 진실이란 내가 보기에 신성한 복화술사다. 누구의 입에서 그 소리가 나오는지에 나는 관심이 없다. 다만 그 말들이 들리고 이해할 수만 있다면.[148]

---

145 Bate, *Coleridge*, 132n. 아울러 Shaw, 335를 보라.
146 Fruman, 76.
147 Ibid., 86.
148 Coleridge, *Biographia Literaria*, 237.

사실대로 말하자면, 신과의 관계에서 콜리지에게는 자기 뜻에 따라 움직이는 독일인 중매자들이 여러 명 있었다고 말해야 한다.

자신의 무죄를 스스로 납득하기 위한 방편의 일환으로 그는 다른 사람들에게 죄가 있다는 —그들이 자기에게 죄를 졌다는— 점을 스스로에게 납득시켰다. 그러기 위해 그는 심지어 빌려다 쓴 깃털이라는 난잡한 문구를 다시 한 번 빌려다 쓰기까지 한다.

> 나는 이 세상이라는 황야의 뜨거운 모래밭에, 타조처럼 부주의하고 타조처럼 망각하면서, 너무 많은 알들을 낳았다. 발밑에 밟히고 잊혀진 것들이 더 많다. 그러나 기어 나와 생명을 얻은 것도 적지만은 않다. 일부는 다른 사람들의 모자 위에 장식용 깃털이 되었다. 그리고 내 영혼을 타격할 때를 암중모색하며 기다리는 내 적들이 전전긍긍하면서 내세우는 깃발을 장식하는 깃털이 된 것은 더 많다.[149]

프루먼은 콜리지가 다른 작가들을 겨냥해서 내놓은 모든 고발을 서술하는 데 7쪽을 할애한다. 그리고 수학적으로 연역한 결론에 도달한다. "문학의 역사에서 이렇게 많은 작가들을 표절로 고발하면서, 그렇게 많은 작가들을 그토록 틀린 근거로 고발한 작가가 다시 있는지 의심스럽다."[150] 『문학적 자서전』에서 콜리지는 출전을 밝히는 일이 의무일 뿐만 아니라 즐겁기까지 하다고 강조한다. 그러나 프루먼이 지적하듯이, 그러한 "지적 성실에 관한 진술들은 다른 사람의 말을 차용하고 그 사실을 밝히지 않은 곳 부근에서 나타날 때가

---

149 Ibid., 181.

150 Fruman, 98.

많다."[151]

콜리지를 변호한 사람들이 백오십 년 동안 이어졌다. 20세기로 넘어오던 시기에 편집자로 이름을 날렸던 존 쇼크로스는 셸링을 표절한 일을 다행스럽다고 봤다. "'상상력을 연역해내는' 와중에서 많은 문구들을 차용한 사실은 그가 글을 쓰기 시작할 때부터 이미 상상력에 관한 셸링의 해명을 받아들였거나, 아니면 적어도 자기 자신이 내린 결론이 다행히도 그 안에 표현되고 있다고 봤음을 시사한다."[152] 아서 퀼러-쿠치는 콜리지의 시적 능력이 고갈된 까닭은 아편 탓이 아니라 그가 형이상학에 빠졌기 때문이라고 했다. 독일에서 형이상학에 몰입한 이후, "그는 너무 멀리 나갔고 …… 너무 많이 알았다."[153]

신시아 오지크의 소설 『스톡홀름의 메시아』에서 내레이터는 이렇게 선언한다. "편협한 도덕주의자는 도둑질 운운했을지 몰라도, 지구 전체가 한 곳을 바라보는 보편의 섬광이 아니었다면 도대체 그것은 무엇이었다는 말인가? …… '순전히 독창적'이었던 것이 단번에 '꼼짝 마, 이 도둑놈'으로 둔갑한다는 것은 얼마나 웃기는가? — 누구네 소가 먼저 상처를 입혔느냐에 따라 모든 게 달라진다. 그뿐이다."[154] 우리네 문학에서 신 같은 대가들을 탄핵 받지 않도록 지켜주려는 욕구는 격렬하고 집요하다. 현재형으로 벌어지는 그럴듯한 추문은 모두가 즐긴다. 유혈이 낭자한 상처를 보고 싶어 하는 사

151 Ibid., 82.

152 Shawcross, Introduction to Coleridge, *Biographia Literaria*(1907), vol. 1, xxix.

153 Quiller-Couch, Introduction to Sampson edition of *Biographia Literaria*(1920), xxix.

154 Ozick, *The Messiah of Stockholm*, 63.

람들에게 누구나 자극적인 볼거리를 제공할 수 있다. 그러나 도서관 벽에 높이 걸려 있던 석고상이 추락하는 광경을 참아낼 능력은 우리에게 한참 모자란다. 산 사람이 절벽에서 추락할 때보다도 석고상이 산산조각 날 때 왠지 우리는 더 많이 동요한다. 학자들은 자기네 몸을 밧줄로 묶어 서로 연결하고서 콜리지의 무죄를 수호한다. 토머스 맥팔랜드는 한 책에서 그의 도둑질은 표절이 아니라 "글쓰기의 한 양식 — 모자이크 식 구성에 의한 글쓰기"라고 봤다.[155] 맥팔랜드는 그 후에 쓴 다른 책에서 문학의 형식은 기실 심리적 함수를 따른다고 결론짓는다. "자기를 감싸준 형의 강한 힘과 자신을 동일시함으로써 거세불안을 진정시킬 필요가 표절을 향한 콜리지의 강박증에 커다란 바탕을 이뤘다고 나는 믿는다."[156]

콜리지가 "슐레겔의 작품을 자신이 읽은 순서를 일부러 조작한"[157] 내막을 캐내고, "민감한 상황에 대처하기 위해 고안된 절묘한 임기응변"이었던[158] "신성한 복화술사"라는 착상에 도달한 사연마저 밝힘으로써, 옹호론자들을 사당祠堂에서 쓸어내 버린 사람은 프루먼이었다. 『문학적 자서전』을 쓰고 있을 때, 콜리지는 돈 떨어진 아편 중독자였다. 그리고 1970년대에 몰리 르페뷰어는 그 책에서 마치 해명하는 듯 "알아들을 수 없이 중얼거리는" 소리들은 "명백한 아편쟁이의 자기변명"으로 읽어야 한다고 판정했다.[159] 적어도 1815년을 전후한 시기에, 그는 "급한 돈을 변통하기 위해 작품 하나를 생산해야

---

155 Lefebure, *Samuel Taylor Coleridge*, 488에서 재인용.
156 McFarland, *Romanticism and the Forms of Ruin*, 126.
157 Fruman, 74.
158 Ibid., 99.
159 Lefebure, 489.

할 절박한 필요가 있었지만, 종전에 가지고 있던 역량을 아편이 이미 갉아먹어 버렸다는 비판을 차단할 수 있을 정도로 충분히 높은 지적 풍모를 동시에 보여줘야만 했다."[160] 다른 사람들처럼 엄격한 도덕의 잣대로 표절을 바라볼 능력을 어쩌면 모르핀 때문에 상실했을 수도 있고, 모르핀 때문에 자신의 변명이 그럴듯하다는 환각에 빠졌을 수도 있다고 르페뷰어는 주장한다.[161]

콜리지가 자신에 관해 부린 속임수는 영리했고 대단했다. 쇼크로스도 그런 속임수 하나에 걸렸을 수 있다. 쇼크로스는 그 사실조차도 방향이 잘못 된 찬사에 담아서 공표한다. "자기가 느끼게 된 것 그리고 알게 된 것을 다시 남에게 주고자 하는 충동, 바로 이 충동이 자신의 시적 창조와 사변적 창조의 뿌리에 작용한다는 점을 그는 알고 있었다."[162] 콜리지 역시, 소련의 백과사전처럼, 다른 사람의 창작에 대한 공로를 자기가 먼저라면서 차지하는 경향이 있었다. 『차일드 해롤드의 순례』는 바이런이 구상하기 전에 그의 마음속에 떠올랐었다; 파우스트는 괴테를 찾아가기 전에 그의 상상 안으로 저승사자처럼 방문했었다 — 이런 식으로 그는 주장했다.[163]

그런데 표절범들에게 공통되는 특징 하나는 훔칠 필요가 실제로는 전혀 없다는 점이다. 이는 나중에 이어지는 장들에서 여러 번 다시 등장할 것이고, 콜리지도 마약에 취해서 쪼들렸던 때를 제외하

---

160 Ibid., 488.
161 Ibid., 489.
162 Shawcross, Introduction to Coleridge, *Biographia Literaria*, vol. 1, lxiv.
163 Helmholtz, 352-353.

면 해당하는 특징이다.[164] 월터 잭슨 베이트는 아주 재미있는(아마 그렇게 재미있다고 스스로 생각하지는 못한 듯하지만) 표현을 사용했다. 전체적으로 표절의 결과인 "제12장은 『문학적 자서전』에서 불필요하다. 기실 그것은 하나의 티눈과 같고, 읽기에도 따분해서 전성기의 셸링에는 한참 미치지 못한다."[165] 그러나 내면의 어떤 층위에선가 콜리지는 자기가 무슨 짓을 하고 있는지를 알았고, 그 짓이 필요하다고 느꼈다. 돈과 모르핀에 시달리면서도, "새로운 것을 지어내지" 못하겠다고 고백하는 1811년부터의 편지들을[166] 들여다보자. 할 수 있는 일은 차선밖에 없다. "옮겨 쓰는 것이 내가 할 수 있는 최대한이다."[167] 시 쓰기를 멀리하고, "오리무중의 형이상학을 찾아 건강에 나쁜 수은 광산에서 광부"로[168] 지낸 근래의 행적을 후회한다. 바로 이 문구를 가지고 르페뷰어는 날카로운, 그러나 아주 세밀하지도 않지만 뒤죽박죽도 아닌, 논점을 제시한다.

> "건강에 나쁜 수은 광산에서 광부"로 지냈다는 문구는 많은 얘기를 담고 있다. "수은"이 특히 미묘하면서도 많은 것을 말해주는 단어다. 이 단어는 지적인 원료와 재정적 보상으로 가는 지름길을 동시에 가리킨다. 이는 아울러 채굴된 물질이 진짜 광물이 아니라 독성 물질임을 말해준다. "광부" 역시 여기서 경멸적인 단어로 사용되고 있다. 사

---

164 Peter Shaw, "Plagiary," *American Scholar* 51(Summer 1982)에서 강조되는 특질 가운데 하나가 이것이다.

165 Bate, *Coleridge*, 136.

166 Lefebure, 471에서 재인용.

167 Ibid.

168 Ibid.

상가가 아니라 광부다. 이미 있는 것, 집어 들기만 하면 되도록 준비된 원료, 간단한 육체 동작에 굴종하는 그것을 집어 들어 바깥세상으로 가지고 나오기만 하는 육체노동자다.[169]

피터 쇼는 "들키고 싶은 욕망"이[170] 표절범을 몰아가는 동력이라고 지적한 바 있지만, 만약 이것이 그것이라면, 콜리지는 빚쟁이에 아편쟁이였음을[171] 이미 들킨 상태였다는 사실도 지적할 필요가 있다. 다시 말해, 그가 표절한 것은 부분적으로 자신의 사유습관을 유지하기 위해서였을 수도 있고, 더욱 실천적인 이유로 단지 습관을 계속하기 위해서였을 수도 있다. 꿈속에서 「쿠블라 칸」이 자기를 찾아왔다는 말로 콜리지가 모든 책임을 회피했다는 점에 베이트는 주의를 환기한다.[172] 마찬가지로, 강연 원고들과 『문학적 자서전』을 급하게 쓰느라 초래한 모든 피해를 자기가 언젠가는 보상할 수 있으리라고, 아편 때문에, 느꼈을 수도 있다고 베이트는 말한다.

표절했다는 사실을 적어도 인정한 사례들에는 뭔가 후련하게 곧은 면이 있다. 비평가이자 소설가인 페넬로피 질리엇이 《뉴요커》에 기고한 그레이엄 그린에 관한 인물평이 《네이션》에 실린 다른 작가의 글을 도용했다고 들켰을 때, 《뉴요커》 편집장 윌리엄 숀은 질리엇의 "건강이 나빴다"고 해명했다.[173]

콜리지의 사례는 그가 아편에만 중독된 것이 아니라 표절 자체에

---

169 Lefebure, 471.

170 Shaw, 330.

171 Lefebure, 488-489.

172 Bate, *Coleridge*, 138.

173 *New York Times*, 1979년 5월 12일, 12를 보라.

도 중독되었을 수 있음을 시사한다. 들킬 위험을 그가 가볍게 여기면서 무리한 정도는 아편 과용에 비견할 수 있다. 로버트 그레이브스는 문학적 도둑을 "아무렇게나 무책임하게"[174] 둥지를 짓는 갈가마귀에 비교한다. 그러나 모든 형태의 도둑은 결국 자기-기만적이라고 그는 추측한다. "자기가 도둑이라는 사실을 깨달을 정도의 충분한 감수성을 가지고 있다면 어느 누구도 훔친 물건을 소유하면서 영원히 흡족할 수는 없을 것이다."[175] 콜리지만큼 "불행하지 않은 표절범"이었다면 그렇게 명백한 단서들은 남기지 않았을 것이며, 피터 쇼가 언급하는 "죽음의 소원"은 콜리지의 경우 시릴 코널리가 오래 전에 —다만 표절한 대목에서가 아니라 그가 쓰지 못한 것들에서— 탐지했었다고 베이트는 말한다.[176] 코널리는 콜리지를 "허영과 나태 때문이 아니라 향유와 편안에 대한 깊은 두려움 때문에 걸작에 몰두하지 못하는 …… 그런 예술가들의 수호성인"이라고 부른다.[177] 코널리는 콜리지의 필기장에 기록된 꿈 이야기 하나를 인용한다 — "무섭게 창백한 한 여인에게 위로 아래로 쫓겨 다녔다. 내 생각에 그 여자는 내게 키스를 하고 싶은 것 같았고, 얼굴에 입김을 부는 것만으로 치욕스러운 질병을 옮길 수 있을 것 같았다."[178] 코널리는 이를 "죄의식을 반영하는 꿈"이라고 진단한다. "자신의 뮤즈를 쫓아가지만, 하나의 질환에 불과한 자신의 자아를 그녀에게 전염시킬까봐 두

174 Graves, *The Crowning Privilege*, 207.

175 Ibid.

176 Bate, *Coleridge*, 136; 아울러 Shaw, 330-332를 보라.

177 Connolly, "On Being Won over to Coleridge," in *Previous Convictions*, 158.

178 Connolly, 158에서 재인용한 Coleridge의 메모.

려워 미적거리는 콜리지"의 모습이라는 것이다.[179]

다른 많은 표절범들이 그렇듯이, 콜리지가 이 경기를 스스로 다 마치기 전에 승부를 포기하게 된 까닭은 이와 같은 자기혐오 때문일 수 있다. 승부를 포기하는 모습을 그가 반복적으로 그리고 끈기 있게 보였다는 데에는 이견이 있을 수 없다. "죄책감에 찌든 콜리지는 줄곧 단서를 흘리고 다녔다"고 베이트는 말한다.[180] 그토록 멍청한 표절범이 있을 수 있을까? 흔히 제기되는 이 질문에 대한 답은, 멍청하거나 않거나가 관건이 아님을 깨닫는 한, 그렇다이다. 여기서 작용하는 힘은 죄의식과 강박증이다.

그렇지만 결국은 무죄 방면될 일이었다. 프루먼의 책이 나온 후 10년이 지나, 콜리지는 다시 한 번 대체로 방면되었다. 표절범을 옹호하는 사람들이 행하는 익숙한 방식에 의해서였다. 1982년에 리처드 홈즈는 "신성한 복화술사"라는 문구에 "솔직함과 대단한 관대함"이[181] 담겨 있다고 봤다. 베이트와 그의 하버드 제자 제임스 엥걸은 『문학적 자서전』의 새로운 편집본을 내면서 붙인 서문에서 조심스러운 어조로, 콜리지가 출전을 밝히지 않고 남의 문장들을 집어다가 사용한 "문제"를 제기했다. "콜리지의 '표절'을 논의한 오랜 역사"에 관한 문헌들을 열거한 그들의 목록에 프루먼은 별다른 조명을 받지 못한다. 반면에 페리어는 "악의적"이라고 지칭되고, 콜리지가 죽은 다음에 아버지의 글을 육필로 편집한 사라 콜리지는 양심적이고 꼼꼼하다고 찬양을 받는다는 점이 주목할 만하다. "이 편집본의

---

179 Connolly, 158.
180 Bate, *Coleridge*, 136.
181 Holmes, *Coleridge*, 57.

편집자들은 이 문제를 회피하지 않고 대응한 그녀의 용기를 크게 찬양한다. 현대의 편집기준으로 판단할 때 그녀가 약간 애매모호한 경우가 없지 않으나 이는 용서할 수 있는 정도다."[182]

베이트와 엥걸이 서문에서 대조표를 제시하기도 하지만, "이 주제를 다루지 않을 다른 대안이 없었다"는[183] 말에서도 엿보이듯이, 이 편집자들이 그 문제를 아예 제기하고 싶지 않았던 것 같은 느낌이 든다. 일단 문제를 제기한 다음에 그들은, 선처를 구할 때 으레 동원되는 변명인 칠칠치 못한 필기장 기입과 성급한 집필이라는 이중적으로 맹목적인 핑계에서 약간의 피난처를 찾은 것으로 보인다.

> 콜리지는 독일 서적들 그리고 그 안에 스스로 적어 놓은 주석들을 — 한 문장은 여기서 따오고 두세 문장은 다른 곳에서 따와 서로 붙이는 식으로— 불규칙적이고 혼합적으로 사용한 경우가 워낙 많아서, 맥팔랜드가 "모자이크 식"이라고 부른 작문 형식이 콜리지의 문장에서 반복적으로 확인된다. 가령, 마스나 슐레겔에서 따온 대목이 하나 있다면, 그 다음에 그는 —앞으로 나아가기 전에— 멀찌감치 건너뛰거나, 아니면 그들이 사용한 전거를 파헤치거나, 그것도 아니면 전혀 다른 전거들 또는 자기가 적어놓은 주석들을 느닷없이 서로 섞는다.[184]

---

182 Bate and Engell, Introduction to Coleridge, *Biographia Literaria*, cxiv-cxv. 스턴의 딸 리디아는 아버지의 유고를 처리할 때 효성이 훨씬 부족했다. 편집을 통해 이윤을 남기려는 노력의 일환으로 그녀는 없는 말을 지어내기도 하고 부적절해 보이는 부분을 삭제하기도 했다. Cash, vol. 2, 352.

183 Bate and Engell, cxvi.

184 Ibid.

그러고 나서, 방법의 문제는 제외되고, 범행으로 간주될 소지가 있는 사항은 축소된다. "철학적인 장들에서 출전을 밝히지 않고 사용된 내용은 최대한으로 잡아도 전체 가운데 4분의 1이다. 만약 요약에 해당하는 부류를 제외한다면, 이 장들에 포함된 총 페이지에서 5분의 1을 약간 상회하는 분량이 번역이거나 표현을 바꾼 것들이다."[185]

콜리지가 도둑이었다는 사실은 역겨운 일로 다뤄지지도 않고 그 때문에 그의 명성이 깎여야 하는 것으로 치부되지도 않는다. 오히려 그들은 그 사실을 서로 다른 세 군데에서 세 번이나 "매혹적"인 일로 본다.[186] "신성한 복화술사"라는 문구가 "콜리지에게 그 문제가 얼마나 중요하고 괴로웠는지"를 보여주는 "범상치 않은 단락"의 일부로 해석되는[187] 것과 똑같다. 베이트와 엥걸은 "변론의 수사修辭도 고발의 수사도 없이 사실들을 제시하노라"고[188] 자처하지만, 그들의 전체 논조는 의뢰인의 쩨쩨함에 혀를 차면서도 의뢰인의 편에 서는 변호사의 논조다. 콜리지의 잽싼 잔재주보다는 그의 학식이 더욱 주목을 받고, 그의 방법의 창의성이 부각된다. "우리가 지금 다루는 대상은 —또는 적어도 우리가 지금 일차적으로 다루는 대상은— 잘 정리된 축자적 번역의 덩어리들이 아니라 하나의 화학적 복합물에 더 가까운 어떤 것이다."[189] 베이트와 엥걸은 "『문학적 자서전』에서 강력한 언표적 유사성 또는 노골적인 표절의 문제가 발견되는 셸링의 모

185 Ibid., cxvii.
186 Ibid., cxix, cxxiv, cxxvi.
187 Ibid., cxviii.
188 Ibid.
189 Ibid., cxx.

든 작품"의 제목들을 콜리지가 언급하고 있다는 공로를, 마치 힘들여 이룩한 업적이라도 되는 양 인정한다.

콜리지의 심리는 실로 매혹적인 연구대상이다. 그러나 신전에 경찰을 불러들이기 꺼리는 우리의 심리가 더 놀랍다. 가장 공격적인 탐정 프루먼의 표현에 의하면, "셸링에게서 받은 지적인 은덕을 고의로 부정하려는 마음이 콜리지에게 없었다고 대다수 학자들이 아직도 주장하는 것이야말로 문학의 역사에서 확실한 불가사의 가운데 하나다."[190]

아편 대신에 난초와 맥주에 중독된 (그가 해결하는 사건들로 구성된 소설의 보급판 광고 문안에 "세계에서 가장 영리한 탐정"이라고 소개되는) 통통한 네로 울프[191]는 콜리지의 무질서한 삶에 대조될 만큼 정돈된 삶을 소설 속에서 살아간다. 서35번가에 있는 연립주택에서, 실제 뭔가를 찾아내는 지저분한 업무는 일단의 충실한 부하들에게 맡기고, 화초와 식욕을 배양하는 틈틈이 그는 사건에 관해 궁리한다. 〈표절에 관한 전국 작가 및 극작가 협회와 미국 도서출판업자 협회의 공동위원회〉가 1959년 봄에 그를 찾는다. 필립 하비라는 이름의 소설가가 찾아와, 비록 작가와 출판업자가 서로 적대시할 때가 많지만 "노예와 주인의 이익이 합치할 때도 많다"고[192] 설명한다. 작가나 출판업자나 공히 장물을 거래하다 곤경에 빠질 수 있다. 만

---

190 Fruman, 105.

191 추리소설 작가 스타우트(Rex Stout, 1886-1975)가 창조한 탐정. 이어지는 이야기는 『줄거리 구상』(*Plot It Yourself*)이다. — 역주

192 Stout, *Plot It Yourself*, 5.

약 표절이라고 거짓 고발해서 저작권을 빼앗겠다는 공갈에 저자들이 시달려야 한다면 어느 편에도 이익이 아니다. 상당히 성공을 거둔 저자들에 대해 표절의혹을 제기한 일련의 가짜 주장들이 있었는데, 그 배후에 누가 있는지를 밝혀달라는 임무가 울프에게 부여된다. 『줄거리 구상』에서 작가 여러 명은 자신들의 작품이 오래 전에 비평과 조언을 구하느라 누군가 보내온 육필원고에 근거하고 있다고 고발하는 편지를 받는다. 이런 고발이 가능한 까닭은, 저자들의 활동 공간에다가 그들이 출판한 작품과 비슷한 내용을 담은 오래된 육필원고를 누군가 심어놓음으로써, 그들의 "죄"를 입증하는 증거가 마련되었기 때문이다.

울프가 사건을 해결하기 전에 몇 사람이 우스꽝스러운 방식으로 살해된다. 살인을 표절과 연관시켜서 자아낼 수 있는 효과는 여기서 끝난다. 그러나 이 모든 소동에서 울프에게 가장 중요한 범죄수사학적 증거는 시체 말고 육필원고의 "내면"에 있다. "어휘, 통사, 문단 나누기."[193] 특히 문단 나누기가 중요하다. "똑똑한 사람이라면 자기 문체의 모든 요소를 성공적으로 위장할 수 있지만, 단 한 가지 문단 나누기만은 그럴 수 없다."[194] 재미있는 착상이기는 하지만 별로 믿을 만한 얘기는 아니다. 하여간, 울프는 그렇게 해서 누가 어떤 문장을 썼는지 가려내고, 그리하여 너무 막막해서, 일종의 고행을 감수하는 몸짓으로, 해결하기 전에는 맥주를 끊겠다고까지 했던 사건을 해결한다.

---

193 Ibid., 47.
194 Ibid., 23.

범인은 『문 밖의 노크 소리』라는 제목의 작품을 쓴 온화한 행동거지의 에이미 윈으로 밝혀지는데, 그녀의 심리가 신기하게도 콜리지의 심리와 닮은꼴이다. 그녀는 모든 주인공들 면전에서 자신의 실수를 울프가 헤집어 나무라기를 간절히 바란다. "내게 실수가 없었다는 말은 당신도 할 수가 없겠지. 내가 제대로 한 게 없다고 말해야 할 거야. 안 그래?"[195] 울프는 "굉장히 기민한 솜씨"를 발휘했다고 그녀를 칭찬하며 마무리한다. "스스로 의식하지는 못했겠지만, 그렇다고 단순한 우연의 결과도 확실히 아니지. 의식의 층위 아래에서, 어쩌면 그보다 높은 층위에서, 그대의 독특한 권능이 작용한 것이 틀림없어."[196] 그렇거나 말거나, 그녀의 진정한 죄목은 표절이 아니라, 표절을 부당하게 뒤집어씌운 죄, "표절전가죄"다.[197]

특정 부류의 성행위가 그렇듯이, 표절은 공갈범의 꿈이다. 『줄거리 구상』에서 울프가 신뢰하는 형사 아치 구드윈은 저작권 대리인 한 명과 면담하고서, "표절을 고발하는 자는 누구나 기생충이라는 인상을 그의 어조에서"[198] 탐지해낸다. 실제로 네로 울프처럼 위장이 튼튼한 사람조차 구역질을 느낄 정도로 거짓 고발의 가능성은 불쾌한 일이다.

울프를 창조한 렉스 스타우트는 오랫동안 〈작가 연맹〉의 회장을 지냈다. 작가 로버트 골즈버러는, 스타우트 유산관리자의 승인 아래, 네로 울프가 남긴 수익성 높은 문학적 유적 주변에서 축조된 소

---

195 Ibid., 167.
196 Ibid., 168.
197 Ibid., 15.
198 Ibid., 152.

설들을 이어서 생산하고 있다.[199] 이처럼 군더더기 없는 안배는 스타우트가 해온 수십 년간의 행적과 일치된다. 그는 1909년에 부스 타킹턴과 마크 트웨인이 당시의 상황에 대해 토로한 불만을 들은 후부터 저자들을 위한 저작권 보호를 확대하기 위해 노력하기 시작했고, 그의 노력은 포드 대통령이 1976년에 서명하게 될 개정저작권법을 지지하는 입장을 대변해서 의회의 위원회들에 출석할 때까지 계속되었다.[200]

저작권의 역사에서 중요한 것은 기실 표절보다는 해적질이다. 한밤중에 글을 쓰다가 여기서 한 줄을 훔치고 저기서 한 문단을 훔치는 행위를 못하게 막을 때보다, 아무 권리도 없는 출판업자가 저자들의 책을 대량으로 인쇄하지 못하도록 저자를 보호해 주는 일에 법은 훨씬 더 쓸모가 있다. 그렇더라도 저작권과 표절은 서로 연관되어 있다. 독자와 저자의 마음속에서만이 아니라 실제 역사에서도 그렇다. 표절에 대한 항의의 목소리가 아주 크게 터져 나온 것과 영국에서 최초의 저작권법이 제정된 것이 같은 세기의 일이다. (저자들이 후원자 대신에 펜으로 먹고 산다는) 경제적인 요인들과 (독창성에 덤을 얹어주는) 새로운 미학적 요인들이 함께 섞여 작용함으로써 재정적 밑천이라는 의미와 상상력의 밑천이라는 의미를 공히 담은 문학적 재산이라는 개념이 등장할 수 있었던 것이다.

1710년에 발효한 저작권법, 속칭 〈앤 여왕법〉은 아마도 저자 개

---

199 네로 울프가 계속 등장하는 골즈버러의 소설 『죽음의 마감 시한』(1987)은 스타우트 유산관리자의 "협조와 권면"에 사의를 표한다.

200 McAleer, *Rex Stout*, 407-408. {이 법안은 1975년 1월에 발의되어, 1976년 2월과 9월에 각각 하원과 상원을 통과했고, 10월에 대통령이 서명했다. 렉스 스타우트는 1975년 10월 27일에 88세를 일기로 사망했다. — 역주}

개인보다는 서적 상인들에게 더 이익이 되었을 것이다.[201] 그러나 그 법은 동시에 글쓰기를 등록하는 제도를 확립해서 인쇄기가 있다고 아무나 무슨 글이든 출판할 수는 없도록 만들었다. (동시에 출판업자이기도 했던) 서적 상인들은 다른 사람의 것을 맘대로 인쇄할 수 없게 되었다. 그 법은 많은 질문들을 대답하지 못한 채 남겨뒀고, 그 중에서도 가장 골치 아픈 질문은 저작권이 영구적으로 연장되느냐는 것이었다. 제임스 보스웰이라는 이름의 스코틀랜드 법률가가 승소를 이끌어낸 〈도널슨 대 베케트 사건(1774)〉에서, 법정은 영구적 저작권은 없다고 판결했다. 그러나 〈앤 여왕법〉이 정한 21년의 보호기간은 19세기로 접어들어 42년으로 길어졌다(매콜리는 영구 저작권에 반대했고 칼라일은 60년을 주장하며 사납게 외쳐댔다). 출판되지 않은 저작물은 출판되지 않은 상태로 있는 한 모두 관례에 따라 보호를 받는다. 일단 인쇄되면, 법은 보호의 조건과 기간을 정하고 제한해야 한다. 단, 그와 같은 보호를 해달라고 특정한 신청이 먼저 이뤄져야 한다.

19세기의 저작권 분쟁들은 국내 민사사건으로 시작해서 국제적인 분쟁으로 비화했다. 영국의 작품을 미국에서 찍어낸 해적판이 특히 악명 높았다. 디킨스가 연재한 소설 최근호를 구해서, 넬 트렌트가 아직 살아있는지를 알기 위해 미국의 독자들이 부두로 몰려들었다는 얘기는 모두들 들어봤을 것이다. 디킨스의 소설은 당시에 미국에서 저작권 보호를 받지 못했다. 1842년에 미국을 방문한 디킨스 본인이 "국제 저작권, 이 두 단어를 귀에 대고 속삭여달라"고[202]

---

201 Bloom, *Samuel Johnson in Grub Street*, 207ff.

202 Welsh, *From Copyright to Copperfield*, 32.

청중에게 사정했다. 전혀 무리가 아닌 요구였지만, 이기적으로 비치지는 않도록 조심했다.

> 미국에서 [작가 여러분이] 노동한 만큼 영국으로부터 상당한 이윤과 보상을 권리에 따라 받고, 영국의 우리 또한 상당한 이윤과 보상을 노동한 만큼 받을 날이 너무 멀지 않기를 나는 바랍니다. 제발 내 말을 오해하는 일은 없기를 빕니다. 하루하루를 살아갈 나 자신의 명예로운 생계수단을 확보하고 있기 때문에, 금으로 만든 산더미나 광산보다 나는 나와 더불어 사는 이웃들로부터 애정 어린 배려를 더 원합니다.[203]

디킨스가 원했던 종류의 보호를 미국이 처음으로 제공한 것은 1891년의 일이다. 그리고 미국은 그 후 100년이 넘도록 여러 면에서 국제 사회의 괴짜 노릇을 계속했다. 국제 저작권에 관해 1886년에 제정된 베른협약에 미국이 참여하도록 상원이 허락한 것은 1988년에 이르러서였다.

『저작권에서 코퍼필드까지』에서 알렉산더 웰시는 디킨스가, 자신의 상상 안에서, "유럽을 위해 돌아다니며 싸운 기사"가[204] 된 과정을 써내려간다. 19세기 중반에는 디킨스가 이 분야의 유일한 운동가가 아니었다. 1852년 이전 프랑스는 이미 어디에서 쓰였든 글로 쓰인 모든 작품에 보호막을 쳐줬고, 그래서 명망 있던 영국의 작가 찰스 리드로 하여금 영국인들이 여전히 프랑스에서 창작된 작품들, 특

---

203 Ibid., 31.
204 Ibid., 36.

히 희곡을 해적질한다는 것은 수치스럽게 퇴행적이라고 생각하게 만들었다. 리드는 싸울 가치가 있는 대의명분을 찾았다. 영불해협 너머에 있는 전통적 적국이 지키는 윤리에 영국으로 하여금 맞춰 살게 하자. 이기적으로 비칠 가능성을 워낙 걱정한 디킨스는 자신이 창조한 인물 가운데 위선의 대명사로 사전에 오르기까지 하는 펙스니프의 역할을 "주관적으로 실현할"[205] 태세까지 갖추고 있었음을 웰시는 보여준다. 찰스 리드에게는 그런 걱정이 없었다. 재정적 이익보다 꽤나 더 심각한 혐의가 자기를 겨냥해서 제기될 수 있었는데도 그랬다. 당대 영국인 저자들 가운데서 국제 저작권 운동을 가장 선두에서 이끌었던 리드는 동시에 빅토리아 시대 영국에서 가장 전투적인 표절범이기도 했다.

---

205 Ibid., 39.

제 2 장

선량한 리드

: 비행(非行) 그리고 「마드무아젤 드 말페르」

> 도둑은 사람이다. 그리고 도둑의 일생은 아이들이 "국경을 맞대고 있는 나라들"을 조금씩 알아나갈 때처럼 지리적인 조각들로 이뤄진다. 조각들은 각각 하나의 수수께끼다. 그러나 그것들을 조심스럽게 한데 맞추고 나면, 보라! 지도가 생긴다.
>
> _ 찰스 리드, 『어떤 도둑의 자서전』에 붙인 서문

오리건 주, 포틀랜드의 재건된 중심가는 오늘날 점점 더 근사한 장소다. 그러나 이 도시에는 여전히 비 오는 오후가 다른 곳보다 많다. 멋진 멀트노마 카운티 공공도서관 사업에는 이것이 좋은 결과를 빚으리라고 예상할 수 있다. 우산 없이 지나가던 행인이 도서관에 비를 피하러 들어간 김에, 서가를 둘러보다가 꿈같은 느낌에 취해, 가령 「쿠블라 칸」을 다시 읽어볼 생각에 설레며 콜리지의 시집 한 권을 책꽂이에서 뽑아 내릴 것이다. 잠시 후, 창밖을 보니 소나기가 그치고 해가 다시 나올 기색이면, 책을 대출받아 테일러 가 방향의 도서관 남쪽 출입구 바깥에 문인들의 이름이 새겨진 석조 벤치 위에 앉아, 안에서 읽던 곳에서부터 계속 읽을 수도 있다. 물기를 닦는 사이에 기억을 되살리면서, 『물의 아이들』을 리드가 썼던가 …… 아니야, 그것은 찰스 킹즐리였지, 이렇게 그는 빅토리아 시대의 소설가 찰스 리드의 이름이 새겨진 벤치를 찾을 것이다. 하늘에서 예상 외로 해가 쨍쨍 내리쬐면, 「쿠블라 칸」을 읽을 만한 오후가 아님을

깨닫고, 일어나 메인 스트리트 쪽으로 돌아가는 걸음을 뗀다. 리드의 벤치 다음 벤치를 지나다 조지 보로의 이름이(그가 쓴 작품이 뭐였더라?) 새겨진 것을 보고는, 비를 피할 곳을 찾던 단어애호가는 미소를 짓는다. 리드 다음이 보로야?[1] 오래전 누가 벤치에 이름을 배열했는지 몰라도 잠재의식을 일깨워 도서관을 홍보하는 셈인가?

어쩌면 그랬는지도 모른다. 하지만 이 방문객이 찰스 리드를 좀 더 알아보기로 작정했더라면, 조사를 시작하자마자 리드를 기념하는 조형물이 보로의 조형물 바로 옆에 서있어야 할, 비록 의도되지는 않았겠지만, 좋은 이유를 찾았을 것이다. 문학적 차용에 대한 찰스 리드의 태도는 지독히도 착종되고 역설적이었다. 복음을 목청 높여 부르짖는 뒷전에서 악마와 어울려 빈둥거리는 전도사처럼, 그는 좌충우돌로 가득 찬 한 번의 인생살이에서 국제 저작권을 제창한 주동자이면서 동시에 영불해협 건너편에서 쓰인 작품을 부끄러운 줄도 모르고 들여온 밀수꾼이라는 양면성을 달성했다.

리드의 이야기를 진행하기 전에, 한 가지 밝힐 사항이 있다. 이 장을 내가 구상하기 시작한 것은 어느 여름날 아침에 윌리엄 월시의 『문학적 호기심 길잡이』를 발견했을 때였다. 멀트노마 카운티 도서관이 아니라 뉴욕 시 5번 애비뉴와 40번가가 만나는 곳에 있는 미드-맨해튼 도서관에서였다. 894페이지에, 월시는 이렇게 적었다. "'표절에 관한 호기심'을 다룬 자료들을 모으자면 마담 샤를 레보가 쓴 단

---

1 보로(Borrow)는 사람 이름이지만, 보통 단어로는 빌리다, (도서관에서 책을) 대출하다, (남의 글을) 베껴 쓰다 등의 뜻도 가진다. 리드(Reade)의 이름은 읽다의 뜻을 가지는 read와 발음이 같다. 리드와 보로는 일차적으로 책을 대출해서 읽는다는 연상을 일으킨다. — 역주

편소설이 겪은 변화무쌍한 모험담에 특별히 한 장을 할애해야 할 것이다."[2] 월시는 이 단편소설 제목을 「마드무아젤 드 말피에르」라고 적었다. 그리고 1883년에 찰스 리드에 의해 출판된 「우리 아저씨네 집 식당에 걸린 그림」이라는 제목의 작품이 정확히 그의 것이 아닌 것 같다고 말한다. 표절에 관한 책을 쓰고 있던 사람에게 이것은 너무나 멋진 선물꾸러미라서 바로 속을 열어보지 않을 까닭이 없었다.[3]

찰스 리드는 1814년 6월 8일, 옥스퍼드셔에서 소박하게나마 자리를 잡은 시골 신사의 열한 번째 아이로 태어났다. 그의 희곡들을 최근에 편집해서 출판한 마이클 해미트는(찰스가 사랑했던 누이 줄리아를 빼먹은 듯하다) 이렇게 설명한다. "형과 누이가 아홉인 다음에 아들로 태어난다는 것은 자산이라고는 없이 태어난다는 뜻이었다. 아버지 재산을 밑천으로 살아야 할 형들만도 많았기 때문이다. 게다가 넓은 세상에 내던져지는 셈과 같은 출생이었다. 가장 나이 많은 형들은 너무 멀리 나가 살고 있어서 한 번도 만난 적이 없었다."[4] 리드는 결국 자기 힘으로 인생을 개척할 수밖에 없었고, 소설과 희곡을

---

2 Walsh, *Handy-Book of Literary Curiosities*, 894.

3 엄밀하게 따지면, 월시는 이 몇 마디 사실을 전하는 와중에서도 몇 가지 실수를 저질렀다. 리드가 출판한 소설 제목은 단순히 「우리 아저씨」이고, 1883년이 아니라 1884년에 나왔다. 그리고 원작에서 말페르는 Malepeire인데 월시는 Malepierre라고 표기했다. 『문학적 호기심 길잡이』라는 책 자체가 이것저것을 급하게 끌어다 모아놓은 금맥 같은 성격임을 감안하면, 이 정도는 분명히 이해할 수 있다. 이런 결함에도 불구하고 이 책은 도서관에서 듀이 십진법으로 823번 서가에 자리를 잡기에 충분하고도 남는다.

4 Hammet, in Reade, *Plays by Charles Reade*, 26. 해미트가 희곡들을 모아 펴낸 편집본에 달린 전기적 사항들은 말콤 엘윈이 쓴 리드 전기에 붙은 「주요 사건 요약」을 표절한 것이다.

쓰고 싶었지만, 작가로서의 경력은 아주 늦게 —학자로서 긴 경력을 쌓은 다음에(사이사이 작품을 쓰기는 했다)— 말하자면 두 번째 경력으로 시작되었다.

리드는 1835년에 옥스퍼드 대학교 모들린 칼리지에서 고전을 전공하여 우등 3급 학위를 받았고, 그 해 임시 펠로가[5] 되었다. 학문은 기질에도 안 맞았고 학자로 출세할 야망도 없었지만, 그는 여러 해 동안 모들린 칼리지에서 문예 분야 담당관보, 재무관, 부학장 등을 역임했다. 법률도 공부했고 변호사 자격도 취득했지만, 현업에서 활동은 거의 하지 않았다. 문학적 성공을 향한 꿈과 함께 수입 바이올린을 판매한다든지 스코틀랜드에서 청어 어장을 경영하는 등의 별난 사업에 한 눈을 팔았기 때문이다. 옥스퍼드의 펠로였기 때문에 금혼 서약을(소설 『수도원과 벽난로』에서 그는 이 계율을 공개적으로 비난한다) 지켜야 했지만, 런던에 거처를 마련하고 여배우 로라 시모어와 함께 살았다.

희곡으로 성공하는 것이 그의 첫 번째 문학적 목표였다. 그리고 37세가 된 1851년에 그의 첫 번째 연극인 「숙녀들의 싸움」이 런던의 올림피아 극장에서 상연되었다. 오귀스트 외젠 스크리브와 에르네스트 르구베가 프랑스어로 쓴 원작을 번안한 만큼만 "그의" 것이라고 할 수 있는 작품이었다.[6] 프랑스에서 "잘 만들어진 희곡들"을 수입해서 영국식으로 번안하는 작업은 영국의 극장 경영자들에게 부를

---

5 펠로(fellow): 대학의 의사결정에 참여할 자격을 가지는 대학공동체의 정회원. 교수, 연구원, 동문, 지역주민, 재학생 등으로 이뤄진다. — 역주

6 Elwin, *Charles Reade*, 73. 문학적 차용에 관한 르구베 본인의 견해는 아래 244페이지를 보라.

안겨주었고, 19세기 대부분을 통해 성행하여 영국의 창작 희곡은 침체에 빠졌다. 이토록 인기 있는 파리의 희극과 멜로드라마들을 공짜로 들여올 수 있는데 극장 경영자들이 국내의 창작 역량에 왜 돈을 내야 한단 말인가? "피피"와 "장"을 "이피"와 "잭"으로 바꾸기만 하면 될 일이었다.

영국과 프랑스 사이에 1851년에 맺은 저작권 협약에 허점이 있어 그와 같은 해적질이 방치되었던 것인데, 보수를 받지 못한 프랑스의 극작가들을 위한 보호책을 마련하는 일을 찰스 리드는 개인적인 목표로 삼았다. 자기 자신이 보수를 지불하지 않고 희곡의 번안과 협동 작업을 통해 작품을 발표하고 있는 와중에 이처럼 겉보기에는 높은 도덕을 추구하는 투쟁전선에 부업으로 나선 것이다. 「숙녀들의 싸움」을 내놓은 직후에 그는 작가 톰 테일러와 함께 『가면과 얼굴』의 집필에 착수했다.

그러나 리드는 독창적인 희곡과 소설의 단독 저자라는 명성을 원했다. 오스트레일리아의 금광지대를 무대로, 이국적인 세부묘사를 무대 위에 사실적으로 재현한 탐욕의 멜로드라마 『황금』의 집필을 1852년에 마쳤다. "내가 비록 프랑스의 작품들을 번안하기는 하지만, 굳이 힘든 길을 가고자 하면 창작도 할 수 있다는 것을 사람들에게 보여주고 싶었다. 그리고 솔직히 말해 창작은 힘든 길이다."[7] 황금』은 무대에서 약간의 성공을 거두었고, 1856년에는 소설로도 재탄생했다. 리드가 새로 붙인 제목 『아직도 늦지 않았다』를 달고서였다. 실제로 리드는 소설가로서 진정한 명성을 얻을 팔자였다. 포틀

---

7 Elwin, 84에서 재인용.

랜드 시립도서관 앞 석조 벤치에 이름이 새겨지는 종류의 명성 말이다. 싸워야 할 곳이라고 생각되면 어디서든 싸우도록 전사로 태어난 리드는 (야만적인 감옥, 뇌물에 찌든 정신병원, 위선적인 교회 등) 부패한 제도들에 항거하는 소설들로 이름을 날리게 된다. 리드가 존경해마지 않았던 디킨스조차도 리드의 소설에 견주면 사회적 문제에 목소리가 약한 것처럼 비칠 정도였다.

리드의 생전에 그의 주위에는 열렬한 찬미자들과 마찬가지로 적들이 우글댔다. 그가 죽은 후에도 전기 작가들과 비평가들은 마찬가지로 강하고 극단적인 느낌을 표시해왔다. 말콤 엘윈은 1931년에 펴낸 연구에서 리드의 초인적인 정력을 찬미했다.

> 이 인물의 대단한 결단력 앞에서 누가 경이를 억누를 수 있을까? 외롭고, 고집 세고, 태생적으로 친구를 좋아하고 다정한 성격이었지만, 공감에서 나오는 격려를 통해 마음이 편해지는 기회를 갖지 못했던 사람이 까다롭고 자기중심적으로 되고, 괴팍하다는 평판을 받은 것을 두고 누가 이상하게 생각할 것인가? 대부분의 사람들이 쓸데없는 방탕에 인생을 낭비하거나 눈에 보이는 경력을 쌓기 위한 준비에 몰두하면서 보내는 30대와 40대의 대부분 동안, 리드의 마음속에서는 남모를 야망이 불타오르고 있었다.[8]

엘윈보다 30년 후에 『찰스 리드: 빅토리아 시대 작가 연구』를 쓴 웨인 번즈 교수는 자기가 연구대상으로 삼은 작가에 대한 역겨움을

8 Elwin, 41.

숨기지 않았다. 사실을 말하자면, 아마도 찰스 리드 본인의 작품을 읽으면서 습득했을 법한 강력한 경멸을 담아 그는 그 역겨움을 표현했다.

> 그가 허구에 담아서 공표한 개인적인 철학은 복음주의, 토리주의, 벤담주의 등이 뒤범벅된 데서 떨어져 나온 쓰레기 조각들에다가, 자만심으로 가득하지만 뜻대로 되는 일은 없는 자기중심적인 외톨이의 발가벗은 감정을 옷으로 가리는 베이컨류의 방법에 의해서 누더기 아래로 은폐되었다. 리드 부인의 아들로 고향의 토리 복음주의에서 아직 벗어나지 못한 상태의 벤담주의적 반항아. …… 자기기만은 조금만 진행되면 정신병이 된다.[9]

출발이 늦었던 것을 만회하기 위해 노력하다 보면 신경과 체력이 소모되고, 무엇보다도 철저한 자기관리가 필요하다. 빅토리아 시대의 위대한 사실주의 문학에서 이름을 내고자 했다면, 삶의 작은 편린들 가운데 작품 안으로 용해되어 들어갈 수 있는 원료를 단 하나도 흘려보내지 않도록 유의해야만 했다. 여기저기서 기사와 문구를 오려내고, 생각들과 논평들과 반박들과 메모들과 사실들을 크고 무거운 필기장 여러 권에 붙여 넣고 적어 둔 것은 바로 그 가장 부지런했던 시대의 일들을 가능한 한 모두 포착하기 위해서였다. 리드에게 그것은 모두 나중에 연극과 소설로 제련할 광석이었다. 자기가 읽은 것 모두에 강박적으로 주석을 달았던 콜리지처럼, 리드는 잠재

---

9 Burns, *Charles Reade*, 63.

적으로 유용한 지식들을 모아 놓은 이 엄청난 분량에 색인을 만들어 달아놓기까지 했다. "여러 권의 비망록과 요약을 적어둔 필기장에 제목으로 기입된 주제들의 목록"에서 F로 시작하는 항목들을 보면, 리드가 얼마나 정력적이었는지와 더불어 탐구를 향한 그의 호기심이 어떤 방향을 지향하고 있었는지도 엿볼 수 있다.

> F. Fabulae verae(실제로 있었던 이야기들)/ Faces(얼굴들)/ Facts(사실들)/ Fagging(후배 기합주기)/ Famous Frauds(유명한 사기들)/ Fallacies(오류들)/ Fashionable Revelations(주목을 끈 폭로들)/ FOEDA OLIGARCHIA or the deeds and words of the Trades Unions(더러운 과두정, 또는 노동조합들의 행위와 발언)/ Fathers(아버지들)/ Female Writers(여성 작가들)/ Fiction, unprofessional(전문적이지 않은 허구)/ Figures(숫자와 도형)/ Finance(금융)/ Fires(불)/ Ladies on fire, Dancers on fire, Houses, Prisons, Ships, Railways, etc.(불난 부인들, 불난 무용수들, 집들, 감옥들, 선박들, 철도들, 따위)/ Flint Jack(고대 유물을 날조해서 팔아먹은 에드워드 심슨의 별명)/ Floods(홍수들)/ Foemina Vera, or Woman as she is Foemina Ficta, or Woman as she is drawn by writers(진정한 여인, 또는 작가들에 의해 그려진 여인상)/ Forgery(위조)/ Foul Play(협잡)/ Fortune, its vicissitudes(운수, 운수의 부침)/ Foundling Hospital(고아원)/ Funerals(장례식들)/ Fures generosi(고귀한 도둑들).[10]

---

10 Sutcliffe, "Charles Reade's Notebooks," 107.

리드의 필기장을 연구한 대표적인 학자 에머슨 그랜트 서트클리프 교수는 1934년에 "의도적으로 그리고 철저하게 기록을 남긴 최초의 소설가라는 위상"을[11] 리드에게 부여할 수 있다고 주장했다. 영어 소설의 역사에 관해 어니스트 베이커처럼 명망 있는 학자도 "찰스 리드의 필기장들은 졸라의 필기장들만큼 유명하다"고[12] 선언했다. 글을 쓰느라 바쁘게 보낸 리드의 일생 중 어느 대목을 조사해 들어가더라도 그의 필기장을 만나게 된다.

리드에게는 천부적 재능과 열정과 관대함과 괴팍함이 충분해서, 디킨스가 다름 아닌 그의 다양한 모습을 따서 십여 명 이상의 인물을 창조했을 정도였다. 자신의 성공에 대한 리드의 과장된 만족은 디킨스의 소설 『어려운 시절』에 나오는 바운더비 씨와 그 이상 닮은 예가 없을 정도로 닮았다. 그리고 사실의 중요성을 복음처럼 목청 높여 설교하는 모습은 같은 소설에 나오는 토머스 그래드그라인드가("단 한 가지 필요한 것"- 사실)[13] 저자로 현신한 것 같다. 『어떤 팔푼이』에 붙인 머리말에서 리드는 이렇게 소리친다. "조금이라도 가치가 있는 모든 소설은 사실에 근거를 둔 것이다 …… 내 소설 가운데 2백 마리 가량의 서로 다른 암소들에서 짜낸 우유를 한 통에 섞는 식으로 쓰지 않은 것이 거의 없다."[14]

---

11 Ibid., 64.

12 Baker, *The History of the English Novel*, vol. 7, 77.

13 "단 한 가지 필요한 것"(The One Thing Needful)은 『어려운 시절』 제1권 제1장의 제목이다. 이 장은 오직 사실만이 단 한 가지 필요한 것이라는 화자의 말로 시작한다. 이 문구 자체는 「누가복음」 10장 42절, "그러나 필요한 것은 한 가지뿐이다"(But one thing is needful)에서 나왔다. — 역주

14 Reade, Preface to *A Simpleton*, v.

대부분의 소설가들이 이와 같은 잡일에 종사하지만, 대부분은 이렇게 큰소리로 떠벌이지 않고 참고하는 책도 이만큼 많지는 않다. 토머스 핀천은 자신의 초기 단편들을 모아낸 『늦게 배우는 사람』에 붙인 머리말에서 1959년에 쓴 단편 「장미꽃 아래」에서 1899년판 베데커 출판사의 이집트 여행안내서를 얼마나 이용했는지 밝히고 있다. "윌리 서튼이 금고를 강탈했는지는 잘 몰라도, 내가 베데커를 약탈한 것은 확실하다. 내가 한 번도 가본 적이 없는 시대와 장소의 세부사항에서부터 외교단원들 이름에 이르기까지. 케벤휠러-메취 같은 이름을 누가 지어낼 수 있었겠는가? 내가 그때 그런 것처럼 다른 사람들도 홀려서 그런 수법을 쓰는 일이 없도록, 한 가지만 지적해야겠다. 그것은 소설 작법 치고 치사한 수법이다."[15] 아무리 많은 자료들을 뒤적이더라도, 남의 글을 연구하는 것만으로는 자기 스스로 "인간적 실재 안에 디딘 발"[16] 만한 것이 나올 수 없다. 문학적 도둑질은 하나의 "매혹적인 논제"라고 그는 선언한다. "형법처럼 여기에도 등급이 있다. 한쪽 끝에 표절이 있고, 다른 쪽 끝에는 변용이 있다. 그러나 모두 잘못된 절차의 다양한 형식들이다."[17]

그렇지 않다. 홀린셰드와 플루타르코스가 없었다면 어떻게 셰익스피어가 있었겠는가? 작가들, 특히 "역사"를 다루는 소설가들과 극작가들이 약간은 연구를 하기를 우리는 기대하는 것이 진실이다. 그런 다음에 그렇게 연구한 결과를 자신의 언어로 표현해서 말이 되는 얘기로 만들고 생명을 부여하기를 우리는 기대한다. 작가들은 그

---

15 Pynchon, Introduction to *Slow Learner*, xxviii.

16 Ibid.

17 Ibid., xxvii.

럴 때도 있고 그러지 않을 때도 있다. 플루타르코스를 영어로 옮긴 노스의 번역본에서 클레오파트라의 연회용 바지선을 아헤노바르부스가 묘사하는 대목을 셰익스피어가 어떻게 추종하고 있는지 목격할 때, 우리는 단지 호기심을 느끼고 재미있어 한다. 셰익스피어만큼 모든 비평을 초월하는 작가가 아니라면, 서술의 육즙이 흐르는 중간에 역사의 덩어리가 포착될 때마다 우리는 거부감을 느끼는 경향이 있다. 고어 비달의 『링컨』에 대한 서평에서 조이스 캐롤 오츠는 그 작품이 논란거리라고 봤다.

> 왜냐하면, 역사학의 연구결과들을 너무나 착실하게 따르고 있으며 …… 내용 위에다가 소설다운 독특한 구조나 언어를 전혀 씌워놓지 않았기 때문이다(예를 들어, 부스가 링컨을 죽이는 장면을 놀랍도록 짧게 처리한 것은 루이스 J. 와이히만, 조지 S. 브라이언, 토머스 리드 터너 그리고 여타 전문적인 역사학자들이 연구한 결과를 요약하고 종합해서 스티븐 B. 오츠가 새로이 쓴 「에이브럼 링컨: 신화 뒤의 인간」에서 그 장면에 한두 페이지만을 할애한 것과 매우 흡사하다).[18]

『어떤 팔푼이』의 머리말에서 리드는 자기가 보일의[19] 남아프리카 여행안내서에 신세를 졌다고 인정하면서, 독자들에게 그 책 원본을 구해 읽어보라고 권한다. "보일 씨는 화가의 눈과 작가의 펜을 가졌다. 만일 『어떤 팔푼이』에 나오는 아프리카의 장면들이 내 독자들에게 재미가 있다면, 샘물의 원천으로 가서 더 많은 재미를 찾기 바

18 Oates, "The Union Justifies the Means," 37.
19 프레더릭 보일(Frederick Boyle, 1841-1914). — 역주

란다."[20] 이는 상당히 도량이 커 보이지만, 리드가 이 주제를 거론하는 것은 오직 "다른 책에서 빌려다 쓰는 표절범이라고 나를 공격하는 반론이, 물론 격식과 예의를 갖춘 언어를 통해, 최근에 제기된 바가 있기"[21] 때문임을 기억할 필요가 있다. 항상 그렇듯이, 그는 타격을 가할 수 있는 기회를 기꺼워했는데, 여기서도 사실에 근거한 자신의 소설을 변호하기 위한 좋은 기회를 잡아 다음과 같은 주장을 펼쳤다. "사실들의 원천이 개인적 경험인지, 들은 얘기인지, 아니면 출판된 책인지는 지푸라기 한 올 만큼도 중요하지 않다. 다만 그 책들이 허구의 작품은 아니어야 한다."[22]

그러나 궁금하지 않을 수가 없다. 책 한 권마다 암소 2백 마리에서 우유를 짠다고 할 때, 우유 통에 가득한 자료조사의 결과를 자기 자신의 색깔을 가진 독창적인 허구의 산문에 진실로 동화시킬 수 있을까? 그리고 우유를 짜고 싶은 곳에서 필요한 만큼 짜내는데 익숙해질수록, 금지된 곳 즉, "허구의 작품"에서도 우유를 짜내기가 쉬워지는 것이 아닌가? 나아가 우유만 짜는 것이 아니라 암소를 도살해서 고기 전체를 들고 달아나기도 쉬워지는 것 아닌가?

리드의 단편 「어떤 도둑의 자서전」에서 주인공 토머스 로빈슨은 독자에게 이렇게 말한다. "연구할 가치가 있다고 생각되는 어떤 사업에서도 밑바닥에 머무르는 것은 내 방식이 아니었다."[23] 연극계에 대한 리드의 공격이 계속되면서, 그의 필기장은 두꺼워졌고 소설에 대

---

20 Reade, Preface to *A Simpleton*, vi.

21 Ibid., v.

22 Ibid.

23 Reade, *The Autobiography of a Thief and Other Stories*, 9.

한 공격으로 두 번째 전선이 조성되었다. 『크리스티 존스턴』은 『황금』처럼 처음에 희곡으로 탄생했다가 1853년에 그의 첫 번째 장편소설로 발간되었다. 사회 현실에 대한 함의를 담고 있는 이 스코틀랜드의 연애 이야기에서부터 시작해서, 리드는 『아직도 늦지 않았다』, 『돈뭉치』, 『반칙 행위』, 『그리피스 곤트』, 『입장을 바꿔보라』, 『무서운 유혹』, 『여성을 혐오하는 자』와 같은 개혁을 표방하는 전투적인 소설들을 연이어 생산했다. 에드워드 7세 시대의 비평가 윌리엄 도슨이 지적했듯이, 소설가로서 리드의 성취는 극작가로 출발한 배경 때문에 방해를 받은 듯하다. "그는 위기일발의 장면을 만드는 모습이 너무나 빤하다. 언제나 활인화를 그려놓고서는 막을 내린다."[24]

그의 장황한 역사소설 『수도원과 벽난로』(1861)는 사회의식을 담은 일군의 소설들과는 눈에 띄게 다르다. 이 작품은 에라스무스의 아버지의 일생을 바탕으로 삼은 대단한 분량의 중세 연애 이야기인데, 오스카 와일드에게서 많은 찬사를 받았다. 와일드가 「거짓말의 쇠퇴」에서 이 작품을 기리는 대목을 보면 이 심미주의자가 리드의 작품 전체를 어떻게 보았는지 희미하게나마 드러난다.

> 그는 훌륭한 책 한 권, 『수도원과 벽난로』를 썼다 …… 그러고 나서는 근대적이 되려는 시도로, 죄수들을 가두는 우리의 감옥의 현실 그리고 사립으로 운영되는 우리의 정신병원의 관리에 공중의 관심을 끌어 보려는 바보 같은 일에 나머지 인생을 낭비했다. …… 예술가이자 학자이자 진정한 미적 감각을 가진 사람으로서, 흔한 격문 작성자 또는

24 Dawson, *The Makers of English Fiction*, 167.

감상적인 언론인처럼, 당대 사람들이 부대껴야 했던 폐습들에 분개하여 소리를 질러댄 찰스 리드의 삶은 실로 천사들이 눈물을 흘리지 않을 수 없는 광경이다.[25]

반세기 후에 조지 오웰은 와일드와 의견을 달리하면서, 많은 자료조사를 거쳐 집필된 리드의 소설은 "쓸모없는 지식의 애교 …… 서로 연결되지 않는 산더미 같은 정보",[26] 그로써 완화하고자 하는 흉포함에는 더 이상 (설사 한때 적실성이 있었더라도) 적실하지 않은 정보들로 가득 차 있다고 논평할 수 있었다. 그러면서도 오웰 역시, 과거와 현재의 여타 비평가들처럼, 리드에게 "생생한 서사의 재능"이[27] 있었다고 칭찬한다.

실상을 말하자면, 리드의 이야기를 이끌어나가는 힘이라는 것은 다른 많은 저자들이 각기 작품에서 말하는 내용을 그들보다 더 빠른 속도로 말할 수 있는 능력이었다. 그가 항상, 오웰이 말했듯이, "줄거리를 훌륭하게 짜내는 사람"이었는지는[28] 상당한 논란을 낳을 만한 질문이다.

리드가 아직 소설가로서 위상을 확보하기 위해 애쓰던 1854년, 마담 샤를 레보는 이미 경험 많은 작가로서 안정된 입지를 누리고 있었다. 52세의 이 작가는 오랫동안 프랑스의 정치생활과 문예생활에

---

25 Wilde, "The Decay of Lying," in *De Profundis and Other Writings*, 66.

26 Orwell, "Charles Reade," in *My Country Right or Left*, 34.

27 Ibid.

28 Ibid., 36.

서 나름의 명예로운 틈새를 차지하고 있었다. 그녀의 스물두 번째 소설, 후일 그녀의 대표작으로 간주될 『마드무아젤 드 말페르』라는 제목의 앙시앵 레짐을 배경으로 한 작은 소설은 일류 월간지 《두 세계의 논단》에 연재되고 있었다. 자유로운 의사의 딸, 파니-앙리에트 아르노는 1802년 엑상프로방스에서 태어났다. 그녀의 어린 시절 친구 중에는 미래에 프랑스 수상이 될 아돌프 티에르도 있었다.[29] 그녀는 《콩스티튀쇼넬》의 편집장이던 조제프-샤를 레보와 결혼했다. 그의 형 루이 레보는 1848년의 혁명에서 주요 역할을 담당했던 자유주의 언론인이자 정치경제학자였고, 무엇보다도 풍자소설가였다.

마담 샤를 레보의 많은 소설 대부분은 주인공의 이름을 제목으로 단(『파비아나』, 『테레자』, 『제랄딘』, 『두 명의 마르게리트』) 연애 이야기로서, 수녀원 생활과 프로방스 지방의 풍습에 관한 자신의 지식 그리고 자신이 태어나기 십여 년 전에 폭파되어버린 혁명 전 세상에 관해 전해들은 얘기들을 바탕에 깔고 있었다. 그녀가 소설 쓰는 법을 익히게 된 것은 우연한 일이었던 것으로 여겨진다. 친구 한 명이 에스파냐로 살러 가는 바람에 에스파냐어를 배우기로 결심했고, 에스파냐 연애소설들을 번역하게 되었다.[30] 간접적인 방법이기는 하지만, 이렇게 끈질긴 작업을 통해 배운 결과는 꾸준한 보상으로 이어졌다. 스물다섯 살 이후로 거의 해마다 그녀의 새 작품이 독자층을 확보한 채로 각지의 도서관에 비치되었다. 그녀의 작품은 프랑스의 안과 바깥에서 우호적인 비평, 심지어 아양을 떠는 듯한 비평까지 받았다.

19세기 중엽에 그녀의 작품에 관해 불쾌한 단어를 단 한 마디라

---

29 194페이지의 각주 35를 보라.

30 Anonymous, “Madame Charles Reybaud,” *Temple Bar*, 72.

도 사용한 문학비평은 찾기 힘들다. 에밀 몽테귀는 《두 세계의 논단》에서 그녀를 "이 발랄하고 민감한 여성"이라고[31] 불렀다. 이야기를 풀어나가는 그녀의 재능이 구전 문학의 전통에서 나온 것으로 보이며, 개혁파들과 어울려 지내며 글을 쓰면서도 그녀가 지위를 상실한 귀족들에게 공감할 수 있다는 점이 괄목할 만하다는 것이었다. 그렇지만 어떤 점에서는 그토록 괄목할 만하지는 않다. 몽테귀가 올바르게 지적했듯이, 그녀의 서사는 연애하는 이야기들로, 철학적 체계나 사회적 문제와는 관련이 없었다. 이야기를 전개하는 재능과 연상 작용을 불러일으키는 작은 항목들을 쌓아 나가는 재주는 타고난 소질이었을 뿐, 당금의 19세기를 지배하게 될 사회적으로 유용한 소설이라는 이념은 망각하고 있었다. 토막 내서 줄여 쓴 욕설들과 미래에 실현되기로 기대되는 대의명분들로 가득 찬 리드의 필기장을 설사 그녀가 봤더라도, 도저히 알아들을 수 없었을 것이다.

《더블린 대학교지》에 익명으로 기고한 어떤 박식한 비평가에게 그녀의 작품은 위안거리였다. 그는 (위고, 뒤마, 발자크, 메리메, 상드 등) 당대 프랑스 문학의 위대한 작품들을 살펴보고 요절과 낙담에 굴복하는 이야기들이라고 정리했던 사람이었다. 그런데 신뢰할 만큼 "기품 있는" 광채를 가진 이가 적어도 한 명 남아있었으니, 바로 마담 샤를 레보였다. 그녀의 소설들은 "오늘날 많은 프랑스 연애소설 작가들의 지면을 더럽히는 방종과 외설"에서[32] 우아하게 벗어

31 Montégut, "Romanciers et Ecrivains Contemporains: Madame Charles Reybaud," 881.

32 "The Writings of Madame Charles Reybaud," *Dublin University Magazine* 40, 236-237(August 1952).

나 있었다. 단지 순수하기만 한 것도 아니었다. 강력하고 그럴듯하기도 했다. 더블린의 비평가는 말을 잇는다. "그럴 법하지 않은 사태들인데도 독자들로 하여금 잠시 그 점을 잊게끔 처리하는 기예가 그녀의 특징 가운데 하나다."[33]

실제로 『마드무아젤 말페르』는 장편동화처럼 우아한 느낌을 남긴다. 이미 현실에서 일어날 것 같지 않은 사건이 전개되다가 엉뚱하게 반전되지만 독자로서 못 받아들일 정도는 아니고, 극단적으로 끔찍한 감정도 완벽한 평화의 감정도 피하면서 그 사이를 헤쳐 나간다. 이 소설은 화자가 30년 전에(1822년 17살 때) 프로방스의 늙었지만 다정한 친척 아저씨 동 제뤼삭의 집에 도착하는 장면을 회상하면서 시작한다. 마리안이라는 늙은 하녀의 도움을 받아 그 집에 정착하게 되는데, 마리안의 쭈글쭈글한 얼굴과 "뒤틀린 성깔"이[34] 강조되기 때문에 세심한 독자는 이것이 집의 분위기를 말하는 것인지, 아니면 모종의 복선이 깔려있는지 궁금증이 생긴다(그리고 오래 전 혁명 때 파괴된 고성에 관한 집주인 조카의 질문에는 왜 대답을 해주지 않는 것일까? 흐으으음).

정서적으로 예민한 화자의 시선은 기실 친척 아저씨의 벽난로 거울 위에 걸려 있는 "오래되어 희미하게 흐려진" 파스텔화에 온통 쏠려있다. 그것은 "바토의 아연화에 등장하는 양치기 처녀의 옷 비슷한 것을 걸치고 있는, 젊음의 광휘로 가득 차 눈부시게 아름다운 여

---

33 Ibid., 235.

34 Reybaud, *Where Shall He Find Her?* trans. I. D. A., 24. (이후 14개의 인용문은 이 영역본에서 따온 것이다. 이 영역본에서는 Marion을 Marian으로, Malepeire를 Malepire로 바꿨다).

인"을 그린 타원형 그림이었다. 동 제뤼삭은 —액자가 맘에 들어— 이 그림을 어떤 늙은 유대인의 상점에서 샀다. 이 파스텔 초상화에 매료된 젊은 조카의 흥취는 곧바로 샹포베르 후작이 도착함으로써 더욱 고조된다. 후작은 아저씨의 옛날 친구로, 두 사람은 모두 혁명 동안에 야비한 공격을 받았지만 살아남은 귀족 생존자였다. 후작은 긴 이야기를 시작하는데, 소설은 여기서부터 말로를[35] 주인공으로 한 콘라드의 소설들을 닮아간다. 끈질기게 문법에 맞춘 서사가 밤새 가느다랗게 이어지고, 내용 대부분은 인용부호 안에 담긴다. 후작의 이야기는 그림 속의 여인에 관한 것으로, 후작은 그녀가 자기가 알던 여인으로 마드무아젤 마리 드 말페르라고 말한다.

그녀는 1789년 인근의 큰 성에서 부모와 함께 살았다. 그녀의 아버지는 반혁명파 남작이었고, 어머니는 권태에 찌들어 카드 게임으로 소일하던 남작부인이었다. 후작은 대략 정해진 혼사의 절차에 따라 구혼자 역할을 수행하기 위해 말페르 성에 도착했다가, 마드무아젤이 차갑게 대하자 도리어 정열이 활활 타올랐다. "그날 저녁에 나는 완전히 멍청이처럼 보였을 거야. 내가 처음으로 절박한 사랑을 느꼈던 순간이거든." 그 "무심한 미녀"를 그린 사람이 바로 그였다.

마드무아젤은 전혀 흔들리지 않는다. 루소의 『신 엘로이즈』에 팽배한 불경스러운 감정에 휩싸여, 근처의 레슬링 챔피언 프랑수아 피나텔로부터 고상하면서도 야만적인 관심을 받고 싶어 한다. 그녀는 원치 않은 약혼이 교회에서 공표된 바로 그 날, 마을의 시합에서 피나텔에게 직접 수놓은 승리의 목도리를 선물한다. 이 부분에서는 사태의

---

35 말로(Charles Marlow): 콘라드(Joseph Conrad, 1857-1924)의 소설에 반복적으로 등장하는 어부. — 역주

진전이 빠르다. 바로 그날 밤에 소작농들이 횃불을 들고 성으로 진격한다. 남작과 남작부인과 후작은 소작농들이 쳐들어온다고 경고하기 위해 마드무아젤의 침실로 간다. 이런, 그녀는 피나텔의 가슴에 안겨 있다. 남작은 총을 발사하고 총알은 레슬러의 머리카락을 스친다. 그가 도망치자 마드무아젤도 이내 따라 간다. 충격을 받은 가련한 후작은 베르테르도 무색할 만큼 슬픈 어조로 말한다. "이 밤이 꿈이기를!"

후작의 이야기는 여기서 그친다. 남은 이야기라고는 그 후에 토리노에서 망명한 자기 삼촌과 합류해서, 1792년에 영국으로 건너갔다가, 지금은 루이 18세의 복구된 왕조에서 대사로 일한다는 것뿐이었다. 종적을 잃어버린 마드무아젤의 아픈 기억 때문에 후작은 결혼할 수가 없었다. (독자들도 기억하듯 동 제뤼삭의 조카인) 젊은 화자는 눈을 동그랗게 뜨고 이 이야기를 듣는다. 한때 젊었던 후작에게 감정 이입하는 것이다. "내 마음은 질투 어린 분개로 터질 것 같았다. 초상화에서 눈을 뗄 수가 없었다."

마드무아젤 마리 드 말페르에게는 무슨 일이 있었던 것일까? 다행히도 30년이 지났지만 프로방스 고지에 위치한 이 지역에는 사태의 진전이 여전히 빠르다. 동 제뤼삭의 응접실을 찾아오는 다음 방문객은 의외의 인물이다. 오랫동안 말페르 교구의 사제였던 랑베르 신부가 폭풍을 피해 집으로 들어온다. 후작의 질문에 대답하는 형식을 띠고 신부가 처음 이 지역에 부임했던 시절의 얘기가 흘러나온다. 이윽고 마드무아젤의 그 후 소식을 그가 알고 있다는 사실이 드러난다. "'그녀를 알아요? 불쌍한 인생을 어디서 마쳤는지 안다고요?' 후작이 흥분한 말투로 끼어들었다."

신분의 차이를 무시하고 젊은 피나텔과 도망친 다음의 후일담을 신부가 말한다. 그들은 레슬러의 홀어머니와 같이 살게 되었는데,

그녀는 그런 결혼을 승낙하지 않았고 집안일을 할 줄 모르는 새 며느리의 무능력을 경멸했다. "네 나이에 주전자 물도 끓이지 못한다는 것은 누가 봐도 웃기는 일이야." 다음은 "사악한 혁명기의 나날들"이다. 마드무아젤은 비참하고 우울하고 외롭다. 부모님은 죽었고(성은 약탈당했다), 피나텔은 겪어보니 맨 프라이데이보다는 스탠리 코발스키에[36] 가깝다("야비하게 웃으면서 …… 그는 손으로 자기 뱃살을 쓰다듬었다"). 그는 게으른 술주정뱅이였고, 가난한 어머니가 아껴 모은 돈을 받아 도박으로 다 날렸다. 귀족 출신인 아내를 때리는 일이 불가피하게 발생하고, 명문의 혈통으로 되돌아간 그녀는 그의 목에 칼을 찌른다. 그리하여 체포되고 감옥에 갇혔다. 자기가 한때 위로해 주기 위해 감옥으로 찾아갔던 가련한 여인이 동 제뤼삭이 가진 초상화 속의 여인인 줄 오늘밤까지 몰랐다고 신부는 말한다.

현재 시간으로 돌아와, 모든 사람의 여린 감수성이 자극을 받는다. 나이 든 후작은 마드무아젤이 그 뒤로 어떻게 되었는지를 알고 싶어 했고, 생의 마지막에는 편안했기를 바란다. 소설의 줄거리를 이끌어가는 화자, 동 제뤼삭의 젊은 조카는 그 "아름답고 길 잃은 존재"에 대해 "아직 절박한 사랑"에 빠져 있다. 그래서 낮은 신분의 애인이 반항하자 처치해버린 단호함조차 그로서는 숭배할 수밖에 없다.

이 시점에서 동 제뤼삭의 하녀인 쭈그렁 할멈 마리안은 죽어야 할 때가 왔다고 결심한다. 그리고 반전 운운할 겨를도 없이 바로 그녀가, 물론, 마리 드 말페르 피나텔이라는 사실을 우리는 알게 된다. 조카-화자는 말한다. "'아! 마리안! 그 사람이었구나!' 나는 외쳤다.

---

36 맨 프라이데이(Man Friday)는 『로빈슨 크루소』를 돕는 충실한 조력자, 스탠리 코발스키(Stanley Kowalski)는 『욕망이라는 이름의 전차』에 나오는 폭력적인 가장. — 역주

전율에 휩싸인 채. 랑베르 신부와 우리 아저씨는 서로 손을 잡고 식탁에 몸을 기댔다. 기도하는 듯이 보였다." 그로부터 15년이 지나 동제뤼삭의 상속자가 되었을 때, 그 그림은 그의 소유가 되었다. "쥐들이 캔버스를 조금 갉아먹었고, 착한 우리 아저씨에게 그토록 충격을 줬던 새끼손가락은 지워졌다. 그 예쁜 파스텔화는 복원되어, 지금은 내가 수집한 초상화 가운데 멋지게 돋보인다."

『마드무아젤 드 말페르』가 《두 세계의 논단》에 연재된 지 몇 년 후에 같은 잡지에 몽테귀 씨는 마담 레보에 관해 쓰면서, 그녀는 자기 소설에 나오는 인물들의 발언과 심리를 과장하지 않는다고("그녀의 주인공들은 기이한 모험들을 겪지만, 말과 생각은 세상의 여느 사람들과 같다")[37] 말했는데, 이는 이 소설의 진가에 관한 일종의 허풍이다. 그리고 이 소설이 새로운 감정적 지평을 개척했다는 둥, "출판되고 있는 위대한 책들의 목록에 포함되기에 마땅"할[38] 만큼 심리적으로 독창적이라는 등의 과장된 선언은 누구도 동의하기 어렵다. 무엇보다 『마드무아젤 드 말페르』는 굉장히 잘 쓴 한 편의 이야기지만, 사실을 말하자면, 조금이라도 다른 관점에서 고려했을 때 이 소설은 꽤나 실소를 자아낸다. 그러나 순전히 이야기를 풀어나가는 관점에서만 보자면, 이것을 저자의 대표작이라고 지칭한[39] 몽테귀의 말에 기꺼이 동의할 수 있다. 몽테귀는 그녀가 한때 극작가의 꿈을 가졌다고 하는데, 그 꿈을 너무 빨리 포기하지 않았나 싶을 정도로 이 소

---

37 Montégut, 895.
38 Ibid., 898.
39 Ibid., 887.

설에는 기억할 만한 극적인 요소들이 있다. 몽테귀는 파리보다 남쪽 출신 중에 극작가로 성공한 프랑스인은 없었기 때문에, 그녀가 애써 시도해보지 않은 것은 잘한 일이라고 말한다. 글쎄, 각자 나름의 이론이 있을 수 있겠고, 어쩌면 그녀가 연극계에서 위험을 무릅쓰지 않은 것이 잘한 일인지 모른다. 헨리 제임스나 (잠깐 동안이었지만) 찰스 리드 같은 생래적 소설가가 극작가로 성공해보려고 애쓰던 와중에 겪어야 했던 맨땅에 박치기가 연상된다.

극작가만큼 떠들썩하지는 않았는지 몰라도 인기 소설가의 명성만으로도 마담 레보는 그다지 실망하지도 않고 평온할 수 있었던 것으로 보인다. 그녀가 지어낸 남녀 주인공 대부분처럼, 그녀 자신도 "소박하고, 참을성 많고, 자신에게 찾아오는 삶을 자기 것으로 만들 줄 알았다"고[40] 몽테귀는 보증한다. 영국의 통치 아래 있었던 아일랜드의 비평가 몽테귀는 1851년의 새로운 저작권법이 그녀의 모국에까지 적용 범위를 넓힘에 따라 발생하게 될 아이러니를 지적하면서도, 유독 그녀만을 꼬집어 예외로 쳤는데, 그녀 본인은 아마도 그와 같은 영광을 사양했을 것이다.

> 프랑스 문학이 지금처럼 의기소침한 상태에 빠진 적은 드물다. 본연의 진가에 관한 말이지, 상업적 번창을 두고 하는 말이 아니다. 후자에 관해서는 아마도 최근에 이 나라와 맺은 저작권 조약으로부터 약간이라도 힘을 받았을 것이다. 그러나 프랑스는 더 이상 보호할 것이 없는 때에 보호받을 권리를 누리게 되었다고까지 말할 수 있다.[41]

---

40 Ibid., 900.

41 "The Writings of Madame Charles Reybaud," *Dublin University Magazine*, 234.

마담 레보가 고맙다고 대답하는 모습을 상상해 볼 수 있다. 수녀원에서 교육받은 눈매는 겸손하게 아래를 향하고, 그리하여 아일랜드의 가시 바늘에 걸리지 않은 채, 의회의 보고서를 읽으면서 개혁지향적인 당대 영국의 소설가 누구도 자기가 쓴 영리한 이야기에서 추려낼 것이 별로 없을 것이라고 속으로는 생각하는 모습이다.

방금 소설가로서 거보를 내디딘 사람이라면 확실히 거기서 추려낼 것은 없다. 그러나 세월은 흐르고, 기력은 약해지며, 유혹은 일어나고, 강박은 커진다. 『마드무아젤 드 말페르』에서 젊은 조카는 그림을 갖기 위해 15년을 기다린다. 그리고 찰스 리드는 마담 레보의 작은 소설에 쌓인 먼지를 자기가 쥔 펜으로 털어내기까지 그보다 거의 두 배의 세월을 기다렸다. 그녀는 "바람이 부는 대로"[42] 받아들일 평정심이 있었다고 몽테귀는 전하지만, 리드의 약탈이라는 해로운 바람은 결코 느낄 수 없었다. 그가 그녀에게 다가갔을 때, 그녀는 이미 세상을 떠난 다음이었고 영국의 독자들에게는 거의 잊힌 존재였다. 1894년에 《템플 바》에 기고한 한 필자에 따르면, 1871년 보불전쟁이 끝나기 직전에 그녀가 사망한 시점이 영국인의 기억에서 그녀가 빠르게 사라지게 된 원인 중 하나였을 수 있다.

이 글을 쓰고 있는 본 필자는 바로 그 "패주"의[43] 시기에 프랑스를 여행하면서 프랑스 신문에 난 그녀의 사망 기사를 봤다. 포위된 파리로 들어가기 위해 짐을 싸들고 웅성거리는 군중으로 가득 찬 기차역에

42 Motégut, 900.

43 에밀 졸라가 보불전쟁, 세당 전투, 파리 코뮌 등, 1870년에서 1871년 사이 프랑스의 상황을 1892년에 소설로 쓰면서 『패주』(*La Débacle*)이라는 제목을 달았다. — 역주

서 우리는 "마담 샤를 레보가 사망했다"는 한 줄을 읽었다 — 그것이 전부였다.[44]

소설가로서 그리고 극작가로서 떠오르고 있던 1850년대 내내, 리드는 세 번째 분야에서도 —저자들의 권리를 옹호하는 운동가이자 국제저작권 개혁의 선도자로서도— 이름이 날리도록 활약했다. 1860년에 출판한 『제8계명』은 찰스 리드의 성전聖戰과 찰스 리드의 덕목을 시끌벅적하게 알리는 홍보물과 같았다.[45] 1851년의 국제저작권법은 만시지탄은 없지 않지만, "주택과 축사와 건초더미와 두엄더미를 안전하고 신성하게 지켜주는 울타리 안에 영국인의 문학적 재산을 포함시키기 위한 진일보"로서, 잘 된 일이라고 그는 선언한다.[46] 그러나 프랑스의 희곡을 영국의 극장에서 상연하는 도둑질이 계속되도록 허용한 "악마 같은"[47] 조항이 남아 있다. 광란에 사로잡혀 자제력을 잃고 싸움판을 벌이는 데까지 이르지만, 그전까지는 법률가 출신답게 법조문의 맹점을 명석하게 해명한다.

그 조항은 이렇게 되어 있다: 이 조문이 정하는 보호는 연극 작품을 공정하게 모방하거나 번안해서 영국과 프랑스 각각의 무대에 올리는 것까지 금하지는 않고, 다만 해적판 번역을 방지할 의도만을 가진다. "번안"adaptation이라는 영어 단어는 2백 년 이상의 영국적 실천을 대

---

44 Anonymous, "Madame Charles Reybaud," *Temple Bar*, 64.

45 『제8계명』을 미국에서 출판한 회사는 Ticknor & Fields인데, 지금 여러분이 읽고 있는 이 책도 같은 회사에서 (아이러니 때문에 수줍어하지 않고) 출판했다.

46 Reade, *The Eighth Commandment*, 7.

47 Ibid., 87.

변한다. 조약문의 프랑스어판에서는 이를 "전용"appropriation이라고 적었는데, 이는 번역으로서 실패작이다. "선의의 모방" 역시 "도둑놈들의 라틴어"에 기원하는 영어 문구를 정직한 프랑스어로 옮기려다 실패한 경우다. 이 법은 두 언어 사이에서 약간 다른 문구로 적혀 있다. 그리하여 어떤 연극의 창작자가 모방자를 상대로 소송을 걸어 프랑스에서는 이기고 영국에서는 질 수가 있다. 같은 법을 가지고 같은 사건에서 선고하지만 모순된 판결이 나오는 것이다.[48]

1851년 이전까지 양국 사이의 도둑질은 여러 장르에서 벌어졌고 흐름도 양방향이었다. 프랑스는 영국의 소설을 훔쳤고, 리드를 포함한 영국인들은 프랑스의 희곡을 훔쳤다. 자신도 "이 불의한 균형에 일익을 담당한" 사실을 인정하면서,[49] 리드는 그 조약보다 여러 해 전에 땜질로 갖다 붙이고 번역한 프랑스어 작품 다섯 편을 열거한다. 그 중에는 조르주 상드의 희곡 『클로디』를 번안한 『마을 이야기』가 있다. 하여간 이제부터는 공정해야 하므로, 비록 영국인 동료들이 잘못 표현된 조항을 이용해서 무임승차할 가능성에 관해 떠들어대고 있었지만, 그는 프랑스의 희곡에 대가를 기꺼이 지불할 자세였다.

리드는 어떤 일에 관해서든 글로 쓴다면 설득력을 발휘할 수 있었다. 광란의 언사를 길게 내뱉는 데다가, 어법 자체가 워낙 괴상해서 잠시 부적절한 말이 튀어나온 정도가 아니라 심리적으로 문제가 있지 않나 의심할 수밖에 없는 대목을 제쳐놓고 보면, 『제8계명』도 예외가 아니다. 법조문의 맹점을 메우기 위한 자신의 운동을 되돌아

---

48 Ibid., 8.

49 Ibid., 13.

보며 그는 포효한다. "2천만 명으로 이뤄진 민족 안에서 나만이 혼자였다. 사하라 사막에서 물 한 방울을 갈구하는 외로운 낙타와 같은 느낌이었다. 단 한 방울의 공감이 그만큼 소중하지만, 타들어가는 가슴에 아무도 전해주지 않는 때가 있다."[50]

리드는 왜 외국인 극작가들의 권리를 그토록 열렬하게 옹호했을까? 그에게 직접 물었다면 자기 가슴이(비록 타들어갔지만) 그만큼 컸기 때문이라고 대답했을 것이고, 그 대답이 어쩌면 절반은 맞을 것이다. 그의 희곡들을 현대에 편집한 마이클 해미트가 말하듯이, "하나의 일반원칙을 정립함으로써 장기적으로는 자신도 혜택을 볼 수 있다는 정도를 제외하면, 프랑스 저자들의 권리를 보호하는 것은 그에게 이익이 되는 일이 아니었다. 기실 그것은 그에게 하나의 논리적 원칙의 문제였다. 어쩌면 논리적 원칙보다도 성격상의 특질이었다." 하지만 무슨 특질인가? 정직? 어쩌면 그럴 수도 있다. 그러나 어쩌면 다른 특질 — 큰 목소리로 감춰보려 하지만 행동으로 빤히 드러나는 마음속의 강박증인지도 모른다.[51]

『제8계명』에서 리드는 묻는다. "번안가 스무 명이 있다고 할 때, 프랑스인의 거죽을 쓰고 떠들어대는 것을 빼면, 글을 통해 이름을 내는 이가 그 가운데 몇 명이나 될까? 세 명? 턱도 없다. 아주 드문 경우에나 둘 정도 있을 것이다."[52] 그러니까 정답은 한 명이라는 말이다. 그리고 그가 염두에 둔 그 한 명이 누구인지도 의문의 여지는

---

50 Ibid., 89.

51 콜리지에 관해 노만 프루먼은 말한다. "지적 성실에 관한 진술들은 다른 사람의 말을 차용하고 그 사실을 밝히지 않은 곳 근처에서 나타날 때가 많다."

52 Reade, *The Eighth Commanment*, 49.

거의 없다. 자기는 천부의 재능이 있다고 그는 확신했다. 그리고 천재에게는 면허가 수반된다. 다른 사람에게는 허락되지 않는 일을 그만은 할 수 있는 면허다. 다른 사람들은 그 일을 엉터리로 하거나 또는 이유를 엉뚱한 곳에서 찾아 망쳐버릴 테니까. 반면에 리드 자신은 별도의 얘기다. 리드 자신만은 훨씬 세심한 동기에 몰입되어 있다. 무엇보다 스스로 그 동기들에 관해 발언한 적도 있다. 발언을 자주 그리고 잘 했다. 따라서 문제는 다른 사람들에게 있는 것이 분명하다.

종교개혁이 이뤄진 영국에서 제8계명은 물론 "도둑질하지 말라"이다. 그러나 프랑스처럼 가톨릭인 나라에서는 십계명의 순서가 달라서, 열 번째는 재물을 탐하지 말라, 아홉 번째는 네 이웃의 아내를 탐하지 말라, 그리고 여덟 번째 계명은 "네 이웃에 대하여 거짓 증언을 하지 말라"이다. 다시 말해, 다른 사람들에 관해 거짓말을 하지 말라는 것이다. 석판에 새겨진 이 계명들에서 자기 자신에 관해, 특히 자기가 줄곧 이웃들을 고발하는 죄목과 관련될수록, 거짓말하지 말라는 뜻은 말할 필요도 없이 당연시되는 것으로 보인다.

1860년대 후반에 몇 명의 언론인들이 리드의 (위조범을 소재로 삼은) 소설 『반칙 행위』 일부분이 『빨강색 지갑』이라는 제목의 프랑스 희곡을 베꼈다고 고발했다. 여러 편의 칼럼을 통해 제기된 혐의에 대해 무죄를 주장하느라, 그는 그 비평가들이야말로 "가짜 사기극의 표본"이라고 비난했다. 그러고는 "[자기에게 혐의를 건] 그 기사가 《가면》에 실리기 전까지 『빨강색 지갑』은 본 적도 없다"고[53] 역설했다. 후일 리드를 연

53 Reade, "The Sham Sample Swindle," in *Readiana*, 292.

구하면서 주로 흠집 찾기에 몰두했던 번즈 교수조차 이 건을 무죄로 본다는 사실은 아마도 이 사건에서 리드가 참말을 하고 있었다는 가장 확실한 증거일 것이다. 실망감이 역력한 어조로 번즈는 한숨을 내쉰다. "딱 한 번이지만, 이번만큼은 리드가 무죄로 보인다."[54]

그러나 리드의 전성기 동안에는 손버릇이 나쁘다는 혐의가 항상 따라다녔고, 그러면서도 저자들의 동지를 자처하면서 저작권 운동을 선도한다는 것은 아이러니로 가득한 괴상한 인물로 보이기에 충분했다. 1872년에 두 개의 혐의가 제기되었다. 3월 7일에 리드는 오스트레일리아에 가 있던 트롤로프에게 편지를 보내, 얼마 전에 출판된 트롤로프의 소설 『상속자 랄프』를 자기가 희곡으로 각색했으며, 그의 이름을 공동저자로 올리겠노라는 관대한 소식을 알렸다.

> 트롤로프 귀하, 『상속자 랄프』를 읽고 너무나 즐거워서 그 이야기를 3막짜리 희곡으로 각색했습니다. 내 나름 비용을 들여서 법규를 알아봤더니, 소설가의 작품을 희곡으로 각색할 수 있는 권리는 누구에게나 있더이다. 귀하에게 연락할 길이 있었다면 사전에 상의를 구했을 것입니다. 각색이 끝난 지금, 연극계에서 자주 있는 일은 아니지만, 창작자에게 정당한 명예를 부여하기를 제안합니다.[55]

트롤로프는 기쁘게 받아들이지 않았다. 십 년이 지나 펴낸 『자서전』에서 그는 여전히 고개를 흔들고 있었다. "오늘날의 작가 가운데 기벽과 비현실성과 역량에서 찰스 리드만큼 수수께끼 같은 인물은 내

---

54 Burns, 271.
55 Smith, *Charles Reade*, 45에서 재인용.

게 달리 없다. 나는 그가 거의 천부적이랄 만한 재능을 타고 났지만, 정상적인 추론 능력은 타고나지 못했다고 본다."[56] 리드의 정직한 의도를 트롤로프는 믿었고, 자기 독자들에게 고상한 가치에 비해 널리 읽히지 않은 책이라며 『제8계명』을 추천하기도 했다. 그렇지만 그가 보기에 리드는 자기 자신의 "이상한" 개혁주의 소설에 담긴 요지를 스스로 놓치고 있었다. "그를 읽을 때마다 언제나 …… 자기가 다루는 주제를 제대로 이해하지 못하고 있다는 강한 확신이 내 마음속에 남는다."[57]

그 해, 1872년 말에, 리드는 소설 『방황하는 상속자』를 출판했다. 그리고 이내 그 소설에서 수백 단어가 스위프트의 『어떤 현대 숙녀의 일기』에서 출전을 밝히지 않고 따온 것이라는 공격을 익명의 투서들에 의해 받게 된다(그 투서들은 소설가 모티머 콜린스와 그 아내의 것으로 나중에 밝혀졌다). 리드는 늘 그랬듯이 격분해서 반격했고, 그에게 우호적인 현대의 전기작가 엘윈은 그의 주장을 받아들인다. 문제된 그 대목은 17세기를 배경으로 해서 특정한 장면을 그려내려는 목적을 감안할 때 출전을 밝히지 않았더라도 밑그림으로서 정당하다는 것이다. "콜린스의 견해는 소심한 숙련공의 것이라면 리드의 견해는 진정한 예술가의 것이었다"고 엘윈은 주장했다.[58] 리드 본인은 단지 스위프트의 보석을 끼워 넣을 테를 마련해줬을 뿐이라고 주장했다. 토롤로프는 이 주장에 대해, "약간의 재치는 들어 있는데, 만약 그가 그 단어들을 자기 것이 아니라 스위프트의 것으로 내놓

---

56 Trollope, *An Autobiography*, 212.
57 Ibid., 213.
58 Elwin, 247.

기만 했더라면, 아주 탁월한 진실이기도 했을 것"이라고 지적했다.[59]

협의가 구체적이고 논란의 여지가 없을 때에는 재빨리 정상참작의 사유를 들먹이는 방향으로 선회했던 리드는, 남들이 자신의 독창성을 침해한다고 상상될 때에는 그만큼 격렬한 분노를 표시했다. 리드의 『수도원과 벽난로』가 나온 지 몇 년 후에 『로몰라』를 출판한 조지 엘리어트는 리드의 중세적 마차에 공짜로 편승했다는 어이없는 공격을 일부 비평가들로부터 들었다. 리드도 합세해서 "조지 아무개"의[60] 약탈 행위에 관해 불편한 심정을 드러냈다. 나중에 문학적 해적질에 관해 쓴 수필 「꿀벌의 공로를 빼앗은 말벌」에서 엘리어트는 그녀다운 훌륭한 감각을 보여준다. 전율할 때가 언제인지를 그녀는 알았다. 동시에 "이만큼 가짜 고발도 많지만, 증명하기 어려운 협의는 별로 없다는 점을 인정할 수밖에 없다"는 것도 그녀는 알고 있었다.[61] 이와 대조적으로 리드는 논제의 엉뚱한 측면에 대고 시끄럽게 짖어대는 것밖에는 다른 능력이 거의 없었다.

엘리어트와 리드는 모두 오랫동안의 연구를 거쳐서 3권짜리 중세 소설을 썼다. 앨버트 모턴 터너 교수는 리드의 소설에 관해 『"수도원과 벽난로"의 집필과정』이라는 책 한 권을 썼다. 역사적 내용을 리드가 차용해서 작성한 많은 대목들을 터너는 경이로운 동화同化의 과정으로 간주하면서, 리드가 자신을 위해 적어 놓은 방침을 필기장에서 인용한다.

---

59 Trollope, 213.

60 Elwin, 265에서 재인용.

61 Eliot, "The Wasp Credited with the Honeycomb," in *Impressions of Theophrastus Such*, 163.

학식을 쌓느라 너무나 긴 세월을 낭비했기 때문에, 이제는 책략을 좀 부려야 한다. 젊고 활동적인 젊은 친구들을 찾아서 여기저기 돌아다니며 자료를 모아 오게 만들 길을 생각해보자. 일종의 기계를 생각해보자. …… 독일인 심부름꾼들이 잘 한다. 대학교의 배달부들도 마찬가지. 보수는 잘 주되 무슨 일을 하는지는 모르게 한다.[62]

심부름꾼들이 그 생각을 훔쳐가지 못하도록 일의 성격을 그들에게 알려주지 말라는 뜻인가? 아니면 그대 작품의 독창성이 의심받지 않도록 그대가 조사원들을 고용하고 있다는 사실을 아무도 몰라야 한다는 뜻인가? 어느 쪽이라도 리드의 비정상적 심리가 오락가락하는 정상적인 범위 안에 속한다.

마담 레보가 사망한 1871년에 리드는 잠깐이나마 정점에 올랐다. 그와 그의 여배우 동반자 시모어 부인은 나이츠브리지의 앨버트 테라스 2호실로 거처를 옮겼다.[63] 『어떤 팔푼이』의 집필을 완료하고, 트롤로프와 싸우고 스위프트에 관해서도 싸움을 벌인 1872년에 이르면, 58세가 된 작가는 필기장에 유명하게 전투적인 논조로 자기만족을 만끽했다.

서른다섯 살이 될 때까지 단 한 줄도 쓴 적이 없던 내가 글쓰기에서 나오는 수입만 가지고 브롬턴 로드에 부동산 세 개, 앨버트 테라스에 셋집 하나, 비싼 가구와 그림으로 가득 찬 주택, 그리고 유동자산 수

---

62 Turner, *The Making of "The Cloister and the Hearth,"* 4에서 재인용.

63 Burns, 285.

천 파운드를 소유하게 되었다. 그리하여 내가 경멸하는 대중과 내가 알면서 싫어하는 언론을 무시해도 된다.[64]

이보다 3년이 지나면, 『제8계명』에서 자기가 그토록 강하게 반발했던 "악마 같은" 조항을 마침내 의회가 폐지했다고 의기양양하게 알릴 수도 있게 되었다. 이제 다른 장르처럼 희곡도 보호를 받게 되었으니, 극장 경영자들은 프랑스의 성공작들을 훔치기보다 국내 창작물에 대가를 지불할 수밖에 없으리라고 리드는 내다봤다. "시간이 증명해 주겠지만, 위대한 영국 희곡 한 편이 나올 수 있는 초석"이[65] 그 조항의 폐지로 마련되었다고 봤다. 원래 《팔말 가제트》에 「저자들의 권리와 잘못」이라는 제목으로 실린 일련의 편지에서, 그는 법의 맹점이 메워진 것을 축하하면서 저작권 보호라는 도덕적으로 높은 경지에 미국도 이웃 유럽 나라들처럼 동참하라고 촉구했다. "저자들에게 선심을 쓰기 위해 독자들에게 매기는 세금"이라고[66] 저작권을 규정한 매콜리의 유명한 정의에 반대하여 리드는 펜을 들어 사나운 말씨를 구사하는 나름 관례적인 방식으로 자기 입장을 피력했다. 글을 쓰는 작업은 "정신적인 영향은 접어두고 물리적인 영향만 봐도 뇌의 혈구에 미치는 영향 때문에" 신체적으로 위험하다고 역설했다. "방금 말한 혈구들은 저자의 생산적 노동 때문에 닳아 없어진다. 우리의 짧은 경험 안에서만도, 디킨스, 새커리, 그리고 어쩌면 리튼도 이 때문에 죽었다. 일반적으로 저자들이 일찍 죽는 것은 통계적으로 확

64 Reade, *Plays*, 21에서 Hammet이 인용한 것을 재인용.

65 Reade, "The Rights and Wrongs of Authors," in *Readiana*, 151.

66 Ibid., 190에서 재인용.

인된다."[67] 그리고, 항상 그렇듯이, 작가를 존중하는 일에 관해 영어를 쓰는 민족에게 한 수 가르쳐 줄 수 있는 사람들은 프랑스인들이다.

프랑스 사람들이 어떤 일을 최초로 정의롭게 처리하는 경우가 있다는 사실은 이 책을 읽고 있는 독자들도 기억해 둘 만한 일이다. 아울러, 1878년에 리드가 양손잡이의 자연적 장점들을 찬미하는 일련의 편지들을 출판했다는 사실도 기억할 만하다. 찰스 리드의 일생은 한 저자 주변에서 들린 얘기 중에서 유례없이 가장 시끄러운 역설들로 둘러싸인 일생이었다. 그 자신은 그런 소리를 전혀 못 들었다고 해도 틀리지 않다. 실제로 그는 (톰 울프의 표현을 빌리면) "아이러니에 뚫리지 않는 존재"였다. 성공과 명성을 향해 큰 칼을 휘두르며 진격하는 데 방해가 될 수 있는 정보는 무엇이든 차단해서 밀어냈다. 그렇더라도, 아무리 리드라 하더라도 오르막 다음에는 내리막이 있을 수밖에 없었고, 「저자들의 권리와 잘못」을 발표한 후 얼마 지나지 않아 그의 급격한 추락이 시작되었다. 아직 사회개혁을 선도할 목적으로 써야 할 소설이 한 편 남아 있었다. 『여성을 혐오하는 자』(1877)가 그것으로, 영국 여성들도 의사가 될 수 있는 권리를 주장하는 하나의 격문檄文이었다. 리드의 페미니즘은 그의 다른 모든 개혁적 성향이 그랬듯이 모순들로 뒤엉켜 있었다. 『선의의 거짓말』(1858)에서 그는 여성에 관해 이렇게 썼었다.

> 마치 강물이 분수처럼 솟구치듯이 드문 경우라고 해도 그대라면 열흘은 걸려야 정리해서 적을 수 있을 편지들을 그들은 단 10분 만

---

67 Ibid., 162.

에 긁어낼 수 있다. 그들은 보석처럼 반짝이는 이야기들을 지어낼 수 있다. 그들은 작은 다이아몬드처럼 빛나는 시구들을 일궈낼 수 있다. 인류가 참고 읽을 만한 한 편의 오페라 또는 서사시를 생산한 사람은 여성 전체 중에 한 명도 없다. 왜일까? 그런 작품은 오랫동안 고도의 긴장이 필요한 노동으로 나오기 때문이다.[68]

리드 자신의 여성 동반자였던 시모어 부인이 1879년에 사망하자 그의 추락은 곧장 진행했다. 건강도 창의력도 활력도 쇠약해졌다. 대작을 기획할 만한 구상이 모두 동나버리는, 과거에는 상상도 못했던 일이 벌어졌다. 죽기까지 남은 4년 반 동안 일상적인 일과로서 글쓰기는 조각 글들뿐이었다. 지치고, 병들고, 그리고 언제나 그랬듯이 건망증을 보이면서, 스스로 지각하지 못한 자신의 모든 아이러니들을 종합한 작품을 남겨야 할 때가 되었다. 저작권의 선봉장이 전면적인 표절에 종사하는 과업이다. 프랑스에서 장물을 가져온다 —어떤 여성이 오랫동안 온 힘을 기울인 노동으로 이룩한 결과를 작은 "보석"으로 변모시킨다— 그리고 「저자들의 권리와 잘못」에서 사납게 외쳤듯이 국제저작권을 존중하지 않기 때문에 자기네 민족 전체의 상상력을 결박된 상태로 내버려두고 있는 미국에 장물을 판다.

그 결말은 이랬다. 1884년 2월 셋째 주의 어느 날, J. B. S.라고 이름의 첫 글자만을 밝힌 누군가가 인쇄기에서 방금 나온《월간 하퍼스》3월호를 받아서 봉투를 뜯고, 찰스 리드가 새로 연재를 시작

68 Quinn, *Charles Reade*, 30에서 재인용.

한 「그림」이라는 소설의 첫 회 분을 읽기 시작했다. J. B. S.는 자기중심적인 그 작가를 좋아하지 않았기 때문에, 마뜩찮은 마음으로 읽었다. 소설은 이렇게 시작했다. "나는 이제 일흔 살이다. 그리고 날마다 뭔가를 배운다 — 특히 나의 무지를 배운다. 그러나 52년 전에 나는 모르는 게 없었다. 또는 몇 가지만 빼고는 없었다 —나는 그때 배울 것을 다 배운 다음이었다. 약간의 그리스어와 라틴어, 아주 약간의 프랑스어, 약간의 수학, 그리고 약간의 전쟁을 익혔다. 천 명의 군인을 전장으로 진격시킬 수 있었고, 심지어 퇴각시킬 수도 있었다— 종이 위에서라면. 그래서 파리를 떠나, 쉬기 위해 집으로 돌아갔다."[69] 뭐랄까, 리드의 어조에는 언제나 박력이 있었다. 심지어 등장인물의 목소리로 말할 때에도 그랬다. 독자를 들볶아서 다음 페이지를 읽게 만드는 재주가 있었다. 자기가 옳고 자기가 만병통치약을 가지고 있다는 듯 행세하면서, 자만심에 빠진 면은 있었지만, 이야기를 풀어나가는 솜씨만은 부정할 길이 없었다. 그래서 J. B. S.는 계속 읽어보기로 했다.

첫 문단을 읽을 때에는 별 생각이 들지 않았다. 사실은 열 문단 정도가 지날 때까지도 별 생각이 들지 않았다. 그 뒤로는 범죄행각이라는 생각이 폭포수처럼 떨어지기 시작했다. 한 젊은이가 친척 아저씨를 방문하는 회고, 아저씨가 단지 액자가 맘에 들어 샀을 뿐이라고 주장하는 초상화에 젊은이가 깊게 매료된다는 사연, 카테린느라는 이름으로 불리는 "눈동자가 텅 빈 듯하고" 그리고 "주름진 얼굴의" 늙은 하녀.[70] 적어도 이번에는 이름이 카테린느다. 이거 어디선

---

69 Reade, "The Picture," in *The Jilt &c.; Good Stories of Man and Other Animals*, 167.
70 Ibid., 168.

가 봤던 것 아니야? J. B. S.는 궁금증을 누를 수가 없었다.

첫 회 연재분의 뒷부분으로 가면, 아저씨의 옛날 친구인 대사가 도착하고, 그림 속의 여인에 관한 ("저 사람은 내 약혼녀였어!")[71] 이야기를 늘어놓는다. 자유로운 생각의 소유자로서 "파멸적인" 책들을 보던("그녀가 침실에서 『신 엘로이즈』를 읽고 있는 모습을 봤었지"),[72] 그 무심한 "마드무아젤 이렌 드 그루시"와 정혼했던 이야기, 자기가 그녀의 초상화를 그렸다는 이야기, 약혼이 교회에서 공표된 직후에 그녀가 지역의 레슬링 챔피언에게 우승상을 수여했다는 이야기, 소작농들이 성으로 진격한 이야기, 그리고 그녀의 침실에 레슬러가 있었던 이야기.

> 그가 굼뜬 만큼 대조적으로 재빠르게, 마드무아젤 드 그루시는 그의 앞으로 벌떡 튀어나와 보호하려는 몸짓으로 두 팔을 벌렸다. 그러고 바로 다음 순간 외쳤다. "도망쳐! 도망! 안 그러면 죽어!" 그가 도망치게 그녀가 길을 비켜주는 순간 후작은 총을 겨눴다. 그리고 멧돼지를 사냥할 때처럼 전혀 망설이지 않고 그의 머리를 향해 발사했다.[73]

「그림」 첫 회 분은 이렇게 숨이 막히는 순간에 끝났다. 그리고 J. B. S.는 잡지의 다음 기사를 계속 읽어야 하나(리드의 소설 바로 아래에는 남작위를 기꺼이 받기로 한 알프레드 테니슨의 자세에 대해 역겨움을 표한 편집자의 논평이 이어졌다) 아니면 안락의자에서 일어나 마음속

---

71 Ibid., 174.
72 Ibid., 184.
73 Ibid., 191.

에서 피어나는 의혹에 관해서 뭔가 행동을 취해야 하나 선택의 기로에 봉착했다.

어쨌든 J. B. S.가 오래 망설였을 수는 없다. 왜냐하면 2월 20일에 그는(또는 그녀는) 기민한 자세를 표방하던 보스턴의 잡지 《문학세계》에 필라델피아에서 편지를 보내고 있었기 때문이다. 뭔가 찾아낸 사실을 알리는 편지였다. 십중팔구 지하실로 가서 오래된 상자들을 뒤졌거나 아니면 필라델피아 남 6가에 있는 훌륭한 아테니엄 도서관에 서둘러 가서 확인해 본 다음이었을 것이다.

> 《문학세계》의 편집자 귀하.
>
> 《월간 하퍼스》 3월호에 실린 찰스 리드 씨의 「그림」을 당연히 읽어 보셨겠지요. 어디선가 들어본 얘기 같지 않습디까? 제게는 그랬습니다. 그리고 왜 그랬는지 이유도 금세 찾았답니다. 《성 제임스 문집》 1867년 8월호에 실린 「드러난 진실」이라는 글을 보세요. 이것이 표절이라는 데 저와 동의하시리라 생각합니다. 《성 제임스 문집》에 실린 소설에는 저자 이름이 표시되지 않았습디다. 그러나 리드 씨가 저자일 리는 거의 없습니다. 자기 이름이나 공적을 감추는 버릇은 그에게 없기 때문입니다.
>
> 여불비례餘不備禮
>
> J. B. S.
>
> 필라델피아, 1884년 2월 20일.[74]

---

74 J. B. S., *Literary World*, 15:5(1884년 3월 8일), 80.

J. B. S.가 남자인지 여자인지는 알려지지 않았다. 하지만 계속해서 "그 또는 그녀"라는 식으로 써야 하는 어색함을 멈추기 위해서라도, 지식에 기초한 추리를 한 번 시도해보자. 19세기 후반의 시장조사만을 근거로 삼을 때, 찰스 리드에 대해 선입견이 확연하게 드러나는 점을 감안하면, J. B. S.는 여성이라고 볼 수 있다. 무엇보다 그보다 며칠 전에, 《문학세계》는 2월 9일자의 "소식과 공지"란에서 《하퍼스 바자》가 리드의 소설 『위험한 비밀』의 일부를 전재했다는 소식을 전한 바가 있었다. "하퍼 형제가 왜 리드 씨의 소설을 《주간 하퍼스》에 실으려던 원래 계획을 바꾸고 —여성을 위한 잡지인— 《하퍼스 바자》에 실었는지 우리는 파악하지 못했다. 리드는 여성들에게 인기 있었던 적이 없다. 정황증거가 필요하다면, 출판계 직원 또는 도서관 사서 누구든 실제 경험으로 뒷받침해 줄 것이다."[75]

이제 정황증거를 검토해 보자 — 여성들이 리드를 싫어했다는 증거 말고 J. B. S.가 파헤친 사연을 검토해 보자. 《성 제임스 문집》은 몇 권씩 묶어놓은 형태로 뉴욕 공공도서관의 서가에서 금방 찾아볼 수 있다. 「드러난 진실」이나 J. B. S.의 편지가 22세기까지 보존되려면 《문학세계》처럼 《성 제임스 문집》도 결국은 마이크로필름으로 바꿔 놔야 하겠지만, 현재 상태는 꽤 좋은 편이다. 하여간 현재의 논제로 돌아가자. J. B. S.가 그와 같은 혐의를 제기한 것은 전혀 놀랍지 않다. 리드의 소설에 관한 기본적인 요소들이 모두 「드러난 진실」 안에 있다. 그 중에서도 가장 주된 요소는 독서를 통해서 배양한 평등주의적 이상을 지지할 때를 빼고는 "얼음장 같은 태도"를[76] 유지

75 *Literary World*, 15:3(1884년 2월 9일), 46.

76 "What the Papers Revealed," *St. James' Magazine*, 20(August-November 1867), 88

하는 귀족의 딸이다. 정해진 결혼을 위해 왔다가 무심한 젊은 여인의 아름다움에 "포로가 되어 버린"[77] 좋은 집안 출신의 구혼자에게도 관심이 없다. 그녀는 오히려 그를 거부하고 마을 체육대회에서 우승한 챔피언을 선택한다. 시골 챔피언은 그녀의 침실에 있다가 사람들에게 들킨다. 추방, 탈출, 환멸, 불미스러운 다툼. 귀족 출신 아내는 사악한 건달 남편을 살해하고, 감옥에 갔다가, 사면으로 풀려나고, 하녀로 일자리를 얻었는데, 죽기 직전에야 비로소 진정한 정체가 알려진다.

그러나 두 작품을 실제로 여기까지 살펴 본 사람이라면 누구나 위에 열거한 유사점보다는 차이를 인정할 수밖에 없을 것이다. 「드러난 진실」은 리드의 소설이 아니지만 그보다 더하지도 덜하지도 않게 레보의 소설도 아니다. 같은 줄거리로 만들어진 이 세 번째 판본에서 쌀쌀한 젊은 아가씨의 이름은 (마리 드 말페르와 이렌 드 그루시의 다른 이름인) 가브리엘라 히스고, 후일 하녀로 일할 때의 이름은 (마리안과 카테린느의 다른 이름인) 낸시다. 구혼자의 이번 이름은 샹포베르 후작이나 퐁톨레 백작이 아니라 에드워드 애슐리 경이다. 그녀의 소작농 남편은 이번에도 레슬링 선수이기는 하지만 이름은 제임스 윈이다. (이 작가들이 모두 스포츠 종목이라고는 레슬링밖에 몰랐던 것일까? 아니면 시골을 무대로 한 문학에서는 영원히 레슬링이 주종목일까? 이 작가들이 모두 『뜻대로 하세요』를 읽었다고 짐작된다.)

등장인물들의 이름에서 명백히 드러나듯이, 「드러난 진실」이 『마

---

77 Ibid., 89.

드무아젤 드 말페르』나 「그림」과 구분되는 가장 큰 차이는 시대적 지리적 배경이다. 1867년의 판본은 웨일스가 무대고, 프랑스를 무대로 한 다른 판본들에 비해 시대도 많이 나중이다. 가브리엘라 히스에게 귀족-급진파의 정서를 전해주는 책은 『신 엘로이즈』가 아니라 "프랑스 대혁명에 관한 어떤 역사책"이다.[78] 이처럼 새로운 배경 때문에 원본보다도 더욱 비현실적인 상황이 그려진다. 가브리엘라의 아버지는 19세기 웨일스의 지주보다는 앙시앵 레짐의 귀족처럼 말한다. "너의 수치 때문에 영원히 사라지지 않을 불명예와 치욕으로 물들어 버린 이 지붕 아래에서 너의 저주받은 몸과 너의 더럽혀진 인격을 지금 이 순간부터 용납할 수 없다. 나가거라!"[79] 그리고 웨일스의 양민들이 계몽주의의 영향을 받아 혁명을 일으킨 적은 한 번도 없기 때문에, 레슬링 선수의 시골 동료들이 히스네 대저택을 공격하는 모습은 봉기라기보다는 장난에 가깝다. 그렇지만 그들이 저택으로 행진하는 것은 여전히 마을 축젯날 밤이고, 귀족의 딸은 여전히 프롤레타리아 애인과 은밀히 껴안고 있다.

《성 제임스 문집》에 실린 판본은 마담 레보의 판본보다 훨씬 짧고 리드의 것보다는 절반가량의 길이다. 다른 두 판본과 달리 여기에는 이야기를 이끌어가는 화자가 없다. 아저씨의 집을 젊은 시절에 방문했다는 회상도 없고, 이야기-안의-이야기를 굴러가게 만드는 아저씨의 옛날 친구도 찾아오지 않는다. 「드러난 진실」에서는 전지적 시점에서 삼인칭으로 몇 페이지의 "서설"序說이 마무리된 다음, "서사"敍事로 넘어가면 구혼자가 자신의 이야기를 진술한다. 뿐만 아

78 Ibid.

79 Ibid., 94.

니라, 가장 짧은 이 판본에서는, 쭈그렁 할멈 하녀가 되는 귀족 미녀가 실제로 그 이야기를 진술하는 사람, 다시 말해 그녀의 옛 구혼자 밑에서 일을 해왔다. 이 대목은 이 판본을 다른 판본들보다 돋보이게 만들 수 있는 요소였다 — 그녀는 줄곧 바로 거기에, 그의 코 밑에 있었다! 그런데 그렇게는 되지 못했다. 이야기 진행이 너무 조급해서 독자들이 아이러니와 반전을 음미할 겨를이 없다. 그리고 가련한 늙은 "낸시"의 소지품 중에 나온 문서들에 너무 많이 의존하고 있다. (여기서 늙은 낸시는 달리던 차를 세우고 다시 봐야 할 정도로 추악한 모습으로 그려진다. "깊은 주름에 상처투성이 …… 화석처럼 굳어 유령 같은"[80] 얼굴을 가진 그녀는 "충성스러운 늙은 괴물"로서[81] "내가 지금까지 본 여자 중에서 가장 메스꺼운 표본"이다).[82] 덧붙여, 과거의 구혼자는 소설이 시작하는 어귀에서, 다른 방문객들보다 먼저 그리고 독자보다도 먼저, 놀라 버린다. 그래서 가장 큰 충격을 느껴야 할 사람이 충격을 처음 느끼는 장면에 뭔지 빠진 게 있다.

「드러난 진실」은 서사적인 관점 그리고 서술적인 관점에서 너무나 형편없는 작품이다. 빅토리아 시대의 부모들이 왜 소설 읽기를, 후세들이 텔레비전을 조롱하듯이 멸시했는지 기억날 정도다. 이 작품은 너무나 조잡해서 리드의 마음속에 훔칠 욕심이 일어날 수 없었을 지경이다. 더구나, 리드가 그 작품을 훔쳤다는 말도 진실이 아니다. 파리와 런던에서 이 극장 저 극장을 돌아다니며 강박적으로 좀도둑질을 하며 보낸 여러 해의 세월을 통해 리드는 줄거리를, 다

80 Ibid., 83.
81 Ibid., 84.
82 Ibid., 82.

시 말해서 사건들을 연속적으로 엮어줄 충분한 동력을 탐색하는 후각을 단련했다. 줄거리만 있으면 된다. 좋은 줄거리가 못난 작가의 붓끝에서 아무리 엉망진창이 되어버렸더라도, 서사의 효율성을 이해하는 사람, 감정들을 밑그림으로 그려낼 줄 아는 사람, 그리고 가소로운 소리로 넘어가기 직전에 멈출 줄 아는 —《성 제임스 문집》판본의 저자는 이것을 몰랐다— 사람의 것을 다시 쓴다면 충만한 생명을 다시 얻을 수 있다.

그러니까, 일단, 리드가 「그림」의 줄거리를 「드러난 진실」에서 획득했고, 훨씬 나은 작품으로 탈바꿈했을 가능성이 있어 보인다. 그러나 J. B. S.는 잘못 짚었다. 약혼 공표, 레슬러가 어머니의 돈을 도박으로 날리는 대목, 가출하는 밤에 아가씨의 아버지가 발사한 총격, 등등,《성 제임스 문집》판본에는 나타나지 않는 생생한 요소들이 리드의 소설에는 너무나 많다. 물론 이것만으로는 어떤 결론도 내릴 수 없다. 리드가 그 요소들을 만들어 첨가했을 수 있기 때문이다. 하지만 그런 것이 아니다. 왜냐하면 그 모든 요소들이『마드무아젤 드 말페르』에는 있기 때문이다. 리드가「그림」을 베껴온 출처는 바로 이 작품이다. 그리고「드러난 진실」을 쓴 익명의 저자가 베껴온 출처도 바로 그 작품이다. 익명의 저자는 지면을 줄이기 위해 앞에 언급한 (그리고 그 이외의) 흥미로운 세부사항들을 생략했다. 마리 드 말페르를 쫓는 사람들이 두 부류였듯이, 마담 레보를 쫓는 사람들도 (적어도 문단만 보더라도) 서로 아주 다른 층위에 속하는 두 부류였다. 별로 유명하지 않은 잡지에 익명으로 기고하는 부류와 당대 사람들이 종종 디킨스 다음으로 최고로 쳐주기까지 했던 소설가의 부류가 있었다.

이내 미국인 독자들로 구성된 특별 추적대가 리드를 쫓기 시작했다.

1884년 2월 28일자 《네이션》에서, (가격 10센트; 앞표지에는 테니슨과 아놀드의 작품들 그리고 『천재의 유전: 그 법칙과 결과』라는 제목의 4달러짜리 8절판 책의 광고가 실렸다.) 편집자들은 편지 하나를 받았는데 눈길을 끈다고 알렸다. "《월간 하퍼스》 3월호에 실린 리드의 소설 「그림」과 1867년에 프랑스어에서 영어로 번역되어 〈아메리칸 뉴스 회사〉에 의해 익명으로 출판된 소설 『그녀를 어디서 찾을까?』 사이에 놀라운 유사성이 있다"는[83] 생각을 알리는 편지였다. 지금 이 장에서 『마드무아젤 드 말페르』를 인용할 때에는, 1867년에 크로웰 출판사에서 『그녀를 어디서 찾을까?』라는 제목으로 출판된 판본을 출전으로 사용하고 있는데, 편지에서 언급된 번역본과 같은 판본일 수 있다. 크로웰 판본은 실제로 작자미상으로, 단지 I. D. A.라는 사람이 "프랑스어에서" 번역했다고만 표시되어 있다. 이 소설이 마담 레보의 『마드무아젤 드 말페르』의 번역본이라는 사실을 우리에게 알려준 책은 물론 윌리엄 월시의 『문학적 호기심 길잡이』다. 그렇지만 리드의 추문이 터진 때는 월시의 책이 나온 때보다 거의 십년 전이다. 「그림」과 『그녀를 어디서 찾을까?』 사이의 유사성을 그냥 넘겨보지 않은 최초의 탐정들은 후자가 실제로 누구의 작품인지를 몰랐다.

3월 중순이 되자, 사정이 복잡해져서 학자들이 개입했다. 미시간 대학교의 찰스 밀스 게일리 교수는 「드러난 진실」의 저자 (또는 『그녀를 어디서 찾을까?』의 저자라고 부르는 게 나을까?) 이름을 지목하지

83 *Nation*, 1884년 2월 28일, 189.

않았다. 대신 그는 리드의 「그림」의 출처일지 모르는 전거 두 개를 추가로 제시했다.

> 줄거리, 대화의 핵심적인 국면들, 그리고 장식으로 삽입되는 세세한 사항의 서술들은 「우리 아저씨네 집 식당에 걸린 초상화」에서 뽑아온 것이다. 이 소설은 런던에서 발행되는 월간지 《달》의 11호에, 아마도 1869년에, 실렸다. 그리고 1869년 11월 6일-27일자 《리텔의 살아있는 시대》에도 실렸다.[84]

뉴욕 공공도서관의 직원들은 이용객으로부터 열람신청서를 한 번에 세 장까지 받을 만큼 활발히 일한다. 그래서 《달》과 《리텔의 살아있는 시대》의 해당 호를 한꺼번에 신청할 수 있다. 신청서가 공기압으로 작동하는 튜브를 지나서 서가로 전달되는 동안 기다리고 있으면, 몇 분 후에 대기번호가 남실 입구 위 전광판에 분홍빛으로 들어온다. 창구에 책이 도착했다는 신호다. 현대 도시의 기발한 발상과 넉넉함이 일궈낸 기적이다. 일처리가 너무나 신속해서, 열람실 책상 위에 원래 펼쳐 보고 있던 《성 제임스 문집》의 판본, 《월간 하퍼스》의 판본, 크로웰 판본에 더해 새로 받은 두 판본을 한꺼번에 놓으려면 서로 겹쳐야 자리를 간신히 마련할 수 있다.

월간지 《달》은 빅토리아 시대의 가톨릭 잡지였다. 옥스퍼드 운동에 동조하는 대중적인 언론으로 런던에서 인쇄되었고 가격은 1실링이었다. 「우리 아저씨네 집 식당에 걸린 초상화」 연재 첫 회 분을

---

84 Gayley, *Nation*, 1884년 3월 13일, 232.

(크로웰 출판사 판본과 마찬가지로, 단지 "프랑스어에서" 왔다고만 밝힌 채) 실은 1869년 7월호에는, 「가톨릭 교육의 전망」과 「자연선택설의 결함」에 관한 기사들이 포함되어 있었다. 19세기의 문학잡지들은 소설이든 평론이든 기명인 경우와 익명인 경우가 비슷한 빈도였다. 《성 제임스 문집》에는 기명 기사가 하나도 없었다. 그리고 《타임스 문예 별책》도 20세기로 들어온 지 한참이 지날 때까지 필진의 이름을 밝힌 적이 한 번도 없었다. 이름을 밝혔더라도, 마담 레보라는 이름은 어차피 영어 독자들에게 별 의미를 가지지 못했을 것이다. 런던의 《달》과 뉴욕의 크로웰 출판사는 그 소설을 일단 합법적으로 취득했을 것으로 추정하고 넘어가자.

《달》에 실린 판본은 동 제목작에서 (여기에는 마리온이라고 표기된 여주인공의 젊은 조수) 바블루에 이르기까지 마담 레보의 작품이다. 그러나 1869년 여름에 여기 실린 작품이 그보다 2년 전 뉴욕에서 크로웰 출판사가 찍어낸 작품과 정확히 똑같지는 않다. 《달》에 실린 소설의 첫 번째 문장을 —

> 대학에 다니던 시절, 30년도 더 지난 일이지만, 방학을 맞으면, 나는 해마다 고지 프로방스, 피에몽과의 국경에서 십여 킬로미터 떨어진 곳에 있는 예쁜 시골집에서 외가 쪽 친척 아저씨와 얼마간의 시간을 보냈다.[85]

『그녀를 어디서 찾을까?』의 처음 문장과 비교해 보라.

---

85 *Month*, 1869년 7월호, 60.

> 대학에 다니던 시절, 30년가량 전에, 방학을 맞으면, 나는 고지 프로방스, 피에몽과의 국경에서 십여 킬로미터 떨어진 곳의 예쁜 집에서 살던 외가 쪽 친척 아저씨와 얼마간의 시간을 보내는 것이 보통이었다.[86]

여기에 보이는 차이는 같은 문장을 두 명의 학생이 따로 번역했을 때 나타날 만한 차이에 불과하다. 그러나 한 명은 영국에서 작업했고 다른 한 명은 미국에서 작업한 것이 드러나기에 충분한 차이가 있다(영국인 번역자가 약간 더 세심하다. 런던에서는 마리온이 화자가 본 사람 중에 "확실히 가장 추악한 인간"이었다고[87] 옮긴 반면에, 보다 너그러운 미국인은 단지 그가 목격한 사람 중에 "어쩌면 가장 추악한 인간"이라고[88] 옮겼다). 탄생한 지 십여 년이 지나서 번역과 납치라는 국제적인 방랑길에 오르게 되는 원문을 실은《두 세계의 논단》1854년 8월호에 따르면, 마리온은 **진실로** 가장 추악한 인간**이었다고**[89] 되어 있다.

보스턴에서 오랫동안 발행된 주간잡지《리텔의 살아있는 시대》는「우리 아저씨네 집 식당에 걸린 초상화」를 4주 동안 연재했는데, 첫 회 분이 실린 1869년 11월 6일자는 그 잡지로서는 벌써 1,327호였다. 월간지《달》의 마지막 4회차 연재분이 그해 10월호에 실렸으니까 그 사이에 서로 알리고 나서 재수록할 시간이 있었음에도, 그

---

86 Reybaud, 9.

87 *Month*, 1869년 7월호, 61.

88 Reybaud, 9.

89 Reybaud, "Mlle. de Malepeire," *Revue de Deux Mondes*, 1050. {여기에 강조체로 표시한 부분은 프랑스어로 각각 "réellement"과 "était bien"으로서, 매우 단호한 어조다. — 역주}

소설이 《달》에 먼저 나왔다는 사실은 언급되지 않았다. 유일한 출전 표시는 "프랑스어에서"라는 말뿐, 앞에서 여러 번 언급되어 이제는 우리에게 익숙해진 모호한 —자기 고객으로 하여금 새로운 시장에 진출할 수 있도록 이름을 알릴 과제를 중시하는 오늘날의 출판업계 대리인이라면 울화를 터뜨릴 정도로 모호한— 문구뿐이었다. 하여간에, 《리텔의 살아있는 시대》에 실린 판본은 《달》에 실린 판본과 정확히 똑같다. "대학에 다니던 시절, 30년도 더 지난 일이지만, 방학을 맞으면, 나는 해마다 ……"[90]

열람실 책상 위에 놓인 판본들이 워낙 여러 가지이다 보니, 아이를 재울 때 해주는 이야기만큼이나 흔해 빠진 것처럼 들리기 시작한다. 그리고 더운 여름날 오후라서 열어놓은 창문을 통해 도서관 건물 정면 계단에서 연주하는 살사 음악 소리가 열람실까지 들려오다 보니, 정신을 차리지 않으면 졸음에 빠질 수 있다. 게일리 교수가 《네이션》에 보낸 엄격한 학문적 편지를 마이크로필름에서 옮겨 적어 놓은 메모로 돌아가서 잠을 깰 필요가 있다. 이 편지에서 게일리 교수는 리텔 앤드 게이 출판사에서 1870년에 다른 단편소설 몇 편과 한데 묶어 펴낸 8절판 책에도 「우리 아저씨네 집 식당에 걸린 초상화」가 실렸다는 사실을 공중에게 알림으로써, 찰스 리드에 대해 분개하는 여론을 부추기고자 했다. 그런데 《리텔의 살아있는 시대》를 발행하던 출판사가 리텔 앤드 게이였으니까, 8절판에 어떤 판본이 실렸는지는 찾아서 확인해볼 필요도 없이 뻔하다. 그리고 어차피 열람실 책상에 빈자리도 더 이상 남아있지 않기 때문에, 그것은

90 "The Portrait of My Uncle's Dining-room," *Littell's Living Age*, 1869년 11월 6일, 362.

다행한 일이다. "같은 소설이 후일 「밀짚 써는 사람의 딸」과 함께 새들리어 출판사에 의해 4×6판 변형 책으로도 나왔다"는[91] 게일리 교수의 끈질긴 주장 또한 액면 그대로 받아들이도록 하자.

게일리 교수는 대단히 열심이었으나 기실 같은 이야기를 책 한 권의 분량에 담은 다른 판본이 하나 더 있었다는 사실은 짚어내지 못했다. 이번의 제목은 『마리온: 또는 우리 아저씨네 집 식당에 걸린 그림』이었다. 이 책은 1870년에 볼티모어의 켈리, 피트 앤드 컴퍼니에서 출판되었고, 미국 의회도서관의 1956년 이전 출판물 목록 제 490권에 포함되어 있다. 관찰력이 뛰어난 연구자라면 켈리, 피트 앤드 컴퍼니를 어디선가 본 듯했을 것이다. 이 회사 이름은 《달》의 표지에 나와 있다. 이 회사는 그 잡지의 미국 배급사였다(메릴랜드에 가톨릭 신도들이 정착했고, 미국의 가톨릭 신도는 어릴 때부터 볼티모어 교리문답서를 외우면서 제7계명을 —개신교의 제8계명— 배운다는 점도 관찰력이 뛰어난 연구자에게는 기억날 것이다). 그리고 《달》의 표지 하단 마지막 줄에는 "번역과 복제의 모든 권리를 독점한다"고 적혀 있기 때문에, 《달》이 그 소설에 대해 가지고 있던 권리를 켈리, 피트 앤드 컴퍼니에 양도했다고 추정된다. 《리텔의 살아있는 시대》에는 아무런 언급이 없으나, 어쩌면 여기에도 권리를 양도했는지 모를 일이다.

이로써 루소를 애독한 그 가련한 아가씨의 분신은 도합 여덟 명이 되었다. 그렇지만 아직, 게일리 교수의 긴 편지를 봐도, 그리고 J. B. S. 같은 일반 독자의 편지까지 함께 고려하더라도, 리드가 강탈한

---

91 Gayley, 232.

원저자가 누군지는 아무도 지목하지 못했다. 「드러난 진실」은 작자미상의 표절작이다. 『그녀를 어디서 찾을까?』는 단지 "프랑스어에서" 왔을 뿐이다. 《달》과 《리텔의 살아있는 시대》에 실린 판본들 역시 다른 누군가의 (조금이나마 나은) 프랑스어 실력에서 나왔다. 월시의 『문학적 호기심 길잡이』가 아니었다면 우리 또한 레보의 이름을 알지 못했을 것이다.

게일리 교수는 《네이션》에 보낸 편지에서 원저자가 누구일지 추측해 보려고 시도한다. 확실한 증거를 찾아내기에는 시간이 없었다는 아주 정당한 이유를 대고, 당시 미시간 대학교에서 자기가 가진 것과 같은 직위를 수십 년 후에 차지하게 될 신비평 계열의 교수들이 할 만한 얘기를 무의식적으로 앞당겨 말하는 듯, 저자의 정체에 관한 지식은 어쨌든 "본질적이지 않다"고[92] 단언한다. 그러면서도 그는 추측을 시도해본다. "「우리 아저씨네 집 식당에 걸린 그림」을 조지아나 풀러튼 여사의 소설 한 편과 함께 표지에 내세운"[93] 1870년 새들리어 판본을 고찰하면서, 그는 "『전미 도서목록』은 그 소설을 두 번이나 풀러튼 여사의 작품으로 분류하고 있다"고[94] 지적한다. 이를 뒷받침할 문체상의 증거와 역사적 증거가 있다고 그는 주장하지만, 조지아나 풀러튼 여사에 관해 알게 되어 기뻤는지는 몰라도, 그는 엉뚱한 사람을 찾았다.

이것은 《네이션》의 독자에게 안 된 일이었다. 편집자에게 보낸 이 긴 편지에 그가 만들어 보여준 대조표야말로 리드의 협의를 물샐틈

---

92 Ibid.

93 Ibid.

94 Ibid.

없이 입증할 수 있었기 때문에 더욱 그랬다. 《달》과 《리텔의 살아있는 시대》에 실린 「우리 아저씨네 집 식당에 걸린 초상화」와 「그림」 사이에 줄거리와 등장인물만이 아니라, 서술문으로 이뤄진 대목 몇 개도 비교해보라고 그는 독자들을 초청한다. 여덟 개의 문단을 제시하고 나서, 그는 "지금까지 살펴본 것처럼 「우리 아저씨네 집 식당에 걸린 초상화」와 그토록 흥미롭게 일치하지 않는 문단은 「그림」 안에 하나도 보기 드물다"고 자신 있게 부르짖었다. 그 중 한 문단만 여기에 제시한다.[95]

원본 [《달》과 《리텔의 살아있는 시대》에 실린 번역본]	찰스 리드 씨
일본제 도자기 꽃병들이 항상 신선한 꽃을 가득 담고 방 모서리들을 장식하고 있었다. 회색 나무판을 덧댄 사방의 벽에는 역사적 장면을 그린 풍경화들이 생기를 내뿜었다. …… 호두나무 선반 위에는 정교한 솜씨를 뽐내는 골동품 접시들이 놓여 있었다. …… 벽난로 굴뚝에 붙어 있는 체경 위에 동 제뤼삭은 초상화 하나를 걸어 놓았다.	항상 꽃을 가득 담은 5피트 높이의 꽃병이 방 모서리 네 곳을 지키고 있었다. 커다란 풍경화들이 참나무 판자로 만든 액자에 담겨서 벽에 걸려 있었다. 선반 위에는 호기심을 자아내는 오래 묵은 접시들이 여러 개 반짝였다. …… 식당의 벽난로 위에는 타원형 액자에 그림 하나가 걸려 있었다.

그러나 게일리 교수는 아직도, 말하자면, 시신의 신원을 찾아내지 못했다. 그리고 심지어 범죄자의 영리함에 대해 친절한 언표 비

95 Gayley, 232에서 재인용.

슷한 것까지 남겼다. "원본의 내용이 훼손되기도 했지만 상당히 축약되기도 했다"고[96] 평하면서, 이 교수는 마치 현대 학계의 후예들이 사용하는 어법을 귀신처럼 예시하듯, "같은 이야기를 가지고 동소체로[97] 변형해내는 리드 씨의 재주를 …… 염두에 두라"고[98] 독자들에게 촉구한다.

찰스 리드의 생전에 발행된 마지막 출판물이 되는 「그림」 2회 연재분은 3월 말에 뉴욕 가판대에 진열되었다. 《월간 하퍼스》 4월호에 「봄의 고자질」이라는(아! 가장 맑은 봄날의 용솟음치는 숨결,/ 배은망덕하고 당돌하구나./ 그대의 비밀을 염탐하고선,/ 소문내서 미안해!") 제목을 단 익명 시 다음으로 실린 이 연재분은, 마담 레보의 책상 위에서 30년 전에 이미 마침표가 찍힌 결말을 다시 마무리했다. 마드무아젤의 아버지가(리드가 수여한 작위로는 남작이 아니라 후작이다) 딸에게 구혼하는 소작인에게 총을 쏘는 장면에서부터 막이 열린다. 그녀는 자기의 사랑을 선포하고, 아버지로부터 절연을 당한 후, 도망친다. 이 시점에서 화자에 따르면, 카테린느(마리안)가 위중하다는 소식을(마담 레보의 원본에서는 이름이 바블루인 그녀의 조수) 쉬종이 신부에게 전한다. 그녀를 살펴본 후, 신부가 돌아와 마드무아젤 드 그루시가 시골 레슬러와 결혼했던 사연을 말한다. 그의 바람기, 그의 심술궂은 어머니, 그의 노름질, 그의 무례. 바로 리드 본인이 했던 대로 긴 얘기를 줄여 말하자면, 그 소작인은 도박꾼이고, 어머니

---

96 Gayley, 232.

97 동소체(同素體, allotropy): 흑연과 다이아몬드처럼 같은 원소로 이뤄졌지만 다른 성질을 가진 물질. — 역주

98 Gayley, 232.

가 준 돈을 잃고, 격렬한 몸싸움 뒤에 귀족 출신 아내에게 죽임을 당하는 점들이 일치한다. 모든(리드의 판본에서 처음부터 카테린느의 진정한 정체를 알고 있었던 신부에게는 해당하지 않는 말이지만) 사실들이 밝혀진 후에, 초상화는 친척 아저씨에게서 조카에게 넘겨진다. 《월간 하퍼스》 4월호는 소설의 마지막 문단 아래에 익명 시 하나를 또 실었다. 「대모가 준 선물」, 제3연은 이렇다.

이 키스로 눈이 열리고
머리에 정신이 날 것이다.
남들이 못 보는 것을 보도록,
그리고 그의 손에도 결코 들어오지 않을 것을.[99]

리드의 「그림」 연재분 두 도막에는 상당히 좋은, 심지어 독창적인, 필치도 담겨 있다. 예를 들면, 마드무아젤은 마을 축제 전부터 귀족 구혼자더러 그 소작인과 레슬링 시합을 벌이라고 부추긴다. 자기를 괴롭히는 촌놈 남편을, 환상에서 깨어나, 강하게 꾸짖는 장면에서, 그녀는 가출하던 날 밤에 아버지 입에서 나온 저주를 자기 입으로 직접 되풀이한다. "너는 이제 더 이상 내려갈 곳이 없으니 …… 너의 소작인과 결혼해서, 그놈의 두엄더미에서 함께 살아라"며[100] 드 그루시 후작이 저주했던 것처럼, 그녀는 시집 식구들에게 외친다. "당신네 두엄더미에서 썩어라, 모두들!"[101] 이렌 드 그루시는 아무런 경위

---

99 "The Godmother's Gift," *Harper's*, 1884년 4월, 687.
100 Reade, "The Picture," *The Jilt &c.: Good Stories of Man and Other Animals*, 192.
101 Ibid., 201.

설명도 없이 마담 레보가 손에 쥐어준 칼로 남편을 죽이는 것이 아니라, 경제적 결정론을 상징하는 의미가 더 많이 들어있는 무기로 죽인다. "당시에 귀족층 여인들이 수놓을 때 사용하던 도구."[102] 그리고 늘 소송과 논란의 중심에 있었던 리드는 자기 주인공에게 어떤 다른 창조자, 번역자, 납치자도 주지 못했던 것, 분명히 그들 누구도 그토록 훌륭하게 표현할 수 없었던 것을 준다. 재판정에서 배심원단을 향해 자신을 변호하는 차분한 발언이다. "그를 위해 나는 아버지, 친구들, 신분, 재산, 모든 것을 버렸습니다. 그만큼 나는 그를 소중하게 사랑했습니다. 그는 내게 비통한 분노만을 주었습니다. …… 여러분은 나에게 무슨 벌을 내릴 겁니까? 감옥에 간다고 내가 더 비참해질 리 없고, 죽음은 모든 것을 끝낼 것입니다. 그러니 자비를 빌지 않습니다. 정의롭게 판단하십시오."[103] 하지만 솜씨 있게 필치를 발휘하려면 먼저 그것을 발휘할 대상이 있어야 한다. 그리고 이렌이 남편을 죽일 때 사용하게 만든 도구, 즉 자수용 연장과 사실상 같은 것을 가지고 그는 마담 레보의 작품에 손질을 했다. 실제로 그가 바꾼 것은 거의 없었고, 바꾼 것 대부분도 바꿀 필요가 없었던 것이었다.

대서양을 가운데 두고 미국에서는 리드의 도둑질을 겨냥한 온갖 항의가 3월 말까지 제기되었다. 런던 억스브리지 로드에 있는 집에서 외롭게 살던 리드에게는 충분히 멀리 떨어진 곳이라, 소식을 전혀 듣지도 못했을 수 있다. 당시 그에게는 또 하나의 논란에 신경 쓰기보다는 훨씬 심각한 일이 있었다. 시모어 부인이 사망한 이후, 질

102 Ibid., 202.
103 Ibid., 204.

환들이 여기저기 점점 더 속수무책으로 침범해 들어왔고, 부활절이 다가오면서는 죽음이 가까워졌다. 그러던 차에 런던의 잡지, 《아카데미》 3월 29일자가 발행되자, 비난의 소리가 그의 현관문을 두드리기에 이르렀다. 꺼져가던 의식 속에서 만일 그가 그 소리들을 들었다면, 횃불을 손에 든 폭도가 성으로 쳐들어올 때 말페르 남작이 느꼈던 것과 비슷한 느낌을 가졌을 것이다.

공격의 선봉에는 미스 E. J. 마셜이라는 독자가 나섰다. 《아카데미》는 3월 22일에 그녀가 보내온 편지를 29일자에 발행했다. "이번에 《월간 하퍼스》에 나온 찰스 리드 씨의 소설 「그림」이 1856년에 파리에서 아셰트에 의해 출판된 마담 샤를 레보의 한 권짜리 소설 『마드무아젤 드 말페르』와 더 이상 이상할 수 없이 닮았다는 점에 제가 감히 주의를 환기해도 되겠습니까?"라면서[104] 편지는 시작한다. (『제8계명』에서 리드는 "영어로 된 어떤 책도 [1851년의 조약 이후] 저자에게 보상을 지불하지 않고는 결코 출판하지도 번역하지도 않았던" 사람이라고 지칭하면서 "프랑스의 출판인 아셰트 씨"에게[105] 경의를 표한 바 있었다.) 미스 마셜은 「그림」과 『마드무아젤 드 말페르』 사이에 줄거리와 등장인물을 간추려 비교한 다음에, 게일리 교수가 했던 것처럼 단어 하나하나를 대조했다. 다만 게일리 교수는 리드가 사용한 원본이 영역본이었다고 추정한 반면에, 미스 마셜은 왼쪽 줄에 진짜 원본 소설의 프랑스어 문장들을 넣었다는 점이 다르다.

그녀는 《아카데미》에 보낸 자신의 조사보고서를 활기에 찬 중립적 논조로 마무리했다. "이와 마찬가지로 유사성이 드러나는 대목

104 E. J. Marshall, *Academy*, 1884년 3월 29일, 224.
105 Reade, *The Eighth Commandment*, 124.

들을 훨씬 많이 인용할 수 있지만, 귀지의 지면을 너무 많이 차지할 것 같습니다. 최소한만을 말한다면, 《월간 하퍼스》에 실린 리드 씨의 소설에는 출전이 전혀 표시되어 있지 않으니, 이에 대해 일정한 해명이 요청된다고 봅니다."[106] 《아카데미》의 편집자들은 이 편지 아래에 주석을 첨가해서, 미스 마셜과 같은 취지로 일한 뉴욕의 탐정들이 찾아낸 내용들을 알렸다. 그러나 리드에게 약탈당한 저자의 신원이 마침내 밝혀진 점이 중요하다고 말하면서, 《아카데미》는 "여러 형태를 띤 이 소설의 원래 기원을 추적해낸"[107] 미스 마셜을 축하함으로써 원저자 신원의 확인을 축하했다. 여러 형태를 띤 것만은 실로 사실이다. 마담 레보의 이야기는, 경이롭게 비극적인 연애와 인과응보의 흐름, 농촌 지방의 정경, 시간적인 거리감, 도난당했던 서류를 통해 비밀이 풀리는 것과 같은 방식으로 수수께끼가 해결되는 줄거리 등을 담고 있다는 점에서, 번역자들도 번안가들도 그리고(1884년까지) 두 명의 표절범들도 저항할 수 없었다.

《뉴욕 타임스》는 "화제의 인물"란에 1884년 3월 30일에 「런던의 사교계, 연극계, 문학계의 쑥덕공론」이라는 기사를 내고, 미스 마셜의 편지 소식을 보도했다.[108] 인도 버라트푸르의 군주가 마련한 코끼리 싸움판에 코노트 공작이 참석한 일이 슬기롭지 못했다는 논란에 관해 영국 의회에서 질의가 이뤄질 것 같다는 등, 대서양 건너편의 다른 소식들과 함께였다. 이를 보면, 미스 마셜이 파장을 일으킨 것은 확실하다. 그러나 보스턴의 《문학세계》 다음호를 받아본 독자

106 Marshall, *Academy*, 1884년 3월 29일, 225.
107 "Editor's note," *Academy*, 1884년 3월 29일, 225.
108 *New York Times*, 1884년 3월 30일, 1-2.

들은 여성을 모욕한 찰스 리드에게 복수하러 나선(J. B. S.가 여성이었다고 추정하면) 세 번째 여성이 또 있었다는 사실, 그리고 비록 이 여성의 편지가 인쇄기에는 약간 늦게 도달했지만, 마담 레보가 원저자였다는 사실을 미스 마셜보다 먼저 발견했었다는 사실을 알게 되었을 것이다.

《문학세계》 4월 5일자에 실린 편지를 쓴 사람은 다름 아닌 남캐롤라이나의 메리 체스넛이었다. 남북전쟁 기간의 이야기를 담고, 1905년에 사후 출판되어 센세이션을 일으킨 『남부 사람의 일기』를 쓴 바로 그 사람이다. 노예제에는 반대했으나 열정적인 반전주의자 지성인이자 페미니스트였고, 상원의원 스티븐 디케이터 밀러의 딸이었던, 체스넛 부인은 찰스턴의 젊은 숙녀를 위한 마담 탈방드의 프랑스어 학교에서 교육받았고,[109] 『마드무아젤 드 말페르』를 원할 때면 언제든 프랑스어 원문으로 읽을 조예를 잘 갖췄다. 실제로 그녀는 1883년에 —비록 그 소설의 영어 번역본도 하나 가지고 있었지만— 프랑스어로 읽은 것이 분명해 보인다. 《문학세계》의 편집자에게 그녀는 이렇게 전한다.

> 《월간 하퍼스》 3월호에 나온 찰스 리드 씨의 「그림」에 관해 한마디 하겠습니다. 이 소설은 마담 샤를 레보의 프랑스어에서 따온 것입니다. 나는 그 소설을 원문으로 일 년 전에 읽었고, 새로운 형태로 나타났을 때 곧바로 알아봤습니다.
>
> 지금 이 글을 쓰고 있는 제 눈앞에는 뉴욕의 주간지 《알비온》

---

109 C. Vann Woodward and Elisabeth Muhlenfeld, Introduction to Chesnut, *The Private Mary Chesnut: The Unpublished Civil War Diaries*, xxiii.

1857년 1월 3일자가 있습니다. 여기에 이런 내용이 있군요. "『마드무아젤 드 말페르』. 마담 C. 드 레보. 《알비온》을 위해 번역." 그리고 "의회가 정한 법에 따라 1857년 윌리엄 영 앤드 컴퍼니에 의해 수입됨" 운운.[110]

뷰캐넌 행정부가 취임하기 몇 달 전에 발행된 《알비온》 지난 호들을 신청하고 기다리다가 내 번호가 분홍빛으로 떠오르자 창구로 갔더니, 불행히도 이번에는, 도서관 직원 말이 그 자료는 마이크로필름으로만 볼 수 있는데 이 건물도 아니고, 서43번가 521번지, 10길과 11길 사이에 있는 뉴욕 공공도서관 신문 별관으로 가야 한단다.

이 뜨거운 여름 한낮에, 타임스 광장을 지나 42번가를 죽 따라서 클린턴까지(찰스 리드의 시대의 지명으로 말하면 헬스 키친까지) 걸어서 가야 한다는 뜻이다. 즐비하게 늘어선 극장 간판이 똑같은 줄거리를 담은 영화들을 광고하는 가운데, 개중에 〈한나와 자매의 사랑〉, 〈황금 금발 위에서〉 따위로[111] 단순한 포르노 표절과 그나마 나름 영감을 받은 패러디가 구별될 수 있다는 듯 정신 나간 창의력을 발휘하는 제목들을 보면서 지나가야 한다. 신문 별관은 연합 택배 서비스의 광활한 주차장 근처, 그리고 허드슨 강 부두에서 약간 동쪽에 위치한, 도서관이라기보다는 창고 같은, 찾기 쉬운 건물이다. 영국을 사랑하는 미국의 사촌들을 위한 논집, "영국과 식민지와 해

110 Mary Chesnut, *Literary World*, 1884년 4월 5일, 115.

111 〈한나와 자매의 사랑〉(*Hanna Does Her Sister*, 1986), 〈황금 금발 위에서〉(*On Golden Blonde*, 1984): 〈한나와 그 자매들〉(*Hannah and Her Sisters*, 1986), 〈황금 연못〉(*On Golden Pond*, 1981)의 제목만을 표절한 포르노 영화들이다. — 역주

외에 관한 주간 언론"《알비온》을 마이크로필름 판독기에 올리는 일은 이 분도 채 걸리지 않았다.

《달》과 《리텔의 살아있는 시대》가 12년 후에 저자의 이름을 밝히지 않고 다만 "프랑스어에서"라는 모호한 문구만 남긴 것과는 대조적으로, 1857년에 출판된 《알비온》의 (섬터 요새의 전투에서부터 시작해서 재건기까지를 체스넛 가의 다락방에서 견뎌내고 살아남은) 해당 호는 "마담 샤를 드 레보"가 지은 "마드무아젤 드 말페르"를 "알비온을 위해" 번역한 것으로 명시된 글을 제시하고 있다. 이는 사실로 보인다. 왜냐하면, 인쇄본으로서 최초로 미국에 방문한 이 판본에서 마리온은 "확실히"[112] 화자가 본 가장 추악한 사람인데다가, 이 이야기의 시작은 《달》/《리텔의 살아있는 시대》의 번역자나 크로웰 출판사의 번역자가 사용한 단어와 다르기 때문이다. "대학에 다니던 시절, 30년도 더 지난 일이지만"도 아니고, "대학에 다니던 시절, 30년 가량 전에"도 아닌, "약 30년 전 대학에 다닐 적에"로[113] 시작한다. 호라티우스의 "코엘룸 논 아니뭄, 무탄트, 퀴 트란스 마레 쿠룬트"를[114] 모토로 내걸었던 이 주간지는 "마드무아젤 드 말페르"를 도합 5주 동안 이렇게 약간이나마 원본에 충실하게 작은 활자로 연재한다.

체스넛 부인은 《문학세계》의 양키 편집자에게 "많은 존경심을 담아" 이 편지를 보냈다. 그러나 마지막 문단에는 유쾌하지만은 않다는 듯한 통명함이 있고, 영국 소설가의 이름과 성을 굳이 다시 썼다

---

112 "Mademoiselle de Malepeire," *Albion* 35호, 1857년 1월 3일, 1.

113 Ibid.

114 Coelum Non Animum, Mutant, Qui Trans Mare Currunt: 바다를 건너 항해하는 사람들은 하늘은 바꾸지만 자기네 영혼은 바꾸지 않는다.

는 것은 어쩌면 모종의 경멸을 담은 듯하다. "찰스 리드 씨는 그 이야기를 전혀 변경하지 않고 다만 약간 축약했을 뿐입니다. 그의 번역본을 《알비온》에 나온 번역과 비교해보면 누구나 알 수 있을 것입니다."[115] 자기가 발견한 사실로 그녀가 실제로 유쾌함보다 역겨움을 느낀 것이 맞다면, 하나의 도덕적 범행을 목격한 사람으로서 일반적으로 가지는 느낌 때문이라기보다는 그녀 자신의 좌절감 때문이었기가 쉽다. 작가의 경력을 새롭게 출발해보려 나섰던 메리 체스넛에게 1870년대와 1880년대는 험난한 시절이었다. 자신의 좋지 못한 건강, 가족들의 사망, 남편의 정치적 실패와 재정적으로 파산한 친척들의 방문 등으로 작업의 진척이 더뎠다.[116] 패배한 남부연합의 딸이자 작가로서 성공을 꿈꾸던 페미니스트였던 메리 체스넛이, 모든 적수를 다 물리쳐온 《알비온》의 지면을 통해, 잘 나가는 찰스 리드가 명성의 최고점 가까이에서 차라리 무명이라고 봐야 할 한 프랑스 여성의 글을 훔친 광경을 목도하고 속이 뒤집혔다고 한다면 전혀 이상한 일이 아닐 것이다. 선생, 당신은 신사는 아니올시다!

체스넛 부인은 끝내 소설은 한 편도 출판하지 못했다. 그러나 C. 밴 우드워드와 엘리자베스 멀렌펠드가 『내면의 메리 체스넛: 미출간 남북전쟁 일기』에 붙인 서문에서 설명하듯이, 1881년에서 1884년 사이에 "그녀는 전쟁기에 쓴 자신의 일기에 기초해서 한 권의 소설에 해당하는 작품을 사실상 완성했다."[117] 실제로, 그녀의 일기는 원래의 기록과 『남부 사람의 일기』로 출판된 형태 사이에 수선된 곳

115 *Literary World*, 1884년 4월 5일, 116.

116 Woodward and Muhlenfeld, in Chesnut, xxx-xxxi.

117 Ibid., xxxi.

이 너무나 많아서 일종의 소설이 되었다고까지 주장하는 사람들도 있다. "그녀는 삼인칭 서사를 대화로 바꾸고, 자기 자신의 생각들을 다른 사람의 입에 넣고, 일기의 기록들을 축소하거나 확장하고, 극적인 효과를 높이기 위해 날짜를 때로는 옮겨놓기도 했고 일어난 일들의 순서를 자주 재편성하기도 했다."[118] 비평가 케네스 린에게는 "미국 문학의 역사에서 가장 당돌한 날조범 중 하나"로[119] 그녀를 문책하기에 충분한 변조였다.

그런 식으로 명성을 얻은 최초의 일기작가가 그녀라고 보기는 어렵다. 하지만 설령 최초는 아니더라도, 표절은 아닐망정 위조의 책임은 있다. 어쨌든, 메리 체스닛은 오래된 필기장에 문학적 생명을 불어넣고자 시도했던 것이다. 병든 몸에 갇혀서, 죽음이 닥치기 전에 순수문학으로 인정을 받고자 애를 쓰는 와중에, 여러 해 전에 써두었던 사적인 기록들을 들춰냈다. 그녀 자신은 짐작도 못했을 일이지만, 1880년대 초에 그녀와 찰스 리드 사이에는 많은 공통점이 있었다.

게일리 교수는 《네이션》에 보낸 편지에서 리드의 판본 「그림」은 "구매한 결과이든 아니면 차용했거나 무의식적인 기억의 소산이든, 프랑스 원본보다는 영역본에 기초하고 있다"고[120] 추측했다. 이제 이 추측에서 언급되는 세 가지 가능성을 뒤에서부터 검토해보자. (1) 무의식적 기억: 불가능하다. 어떤 훌륭한 이야기를 기억하는 일, 심지어 자기 전에 읽다가 너무나 만족스럽게 몰입되어 꿈속에서까지 계속되어

---

118 Ibid., xxi.

119 Ibid., xv에서 재인용.

120 Gayley, 232.

자기가 그 이야기의 창안자라는 생각이 드는 경우도 있을 수 있지만, 게일리 자신이 대조표에 제시하듯이 단어와 단어가 비슷한 경우는 완전히 다른 종류의 일이다. (2) 차용: 도둑질을 공손하게 부르는 동의어. 정신의 꼭대기에 두고 명심해야 할 우회어법이다. 마지막으로 (3) 구매: 흥미롭기는 하지만 그랬을 리는 없는 가능성이다.

리드가 프랑스에서 희곡들을 구매한 것은 사실이다. 그 점을 그는 스스로 자랑스럽게 여겼다. 『제8계명』에서 그는 1851년의 저작권 협약이 발효된 이후, 그 법의 맹점을 이용했다면 아무 탈 없이 공짜로 베껴다 쓸 수 있었음에도 불구하고, 프랑스의 극작가 오귀스트 마케의 희곡 『그랑티에 성』을 구매하기로 계약을 맺은 사연을 술회한다. 그가 작품의 값을 제공한 것은 오직 리드 자신이 평가하기에 자기가 명예로운 사람이었기 때문이었다 — 실로 그는 동료 영국인들에게 모범을 보이기 위해서 그렇게 한 것이다. 뭐니 뭐니 해도 영국인은 "절도광이 아니라 상인"이어야[121] 하지 않겠나. 예술이라는 신성한 영역에 상혼이 쳐들어온 셈인 것처럼 그 거래를 바라보는 사람에게 반박할 말도 준비되어 있었다. "돈 주고 사오는 것보다 훔쳐왔다면 덜 천박했을까?"[122]

다른 사람이 쓴 희곡을 가져와 무대에 올리기 위한 권리를 돈을 주고 구매하는 일은 완벽하게 고상한 취미일 수 있지만, 다른 사

---

121 Reade, *The Eighth Commandment*, 39.

122 Ibid., 25. 리드는 결코 협박에 굴복해서 돈을 주고받은 적이 없다. 그런데 최근에 클레어 토말린이 펴낸 새로운 전기에 따르면, 캐서린 맨스필드의 경우는 달랐던 것 같다. 맨스필드와 그녀의 남편 존 미들턴 머리는 체홉의 작품에서 표절한 그녀의 사연을 알고 있던 그녀의 옛 애인에게 조용히 해주는 대가로 돈을 지불했다고 한다. Claire Tomalin, *Katherine Mansfield: A Secret Life*, New York: Knopf, 1988, 201-211을 보라.

람의 소설을 가져와 조금 매만지고 나서 자기 자신의 이름을 내걸고 세상에 내놓기 위해 돈을 지불할 수는 없다. 정상적인 문학적 의미에서 그것은 번역할 수 없을 것이다. 리드가 염두에 둔 "번역"이란 다른 종류의 번역이었다 — 더욱 고색이 창연한 낭만적인 의미의 "번역". 못난 아이를 대신 남겨 두고 남의 아이를 몰래 바꿔치기하는 식의 "번역."

리드는 1856년에 —말콤 엘윈에 따르면, 『아직도 늦지 않았다』가 출판되고 나서 몇 주 후에— 런던을 떠나 파리로 향했다. 연극 저작권에 관한 자신의 입장을 확립해 줄 시범 케이스를 찾고 있던 중이었다. 『제8계명』에서 그는 에두아르 브리스바르와 외젠 뉘가 쓴 『파리의 가난한 사람들』의 권리를 어떻게 구입했는지를 크게 다룬다. 브리스바르와 맺은 계약은 리드가 수익의 절반을 저자들에게 지불하고 영국에서 그 연극을 번역해서 공연할 권리를 가진다고 정했다. 영국으로 돌아온 리드는 자기가 돈을 주고 합법적으로 구매한 것을 훔치려면 한 번 훔쳐보라고 잠재적인 해적들에게 을러대기까지 했다. 그 결과 언쟁과 법정 소송이 벌어질 수 있는 커다란 판이 조성되었고, 그 이야기를 리드는 『제8계명』에서 길게 다룬다. 고막이 튼튼한 사람이라면 누구든 그 책을 열어보면 그 싸움에 관한 상세한 그러나 주관적인 서술을 볼 수 있다. 하지만 지금 우리의 관심사는 1856년의 파리 여행에서 일어났음직 한 뭔가 다른 일이다. 마담 샤를 레보의 『마드무아젤 드 말페르』를 구입하지 않았을까? 그 책에 관한 권리 말고 그 책 한 권 말이다. 《두 세계의 논단》에 각각 길게 두 번에 걸쳐(1854년과 1855년에) 연재되었던 것이 마침내 합쳐져서, 1856년에 한 권의 책으로 나온 참이었다. 다음날 아침에 연극 관련 사업을 다시 시작하기 전까지, 호텔 방에서 홀아비 신세로 저녁 시간을 보낼 만한 재미있는 책 하나를 산다는 생각 말고 다른 목적은 아마 없었을 것이다.

옥스퍼드의 학자 출신인 리드의 프랑스어는 탁월했다. 『마드무아젤 드 말페르』의 번역본이 나오기를 기다릴 필요가 전혀 없었다. 그의 필기장에는 문체를 완벽하게 음미하면서 원문을 읽을 능력이 있었다는 증거가 넘친다. 이제야말로 그의 필기장을 보러 가야 할 때가 되었다. 42번가를 따라 걷는 정도로는 안 될 것이다. 런던으로 가는 비행기를 타야 한다.

필기장들은 리드라는 인물과 그의 업적과 그의 강박증을 이해하는 열쇠다. 그리고 필기장을 열어보는 열쇠는 상황에 딱 어울리게도 해골 모양이다 — 런던 도서관 도서목록 보관실 끝에 있는 두 개의 나무 책장의 자물쇠를 여는 오래된 금속 열쇠. 필기장 대부분은 제1차 세계대전기에 H. V. 리드가 기증한 이래 계속 여기에 있었다. 기증 내용을 밝힌 1916년 2월 15일자 그의 편지는 자신의 종조부가 "매일 한 시간 가량을"[123] 필기장과 더불어 보냈다고 적었다. 런던 도서관의 여타 소장품 대부분과 함께 이 필기장들도 제2차 세계대전 중에 적군의 직접 폭격을 맞는 와중에서도 살아남았다(아이젠하워 장군의 사령부가 성 제임스 광장을 사이에 두고 도서관과 서로 대각선으로 맞은편에 있었다). 잔디밭에는 말을 탄 윌리엄 4세의 동상이 서서 굽어보고 있는 이 광장은 오늘날 특별히 평화롭다. 걸어서 2분 거리인 피카딜리 서커스와 트라팔가 광장의 북적거림에 비해서, 런던

123 H. V. Reade, 런던 도서관에 보낸 편지, notebook 13에 삽입되어 있음(Sutcliffe no. III.5).

에 마치 누구에게도 말하지 않은 비밀장소처럼 깔끔하게 조성되어 있다.

두 책장 중 하나는 도서관의 서가를 안내하는 도면 아래 놓여 있다(필기장을 보다가 가보고 싶은 충동이 문득 일어나면 느리게 움직이는 승강기를 타고 갈 수 있도록, 도면에는 "프랑스 소설"이 3층에 있다고 표시되어 있다). 도서관의 친절한 관리자 더글러스 매튜스는 책장을 열어주면서, 필기장이 무겁고 커서 다루기도 힘들고 일하기에 어려우리라고 주의를 준다. 그러니 그런 것을 만든 사람은 쓸데없는 일들을 모아둔 사람이었을 것이라고 덧붙인다. 지난 5년 동안 아무도 만진 적이 없으니 먼지가 상당히 쌓였을 것이라고도 한다. 이제는 죽어서 안에 들어 있는 광기에 찬 에너지와는 어울리지 않는 평화의 더께다.

과연, 리드의 프랑스어는 『마드무아젤 드 말페르』 정도는 읽고도 남는 수준이었다. 20이라는 번호가 적힌 필기장 안에는, 콜리지에 관해 적어 놓은 ("상식적인 진리에 그것이 최초에 가졌던 흔치 않은 광채를 되돌려주려면, 오로지 그것을 행동으로 옮겨야 한다")[124] 한 줄에서 멀지 않은 곳에, 널리 알려진 책들에 관해 적어 놓은 메모들이 있는데, 심지어 과학적인 글들마저도 프랑스어 원문으로 소화해낼 능력이 있었음을 보여주기에 알맞은 주제를 다루고 있다.

자연발생설. 파스퇴르 씨에 의해서 틀린 것으로 판명.

---

124 Reade, notebook 20, London Library(Sutcliffe no. IV.7).

《토론의 중계》 1860년 4월 6일자에 실린 뛰어난 논문을 보라.

모든 생명은 알에서 나온다Omne vivum ex ovo.[125]

엄청난 분량의 필기장에는 실제로 마담 샤를 레보가 반복해서 등장한다. 에머슨 서트클리프 교수가 산정하기로 아마도 1860-61 연간의 것으로 보이는 필기장 한 군데, 십 년 후에 첨가한 내용이 덧쓰여 있는 곳에, 리드는 "좋은 이야깃거리"Bonae fab.에 관해 적어 놓았다 — 그의 단편집에는 『인간과 여타 동물들의 좋은 이야기들』이라는 제목이 붙었다.[126] 필기장 23페이지에는 제목들이 열거되고 주석이 붙어 있다. "오래된 표본적 이야기 하나하나를 현대 작가의 문체에 담는다."[127] 열거된 제목 중에는 "캉디드. 애디슨의 문체"가 있다. 그 앞에 나오는 제목 두 개는?

마드무아젤 드 말피에르Mademoiselle de Malespierre

포스틴Faustine.

첫줄 곁에는 X 표시가 붙어 있다. 『포스틴』은 1852년에 출판된 마담 레보의 다른 작품이다. 같은 필기장 83페이지. "이제까지는 내가 발명한 결실을 자주 세상에게 줬으니까, 이제부터는 내 독서와 판단의 —내 생각에, 훌륭한— 결실을 줄 때가 되었다."[128] 112페이지에는

---

125 Ibid.

126 이 단편집은 리드의 사후에 출판되었다. 문제의 「그림」도 이 안에 들어 있다. — 역주

127 Notebook 17, London Library(Sutcliffe no. IV.4), 23.

128 Ibid., 83.

"책들"의 목록이 나온다.[129]

Balzac chez lui[130]

Les corbeaux[131]

Mlle de Malepierre[132]

Les gendre[133]

? Adamo nel Paradiso. Italian Play[134]

Chien et chat, or the foxy father[135]

Le philosophe sans le savoir[136]

그런 다음, 127페이지에는 이렇게 적었다.

살인은 들킨다
때때로[137]

---

129 Ibid., 112.

130 『집 안의 발자크』(*Balzac chez lui*): 프랑스 작가 레옹 고즐랑(Léon Gozlan, 1803-1866)의 소설. — 역주

131 「까마귀들」("Les corbeaux"): 마담 샤를 레보의 단편소설. — 역주

132 리드는 말페르(Malepeire)를 Malepierre로 줄곧 오기하고 있다. — 역주

133 "사위"라는 뜻이지만, 관사는 복수고 명사는 단수다. 어떤 작품인지 확인하지 못했다. — 역주

134 "낙원의 아담. 이탈리아 희곡"이라는 뜻이다. 어떤 작품인지 확인하지 못했다. — 역주

135 "개와 고양이, 또는 여우 같은 아버지"라는 뜻이다. 어떤 작품인지 확인하지 못했다. — 역주

136 『무지한 철학자』(*Le philosophe sans le savoir*): 프랑스 극작가 미셸-장 스덴느(Michel-Jean Sedaine, 1719-1797)의 희극. — 역주

137 Ibid., 127.

대리석 문양이 들어간 뒤표지 안쪽에는 이런 말이 있다. "철길 또는 다른 곳에서 분실했을 경우, 되돌려주는 분께 후히 사례하겠음."[138] 이 문장이 적힌 필기장은 30cm 너비에 약 50cm 길이다. 출생증명서 대장만큼 굉장히 크고, 5cm 정도의 두께로 무척 무겁다. 레슬링 선수 피나텔이라도 이런 덩어리를 들고 기차를 탈 수는 없을 것이다. 리드를 연구하는 학자라면 상당히 자주 겪는 일이지만, 사례금 운운하는 대목만도 도대체 그가 스스로 무슨 생각을 하고 있다고 생각했는지 궁금증이 들지 않을 수 없는 대목이다.

그가 마담 레보에 관해, 한 번뿐 아니라, 생각했던 것은 확실하다. 서트클리프의 추산으로 1876년에 기입한 한 필기장에는 소설과 희곡에 쓸 만한 줄거리 구상들이 가득하다. 여기서 리드는 뒤마에 관해 스스로 주의를 환기하는 한 마디를 적어 놓았고("연극 하나를 잊지 말라 …… 전6막, 셋은 좋은데 셋은 시시하다. 시시한 셋은 잘라내고, 셋은 아주 다르게 창작하든지 훔친다"),[139] 거기서 6페이지 뒤에는 "마담 샤를 레보의 「까마귀들」"이라고 제목을 적은 다음에 그 줄거리를 요약해 놓았다. 그러고는 자신을 위한 메모를 남겼다. "이야기는 좋은데 불시로 일어나는 사소한 사건들 때문에 망쳤다. 다시 쓴다. 처음부터."[140] 그 다음에는 어디를 어떤 식으로 변조해야 할지를 하나하나 열거했다 — 호소력 있게 잘 구성된 『마드무아젤 드 말페르』에 대해서는 이런 종류의 변조가 거의 필요하지 않았다는 뜻이다.

그러나 런던 도서관 오른쪽 책장에 담겨 있는 리드의 비밀을 가

---

138 Ibid., 뒤표지 안쪽.

139 Sutcliffe, "Charles Reade's Notebooks," *Studies in Philology*, 103.

140 Notebook 29, London Library(Sutcliffe no. IV.16).

장 많이 보여주는 대목은 따로 있다. 그 대목은 흔한 형태의 필기장에 알파벳 순서로 기입한 내용 가운데, "Publicabilia"라고 표시된 페이지에 있다.[141]

                                        sharp novels
Reade's abridgments.   or some such general
                    sharp stories   title
Fabula cetacea. Les miserables.

une servante? done. Mlle de Malepierre.
Brevia novella. See. red quarto digest in voce
                                                  opuscula

Candide in the English of Addison

                                        예리한 소설들
리드의 축약   또는 뭔가 그와 같은 일반적인
                예리한 이야기들   작품
고래 이야기. 레미제라블

어떤 하녀? 이미 있다. 마드무아젤 드 말페르
짧은 소설. 보라. 빨강색 4절판 요약본 보체
                                                  오푸스쿨라

캉디드를 애디슨의 영어로[142]

---

141 원문을 먼저 번역을 그 아래에 제시한다. —역주
142 Notebook 20, London Library(Sutcliffe no. IV.7).

『캉디드』를 신고전주의 영어로 새로 쓸 기획을 자신에게 제안한 것은 이로써 두 번째지만, 실행하는 데까지는 결국 도달하지 못했다. 그리고 그가 진실로 멜빌("고래 이야기")이나 위고를 축약할 생각을 했었는지는 궁금증을 자아낸다. 그러나 "하녀"의 이야기가 이미 나와 있었다는 데에는 의문의 여지가 없다. 유일한 진짜 의문은 정직하게 축약본을 만들어서 내놓는다는 정공법으로 보이는 구상을 리드가 언제 포기했느냐는 것이다(『제8계명』에서 그는 "부정한 축약"을[143] 격렬하게 비난한 적도 있다). "리드의 축약"은 상업적으로 괜찮은 제목처럼 들린다. 그리고 비록 『마드무아젤 드 말페르』는 『모비딕』이나 『레미제라블』만큼 축약해야 할 필요가 있을 것 같지는 않지만, 어쨌든 리드의 서사적 역량이 축약 작업에 불충분했다고 말할 사람은 없을 것이다. 그런데 리드는 어떤 시점에서 이 계획을 포기하고 그냥 훔치는 쪽을 선택했다. "리드의 축약"이라는 글자들은 ~~~~ 같은 물결무늬 횡선으로 지워져 있다. 언제 이 횡선을 그었을까? 아마도 병들고 침울한 가운데, 그러나 정신을 모으려고 노력하면서 「그림」을 쓰기 시작한 시점보다 많이 앞서지는 않았을 것이다. 이 시기의 리드에 관해 엘윈은 이렇게 말한다.

> 그는 종래의 작업 습관으로 되돌아가서, 필기장을 꼼꼼하게 수정하고 작품으로 쓸 이야기들을 짜냈다. 필기장 여러 권에 1881년과 1882년의 날짜로 "검토했음"이라는 표시가 되어 있다. …… 자신의 형편에 관해 비참한 생각들을 정해진 작업의 일과에 의해 우회하려는 애처로

---

143 Reade, *Eighth Commandment*, 49.

운 결의를 식별할 수 있다. 이 시기 그의 작품들은 자기 마음속 감정의 움직임을 전혀 반영하지 않는다. 그의 소설들은 필기장을 기초로 집필되었다. 사후에 출판된 『위험한 비밀』의 내용 대부분은 『무서운 유혹』을 집필하는 동안에 작성했던 "아이를 양육하는" 메모들에 의해 제시되었다.[144]

『수도원과 벽난로』까지도 포함해서, 그는 언제나 소설을 쓸 때 낭만적인 근거보다는 순전히 실생활의 근거를 선호했다. 그러나 자기가 생전에 출판할 마지막 소설을 쓰던 시점에 이르러서는, 새로운 이야기를 발명해내지 못하는 무능력이 너무나 불안해서, 신문 스크랩들을 불쏘시개로 삼아 자신의 상상력에 불을 붙이는 시도를 중단하고, 대신에 남의 소설을 열어서 거기에 미리 붙어 있는 불꽃을 찾아낸 다음에 그 불꽃을 가지고 처음부터 다시 쓰는 길로 갔을 수도 있다.

『제8계명』에서 리드는 "문학적 해적질은 현미경으로 들여다 볼 가치가 있는 지적 도덕적 유형의 해적질"이라고[145] 썼다. 같은 페이지에서 그는 "번안가 스무 명이 있다고 칠 때, 프랑스인의 거죽을 쓰고 떠들어대는 것을 빼면, 글을 통해 이름을 내는 이가 그 가운데 몇 명이나 될까?"[146] 궁금해했다. 어쩌면 그는, 1883년 즈음해서 자기가 그들 편에 서서 벌인 온갖 소동을 감안할 때 프랑스 사람들이 자기에게 갚을 빚이 있다고 간단히 상상했을지도 모른다. 마치 공화국의

---

144 Elwin, 354.

145 Reade, *Eighth Commandment*, 49.

146 Ibid.

상징 마리안처럼, 마담 레보가 프랑스 민족 전체의 작가들을 대표해서 자기에게 빚을 갚은 셈이다. 리드는 자기가 옹호했던 사람들을 상대로 으스댈 수 있는 기회를 좋아했다. 여성 의사들의 권리를 위해 목청을 높인 바도 있었으니, 마담 레보는 한 명의 여성으로서도 집단적인 보상을 이행하는 셈이 되었을지 모른다.

생애 최후의 몇 년간, 그의 조카의 기억에 따르면, "심한 기침이 항상 그의 동반자가 되었다. 그는 해골처럼 말라갔다. 음식은 독약과 같았다."[147] 그보다 4반세기 전에 그는 『제8계명』에서, "육체적 질병과 마찬가지로 도덕적 질병에도 고칠 수 있는 단계가 있고 고칠 수 없는 단계가 있다"고[148] 썼었다. 그는 이제 후자의 단계에 도달했다. 이때까지 그의 표절에 관해 제기된 대부분의 의혹들은 사소한 실수였다고 너무 까다로운 트집 잡기라는 변명으로(리드보다 핑계가 더 많았던 사람은 일찍이 없었다) 지나칠 수 있었다. 훔쳐야 하는 진짜 강박증은 제어되었던 것이다. 그러나 그의 몸이 무너짐에 따라 강박증도 터져 나왔다 — 마치 바이러스들이 신체 안에서 일종의 가택연금을 당한 것처럼 여러 해 동안 대략 무해하게 지내다가, 최후의 질병이 막바지에 이르면 폭동을 일으키듯이. "리드의 축약" 위에 그어진 물결무늬 횡선은 그의 양심이 망설이다가, 흔들리고서는, 종전에 한 번도 그럴 용의가 없었던 곤두박질을 친 순간을 보여준다. 그 글자들을 지우면서 그가 중얼거리는 소리를 들을 수 있다: 제기랄. 지루할 뿐인 합법적인 축약 따위에 골치 썩이지 말자. 그냥 돌진해서 내 것으로 출판하자.

---

147 Reade and Reade, *Charles Reade*, 434.

148 Reade, *Eighth Commandment*, 47.

런던 도서관은 확실히 어떤 계절이든 일하기에 상쾌한 곳이다. 뉴욕 공공도서관 신문 별관만큼 편안하면서도 더 조용한 점도 다행이다. 그러나 멀트노마 카운티 도서관에서부터 미드-맨해튼 도서관까지, 지금까지 방문해 본 도서관 중에, 런던 도서관조차도, 뉴욕의 매디슨 길과 36번가가 만나는 모퉁이에 위치한 피어폰트 모건에 비교될 곳은 없다. 이 도서관은 노동조합이 생겨나기 전의 세상에서(노동운동에 반대했던 리드의 정서로는 J. P. 모건이 마땅히 누려야 했던 그런 세상에서), 너무 뽐내지는 않는 장엄한 박애의 상징으로 건립되었다. 마담 레보의 프로방스적 상상력이 1884년 초 겨울의 끝자락에 뉴욕 시의 가판대로 이끌려온 행로에서 마지막을 장식하는 종이 조각들을 여기 와서 찾아본다. 〈피어폰트 모건 도서관 육필 편지와 원고를 모은 하퍼 컬렉션. 하퍼와 형제들의 1958년 기증품과 후일의 첨가물〉에는, 타자로 작성된 목록 33페이지에 따르면, 이런 내용이 들어 있다.

찰스 리드. 1814-1884.

육필 기명 편지와 기명 문서 (9), 런던 등지, 날짜 [1852년] 2월 20일 — 1884년 1월, 자신의 작품들과 그것들을 미국에서 출판하는 일에 관해 하퍼 앤드 브라더스 담당 직원에게 보냄.

범행의 증거라고 할 만한 것을 여기서 찾을 수 있을까? 벽이 각종 패널로 뒤덮여 있는 열람실에서 편지들이 광채 나는 책상 위로 운반되어 올 때까지 기다린다. 한 여인이 컴퓨터 단말기 앞에 앉아 뭔가 잘 안 되는 듯 씨름하고 있다. 키보드의 엔터키를 누를 때마다 책상 위의 전등이 깜빡이지만, 아무도 거들떠보지 않는다.

편지들이 폴더에 싸여 조용히 도착했다. 열람자의 연필로부터 표면을 보호하기 위해 책상을 덮은 펠트 천 위에 놓였다. 여기서는 필기구로 연필만 허용된다. 앞 시기의 편지들은 의례적이고 지금 조사하려는 주제와 별로 상관이 없다. 그러나 1881년 1월 1일, 리드가 신년 인사와 함께 보낸 편지는 흥미로운 변명과 해명을 담고 있다.

> 국제 저작권과 "상연권"에 관한 내 편지는 트리뷴에 보내지 말고 귀사의 주간지에 보냈어야 했습니다. 그러나 나는 귀사의 견해가 나와 다르다고 짐작했고, 그래서 귀사의 친절을 이용해서 귀사로 하여금 그것을 공표하게끔 밀어붙이고 싶지 않았습니다. 나는 이제 이력의 막바지에 매우 가까운 데다가, 저작권도 없는 상태에서 귀사가 나를 상대로 아주 너그럽게 거래를 해주고 있기 때문에, 이제 내게는 그 문제가 개인적으로 그렇게 큰 관심사는 아닙니다. 그러나 젊은, 특히 미국의, 작가들을 위해서, 귀사가 국제 저작권을 옹호함을 알게 되어 대단히 기쁩니다.[149]

독자 여러분도 기억이 나겠지만, 『제8계명』에서 리드는 미국이 국제 저작권을 수용하지 않기 때문에 진정으로 미국적인 문학의 성장이 방해를 받는다고 주장한 바 있다. 연극에 관한 법의 "맹점" 때문에 영국인들이 그 장르에서 나름의 성취를 창조하지 못하는 것과 마찬가지라는 말이었다. 공짜로 수입할 수 있는데 왜 창작한단 말인가?

---

149 Reade, letter to Harper & Bros., 1881년 1월 1일(Morgan Library). 본문에 이어지는 세 개의 인용문 역시 이 편지에서 따왔다.

이 대목 아래로 가면서 더욱 개인적인 얘기가 나온다. 시모어 부인이 1879년 9월에 사망한 이후 일하기가 얼마나 어려워졌는지를 언급한다. 미국에서 의뢰가 하나 들어왔지만, 슬픔 때문에 일을 제대로 해낼 수가 없어서, "그래서 나는 결코 남을 속이지 않기 때문에 의뢰를 전적으로 거절했"다고 말한다. 그렇지만 "내 곁을 떠난 수호천사가 나로 하여금 게으름을 피우게 놔두지는 않을 것이 분명했기 때문에, 그래서 나는 다시 노력해서 쓸 생각입니다." 실제 있었던 사건들을 기초로 몇 편의 소설을 써보기로 그는 상상해본다. "허구의 방법을 통해서 흥미롭게 만들어진 실화의 서사들." 이것이 그해에 그를 필기장으로 돌아가게 만든 동력이었다.

1883년 여름, 그는 유럽 대륙으로 가서 건강회복을 시도했다. 7월 8일, 하이델베르크에서, 하퍼 앤드 브라더스의 헨리 밀즈 올든에게 편지를 써서, "기침 발작"[150] 때문에 "「그림」이라는 제목의 소설 마지막 2회 연재분을 오랫동안 완성하지 못했지만, 오늘 원고를 영국으로 보냈으니 거기서 사본이 만들어져 귀하에게 우송될 것"이라고[151] 설명했다. 어느 정도 활기도 찾았고 동시에 작업도 정례화된 것으로 보인다. 저자의 원고 사본과 출판사의 수표는 늘 우편으로 오간다. 그런데 그런 다음에 리드가 「그림」에 관해 언급하는 작은 문제는 약간 더 특이하다. 피어폰트 모건 도서관의 조용한 열람실에서 큰소리를 낼 수는 없지만, 입 밖으로 유레카가 터져 나오기에 충분할 정도다.

---

150 Reade, letter to Henry Mills Alden, 1883년 7월 8일(Morgan Library)
151 Ibid.

첫 번째 연재분을 쓴 지가 하도 오래 되어, 인물들에게 부여했던 이름들을 잊어버렸습니다. 특히 이야기의 여주인공이 결혼하고 살해하는 그 소작인의 이름이 생각나지 않습니다. 그러니 이 고통에 시달리는 불쌍한 예술의 형제를 위해, 원고를 살펴보시고, 이 공란들을 채워주시고, 기타 일반적인 오류들을 개선해줄 것으로 믿습니다.[152]

이런 종류의 세부사항들에 관해서 너무 늦은 개선이란 없다. 올든 아니면 그의 조수 한 사람이 바로 작업을 개시해서, 리드가 두 번째 보낸 연재분 원고에 "공란"으로 비워둔 부분들을 첫 번째 연재분 원고에 나타나는 이름들로 채워 넣었다. 그렇지만 그 소설에서 이렌에 의해 살해될 정도로 핵심적인 인물의 이름을 리드가 잊었다는데 뉴욕의 편집자가 호기심을 느끼지 않았을까? 자기 상상력의 가장 근저에 위치한 저장고에서 싹이 트고 자라났어야 할 이야기의 핵심 부분에 해당하는 인물의 이름을 잊어버리는 일이 있을 수 있을까?

"육체적 완력에서 자기와 대등하지 못한 사람들을 경멸하는 마음"으로[153] 가득 차 있고, 아내를 폭행하는 덩치 큰 레슬러, 마담 레보의 피나텔에게 자기가 이름을 다시 지어주면서 집어넣은(알아채기가 그다지 어렵지도 않은) 문학적 유희를 망각할 정도로 주의력이 산만한 상태에서 리드는 일을 하고 있었다는 말이 된다. 그 이름은 미셸 플로베르로, 진지한 이름이라기보다는 웃기는 이름이었다. 이 전체 사

---

152 Ibid.

153 Reade, "The Picture," in *The Jilt &c.: Good Stories of Man and Other Animals*, 185.

연은 소설을 표절했다는 증거와 20번 필기장에서 지워진 줄이 시사하는 불길하고 나태한 숙명을 확인해줄 뿐만 아니라, 진짜 귀스타브 플로베르라면 어떻게 했을지를 불가피하게 상상해보게끔 만든다. 이집트로 휴가를 떠나 소파 깊숙이 몸을 묻고 앉은 플로베르가, 집에 있을 때 집필 중이던 『보바리 부인』에 관해 궁리하다가, "그 이름이 뭐였지? 부바르? 보졸레?" 하면서 머리를 긁적이는 광경이 가능하겠는가?

아마도 「그림」의 마지막 연재분이 하퍼 앤드 브라더스에 도달하기 전에, 리드는 런던의 블롬필드 빌라 3호로 돌아왔고 일시적으로나마 기운을 되찾은 것으로 보인다. 8월 10일에 그는 다시 올든에게 편지를 썼다. "여러 달 동안 집필을 방해했던 기침-발작이 다행이도 이제 좀 잦아들어서 일을 잘 할 수 있을 것 같습니다."[154] 당시 쓰고 있던, 최후작이 될, 작품 『위험한 비밀』을 마무리하는 작업과 더불어 《월간 하퍼스》에 자기가 제안했을 법한 "성경의 인물들"에 관한 연재를 염두에 두고 있었을 것이다.

그렇지만 건강에 관한 리드의 희망은 근거가 없었다. 그보다 6일 전인 8월 4일에 드루리 레인의 왕립 극장에서 그는 "힘없고 지친"[155] 모습이었다. 그리고 그것이 그가 그 극장에 갈 수 있었던 마지막이었던 것으로 여겨진다. 그해 가을에 그는 자기가 할 수 있는 한 "성경의 인물들"의 작업을 계속했다. 그렇지만 그의 건강은 명백히 무너지고 있었고 막바지로 치닫고 있었다. 문단의 회고록 작가 "제임스 페인이 어느 날 그를 만났는데, '아주 늙고 병든 모습으로 런던 도서

154 Reade, letter to Alden, 1883년 8월 10일(Morgan Library).
155 Elwin, 357에서 재인용.

관의 계단을 힘겹게 올라가고 있었다.' 페인이 몇 권의 책을 들고 있는 것을 보고, 그는 '열심히 일 하시는구먼' …… 그러고는 '나도 젊을 때 그랬지'라며 감상적으로 덧붙였다"는[156] 얘기를 엘윈은 전했다. 그가 젊을 때 그랬다는 사실은 그로부터 30년 후에 수레에 실려 그 도서관 계단을 올라가게 될 그의 필기장들이 확실히 증언한다.

1883년 12월에 리드는 하퍼 앤드 브라더스에 편지를 보내, "성경의 인물들"을 자기 동의 없이 편집하지 말라고 반대한다. 왕년에 잘 하던 허풍까지 약간 섞어 넣기까지 했다. "30년 전, 작가로서 발버둥 치던 때에도 나는 항상, 내가 모르는 사이에 편집 당하거나 작품이 짧아지는 사태를 거부했습니다. 지금은 평판의 꼭대기에 있을 뿐 나는 같은 사람입니다. 왜 그걸 받아들이겠습니까?"[157] 회사가 "나와의 신뢰를 또다시 깨고 「그림」의 발행을 4개월가량이나 미뤘다"는[158] 불평을 덧붙이고 나서, 원고를 돌려달라고까지 요구한다. 올든은 달래는 편지를 써서 응답한 것이 분명하다. 편집에 관한 문제로 두 사람은 한 달 후에도 여전히 이견을 보이지만 상황은 부드러워져서, 「그림」이 "부활절 전에 출판되면, 비록 크리스마스 시장은 놓쳤더라도 런던의 이번 시기는 놓치지 않으리"라는[159] 희망을 리드가 피력할 정도였다.

마담 레보의 소설에 관해 의심할 나위 없이 아무것도 몰랐던 탓이겠지만, 올든이 리드의 원고를 출판하지 않고 차라리 돌려보냈더

---

156 Elwin, 357-358.

157 Reade, letter to Harper and Bros., 1883년 12월 4일(Morgan Library).

158 Ibid.

159 Reade, letter to Alden, Harper and Bros., 1884년 1월 8일(Morgan Library).

라면 리드의 평판에 도움이 되었을 것이다. 그러나 그 소설을 그는, 그것도 부활절보다 꽤나 앞서서, 출판했다. 그리하여 부활절 아침이 되었을 때, 런던에서 그 소설을 접한 독자들은 이미 48시간 전에 리드가 사망했다는 소식을 듣고, 그의 이름을 최근에 들었던 적에 관해 얘기를 주고받을 시간이 충분했다. 바로 두 주일 전에, 프랑스 여성과 관련된 치사한 사건이 있었잖아, 안 그래?

찰스 리드의 서재는 천장에서 바닥까지 거울이 싸고 있었다.[160] 그래서 그가 글을 쓸 때, 그의 수많은 자아의 반영들이 서로를 응시할 수 있었다. 그 중에 둘, 경찰관과 도둑은 각각 나름대로 날랜 손재주를 가지고, 아울러 손재주보다 훨씬 큰 분노, 서로를 향한 격렬한 분노를 품고서, 역동적인 모순에 갇혀 있었다.

"도벽"이라는 단어를 리드는 저작권을 위한 성전에서 자주 사용했다. 「저자들의 권리와 잘못」에서 그는 국제 저작권에 대한 미국의 거부를 "자살적인 도벽"이라고[161] 부른다. 『제8계명』에서는 여러 페이지에 걸쳐서, 출판업자들의 근시안적 안목을 가리키는 일종의 임상적인 비유로 그 단어가 사용된다. 이 질환에 관한 리드 자신의 논의야말로 약간 정신이 나간 상태와 남다른 통찰력이 뒤범벅을 이루는 전형적인 장면이다.

> "도벽"은 훔치지 않고는 못 배기는 모종의 무분별한 충동을 가리켜 의사들이 사용하는 용어다. 이 증상은 점잖은 사람에게도 영향을 미치

---

160 Burns, 20.

161 Reade, "Rights and Wrongs of Authors," in *Readiana*, 188.

고, 상식과 신앙과 당사자의 진정한 이익마저 압도한다. 진정한 도벽 환자는 임신기가 아니면 거의 발생하지 않는다. 그 흥미로운 상태에 처한 사람들 중 일부는 아주 예민해져서, 상점에 진열된 물건에 손을 댈 정도로 자제력을 상실한다. 자기 주머니에 물건 값을 지불할 돈이 꽉 차 있음에도, 그들은 무시무시한 위험을 무릅쓰고 상점에서 빵과 자나 손수건이나 보석 따위를 집어간다.[162]

당시 의학계가 어떻게 생각했든지, 리드가 이를 여성의 질환으로 인식하는 것으로 만족한 것은(그에게 주로 당한 피해자도 여성이었다) 놀랍지 않다. 다만 이 질병에 관한 그의 서술에서 마지막 부분은 과학적으로 검증된다. 도벽환자가 훔치는 물건들은 자기에게 필요한 물건이 아니다.

콜리지에 관한 피터 쇼의 언표들은 앞에서 본 적이 있다. 쇼는 표절범에게 "들키고 싶은 소망이 명백하고, 훔친 물건이 필요가 없다는 점"[163] 때문에, "표절과 가장 가깝게 닮은 사회적 범죄"는[164] 도벽이라고 본다. 눈에 쉽게 띄는 증거들을 남겨 둔다? 훔친 물건이 필요가 없다? 이 둘은 공히 리드의 도둑질에 나타나는 특징이다. 후세 사람들이 범행의 증거를 반드시 발견할 수 있도록, 필기장들에는 색인이 달려 있고 소중하게 보존되었다. 리드가 자신의 "창조적 상상력을 믿지 못했던"[165] 탓에 자주 협동 작업에 의존했다는 엘튼 스

---

162 Reade, *Eighth Commandment*, 215; 아울러, Shaw, "Plagiary," 332를 보라.
163 Shaw, "Plagiary," 332.
164 Ibid.
165 Smith, 153.

미스의 말이 설사 맞더라도 (『크리스티 존스턴』이나 나름대로는 심지어 『수도원과 벽난로』 같은) 매우 독창적인 책들을 그는 생산해낼 수가 있었고, 그에게 이미 명성과 부를 가져다준 작품들의 목록 끝에 마지막 단편 하나를 첨가하기 위해서 도둑질을 해야 할 "필요" 같은 것은 견강부회로도 그럴듯하지 않다. 그가 훔친 까닭은, 다른 표절범이나 도벽 환자와 마찬가지로, 훔치지 않고는 못 배겼기 때문이다. 이 두 범죄는 공히 한 번만으로 그치지도 않는다.

윌리엄 딘 하월스는 20세기 초에, 표절은 "그것을 저지르거나 거기에 사로잡힌 당사자들이 이상하고 특이한 용기의 소유자임을 보여준다. 자신의 내면 말고 그 바깥에서는 아무런 처벌도 뒤따르지 않건만 탄로 날까 봐 두려움에 떨면서도, 그들은 자신이 표절하고 있다는 사실을 누구보다 분명하게 알고 있기 때문"이라고[166] 썼다. 표절을 저질렀다는 "확정선고"가 내려진 경우에도, 그 때문에 그 저자가 찰스 리드 같은 목소리 큰 고발자로부터 일시적으로 망신을 당하는 정도 말고 그 이상 얼마나 실천적인 위험을 감수해야 하는지는 다음 장에서 상세하게 다룰 주제다. 하지만 용기라는 화두는 리드의 경우에 명백했다. 생애 내내 이런저런 사건을 겪을 때마다 그는 굳건한 용기를 가졌다. 표절범에게는 언제나 용기가 필요하다. 무엇보다, 표절범은 훔친 물건을 담 밑에 슬그머니 버리는 일이 없다. 자신의 이름을 달고서 진열한다. 리드는 말다툼이나 논란이 눈에 띄기만 하면 일관성 없이 끼어들면서 어릿광대처럼 만용을 부렸다. 그에 관해서 토롤로프는 고개를 흔들지 않을 수가 없었다. "그는 특별

166 Howells, "The Psychology of Plagiarism," in *Literature and Life*, 277.

히 정직하고 싶어 한다 — 남들보다 더 정직하고 싶어 한다. …… 그러나 그는 내 시대의 모든 작가 중에서 내가 보기에는 문학적 정직에 관한 이해가 가장 얕은 사람이다."[167]

상황파악을 도저히 할 수 없었던 사람이었을까? 이미 출판된 남의 시를 백일장에 제출했다가 들키니까, 책에서 그 시를 자기가 발견했으니 그것이 자기 것 아니냐며 영문을 몰라 하던 어린 학생과[168] 같았던 것일까? "책을 해적질했다는 혐의는 그 내용을 다르게 쓴다면 피할 수 있을 때가 많다. 많은 책의 경우에 본질적인 특질은 그 언어이기 때문이다"[169] — 리드는 표절에 관해 이토록 황당한 주장을 펼칠 수 있었던 사람이었다. 그러니 그의 정신 가운데 일부가 정말 제대로 되었었는지 또는 최소한이라도 계발이 되었었는지가 궁금할 지경이다. 하지만 자기가 한 짓이 잘못임을 그가 자각하고 있었다는 최선의 증거는 그가 끊임없이 표절이라는 주제에 열정적으로 몰두했다는 사실이다. 열정이 악마처럼 빛난다. 그리고 이런 면들은 대다수 강박증의 일반적 함수로 설명될 수 있다. 그는 도둑질을 혐오했기 때문에 훔쳤고, 자기가 훔쳤기 때문에 도둑질을 혐오했다.

리드의 전기를 쓴 두 사람의 전기 작가들은 1884년 4월 11일 성금요일에 있었던 그의 임종 장면을, 예상되었던 대로, 서로 다르게 그린다. 번즈가 보기에 블롬필드 빌라 3호에서 숨을 거둔 사람은 자

---

167 Trollope, 212.

168 그레이스 호가스 여사가 1987년 7월 20일 저자에게 보낸 편지에 적혀 있었던 실화.

169 Reade, *Eighth Commandment*, 53.

기중심주의 때문에 최후의 현실조차 직시하지 못한, 자기망상에 사로잡힌 가련한 자였다. "그는 끝까지 영웅적인 자아상을 견지해냈다. 자기가 위대한 소설가이자 위대한 극작가였고, 오해에 시달렸고 인정받지 못했을 뿐 진정한 예언자였다고 믿으면서 죽었음을 편지들을 보면 알 수 있다. 나아가, 미래에 세상 사람들이 양손잡이가 되고 런던의 각 가정이 합리적으로 생각하는 때가 오면, 자신의 필기장들을 통해서 자신의 '위대한 예술'과 '위대한 착상들'이 마침내 밝혀질 것이라고 믿으면서 그는 죽었다."[170] 물론 엘윈은 정반대로 다정하고 경배하는 마음을 가지고, 아직도 "지치지 않는 끈기로 진실을 찾기 위해, 살아 있을 때처럼 죽어서도, 저항하고 주장하고 탐구하고 열중하는"[171] 영혼을 저세상으로 모신다.

시모어 부인이 세상을 뜬 후로 리드를 종교로 인도했던 찰스 그레이엄 목사가 그의 곁을 지켰다. 작가의 마지막 말을 전한 사람도 그다. "신밖에 내게는 희망이 없다. 신만이 창조할 수 있고, 신만이 재창조할 수 있다."[172] 이 말이 회개의 속삭임이었다고, 논란으로 점철되었던 인생의 먼지를 마지막으로 털어내고 싶은 속마음을 표현한 말이었다고, 해석해주고 싶은 생각이 절로 든다.

《아카데미》는 그로부터 8일 후에, 그리고 미스 마셜의 고발장을 발행한 지 3주가 지나, 「그림」과 관련된 추문에 관한 언급은 하지 않은 채, 찰스 리드의 추모기사를 실었다. 이 기사에서 리처드 F. 리틀데일은 리드의 마지막 작품들이 "그의 평판에 보탠 것은 전혀 없다"

---

170 Burns, 308.

171 Burns, 359.

172 Elwin, 359에서 재인용.

고[173] 인정하면서도, 신기한 재능들이 발산되고 있었음을 당시 그 잡지의 독자들이 놓쳤을 리 없다고 애써 언급하고 있다. "[리드가] 최고 수준의 천재 가운데 한 사람은 아니었을지 몰라도, 생명력과 독창성과 원기 왕성한 행동이 두드러지고, 특히나 줄거리의 구성과 호소력 있는 상황의 설정에서 많은 창조적인 상상력을 보였다는 점에서, 그의 최고작들은 모두 천재의 작품이라고 해도 과언일 수가 없다."[174]

나락으로 떨어진 불쌍한 귀족 마리 드 말페르는 죽은 후에도 안식을 별로 찾지 못했을 것 같다. 계속해서 누가 불러댔으니. 리드가 사망한 지 2년 후에, 그녀는 다시 소생해서 거친 역경 앞에서 한 번 더 넘어지는 일을 겪고야 만다. 이번에는 독일인들의 커피 탁자 위에 놓인 커다란 화보 잡지《대지와 바다를 건너》안에서였다. 이 잡지는 중산층을 위한《폴크》에 저작권료를 지불하면서, 우스운 이야기들과 자연경관에 관한 기사와 인기 있는 의학 정보들을 게재하는 주간지였다. 뉴욕 공공도서관 아래층 깊은 곳에서 꺼내온《대지와 바다를 건너》묶음 네 권은 IBM 전동타자기보다 무거웠고, 먼지가 워낙 두껍게 쌓여 있어서 비스마르크 시대에 주간지를 매주 받아보던 독일 아낙네들이 칠칠치 못한 보관 상태를 보고 나무라는 눈빛으로 혀를 찰 것만 같은 생각도 들었다. 어쨌든 1886년 10월 치 묶음을 열어보면, 윌리엄 월시의『문학적 호기심 길잡이』가 알려준 대로,「살아있는 그림」이라는 제목의 소설 하나가 실제로 숨어있는 것

173 Littledale, obituary for Charles Reade, *Academy*, 1884년 4월 19일, 278.
174 Ibid., 277.

을 볼 수 있다. 저자는 A. 폰 보세라는 사람으로, 『독일 문학』 제1권에 따르면 1829년생으로 나와 있다.

따라서 마담 레보의 걸작은, 15년 전 그녀가 시민으로 살다가 죽은 파리에 한 때 포위망을 치고 압박까지 한 바 있었던 군인들의 나라에서도, 1886년에 일반 독자들이 쉽게 읽을 수 있었다. 영국인 독자들은 어땠을까?

리드가 죽고 10년이 지나, 런던의 잡지 《템플 바》의 지면을 통해, 마담 레보의 감상자 한 명이 『마드무아젤 드 말페르』가 절판된 것을 안타까워했다.[175] 그로부터 2년 후인 1896년, 챠토 앤드 윈더스에서 찰스 리드의 전집을 새로 내면서 제15권에 「그림」을 수록함으로써, 그와 같은 불행한 상황은, 나름대로, 교정되었다. "고치지 못할 악은 없다"Il n'y a pas de mal irrémédiable는[176] 말이 좋아하는 명언 중 하나였다고 전해지는 마담 레보에게는 짐작컨대 기쁜 일이었을 수도 있겠다.

---

175 "Madame Charles Reybaud," *Temple Bar*, 70.

176 Ibid., 74.

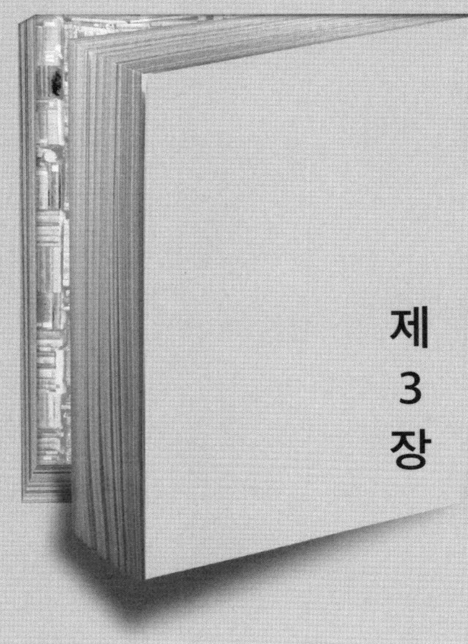

엡스타인 보고서

: 두 번째 처녀작

> 뉴욕의 가장 좋은 점은 여기서 할 수 있는 모든 일이다. 가장 나쁜 점은 여기서 할 수 없는 모든 일이다.[1]
>
> _ 제이슨 엡스타인

제이콥 엡스타인의 1979년 작 『난봉』에서, 불쌍한 필립 러소는 비첨 대학교에서 영어를 가르치지만, 자기 일에 애정도 사명감도 느끼지 못한 채 힘들어 한다. "지난 열흘 사이에 두 번이나 수업 도중에 벌떡 일어나, '관두자. 아무도 관심 없지? 나도 그래. 빌어먹을. 아무도 준비 안 해왔잖아'라고 내뱉고는 뛰쳐나가고 싶은 충동을 느꼈다."[2] 디킨스에 관한 책을 5장까지 쓴 다음에 "꽉 막혀버린" 상태였는데, 디킨스를 다루는 4학년 세미나 수업에서는 두 학생이 똑 같은 보고서를 제출한다. "주제도 같고, 제목도 같고 —'찰스 디킨스 소설에 출몰하는 기계문명의 유령'— 모든 발상과 모든 문장과 모든 단어와 심지어 구두점의 오류마저도 똑 같다."[3] 게다가, 두 보고서

---

1 *New York*, 1985년 12월 23-30일, 47에서 재인용.

2 Jacob Epstein, *Wild Oats*, 114.

3 Ibid.

모두 원본이 아님을 러소는 잘 안다. 「찰스 디킨스 소설에 출몰하는 기계문명의 유령」 한 부가 자기 문서함에 있기 때문이다. 어떤 학생이 자기가 쓰지도 않은 그 글을 제출했다가 표절로 걸려서 결국 학교에서 쫓겨난 적이 있었다.

보고서의 진짜 저자는 "뉴저지의 한 컴퓨터다. …… 그런 게 있다는 것을 러소는 안다. 아마도 대학생 두어 명, 잽싼 사기꾼 두어 명이 뒤에서 움직이는 사업체가 이런 —맬서스와 플라톤과 루소와 호메로스와 러시아 혁명에 관한— 보고서 수천 개를 자료함에 가지고 있겠지. 그들은 대학교 주변의 잡지 뒷면에 광고를 싣고 어린 대학생들을 유혹했다."[4]

상당히 주류에 속하는 잡지들도 그랬다. "학기말 보고서 때문에 걱정인가요?"[5] 《롤링스톤》의 광고는 다정하게 묻는다. 밤새 끙끙댔지만 완성하지 못해 답답해하는 학생 역할의 남자 모델이 책더미와 구겨진 종잇장들 사이에 앉아 있다. 서西로스앤젤레스에 있는 ("1970년부터" 영업을 개시했단다) '연구 도우미'로 무료 직통 전화를 걸기만 하면 해결된다. "306페이지에 달하는 우리 상품 목록에는 14,278편의 연구 보고서의 상세한 내용을 요약하고 있습니다. 누구나 손가락만 까딱하면 정보를 얻을 수 있는 가상 도서관입니다. 각주와 참고문헌은 추가 비용 없이 제공됩니다. 전화기만 들면 쉽게 주문이 됩니다. 대학 생활 내내 이 값진 교육적 도움을 받으세요."[6] 《뉴욕 타임스 서평》

---

4 Ibid., 115.

5 Research Assistance 광고, *Rolling Stone*, 1986년 1월 16일, 51.

6 Ibid.

에는 '무한 조사'라는 업체의 광고가 실렸다. 배서 칼리지 대식당 게시판에는 '저자들의 조사 지원 유한회사'가("1973년부터 탄탄한 평판으로 보증" 받는다고 하면서) 상품 목록을 원하는 사람을 위해 주문서 양식들을 비치해 놓고 있다. 상품 목록만 원하면 1달러, 거기에 더해 『조사와 글쓰기의 요령』도 원하면 2달러란다. 추가 비용을 내고 특별 포장을 선택하면, 목록과 안내서를 택배로 받아볼 수 있다. 회사의 시카고 주소가 발송지로 찍히겠지만, 회사 이름은 봉투에 적히지 않는다. "조사와 글쓰기 지원 목록"의 표지는 전형적인 대학가의 안내 책자처럼 보인다. 어떤 흔히 볼 수 있는 학교의 고딕식 아치 아래를 젊은 남녀가 지나가는 사진이 배경에 깔린다(그러나 이 사진은 컴퓨터로 해상도를 떨어뜨린 듯하다. 얼굴이 너무나 흐릿해서 알아볼 수가 없다). 첫 페이지는 기원으로 —"여러분의 노력에 행운이 깃들기를 빕니다"[7]— 시작한 다음, "모든 주문은 절대로 비밀이 보장"된다고[8] 학생들을 안심시키고, '저자들의 조사 지원 유한회사'는 학생들이 없이는 유지될 수 없음을 상기시킨다. "우리 사업은 좋은 평판과 개인적인 추천으로 성장합니다."[9] 회사가 보유하고 있는 "각자 한 갈래 이상의 학문 분야의 전문가인 전문적 작가들"이[10] 목록에 열거된 16,000개가 넘는 보고서들을 작성했다고 한다.

열거된 보고서들은 일부 업체들이 주장하듯이 "가상 도서관"이라기보다는[11] 반쪽짜리 지식을 유통시키는 총체적 지하 대학이자, 학

---

7 "Catalog of Research and Writing Services," Authors' Research Services, 1985, i.
8 Ibid.
9 Ibid.
10 Ibid.
11 Research Assistance 광고, *Rolling Stone*, 1986년 1월 16일, 51.

문적 거짓을 거래하는 우편 판매업체다. 가령, 『트리스트럼 샌디』에 관해 뭔가를 급하게 준비해야 한다고 쳐보자. 이럴 때 해야 할 일은 보고서 #2301의 주문서를 작성하는 것이다.

> 로렌스 스턴의 『트리스트럼 샌디』:
>
> 스턴이 이 작품에서 시간을 어떻게 다뤘는지 검토한다. 5 6 2[12]

이 보고서를 작성한 전문가는 이 소설의 제목도 잘 모르고 스턴의 이름 철자도 잘 모르는 듯하다.[13] 그러나 뭔가를 알기는 한다. 오른쪽 하단의 숫자들은 이 보고서가 총 5페이지고, 각주는 여섯 개가 달렸으며, 참고문헌은 두 개라는 뜻이다. 기실, 이 물품은 보고서 #251에 비하면 상당히 깊게 파고 들어간 논고에 해당한다.

> 18세기와 19세기 작가들에게 영향을 미친 두 세기 동안의 영감:
>
> 조이스, 워즈워스, 콜리지, 셸리, 바이런, 밀, 키츠, 테니슨, 오든, 그리고 딜런 토머스. 신성함의 의미, 인간으로 현시되는 신성의 영상, 그리고 영감을 이 작가들이 어떻게 다뤘는지.
>
> 8 23 8 G[14]

각주가 23개라면 꽤나 지루한 분량일 것 같기도 하다. 그런데 이 저

---

12 "Catalog of Research and Writing Services," Authors' Research Services, 86.

13 인용된 상품 목록에는 제목과 이름에 오기가 있다. *Tristram Shandy, Gentleman*이 *Tristram Shandy Gentlemen*으로, Laurence Sterne이 Lawrence Sterne으로 잘못 적혔다. — 역주

14 "Catalog of Research and Writing Services," Authors' Research Services, 86.

자는 만만치 않은 이 주제를 8페이지 안에 처리했다. 여기서 거론되는 작가들 중 일부의 경력을 실제보다 백 년쯤 먼저 시작했다고 쳐서 19세기에 집어넣는 데 성공했다고 전제하면,[15] 한 명당 평균 반 페이지를 조금 넘는 지면으로 상상력의 샘솟음을 조사해냈다는 뜻이다. 오른쪽 하단의 G는 이 보고서가 뛰어난 품질이라는 표시다. G는 "이 연구가 예외적으로 질이 높거나 대학원graduate 수준임을 가리킵니다."[16]

'저자들의 조사 지원 유한회사'는 고객들이 한밤중에 도서관에 있기보다는 필경 텔레비전을 보고 있으리라는 계산에 심야 방송에도 광고를 낸다. 상품 목록에 들어있는 흰색 주문서에는 주문 방법이 적혀 있다. "목록에 나오는 보고서의 가격은 페이지당 $5.50입니다. 보고서 한 편의 가격 상한선은 $93.50입니다. 다시 말해, 17페이지를 넘는 보고서는 모두 똑같이 편당 $93.50입니다(우송료와 일리노이 세금은 해당되는 만큼씩 추가). 보고서에 대한 모든 주문은 금액이 전액 선불되어야 접수됩니다. **죄송하지만, 개인이나 회사의 당좌수표는 받지 않습니다.**" 와우, 제법 까다로운 조건인데, 하긴 시골의 작은 학교 서무담당도 때로는 꽤나 까다로운 경우가 있다.

주문서 뒷면에는 구매자가 서명하는 란이 있는데, 일리노이 개정법(1973년) 제14장 §219의 사본을 받았음을 인정하는 서명이다. "고객님 귀하"를 대상으로 작성된 편지체 안내문의 첫 번째 문단에는 이런 설명이 나온다.

A. 미국 연방헌법 수정1조는 우리가 선택한 어떤 주제, 착상, 또는 개

15 조이스(1882-1941), 오든(1907-1973), 토머스(1914-1953)는 20세기 작가들이다. — 역주
16 "Catalog of Research and Writing Services," Authors' Research Services, i.

념에 관해서든지 연구하고, 평가하고, 비판하거나 또는 보고서나 의견서를 작성할 권리를 우리에게 부여합니다. 우리 회사를 포함해서 모든 미국 시민은 이 권리를 가집니다. 그러므로 우리의 사업은 "합법적"입니다.

B. 최근에, 이 발언의 자유를 제한하는 법이 공포되었습니다. 1972년에 일리노이 주는 인가된 고등교육기관에서 학점을 따기 위한 목적으로 구매자에 의해 부정한 방식으로 이용되리라고 판매자가 상식적으로 예상할 수 있는 모든 학술적 자료의 판매를 필요한 만큼 금지할 수 있는 법을 통과시켰습니다.

C. 일리노이 법에 부합하려면, 보고서, 발표문, 평가서 또는 연구서를 준비할 때, 우리가 제공하는 도움에 덧붙여 고객 여러분의 노력이 첨가되어야 한다는 사실을 명심해야 합니다. 이와 관련해서, 우리 회사가 제공하는 자료의 부정한 이용을 방지하기 위해, 타자로 찍혔거나 복사된 모든 자료들은 저작권 표시에 의해 보호되며, 방금 언급된 자료를 학점을 위한 창작의 결과인 것처럼 이용하는 사태를 추가로 방지하기 위해, 모든 페이지들은 저작권 경고문이 스탬프로 찍힌 제목 페이지와 한데 묶여 스테이플로 고정될 것입니다.

구매자의 위험부담을 알리는 이 암호문이 말하려는 바를 해독하면 다음과 같다. 페이지당 이미 지불한 $5.50에 더해서, 후배에게 페이지당 $1.50을 주고 이 빌어먹을 보고서를 새로 타자 치도록 시켜야 한다. 동그라미 쳐진 c자들이 여기저기 보이고 제록스로 복사된 것을 교수에게 제출해서는 좋지 않다. 의심을 받을 것이다.

햄릿에 관한 인상이 사람마다 다르다는[17] 점은 주지의 사실이다. 이 회사의 고객들은 틀림없이 이를 "진실한 사실"이라 부를 것이다. 따라서 상품 #9753이("햄릿: 광기 또는 우울증? 이 인물과 그의 동기에 관한 분석. 그가 비통한 원인. 우울증을 앓았다고 주장. 9 14 18"),[18] 선망의 대상인 G 표시도 붙지 않았을 뿐만 아니라, 구매자 나름의 생각에 조금 부족해 보이거나 또는 그저 약간 독창적이지 못하든지 밋밋해 보이는 경우도 가능하다. 그래서 이 회사는 "맞춤 주문 조사"라는 것도 제공한다. 상품 목록에 들어있는 노랑색 주문서를 작성하면 굉장한 작품을 구매할 수 있다. 어떤 조사가 필요한지를 서술한("가능한 한 구체적으로 적어주세요") 다음에, "기본 수준 조사"를(최소 6페이지, 페이지당 $12.50) 원하는지 아니면 "고급 수준 조사"를(최소 8페이지, 페이지당 $14.50) 원하는지 선택해서 표시하면 된다. 이름, 주소, 전화번호, 신용카드 번호, 필요한 날짜를 기입하고, 참고문헌 목록이나(이것도 페이지로 계산됨) 각주를 원하는지 알려줘야 한다.

'저자들의 조사 지원 유한회사'에 1달러를 더 내고 『조사와 글쓰기의 요령』도 받아보면, 다음과 같은 사안들에 관해 조언을 얻을 수 있다.

학술지 논문들을 빨리 찾는 방법이 있나요?
"생각은 있는데 글로는 적을 수가 없어요"

---

17 Margaret Macdonald, "Some Distinctive Features of Arguments Used in Criticism of the Arts," in *Problems in Aesthetics*, edited by Morris Weitz(New York: Macmillan, 1970), 862-863.

18 "Catalog of Research and Writing Services," 90

각주는 언제, 어떤 종류로 달아야 하나요?

문체와 어휘는 어떻게 해야 하나요?[19]

그리고 다음과 같은 경고를 들을 수 있다.

"…하는 방법" 같은 제목으로 나온 책들은 이용하면 안 됩니다. 그런 책들은 학술적인 책이 아닙니다.[20]

이 회사는 큰 그림도 바라본다. "글쓰기의 알맹이는 …… 생각들과 개념들을 조직해서 제시하는 데, 그리고 필요하다면 그것들을 비교하고 대조하는 데 있습니다. 이는 가르치기 쉽지 않은 일입니다. 오직 실습을 통해서만 다가오는 일입니다. 하지만 최선의 지름길은 읽는 것입니다. 소설 말고 모든 종류의 책들을 읽기 시작하세요." 이처럼 포괄적인 기본 사항을 고려하는 한편으로, 이 회사는 세부사항도 놓치지 않는다. "다른 동사들을 많이 사용하세요. 그리고 다른 단어들을 동사형으로 바꿔서 사용하세요." 예문:

틀린 예	맞는 예
만약 경찰관이 일을 제대로 한다면 범인은 잡혀서 감옥에 갈 것이다. 나중에 가석방 될 수도 있다.	범인들을 잡는 일은 경찰관의 시간 대부분을 차지한다. 유죄선고를 받은 범죄자들은 보통 감옥에 감치된다. 거기서 행실이 모범적이면 가석방을 따낼 수도 있다.[21]

---

19 "Helpful Research & Writing Tips," Authors' Research Services, 2.

20 Ibid.

21 Ibid.

이게 무슨 농담이냐고, 아니면 둘 다 틀린 예여야 하는데 인쇄 과정에서 실수로 줄이 잘못 짜이지 않았냐고, 처음에는 의아스러울 수 있다. 하지만 모르긴 몰라도 그것은 아닌 듯하다. 이 회사는 단지 학생들을 다시 한 번 잘못된 길로 오도하고 있을 뿐이다. 학문적인 길을 따라가고자 하는 영어가 모국어인 학생으로서 할 수 있는 최선은 영어를 마치 외국어처럼 쓰는 것이라는 항설을 답습하고 있다.[22]

'연구 도우미'라는 업체와 '저자들의 조사 지원 유한회사'라는 업체는 둘 다 닉슨 행정부 시기, 그 윤리적 혼란의 시기에 세워졌다. 그러나 학술보고서 공장들은 훨씬 전부터 그리고 그 뒤로도 번성해왔다. 보고서들을 상품으로 생산해내는 "전문가들" 사이에 세대별로 나타나는 차이를 식별해낼 수 있다. 1971년에, 보스턴에서 '무제한 기말보고서'라는 업체를 운영하던 형제 켄 워런과 워드 워런은《뉴욕 타임스》기자에게 학교에서 가르치는 강사와 교수 일부가 몰래 자기네 회사에서 일한다고 털어놨다.[23] 그보다 10년 후에는 학계에서 일자리 잡기가 더욱 어려워졌고, 이런 식의 은밀한 일자리 말고는 실업자로 지내야 하는 연구자들이 더욱 많아졌다. 1979년 12월에 뉴욕 주 최고법원의 리처드 월러크 판사는 '대학급 조사'의 사장 존 머기에게 법정모독죄를 선고했다. 영업을 중단하라는 법원의 명령을 무시했기 때문이었다. 그런 영업은 "가난에 찌든 박사들로 하여금 그러브 스트리트의 가격으로라도 맞춤 주문된 과제물을 생산

---

22 영어 문체와 어휘에 관한 내용이라서 번역으로는 뜻을 전달하는 데 본질적인 한계가 있다. 예문에서 "맞는 예"로 나온 문장들은 불필요하게 어려운(그리고 어색한) 단어들과, 문법에는 맞지만 억지로 갖다 붙인 듯한 구문들로 이뤄져 있다. — 역주

23 *New York Times*, 1971년 7월 10일, 25를 보라.

하게끔 착취하는 슬픈 부작용"을[24] 낳는다고 판사는 지적했다. 보고서 공장들에 관해 쓴《뉴욕 타임스》기사에서, 돈 헐버트와 캐롤 보저는 사업가 취향의 레이건 시대가 열린 초창기에 대학 재학생들 사이에 동기를 위축시키는 요인이 —공황에 빠지고, 게으름 피우고, 지쳐 나가떨어지는 등, 오래 묵은 요인들에 더해— 한 가지 늘었다고 지적했다. "이제 교육과 상업을 동일시하는 학생들이 일부 있다. 돈을 내고 학위를 얻으면 더 나은 인생을 누린다고 그들은 말하는 모양이다. 그리고 더 나은 인생이라는 약속이 철회될 것 같으면, 그들은 더 이상 규칙을 준수할 의무를 느끼지 못한다."[25] 상품용 보고서 작성이 직업인 루이스라는 이름의 인물이 했다는 말을 그들은 인용한다. "지식은 정보를 모으는 일이 아니라 기존의 형편에 적응하는 것이다."[26] 다시 말해서, 지식은 힘이고 시간은 돈이라는 말이다.

엡스타인의 소설에서 필립 러소는 부정행위를 저지른 두 학생을 공식적으로 문제 삼지는 않기로 했다. "아들과 만나기로 한 곳으로 길을 따라 걸어가면서, 러소는 생각했다. '젠장, 내가 뭔데 도덕의 표본 행세를 한단 말인가. 무엇이 옳고 무엇이 그른지 알기나 하나. 제기랄. 학점을 잘 받고, 부모를 기쁘게 하고, 로스쿨에 들어가서, 부자가 되기 위해 걔들은 필사적이었을 뿐이야. 내가 학부 다닐 때 그런 짓은 안 했을지 몰라도, 지금은 그때와 세상이 달라졌어."[27] 게다

---

24 Don Hulbert, "The Term-Paper Ghosts Still Haunt the College Scene," *New York Times*, 1980년 11월 16일, XII, 21에서 재인용.

25 Ibid.

26 Ibid.

27 Epstein, 116.

가 혹시라도 심하게 쪼들리게 되면, 자기도 그런 공장에 글을 써주고 돈을 좀 벌 수도 있겠다는 생각까지 든다.

배서 칼리지의 교무처장 콜튼 존슨은 학생들의 변명을 듣고, 기한을 연기해주고, 소요예방법 조문들을 읽고, 진짜로 사망한 할머니들과 가짜로 사망한 할머니들을 끈질기게 분류하고, 정상을 참작해줄 만한 사정과 벌칙을 부과해야 할 사정을 분별하면서, 12년 이상의 세월을 보내왔다. 실제로 여태까지 자기 앞에서 보고서 공장과 거래했다고 자백한 학생은 한 명도 없었지만, 그러나 —표절에 관한 사건을 판단하기 위해 자기와 학생 세 명과 교수 세 명으로 구성되는—학사위원회에는 배서 칼리지의 도서관에 소장된 자료만을 가지고는 작성될 수가 없는 보고서들이 올라온 적이 "때때로"[28] 있었다.

배서 칼리지에서 표절하는 학생의 주된 동기는 공황이다. 딴 데 시간을 쓰다가 마감이 다가오면 갑자기 두려워서 어쩔 줄 모르게 된다. 의학전문대학원에 가기 위해서 또는 3학년 때 해외 교환학생으로 뽑히기 위해 좋은 학점이 필요한 학생도 소수는 있지만, 대부분의 경우 "그들은 그저 그런 압박감을 느끼는 거예요. …… 세상이 끝나는 것처럼 보일 때, 터놓고 얘기해서 미래의 수많은 나날들을 기약하는 대신에, 그들은 빌려오는 길을 택합니다." 보고서 대필 주문이다.

공황에 빠지는 부류의 수는 대체로 일정한 수준을 유지하지만, "지표가 좋게 나타나는 년도들이 있습니다." 학생들의 행실 때문이 아니라, 부정행위가 있을 때 학사위원회에 알려야 하도록 되어 있음

---

28 이 인용문과 이후 콜튼 존슨의 인용은 모두 1987년 2월 12일 저자와의 인터뷰에서 한 말이다.

에도 그렇게 하지 않고, 자기 나름대로 판단을 내려버리는 교수진의 행실 때문이다. 존슨의 교무처는 그런 일이 없도록 여러 가지 방안을 시도하지만, 또한 그는 그런 일이 발생하고 있다는 것을 알고 있다. 표절이 아닌지 의심스러운 데 어떻게 해야 할지 조언을 구하면서도 신원은 밝히지 않는 전화를 교수진들로부터 여러 차례 받은 적이 있었다. 그때마다 그는 맞다, 표절인 것처럼 보이니까 학사위원회에 올리라고 대답했었다. 하지만 그것이 마지막으로, 이어지는 어떤 얘기도 듣지 못한 경우들이 많았다. 학사위원회에 접수하기를 꺼리는 이유는 그랬다가 감당 못 할 일이 벌어질까봐 교수들이 염려하기 때문임을 존슨은 인정한다. "교수 자신이 재판을 받는다는 의미가 약간이나마 항상 섞여 있어요. 도서관에 가서 다리품을 팔고 뒤져야 하지요. 교수 자신의 자료들이 모두 정확한지를 확인해야 하지요. 학사위원회에 가면 학생위원이 묻겠지요, '정확히 어떻게 하는 것이 부정행위가 아닌지 학생들에게 사전에 고지하셨나요?' 교수는 '글쎄, 그러지는 않았네요. 이건 4학년 세미나라서, 그런 얘기가 필요하리라고 생각하지 않았'음을 인정할 수밖에 없구요."

표절에 관한 논의에서는 강간과 비슷한 점들이 번번이 튀어나온다. 이 경우에 교수는 가해자 측 변호인에게 무지막지한 닦달을 당하는 피해자의 신세다. "인정하세요! 저 학생이 표절하기를 바랐던 것 아닙니까!" 그러나 적어도 존슨 처장의 말에 따르면 위원회에 포함된 세 명의 학생위원이 오히려 교수위원들보다도 더 자기네 동료 학생들에게 엄격한데, 교수들은 그 점을 종종 망각한다.

이런 지저분한 사안을 처장실로 가져가서 집단적 판단을 구해야 한다는 데 거리낌을 느끼는 것 말고도, 교수는 자신의 의심을 뒷받침할 만한 증거를 수집해야 한다는 데서부터 차라리 나서지 않기를 택할 수 있다. 책더미들 속에서 바늘 찾기와 같이, 저 헤더라는 여학생이 어디선가 베낀 것은 분명한데 그게 어딘지는 찾을 수가 없는, 이런 일보다 학문적 삶에서 더 짜증나고 더 피곤한 일은 없다. 빠져나간 헤더는 기숙사로 돌아가 빌리 아이돌 뮤직비디오를 보고 있는 판에, 교수는 토요일 오후 세 시간을 소득도 없는 탐색에 허비해야 하다니! 때로는 자신에게 그저 거짓말을 하는 편이 더 쉽다. "보자, 헤더는 똑똑한 학생이잖아. 스스로 이것을 써냈을 수도 있어. 불가능하지는 않아." 많은 경우에 출전은 흔히 볼 수 있는 문헌이지만, 항상 그렇지는 않다. 게다가 만일 헤더가 가령 《근대 언어 연구》 같은 학술지에서 베낀 것이 아니라, 자기 친구 세스에게서 베꼈다면, 꼬리가 잡힐 확률은 낮다.

출전이 확인된 다음에도, 학사위원회로 갈지 말지를 결정하기 이전에, 교수와 학생이 한 번 맞서는 장면을 겪어야 한다. 노스웨스턴 대학교 글쓰기 프로그램의 강사인 에디스 스콤은 두 가지 접근법을 묘사한 바 있다.

> 내 친구 한 명은 —여기서는 애나라고 해두자— 페리 메이슨처럼 극적인 접근을 좋아했다. 애나는 내게 자기가 표절범 한 명과 대면해서 맞섰던 얘기를 해줬다. 수업이 끝난 후 학생을 따로 불러서, 자기 연구실로 찾아오라고 시간을 정했다. 정해진 시간이 가까워졌을 때, 학생이 왔다. 처음에는 초조한 기색이었다. 표절이 들통나 불려왔다고 생각했을 테니까, 그럴 수밖에 없다. 그러나 애나는 학생에게 일단 의자에 앉으라고 한 다음, 자기 책상 위에 놓인 보고서를 가리키면서, "보고서를 아주 잘 썼더구나"라고 말하자, 학생은 풀어져서 기쁜 기색을 보였다.

"잘 썼다고 생각하세요?"

"아주 잘 썼어, 탁월한 글이야. 생각도 심오하고." 애나가 말했다.

"감사합니다." 학생은 겸손하게 대답하고 의자에 등을 기댔다. 이제는 아주 많이 마음이 놓인 듯이.

이때 애나는 섬광처럼 빠르게 책상 서랍을 열고, 그 학생이 표절한 책을 꺼내서 그의 얼굴 앞에 내밀었다. "자네 생각 가운데 일부를 이 책에서 얻었나?" 이 질문에 학생은 거의 쓰러질 뻔했다.

내가 보기에 애나의 접근법은 표절범이 긴장을 얼마나 버티는지를 측정하기 위한 하나의 시험과 같다. 내 방식은 점잖은 접근법이다. 나는 표절을 잡아내는 데는 공격적이다. 그러나 학생을 상대할 때에는 머뭇거리고 부끄러워한다 — 마치 내가 표절을 한 것 마냥.[29]

두 번째 접근이 훨씬 더 흔하다. 그렇지만, 마치 르네상스 후기의 시인들이 그랬듯이, 아예 독창성이 왜 중요한지를 진짜로 인지하지 못하는 학생들도 있다. 출전을 밝히는 학계의 규칙이 그들에게는 핵심에서 벗어난 일을 가지고 괜히 까다롭게 구는 것처럼 비친다. 존슨 처장은 —《고등교육연보》에 실린 논문 한 편을 인용하면서— 정보를 적을 뿐인데 표현을 바꿔 써야만 하는 목적이 뭔지 모르겠다고 하는 사회과학 학생들이 때로 있다고 지적한다. 포장을 다르게 할 필요가 무엇인가? 노력과 생각을 낭비할 뿐 아닌가? 몰랐다고 호소하는 학생들도 있다. 그러나 배서 칼리지에서는, 타자수가 각주를 빼먹었다는 식의 변명을 귀담아 들어주지 않듯이, 몰랐다는 변명

---

29 Edith Skom, "Quite a Rather Bad Little Crime," *AAHE Bulletin* 34, 2(1986년 10월), 3-7.

은 아주 드물게만 인정한다고 존슨은 역설한다. 학사위원회에는 매년 12건 내외가 올라오는데, 거의 모두 학생에게 불리한 평결이 내려진다. "20페이지짜리 4학년 기말보고서에서 한 문장을 마틴 루터 킹의 「버밍엄 감옥에서 쓴 편지」에서 따왔다가 우리 학교의 저명한 정치사상 교수진 한 명에게 발각된 학생에게 우리는 표절 평결을 내렸다."[30]

더욱 심한 등급의 징계들도 있지만, 배서 칼리지에서 표절의 처벌 수위는 대개 자동적이다. 학생기록부 뒷면에 별표가 표시된다. "이것은 …… 만일 학생이 학교로부터 추천서를 원한다면, 나에게는 그 조사의 경위를 가능한 한 공정하게 요약해서 첨부해야 할 의무가 있다는 뜻입니다." 다시 말해, 학교의 추천서를 발급해 달라는 신청이 있을 때마다, 존슨은 학생기록부를 열어보고, 말하자면, 표절을 나타내는 P자 주홍글씨가 붙어있는지 여부를 확인해야 한다는 얘기다.

그러나 학교 추천서가 요구되는 경우는 드물다는 사실도 지나치면 안 된다. "일류 로스쿨들, 모종의 중개업체들, 아, 그리고 정보기관이나 CIA 비슷한 곳에서" 지원자의 학교 추천서를 존슨에게 요청한다. 표절로 확인된 학생이 가령 어떤 대학원 역사학과에 지원한다면, 개별 교수들에게 추천서를 받고 학교에서는 성적표만 발급받아 제출하면 된다. 물론 성적표는, 뒷면의 별표는 없이, 앞면만이 복사되어 우송될 것이다. 그런데도, 존슨이 기억하기로는, 별표가 붙은

---

30 이 인용문과 이후 콜튼 존슨의 인용은 모두 1987년 2월 12일 저자와의 인터뷰에서 한 말이다. 저자와 존슨 처장이 인터뷰한 뒤로, 배서 칼리지의 학사기록은 모두 전산화되었다. 그러나 과거의 "별표"는 지금도, 학사위원회에서 선고받은 학생의 기록을 불러올 때마다, 처장실의 모니터에서 볼 수 있다.

기록을 자기가 요약해서 첨부해야 했던 학생 중에, 그런 것을 요청한 일류 로스쿨에 입학하지 못한 사람은 없었다. 그리고 변호사 시험 채점위원들도[31] 첨부한 경위서를 받았을 텐데, 어떻게 반응했을까? 그 학생들은 모두 변호사 시험도 합격했다.

이 변호사들이 언젠가는 표절 판정을 받은 후배 학생들의 부모로부터 의뢰를 받아 학교를 상대로 소송을 제기하겠다며 협박할 수도 있다. "학사위원회가 열리면 바깥에 변호사들이 와서 기다린 경우도 있었"다고 존슨은 말한다. 그러나 배서 칼리지는 사립기관이라서 공립기관보다 유연성을 더 많이 누리기 때문에, 교내의 사안에 변호사가 끼어들지는 못하게 되어 있다. 별표 이외에는, "진실로 개선의 기미가 없고, 체계적이며, 또는 반복적인 위반"에 대해서는 정학과 퇴학도 가능하다(존슨의 기억에는, 학사위원회에 네 번 올라왔던 학생에게 딱 한 번 퇴학처분이 내려졌다). 그러나 정학이라는 것도 옛날 같지 않다고 존슨은 인정한다. 옛날 같으면 "정학처분을 받으면 부모의 집으로 돌아가 현관 앞에 부끄러워하면서 앉아서, 이웃들에게 수치로 여겼겠지만, 지금은 아스펜에 가서 이 주일 정도 스키나 타고 오면 그만이에요." 스키 타는 이 주일 동안 아마도 수업을 따라갈 수는 없을 테니 낙제하기가 십상이지만, 어쨌든 뭔가가 —말하자면 치욕이— 아마 빠진 것 같다. 정학까지는 아니더라도, 학사위원회는 대부분의 경우 별표에 더해서 표절로 작성된 업적을 인정하지 않는다. 그 항목은 0점 또는 F 또는 59점 등으로 처리되어 해당 과목의 최종 점수에 산입되거나 아니면 보고서를 내지 않은 것으로 처리된다.

---

31 미국의 변호사 시험은 주별로 시행된다. — 역주

새로운 문서작성 기술에 관해서 존슨은 단호하다. 그런 기술 때문에 표절의 가능성과 용이함이 "절대적으로" 증가했고, 기술이 발전할수록 더욱 그럴 것이다. 워드프로세서는 도둑글의 생산에 "점점 더 많은 도움"을 주고 있다. 에밀리 브론테에 관해 글을 쓰는 학생은 도서관 컴퓨터 단말기 앞에 앉아 곁에 책 한 권을 펼쳐놓고 "그 책에서 뭉떵뭉떵 잘라내 입력하면" 자기 맘에 따라 쉽게 "손볼 수 있는 문서"가 하나 만들어진다 — 그 다음에는 여기저기 자기 나름의 동사나 수식어를 끼워 넣고, 정직하지 못한 바꿔 쓰기를 통해서 흔적을 은폐한다. 지우개 가루를 털어낼 필요도 없고, 고치고 고치다가 마침내 구겨서 버리는 종잇장도 남지 않는다. 이 모든 일들조차 장차 책을 "디지털 스캐닝"할 수 있게 되는 날이 오면 약과일 것이다.[32] 존슨은 말한다. "아무개 교수가 쓴 X에 관한 논고를 원할 때마다 글 전체를 받을 수 있고, 키 하나만 누르면 내 것이 됩니다. 꼭대기에 내 이름을 저자로 넣고, 스크린에 글을 띄워놓고 앉아서 보다가, 내가 모르는 단어를 아무개 교수가 사용하는 대목이 나오면, 그래서 내가 사용할 리 없는 단어임을 내 교수가 알아차릴 것 같으면, 유의어 사전을 뒤져서 다른 단어로 바꿔 놓으면 되겠지요." 이처럼 어떤 학생이든 사기를 저지르지 못할 이유가 점점 줄어듦에 따라, 표절이라는 범죄는 밝은 미래를 보장받는 듯이 보인다.

배서 칼리지에서는 "글쓰기의 기술"이라는 이름의 프로그램을 로버트 디마리아의 책임 아래 운영한다. 그는 이 학교에서 펴낸 안내서 『독창성과 출전 밝히기』의 주저자이기도 하다. 신입생 전원에게

32 이 책의 초판은 1989년에 나왔다. 디지털 스캐닝이 손쉬운 현시점에 잘 맞는 말이다. — 역주

배부되는 소책자로서, 인용문의 출전을 밝히고 표절 혐의를 피할 수 있는 기본 정신과 방법을 간략하게 제시한다. 새뮤얼 존슨의 사전에 관해 높은 평가를 받는 책을 쓴 저자이기도 한 디마리아는, 『옥스퍼드 영어사전』의 설명을 근거로, "plagiarism"이라는 단어는 "납치하는 자 또는 유괴하는 자를 뜻하는 라틴어 단어에서"[33] 왔다고 학생들에게 설명한다. 그러고는 직설적으로 표절은 "무엇보다 도둑질이며"[34] —『영국의회 의사록』에 나오는 필의 발언을 인용하고 나서— "벤저민 디즈레일리에 의해서 고발당했던 로버트 필 경처럼 다른 사람들의 지성을 훔치는 좀도둑이라고 고발당하고 싶은 학생은 없으리라"고 말한다.[35]

직접 인용은 어떻게 하는가, 표현을 바꾸면 되는 경우와 그래도

---

33 DeMaria, *Originality and Attribution*, 1.

34 Ibid., 1-2.

35 안내서의 지면이 넉넉했더라면, 필에 대한 디즈레일리의 비난은 똥 묻은 개가 겨 묻은 개를 욕하는 셈과 같았음을 디마리아도 언급했을지 모른다. 디즈레일리는 웰링턴 공작의 장례식 연설에서 자기 인생에서 가장 유명한 표절을 범했다. 그의 중대한 강도질의 출전은 프랑스의 원수 로랑 드 구비옹 생-시르(Laurent de Gouvion Saint-Cyr, 1764-1830)에 관해서 루이 아돌프 티에르가 쓴 기사다. 리 헌트가 편집장으로 있을 때 《이그재미너》에 이 도둑질을 조롱한 익살로 가득 찬 풍자시가 실렸는데, 도움이 안 되는 곳이 없는 월시의 『문학적 호기심 길잡이』에 수록되어 보존되고 있다.

> 위대한 웰링턴을 칭찬하는 소리 안에,
> 어지럼증 걸린 디즈레일리의 애도와 진실이 함께 드러난다.
> 위대한 티에르의 웅변이 홍수처럼 흐르는 가운데,
> 분명히 생-시르를 위한 조사였음을 감추지도 못했다. (Walsh, 892)

항상 촉각이 예민했던 찰스 리드는 필기장 한 곳에 디즈레일리의 반칙을 기록했다(Notebook 25, London Library, Sutcliffe no. IV.12를 보라). 우연찮게도, 티에르는 마담 레보와 어릴 적부터 가까이서 자랐던 친구였다.

안 되는 경우, 널리 알려진 지식은 무엇이며(새뮤얼 존슨의 출생지나 생일 같은), 널리 알려지지도 않고 어쩌면 사실인지도 불확실한 것(새뮤얼 존슨이 연주창에 걸렸다고 생각하는 일부의 견해처럼)은 무엇인지, 등등, 실제적인 사안들에 관해 디마리아는 명료한 안목을 제시한다. 문학을 전공하는 학생들더러는 보고서를 쓰기 시작하는 단계에서 비평서는 멀리하도록 충고한다. "학생이 2차 자료를 읽다가 자기가 보고서에 담아내려고 했던 것과 똑같은 생각이 단지 더욱 잘 표현되어 있는 것을 봤을 때 일어나는"[36] 표절의 유혹에 빠지는 일이 없게끔 하기 위해서다. "이것이 표절로 이어지지 않을 수도 있지만, 그렇다면 글을 완성하지 못하게 가로막는 장애물이 될 것이다."『독창성과 출전 밝히기』에 담겨 있는 한 가지 호소력 있는 특징은, 선생이 부모 역할까지 하던 시대가 지나가고 이제는 질퍽질퍽한 상대주의가 팽배한 대학 생활에서, 저자가 도덕의 언어를 기탄없이 사용한다는 점이다. 디마리아는 학생들에게 유혹을 피하라고 훈계할 뿐만 아니라, 참고문헌을 먼저 보지 않았더라도 지금 쓰고 있는 그 글을 그렇게 썼을지 스스로 확실하지 않을 때에는 "일종의 자기검증"을 실시하라고 조언한다. 그가 제시하는 대략적이면서도 유용한 지침은, "만약 그대가 제시하고 있는 그 내용에 출전으로서 달아도 괜찮은 것이 있다면, 그렇다면 그 출전은 거기에 달아야만 하는 것이다." 그는 편한 사이끼리 2인칭으로 말하듯 학생들에게 말한다. "다른 저자에게 진 신세를 인정한다고 해서 그대를 낮춰볼 선생은 없다." 그리고 한 보고서에 각주가 너무 많이 달려 있다면 학생이 그

36 DeMaria, 11. (이후 네 개의 인용문도 출전이 같다.)

주제에 관해서 진실로 "독창적인" 생각은 떠올리지 못한 것으로 교수가 느끼지 않을지 염려하는 역설의 덫에서 탈피하라고 촉구한다(이는, 디마리아도 언급하고 있듯이, 학사위원회에서 자주 들을 수 있는 변명이다).

표현을 바꾸면 되는 경우와 그래도 안 되는 경우를 설명해주는 안내서에 본원적으로 함유되어 있는 위험은 —그리고 교수진들이 때로 그런 안내서에 반대하는 이유는— 그런 설명을 들은 학생들이 그렇지 않았었다면 결코 고안해내지 못했을 도둑질의 기법을 그로부터 도출해낼 수도 있다는 점이다. 그렇지만 많은 대학 신입생들에게 진실로 당혹스러운 일로 비치는 이 문제에 관해 뭔가 정보를 배포해야 할 필요가 사실상 모든 대학교에서 명백하다. 그래서 미국 전역에 『독창성과 출전 밝히기』와 같은 소책자는 수백 종이 만들어져 돌아다니고 있다. 그리고 아이러니라는 것은 큰소리로 미리 알리면서 찾아오는 것이 아니라서, 《뉴욕 타임스》 1980년 6월 6일자에 UPI발로 다음과 같은 소식이 실린 것도 불가피한 일이었다.

> 스탠퍼드 대학교는 자기 학교의 강의조교용 안내서 중에서 표절에 관한 부분을 오리건 대학교에서 표절하고 있었다는 사실을 확인했다고 오늘 발표했다. 오리건 대학교 당국자들이 자기네 안내서의 표절 및 여타 사항들에 관한 부분이 스탠퍼드 안내서와 똑같다는 사실을 인정했다고 스탠퍼드는 발표했다. 오리건 당국자들은 사과와 함께, 자기네 안내서를 고치겠다고 말했다.[37]

---

37 "Plagiarism Book is Plagiarized," *New York Times*, 1980년 6월 6일, 28.

『난봉』에서 필립 러소의 주된 역할은 소설의 주인공 빌리 윌리엄스의 여자 친구 지지 잔지바르를 임신시키는 일이다. 허약하고, 천식을 앓으며, 달콤하고, 용감하며, 불운한 빌리는 하찮은 비첨 대학교에서 사춘기 말엽의 또래들 사이를 항해하는 한편, 뉴욕 시의 집에서는 무능한 이혼녀 어머니와 약간 음습한 어머니의 남자친구 헨리, 그리고 잠시 관계를 맺었던 껌 씹는 룰루, 등과 얽혀 있다. 빌리는 흥미롭다기보다는 사랑스러운 젊은이다. 그가 벌이는 난봉의 행각은 뭔가 뚫리지 못한 채 꽉 막혀있는 당혹감의 표출에 가깝다. 열여덟 살이 되기까지, "도착적 성의 마귀에게도 굴복한 적이 없었고, 신을 본 적도 목소리를 들은 적도 없었으며, 여자를 임신시킨 적도 없었고, 가출해 본 적도 없었으며, 다른 차와 정면으로 충돌한 적도 없었고, 납치당한 적도 강간당한 적도 암에 걸린 적도 없었다."[38] 이와 같은 상황 설정은 79페이지에 나온다. 그리고 그 뒤로 이어지는 200페이지에도 방금 열거된 일들은 하나도 일어나지 않는다.

『난봉』은 해롭지 않은, 적당히 재미있는 책으로 보인다. 가끔 그의 문체는 약간 억지스러울 때가 없지 않지만("왜 이토록 오랜 시간이 지난 후까지 그는 이런 일들을 이토록 똑똑히 기억할 수 있는 것인지 빌리는 의아했다"),[39] 전반적으로 잔잔한 사인 곡선과 같은 그의 산문 도중에, 조금은 느닷없이, 독특한 작은 문구들을 터뜨릴 수 있는 역량도 갖췄다. "빌리는 그녀를 향해 걸음을 떼었다. 처음에는 사방으로 정신없이 발차기하는 듯 다리를 뻗다가, 나중에는 제자리를 찾은

38 Epstein, 79.
39 Ibid., 36.

듯한 걸음걸이였다."[40] 어느 작가에게든 처녀작이 으레 그렇듯이, 성공의 전망은 불투명했다. 그렇지만 이 소설이 1979년에 나왔을 때, 무슨 문제에 부딪칠 것으로 보이지는 않았다.

책표지를 두른 띠지에 적힌 광고문은 『난봉』이 "알지 못하는 사이에 웃긴다"고 일컬으면서, 성장소설Bildungsromanisch의 족보에서 빌리의 조상들을 끌어냈다. 허클베리 핀, 애모리 블레인, 벤저민 브래독. 의미 있는 비교가 가능한 것은 『졸업』의 주인공 벤저민 브래독뿐이지만, 광고문이 그런 것을 따져서 절제하는 경우는 드물다. 게다가, 소설의 하위 장르 중에서 성인이 되기 위한 통과의례를 다루는 장르야말로 선배들과 형들의 이름을 가장 많이 소환하는 장르다. 띠지의 뒷면에는, 우디 앨런과 비슷해 보이는 아주 젊은 저자의 사진이 있고, 그 위에서 릴리언 헬먼은(얼마 지나지 않아 헬먼의 기억력은 메리 매카시에 의해 의문시된다) 이 소설이 세대 간의 간극을 이어주는 다리와 같다고 선포한다. "선한 본성에서 우러난 굉장히 총명한 안목을 통해 자기 자신과 친구들과 부모를 바라보는 젊은 작가가 가끔 한 명씩 나타난다. 그럴 때 그 책을 읽으면서, 한때는 우리에게도 아마 있었던 발랄함을 되찾아본다는 것은 사랑스러운 일이다." 선한 본성에서 우러났다는 것은 확실히 맞다. 총명하다는 것은 확실히 아니다. 하지만 광고문이라는 것은 수다 떨기 위한 것이고, 그 아래 나오는 존 그레고리 던의 허풍도 헬먼의 허풍에 뒤지지 않는다. "제이콥 엡스타인은 유머 감각이라고 하는 가장 희귀한 품목을 가지고 있다. 『난봉』에서 그는 무표정하고 잔인할 만큼 재미있

40 Ibid., 205.

는 정밀한 묘사로써 모든 섬세한 차이들을 담아내는 데 그것을 사용한다."[41]

『난봉』에 대한 서평들은 예외적이랄 정도로 칭찬 일색이었다. 그 중 여러 서평에서는 빌리 윌리엄스의 문학적 친척으로 『호밀밭의 파수꾼』의 홀든 콜필드를 첨가하기도 했다. 서평들 사이에는 불가피하게 작은 불일치가 있었지만 —엡스타인 자신이 막 대학교를 졸업했다는 데서 감각의 "직접성"을[42] 칭찬하는 사람도 있었고, 약간 더 "거리"를[43] 둔 관점이 필요했다고 말하는 사람도 있었다— 칭찬은 강했고 일반적으로 균일했다. 《뉴욕 타임스 서평》에서 앤 타일러는 러소라는 인물은 하나의 실수지만, 그것만 빼면 그 책은 "튼실하다 — 빈틈없이 쓰인 단단한 한 편의 작품으로서, 처녀작에서 기대되는 수준을 한참 능가한다"고[44] 말했다. 《토요 평론》에서는 "굉장한 미래가 약속된다"고[45] 봤다.

뉴욕의 문단 사람들 중에는 제이콥 엡스타인이 그런 호평을 받을 수밖에 없었다든지, 어쨌든 그는 문학가 집안에서 태어났지 않느

---

41 자신의 소설 『빨강 하양 그리고 파랑』(1987)에서 던은 부부 사이의 표절이라고 하는 색다른 형태의 표절을, 아마도 허가를 받았겠지만, 저지른다. 중앙아메리카에 있다고 설정된 크리스토레이라는 이름의 나라에 주재하는 미국 대사로 터크 브래들리라는 인물이 등장한다. 그의 아내 존 디디언의 1977년 소설 『일반기도서』에서는, 보카그란데라는 이름의 중앙아메리카 나라에 주재하는 미국 대사의 이름이 터크 브래들리였다. 터크가 10년이 지난 후에도 자기 아내, 언제나 한결같이 외교적인, 아디스와 결혼을 유지하고 있는 것을 보니 반가웠다.

42 Ann Tyler, "Two Novels: Growing Up," *New York Times Book Review*, 1979년 6월 17일, 14.

43 Daphne Merkin, "Growing Up in America," *New Leader*, 1979년 6월 4일, 16.

44 Tyler, 14.

45 John Rubins, "Books in Brief: *Wild Oats*," *Saturday Review*, 1979년 6월 23일, 44.

냐고 말하는 이가 물론 있었다. 그의 아버지는 랜덤하우스 출판사의 편집부 간부인 제이슨 엡스타인이고, 그의 어머니는 《뉴욕 리뷰 오브 북스》의 협동 편집자인 바바라 엡스타인이다. 『난봉』은 나오자마자 엡스타인 부부의 아들이 쓴 첫 번째 소설로 알려질 것이 분명했다 — 그리고 이 점에서 젊은 제이콥은 행운의 볼모라기보다는 한 마리 잠재적인 희생양 쪽에 더 가까웠다. 《뉴욕 리뷰 오브 북스》는 싫은 감정을 감추지 않되 점잖게 표현한다는 식의 배려와는 거리가 멀었고, 제이슨 엡스타인 역시 여러 해에 걸쳐서 문학에 관해서 그리고 사업에 관해서 적을 만들 수 있는 만큼 많이 만들었다. 젊은 시절의 뉴욕 생활에 관해 그는 이렇게 쓴 적이 있다. "당시에 내게는 뉴욕을 정복하는 일이 필연으로 보였다. 공을 들여야 달성할 목표라기보다는 하나의 자연적 권리처럼 보였고, 나이 들어 늙으리라는 생각 같은 것은 전혀 없었다."[46]

제이콥 엡스타인은 『난봉』이 출판된 해에 스물세 살이 되었다. 예일 대학교를 갓 졸업한 뒤였는데, 재학 시절에 그는 3학년들을 대상으로 "문학적 또는 수사적 업적"을[47] 기려서 수여하는 커티스 상을 받았다. 부모의 배경이 조금이라도 관련되었다고는 아무도 말할 수 없다. 응모작을 출품할 때에는 가명을 써야만 했다. 『난봉』의 띠지에 특출나게 웅장한 어조로 최근에 해왔던 일들을 홍보하기에 충분한 신출내기였다. "예일 대학교에서 4학년을 마치기 전에 『난봉』 집필

46 Jason Epstein, "Living in New York," *New York Review of Books*, 1966년 1월 6일, 14.

47 Curtis Prize 안내문, in "English Department Prizes 1987," Yale University English Department, 2.

을 시작하기 위해 일 년을 휴학했다. 이 소설은 베를린에서, 아일랜드의 코너마라 해안에서, 그리고 저자가 《최신 평론》의 직원으로 일했던 런던 등지에서 집필되었다." (배낭에 꽤나 값나가는 짐을 담고 다녔겠다!) 제이콥 엡스타인의 데뷔작이 살짝 과분한 판매고를 올렸을지는 모르나, 그 때문에 창피할 까닭은 별로 없었다. 『난봉』이 받은 호평의 대부분은 가족적 연고를 실지로 최소화하고 그 책 자체에만 집중하고자 했던 비평가들로부터 나왔다.

1980년 초에 그 책은 바다 건너 영국의 서점에까지 진출했다. 미국의 비평가들에 비해 소설가의 부모에 관해 신경 쓸 이유가 더 적었던 영국의 서평자들도 미국에서 나왔던 것과 비슷한 찬사를 내놓았다. 《뉴 스테이츠먼》에서 젊은 비평가 블레이크 모리슨, "이 소설 정도의 소재라면 어지간한 작가를 우쭐대거나 자아도취에 빠지도록 만들 수 있다. 그런데 엡스타인은 어조를 탁월하게 통제하고 감동적이면서도 아이러니가 풍성한 자세를 유지한다."[48] 《타임스 문예 별책》은 『난봉』을 이렇게 봤다. "조짐이 나쁘지 않다. 제이콥 엡스타인이 다음 번 소설을 쓸 때에도 자기 세대를, 그게 무엇이든, 진솔하게 얘기하는 자세를 유지한다면, 그리고 이와 같은 칭찬에 휘말려 미래 작품의 주인공들을 사춘기 빌리 윌리엄스의 부질없는 아류 수준에 묶어 놓지 않는다면 —다시 말해 그가 샐린저의 복수를[49] 피할 수

---

48 Blake Morrison, "On a 'Guilt-Go-Round,'" *New Statesman*, 1980년 2월 22일, 289.

49 샐린저의 복수(Salinger's nemesis): 샐린저는 30대 초반에 『호밀밭의 파수꾼』이 성공을 거둔 후, 공중의 관심이 부담스러워 최소한의 여지만 남겨두고 자신의 삶을 폐쇄했다. 만일 젊은 나이에 출세한 엡스타인이 인기에 취해 재탕 삼탕 태작(駄作)이나 양산하는 데 그친다면, 샐린저의 지혜를 따르지 않은 인과응보가 된다. — 역주

있다면— 그는 실로 아주 흥미로운 소설가가 될 것이다."[50]

《타임스 문예 별책》의 희망과는 반대로, 제이콥 엡스타인에게서 후속작이란 것은 나올 수가 없게 된다. 그를 끝장낸 것은 소년출세에 도취했기 때문이 아니라, 『난봉』이 신속한 성공을 얻는 데 다른 사람에게 좀 지나치게 많이 신세를 졌다는 사실이 1980년 10월 19일에 발각되었기 때문이다.

그 일요일자 《옵저버》에 실린 기사에는, 불가피하게, 「두 소설 이야기」라는 제목이 붙었다. 젊은 영국 작가 마틴 에이미스가, 1974년에 출판된 자신의 첫 번째 소설 『레이철 페이퍼스』에서 약 50군데의 덩어리가 『난봉』에 이식되어 있음을, 발견하게 된 사연을 일인칭으로 서술한 기사였다. "몇 달 전, 한 친구가 새로 나온 소설 한 권을 읽어보라고 줬다. '너도 좋아할 거야. 너와 같은 종류니까'라고 했다"[51] — 이렇게 에이미스는 말문을 열었다. 『난봉』을 읽으면서 에이미스는 서술에 뭔가 "메아리" 같은 것을 처음 감지했는데, 별로 개의치 않고 넘어갔다. 그리고(불안정한 부모를 둔 조숙한 주인공, '진지하지 않은' 여자 친구와 성관계의 시작, '진지한' 여자 친구와 감정의 출발, 신체 기능들과 시험에 대한 집착, 등등) 일반적인 유사성들이 있었지만, 에이미스는 "전혀" 신경 쓰지 않았다. 따지고 보면 가난한 여드름쟁이가 사춘기에 마주칠 수 있는 상황이 애당초 몇 가지나 되겠는가?

---

50 Stephen Fender, "The Generation Game," *Times Literary Supplement*, 1980년 2월 22일, 202.

51 Martin Amis, "A Tale of Two Novels," *The Observer*, 1980년 10월 19일, 26. 이후에 에이미스가 문구들을 대조하는 모든 인용은, 별도로 표시하지 않는 한, 이 기사에서 나왔다.

"영향을 받는 것과 표절을 하는 것 사이의 경계는 언제나 모호할 수밖에 없다"고 내심 생각하고 있던 에이미스였는데, 그럼에도 불구하고 『난봉』은 그 경계를 "결정적으로 침범했다"는 사실을 머지않아 깨닫는다. 유사한 줄거리나 주제 차원의 문제가 아니라, 언어를 복제한 사례였기 때문이다. 충분히 많은 원숭이들을 충분히 많은 타자기 앞에 충분히 오랫동안 앉혀두면, 그 중 한 마리는 결국 『햄릿』을 생산하리라는 케케묵은 수학적 비유는 잊어라. 여기에는 단지 두 명의 젊은 소설가가 있을 뿐이고, 한 명이 다른 한 명의 4년 묵은 소설을 훔쳤을 뿐이다. "엡스타인은 『레이철 페이퍼스』에서 영향을 받은 것이 아니라, 그는 자기 타자기를 가지고 그 소설을 납작하게 깔아뭉갰다"고 에이미스는 결론지었다.

그는 대조를 위해 다음과 같은 발췌문들을 제시했다. 자신의 문장은 인용부호 안에 넣고, 엡스타인의 문장은 고딕체로 표시했다.

"모습을 조금씩 조정하면서, 나는 구역질을 누르는 희망의 표정을 느낄 수 있었다." **얼굴을 전체적으로 조정하면서, 그는 구역질을 누르는 희망의 표정을 느낄 수 있었다.**

"내 다리는 걸음을 떼었다. 처음에는 사방으로 정신없이 발차기하는 듯하다가, 나중에는 제자리를 찾은 듯한 걸음걸이였다." **빌리는 그녀를 향해 걸음을 떼었다. 처음에는 사방으로 정신없이 발차기하는 듯 다리를 뻗다가, 나중에는 제자리를 찾은 듯한 걸음걸이였다.**

"교정이라는 것은 일부의 '그리고'를 '그러나'로 대체하고, 중뿔난 '나아가'를 '그렇지만'으로 바꾸는 형태였다." **지금까지 수정이란 것은 일부**

'그리고'를 '그러나'로 그리고 중뿔난 '그렇지만'을 '나아가'로 대체하는 형태를 띠었다.

> "나는 언제나 차분하고, 다가가기 쉬우며, 마지 아주머니 같은 지혜로 가득 찬 사람처럼 보이려고 노력했다. 성과는 없었지만." 빌리는 …… 이해심 깊고, 다가가기 쉬우며, 앤 랜더스와 같은 지혜로 가득 찬 사람처럼 비치려고 노력했지만 성과는 없었다.[52]

> "나는 그녀가 가기를 바랐다. 거기서 그녀와 함께 있어봤자 아무 느낌도 없었다. 나 홀로 평안 속에서 애도할 수 있도록 그녀가 가기를 바랐다." 그녀가 가기를 그는 바랐다. 거기서 그녀와 함께 있어봤자 그는 아무 느낌도 없었다. 자기 홀로 평안 속에 애도할 수 있도록 그녀가 가기를 그는 바랐다.

『레이철 페이퍼스』를 모른 채로 『난봉』을 읽은 사람에게는 한 가지 궁금증이 생긴다. 엡스타인의 산문은 기교에 치우치는 편인데 어떻게 가끔씩 생생한 문체가 살아나 트램펄린처럼 튀어 올랐다가, 잠시 후 바닥으로 다시 떨어진 다음에는 다시 튀어 오를 때까지 아주 오래 잠잠할 수 있을까? 에이미스의 폭로로 이 수수께끼는 풀린다. 그리고 그의 폭로를 읽은 다음에, 문체에 민감한 독자가 『난봉』을 다시 읽어

---

52 「마지 아주머니」("Dear Marje")는 마조리 프룹스(Marjorie Proops, 1911-1996)가 영국의 《데일리 미러》에 연재하던 고민상담 칼럼이고, 「앤 랜더스에게 물어 봐요」("Ask Ann Landers")는 미국의 《시카고 선 타임스》에 루스 크롤리(Ruth Crowley, 1906/7-1955)가 시작하고 에스더 레더러(Esther Lederer, 1918-2003)가 이어 받아 쓴 고민상담 칼럼이다. — 역주

보면,『레이철 페이퍼스』를 대조하지 않고도, 표절된 다른 대목들, 에이미스가 기사에서 언급하지 않은 대목들을 찾아내는 데 별로 어려움이 없을 것이다. 중얼거리는 대목들은 빼고 휘파람을 부는 대목들만 찾으면 되기 때문이다.『난봉』이 출판되었을 때, 어떤 서평자도 이와 같은 불일치를 언급하지 않았다. 어쩌면 지극히 나이 어린 작가의 풋풋한 미숙함이 그렇게 나타난 것으로 여겼는지 모른다.

마틴 에이미스는 1970년대에서 1980년대 초까지 내내 문단의 불량배라는 평판을 얻었다.《에스콰이어》의 인물소개란은 1986년 이후 세 차례, 서로 다른 세 사람에 의한(소설가 한 명, 출판계 대리인 한 명, 그리고 TV 프로듀서 한 명) 평을 실었는데, 모두들 신원을 밝히기를 원치 않으면서 각기 에이미스를 "작은 똥 덩어리"라고[53] 규정했다. 실상, 그는 엡스타인을 점잖게 폭로했다. 엡스타인을 "진짜로 재능을 타고난 작가"라고 보면서, "심지어 내 대사를 미국식으로 번역할 때에도 놀라운 귀를" 가졌다고 칭찬했다.《옵저버》의 기사가 발행되기 전에, 소송을 건다는 발상도 거부했고, "협박도 하나의 방안일 수 있다고 낄낄거리며 제안한" 친구들의 조언도 거부했다. 바이킹 프레스에서 잠시 에이미스의 미국인 편집자 역할을 했던 콜리스 스미스는 에이미스가 표절 당한 사실을 알게 되었을 때 그와 점심을 함께 먹었다고 회고한다. 에이미스의 미국 대리인 피터 맷슨과 함께였다. "그 표절이 자기를 갉아 먹는 것이 분명"했지만 에이미스는 "뭔가를 나서서 하기를 꺼렸었다"고[54] 말하면서, 스미스는 에이미스에게 점수를 준다. 스미스는 누군가 다른 사람을 시켜서 폭로하는 편지를 쓰게 하라고

53 Charles Michener, "Britain's Brat of Letters," *Esquire*, 1986년 11월, 136.
54 Corlies Smith, 1987년 4월 6일, 저자와의 인터뷰.

에이미스에게 제안했다. 그렇지만 에이미스는 자기가 발견한 사실을 스스로 공표하기로, 마뜩찮은 마음으로, 선택했다. 7년 후에 에이미스는 "내가 원했던 것은 이 일을 기록으로 남기는 것뿐이었어요"라고[55] 말했고, 그것으로 그 일은 접었다. 《옵저버》의 기사를 쓰게 만든 동기는 표절 당한 작가로서 불가피하게 느낄 수밖에 없는 억울한 감정과 함께 문학에도 정의라는 게 있어야 한다는 추상적 감각이었던 것이 분명하다. 엡스타인을 들볶기 위해서 나선 것은 아니라고 보인다. "제이콥과는 두 번 만난 적이 있는데, 좀 예민하지만 호감이 가는 인물입니다. 지난번 뉴욕에서 만났을 때, 그의 소설을 아직 안 읽어봐서 미안하다고 했더니, '그건 괜찮고요, 선생님 작품을 저는 굉장히 흠모해요'라며 떨리는 목소리로 대답하더이다."

* * *

제이콥 엡스타인이 저지른 것으로 보이는 일을 이제부터 요약해서 자세히 살펴보자. 『레이철 페이퍼스』를 보자.[56]

찰스 하이웨이는, 영국식으로 말하자면, 비유적으로나 문자 그대로나 재수 없는 놈이다. 그는(빌리 윌리엄스처럼 그리고 찰스 리드처럼) 천식이 있고, 주근깨가 있으며, 더 이상 그럴 수 없을 정도로 왜소하다. 만 스물이 되려는 참인데, 대학입학 자격시험 준비강좌를 듣기 위해 런던으로 간다. 심심할 때 부르면 나오는 용도의 여자 친

---

55 Martin Amis, 1987년 5월 20일, 저자와의 전화 인터뷰.

56 배서 칼리지 도서관에는 —의문의 여지없이 여기만 그런 것이 아니겠지만— 『난봉』은 한 권이 소장되어 있고 『레이철 페이퍼스』는 한 권도 없다.

구 글로리아와 따분하게 지내기도 하고, 레이첼 노이스와 황홀한 시간을 보내기 위해 꼼꼼한 유혹의 책략을 시행하기도 하다가, 『걸리버 여행기』의 변신에 버금가는 변덕이 일어나 그 동안의 환상에서 벗어난다. 어느날 아침 레이첼의 속옷을 보고는 문득 그녀 역시 나머지 우리처럼 징그러운 살덩어리임을 깨닫게 된다. 두 가지 사항만 빼면, 이런 모든 일들은 —대부분의 성장소설처럼 『레이철 페이퍼스』는 시작과 끝이 불결한 싸구려 속옷 가게에서 이뤄진다— 별로 흥미롭지 못했을 것이다. 독자들에게 역겨움을 불러일으키는 저자의 솜씨가 대단하다는 점이 하나고, 『레이철 페이퍼스』가 성장소설이라기보다는 문학 전반에 관한 소설이라는 점이 다른 하나다. 『보바리 부인』이나 『플로베르의 앵무새』가(또는, 말이 나온 김에, 『마드무아젤 드 말페르』도) 그렇듯이, 이 책은 확실히 읽기에 관한 소설이다. 주인공이 자기 행동에 관한 모든 지침을 책에서 취득하고, 자기가 배운 모든 것을 끝없이 이어지는 필기장과 문서철과 일기장에 꼼꼼하게 정리하는 그런 소설이다. 찰스 리드가 문학을 공격하기 위한 무기들을 필기장들에다가 저장해두었다고 한다면, 찰스 하이웨이는 인생 자체를 공격하기 위한 연료를 필기장들로부터 공급 받는다.

찰스 하이웨이는 항상 뭔가를 끄적거리거나, 아니면 대개 주변 사람들을 메스껍게 만드느라 바쁘다. "그 여자가 옷을 벗었을 때 몸에서 삶은 계란 냄새나 죽은 아기 냄새가 나리라고 믿을 이유는 전혀 없었어"[57] — 이런 말을 자기 누이에게 한다. 커다란 뾰루지는 "좋은 쌍란"이라고 부른다. 자기 얼굴에 그런 게 생겨서 제거할 적에도 솜

57 Amis, *The Rachel Papers*, 19. (이 다음 13개의 인용문은 모두 같은 소설에서 따왔다.)

씨 있게 처리하는 일이 없다. "더러운 손가락으로 5분 동안 잡아 뜯었지." 쓰레기를 집 바깥에 모아두는 통은 "아기 똥 같은 색"이고, 뺨이 부어오른 사람은 "입안에 토사물을 곧 터질 것처럼 잔뜩 물고 있는 것 같다." 일종의 메스꺼움의 미학을 설파하기까지 한다. "역겨운 일일수록 더 재미가 있다." 이런 에이미스가 지나치다는 생각이 들 수 있겠지만, 그 전에 잠깐 멈춰서 그가 이를 얼마나 잘, 거의 필적할 상대가 없이, 해내는지를 생각해봐야 한다. "실내에서는 양배추 삶는 냄새가 났다 — 또는, 정확하게 말해보자, 마치 누군가가 아스파라거스를 한 가마니 정도 먹고, 다시 그 위에 기네스 흑맥주를 6리터 정도 마신 다음에, 벽이며 천장이며 마루에 오줌을 잔뜩 싸갈겨 놓은 것 같은 냄새가 났다." 종기야말로 가장 성공적이다. 『레이철 페이퍼스』에서 마틴 에이미스는 불결하기 짝이 없는 조그만 젊은이를 통해 스스로 신체적 분비물에 관한 계관시인이자 계관소설가가 된다. 거의 모든 문구가 기발한 재능에 의해서 불쾌하게 전도된다. "우리는 서로 껴안고 서로 간질이면서 뒹굴었다. 그리고 상대의 숨결을 애써 피하며 서로 더러운 입 냄새를 내뿜고는 웃어 제꼈다." 이런 솜씨는 누군가 다른 작가가 자기도 할 수 있으면 좋겠다고 생각할 만한 경지다.

찰스는 필기장 각각에 제목을 붙일 정도로 충분히 정리할 능력도 있고 자신을 중요하게 여긴다. 「하이웨이의 런던」이라는 제목이 붙은 필기장도 있고, 「정복과 기술의 종합」이라는 제목이 붙은 자료철도 있다. "어떤 좋은 생각 또는 발전시킬 가치가 있는 어떤 단상이 떠오르면, 온전한 문장의 형태로 만든다(그리고 빨강색으로 동그라미를 쳐둔다). 단순히 '글로리아'라는 제목이 달린 부분은, 지금 보니까, 필딩이 묘사하는 —내게는 보통 이런 종류의 글을 쓸 시간은 없다— 술집에서 벌어지는 싸움에서처럼, 영웅 시늉을 내듯이 약간 우쭐대면서 기록되었다." 그는 일기장을 일 년에 일곱 권 가량 써서, 항상 들고 다니며 늘 부피가 늘어나기만 하는 문서 더미에 더한다. "귀엽고 작은 내 사각형 여행 가방의 걸쇠를 풀어서 열고 침대 위에 올려놓는다. 폴더들, 메모장들, 문서들, 불룩한 마닐라 봉투들, 스프링으로 묶인 종이다발들, 서류들, 복사지들, 일기장들, 책을 보다가 여백에 적어놓은 내 젊은 시절의 기록들이 가방 안감을 덮고 있다. 서류들을 옆으로 밀어서 임시로 쌓아 둔다. 시간 순서로 배열해야 하나? 아니면 대상별로? 아니면 주제별로? 뭔가 빈틈없는 서기의 작업이 오늘밤 안에 이뤄져야 할 것으로 보이는구나." 그는 오르가즘의 날짜와 상황을 적어둔 기록을 살피면서 앞뒤를 따져 오류가 없는지 검토한다. 그리고 글로리아와 같이 잤을 때의 자세한 기록을 읽으면서 발기가 된다. 이런 비망록에 워낙 의지하기 때문에, 예기치 못한 상황에서("메모 쪽지 한 장도 가지고 있지 않았던 때에") 레이첼과 갑자기 마주치게 되었을 때 임기응변으로 했던 말이 성공을 거두자 놀라워할 정도다. "괜히 젠체하고, 말도 많았고, 서툴렀다면 서툴렀지만, 환호를 질러도 될 정도로 괜찮았어." 그는 성관계를 애걸하는 편지를 쓰면서 남의 말을 빌려다가 표현만 바꾼다. 콘돔 사는 일을 "미국의 저속한 소설과 너무나 비슷하다"고 여긴다. 그리고 자기가 세상을 바라보는 방식이라는 것은 오로지 남들이 지금까지 세상을 줄곧 바라보는 방식에 지나지 않는다는 사실을 깨닫는다. "내 세상에는, 말수 적은 이탈리아인, 이성애만 고수하는 헤어드레서, 위안 삼을 만한 다행이 전혀 섞이지 않은 불행, 비열한 야만인, 야멸찬 창녀, 전화위복, 술에 취하지 않은 아일랜드인, 기타 등등은 존재하도록 허락되지 않는다." 자살을 생각하던 와중에 필기장에 적을 문구에 맞는 최선의 단어를 찾는 데 몰두한다 — 그러고는 자기가 죽은 다음에 필기장을 맡을 사람을 지명해두지 않았음을 깨닫고 마음을 바꾼다.

『레이철 페이퍼스』는 한 젊은 작가가 환상 속에서 자위하듯 꿈꿀 수 있는 최고의 서평보다도 좋은 평들을 받았다. 여기에 트집 하나, 저기에 불평 하나 정도는 있었지만, 대부분은 산더미 같은 칭찬들이었다. "괄목할 만하다"(《리스너》), "정말로 아주 재미있다"(《스펙테이터》), "빈틈없고, 눈부시며, 재능이 넘친다"(《북스 앤드 북멘》), "상스럽고, 파렴치하며, 재미있다"(《타임스 문예 별책》). 에이미스는 과거의 짐 두 덩어리를 어깨에 짊어지고 견뎌왔다. 젊은 시절에 『럭키 짐』을 창조했던 아버지 킹즐리의 평판이 구체적인 짐이었다면, 스턴보다도 앞선 시대에 탄생한 {소설이라는} 문학 장르에서 유베날리스보다 오래된 {풍자라는} 양식으로 독창적이어야 한다는 짐은 훨씬 크고 오래 걸릴 짐이었다. 《인카운터》에서 클라이브 조던은 에이미스의 인물들은 "오랜 옛날부터 풍자작가들 사이에 흔히 나타났던 초연하면서 동시에 과도하게 상세한 물질적 묘사를 통해 서술되었다. 독자의 시선을 사로잡고 놓지 않는 것은 각기 한계를 가진 인물들이 아니라, 그 인물들을 발가벗기는 저자의 언어적으로 창조적인 관찰이다. 이 좁은 환경에서 시간여행은 오로지 언어 그 자체 안에서만 가능하다"고[58] 썼다.

언어 그 자체: 저자의 지문. 줄거리나 등장인물이나 저자의 견해 등은 마치 언급할 것이 거의 없다는 듯 언급되지 않는다. 무한히 갈래가 나뉘는 단어들 내면의 미세한 질료를 저자가 형상화하는 방식

---

58 Clive Jordan, *Encounter*, 1974년 2월, 64.

이야말로 독창성이 자리 잡은 지점이다. 에이미스는 자신이 속한 전통 안에서 자기의 개인적 재능이 들어갈 자리를 찾았고, 그럼으로써 독창적이라고 간주될 권리를 스스로 취득했다.

『레이철 페이퍼스』는 영국작가협회가 수여하는 서머셋 몸 문학상을 받았고, 미국으로 건너가서는 한결같이 "새롭다"는 말로 시작하는 서평들을 받았다. ("소설가였던 아버지의 등줄기에 실로 땀이 맺힐 정도는 아니"라고[59] 한) 《뉴욕 타임스 서평》을 제외하고 예를 들어 본다. "어쩌면 필립 로스의 『굿바이 컬럼버스』 이후로 내가 읽은 십대의 성에 관한 소설 중에 최고"[60](잡지 《뉴욕》의 엘리어트 프리먼트-스미스), "야하게 재미있는 문장들 …… 하나의 소설 작품이라기보다는 처녀작의 주제로 단골로 등장하는 어린 시절의 사랑과 일찍 찾아온 슬픔에 관해 영화처럼 펼쳐지는 눈부시게 심술궂은 장면들의 모음"[61](《뉴 리더》). 제이콥 엡스타인이 예일에서 대학생활을 시작하기 직전 여름이었던, 1974년 7월 18일에 칼 밀러는 《뉴욕 리뷰 오브 북스》에 기고한 글에서 "발칙하고, 영국적이며, 간결하다"고[62] 에이미스의 소설을 칭찬했다.

그 소설이 출판되었을 때, 1949년 8월 25일생인 마틴 에이미스는 채 스물다섯 살이 안 되었다. 그의 아버지는 "열다섯인가 열여섯인가 될 때까지 공상과학소설 말고는 아무것도 안 읽었어요. 공상과학소설이 양어머니처럼 그 아이의 손을 잡고 말해준 거요. '책을 안 읽

---

59 Grace Glueck, *New York Times Book Review*, 1974년 5월 26일, 64.
60 Eliot Fremont-Smith, *New York*, 1974년 4월 29일, 76.
61 Pearl K. Bell, "A Surfeit of Sex," *New Leader*, 1974년 5월 13일, 20.
62 Karl Miller, *New York Review of Books*, 1974년 7월 18일, 26.

으면서 뭘 할 수 있으리라고 기대하겠나?' 대학에 갈 만한 재목이라는 생각조차 나는 못했다고."[63] 실제로 아들 에이미스는 일종의 문학적 반칙을 저질러서 중학교에서 "쫓겨날 뻔했던 경우가"[64] 두 번 이상이라고 스스로 말한다. 표절보다는 위조라고 봐야 할 반칙이었다.

> 내가 저지른 짓 중에 가장 나쁜 일은 같은 학급의 말수 적은 뚱보의 일기장을 훔쳐서, 음란하고 짐승 같고 아주 황당한 낙서 일 년 치를 거기에 채워 넣은 일일 것이다. …… 그 불운한 소년의 아버지가 그 일기장을 보고, 학교로 가져와, 교장선생에게 내용을 들이대면서 따졌다. 교장은 들고 있던 막대기를 활모양으로 구부리면서, 자기 학교에서 "하수구 어휘"가 통용되도록 용납하지 않겠노라고 내게 말했다. 최대한 강하게 여섯 대를 맞았다. 그리고 무척 아팠다. 그러나 퇴학은 당하지 않았다.[65]

결국 대학에도 진학했다. 대학에서 그는, 『나의 옥스퍼드, 나의 케임브리지』라는 제목으로 나온 모음집에 실린 그의 회고를 믿는다면, 자신의 체험적 바탕에다가 성적인 욕망을 실제로 꽤나 많이 첨가한 결과로 찰스 하이웨이가 탄생했다고 봐야 할 정도로 성에 관해 또래보다 뒤처졌다. 이 회고담을 보면 옥스퍼드 시절의 에이미스가 하이웨이처럼 소설에 나오는 사람들의 행태를 가지고 성격을 분류하는 일에 몰두했다는 사실이 드러난다 — 젊은 시절의 철없는 행동들

---

63 Kingley Amis의 말, Michener, 110에서 재인용.
64 Martin Amis, "Tough Nut to Crack," *Observer*, 1982년 10월 31일, 27.
65 Ibid.

은 모두, 어떤 소설에선가 나오는 선례를 통해서, 가능한 일 또는 다만 해석에 따라 달라지는 일이 된다. "열병에 걸린 것처럼, 시합에라도 나갈 것처럼, 밤을 새워 논고들"을[66] 썼던 시절을 에이미스는 회상한다. 처음 쓴 논고는 "유의어사전을 뒤적이면서 여든네 시간을"[67] 보냄으로써 완성되었다.

유의어사전이란 젊은 작가가 불가피하게 지나가야 할 단계의 일부다 — 일종의 기말보고서 공장이지만 단지 색종이로 장식된 판본과 같다. 누구든 유의어사전에서 공들여서 무슨 단어를 찾았다면, 그 단어는 특별한 누구의 소유도 아니지만 그렇다고 해서 찾아낸 사람의 소유도 아니다. 유의어사전을 피난처로 삼는다는 것은 태생적으로 자신감이 없다는 징표다. 이는 신경증 환자에게 통상적으로 나타나는 방어 메커니즘으로서, 아마도 표절 역시 이러한 방어 메커니즘이 병적으로 변이된 현상일 것이다. 철없던 시절에 누군가와 비슷해야 된다는 생각에 의존했던 경험을 회고한 마틴 에이미스의 문장 중에 나머지 모두는 진실한 개성을 담아 문체를 가다듬은 작가가 제약받지 않고 뱉어낸 자신만의 언어에 해당한다. 에이미스에게 전가의 보도 격인 형용사들을 여러 개 묶은 복합구는 대학 신입생의 정해진 일과를 빼곡히 채워 넣는 데 도움을 준다. "…… 벽에 붙은 촛대들이 위협적인 대식당의 외로운 저녁식사, 강의실에서 또는 도서관에서 가끔씩 가운을 입고 행해지는 시범 행사들, 서로 무슨 일을 하든지 참견하지 않는다는 묵계 아래 치러지는 번화가 외출."[68]

---

66 Martin Amis의 회고담, in *My Oxford, My Cambridge*, 207.
67 Ibid., 205.
68 Ibid.

『레이철 페이퍼스』를 쓰던 즈음에 그는 이미 런던에서 《타임스 문예 별책》 편집부에서 조수로 일하고 있었다. 그 소설이 상을 받는 등 주목을 받은 후, 스스로가 "땅속에 묻힌 보물을 지키는 땅강아지"라고[69] 일컬었던 나날들이 종료되었다.

* * *

《옵저버》에 실린 그의 폭로를 뉴욕의 출판계는 재빨리 받아썼다. 런던에서 그 기사가 발행된 지 이틀 후, 《뉴욕 타임스》는 「신예 소설가의 표절」이라는 제목으로 세 단짜리 기사를 냈다. 에이미스의 고발을 요약하고 동시에 제이콥 엡스타인의 대답을 담은 기사였다.

> 맨해튼에서 전화로 연결된 엡스타인 씨는 상당한 유감을 표하면서, 자기 소설의 재판에서는 문제된 문단들이 삭제되었는데, 이런 수정이 이뤄지기 전에 최근 영국에서 그 기사가 발행되어버렸다고 주장했다.
> "나는 이 때문에 여러 달 동안 괴로워했습니다," 엡스타인 씨는 런던의 한 기자에게 말했다. "가장 참담한 실수인데, 이런저런 책들을 보다가 메모를 해두고는, 어디서 따왔는지를 기록한 필기장을 잃어버려서 생긴 일입니다. 초판은 결코 출판되지 말아야 했습니다. 그때 바로 나는 마틴에게 편지를 쓰고 싶었지만, 다들 그러지 말라고 조언했습니다. 이제라도 편지를 써서 설명을 하겠습니다."[70]

69 Ibid., 212.

70 Susan Heller Anderson, "New Novelist Is Called a Plagiarist," *New York Times*, 1980년 10월 21일, C7.

잃어버렸다는 필기장이 나타났을 때 편지를 쓰지 말라고 조언한 사람이 누구든, 엡스타인에게 도움이 못 된 것은 확실하다. 만약 엡스타인이 그때, 1979년 여름에, 그렇게만 했더라도 모든 문제가 끝났을 것이라는 입장을 에이미스는 여전히 고수한다.[71] 거기 붙은 해명이 아무리 그럴듯하지 않더라도, 사과만 했더라면 받아들였을 것이라는 뜻이다. 그러나 엡스타인이 아무 행동도 취하지 않는 사이에 일 년 이상이 흘러갔다 — 도저히 모르고 그랬다고는 보기 어려운 정황이다.

엡스타인은 1980년 10월, 《옵저버》에 보낸 편지에서 해명의 요지를 내놓았다. 해외에서 일 년가량을 보낸 후에 돌아와("이 소설은 베를린에서, 아일랜드의 코너마라 해안 …… 등지에서 집필되었다") 벽장에서 문제의 필기장을 찾았는데, 『난봉』은 이미 출판된 다음이었다. 표절된 사항은 —"이미지와 문구들"[72]— 13개인데, 재판에서는 모두 삭제되었다("13조각이 아니라 50군데 이상을 내 책에서 따갔다"고[73] 에이미스는 나중에 응수했다). 그러나 세커 앤드 워버그가 발행한 영국판에는 복제 문구들이 모두 그대로 들어있었다. 『난봉』의 수정본을 가지고 영국 시장에 낼 판본을 편집하라고 그들에게 말했는데도, 어찌된 영문인지 이 편지가 그들에게 전해지지 못했고, 영국판은 원본, 즉 미국판을 답습해서 출판되고 말았다고 엡스타인은 말한다. 엡스타인의 말에 따르면, 그와 그의 대리인은 수정사항들이 "어떻게든지 삽입되기"[74] 전까지는 더 이상 책이 나가지 않도록 노력했지만,

---

71 Martin Amis, 1987년 5월 20일, 저자와의 인터뷰.

72 Jacob Epstein, letter to *Observer*, 1980년 10월 26일, 32.

73 Susan Heller Anderson, "Writer Apologizes for Plagiarism," *New York Times*, 1980년 10월 27일, C5.

74 Jacob Epstein, letter to *Observer*, 1980년 10월 26일, 32.

너무 늦어버렸다고 한다.

그리하여 엡스타인의 사과가 마침내 에이미스에게 전해진 것은 에이미스의 폭로가 나온 지 일주일 후《옵저버》지면을 통해서였다. 그는 필기장의 사연을 말한 다음에 이렇게 발표했다. "이 일에 대해 어떻게 사과하면 좋을지 알 수가 없습니다. 뿐만 아니라 선생님의 작품에 대한 저의 존경심이 어떻게 해서 이토록 무례한 사태로 귀결되고 말았는지 설명할 길도 모르겠습니다."[75]

표절의 역사란 어느 정도 필기장의 역사라고 볼 수 있다. 닥치는 대로 써두고 정리하지 않았던 콜리지와 지나칠 정도로 치밀하게 체계를 잡았던 리드의 필기장에서부터, 어떤 책에 담긴 내용이 누가 조사한 결과인지에 관해 논란이 발생하는 현대의 거의 모든 사례에 이르기까지 필기장이 결부된다. 『뿌리』의 저자 알렉스 헤일리는 코얼랜드의 소설 『아프리카 사람』에서 일부 소재를(그리고 일부 문구들을 그대로) 취했다는 이유로 해롤드 코얼랜드와 크라운 출판사에 거액의 배상금을 지불하기로 1978년 가을에 합의했다. 헤일리는 자기가 『뿌리』를 준비하고 있던 동안, 출강하고 있던 대학교의 자원봉사 학생들을 포함해서 많은 사람들로부터 "딱히 정형화해서 말할 수는 없는 소재"의 조각들을 얻었다고 변명했다. "어디선가, 누군가가, 『아프리카 사람』에 나오는 무언가를 내게 줬다. …… 이것이 내가 내놓을 수 있는 최선의 정직한 해명이다."[76] 그로부터 8년 후, 영국의 마이클 왕자 부인은 자신의 저서 『먼 나라 왕실로 시집 온 여인들』

---

75 Ibid.

76 Arnold H. Lubasch, "Haley Testifies He Wrote All Major Parts of 'Roots'," *New York Times*, 1978년 11월 28일자 기사에서 재인용.

을 쓰면서, 고故 해롤드 커츠가 프랑스 황후 외제니에 관해서 썼던 전기 일부를 단어 하나 바꾸지 않고 그대로 베꼈다는 사실을 인정했다. 그리고 대변인이 언론을 위해 사태를 분명히 했다. "오래 전에 필기장에 써두었던 내용을 다시 보면서, 자기가 당시에 이용하던 책 가운데 한 권에서 실제로 나오는 문구들을 적어놨었다는 사실을 잊어버린 것으로 보인다."[77]

만일 에이미스의 문장을 차라리 더욱 정확하게 베꼈더라면, 엡스타인의 설명이 조금이나마 덜 불가능해 보였을 것이다. 에이미스가 《옵저버》에서 제시하는 십여 가지 사례들 중에는, 부주의해서 벌어진 일이라는 해명을 배척하는 "스모킹 건"이 적어도 하나 있다.

『레이철 페이퍼스』: "나는 언제나 차분하고, 다가가기 쉬우며, 마지 아주머니 같은 지혜로 가득 찬 사람처럼 보이려고 노력했다. 성과는 없었지만."

『난봉』: 빌리는 …… 이해심 깊고, 다가가기 쉬우며, 앤 랜더스와 같은 지혜로 가득 찬 사람처럼 비치려고 노력했지만 성과는 없었다.

영국의 고민상담 칼럼니스트 마지 프룹스를 미국 독자들이 알 리 없었기 때문에, 미국의 칼럼니스트 이름으로 의도적으로 바꿔야만 했다. 런던에 온 미국인 여행자가 전기면도기의 전압 스위치를 잊지 말고 변환해야 하듯이, 칼럼니스트 이름을 바꾼 것도 엡스타인이 분명히 알고서 한 일이다.

---

77 "Princess defended on plagiarised book charge," *Irish Independent*, 1986년 9월 22일, 20.

1985년에 준 노블과 윌리엄 노블 부부는 『이 줄거리를 훔쳐라: 이야기 구조와 표절에 관한 글쓰기 안내서』라는 고약한 작은 책을 펴냈다. 여기에는 질문에 답하는 식으로 제시된 조언이 있는데, 그 중 하나는 이렇다.

> 질문: 만약 오래 된 작품의 등장인물을, 가령 브레트 하트의 「포커 플랫의 버림받은 사람들」에 나오는 존 오우커스트라든가 늙은 창녀 십턴을 사용하고 싶다면 어떤가요?
>
> 대답: 그 소설은 1870년에 쓰였기 때문에 저작권이 오래 전에 만료되었습니다. 그 인물들을 사용하세요 —훔치세요. 그러나— 만약 아직 저작권이 만료되지 않은 수정판에 나타나는 대로 그 인물들을 사용하게 되면, 문제가 발생합니다. 줄거리 자체는 언제든 누구라도 훔쳐도 됩니다.[78]

도둑질을 안내하면서 이렇게 너저분하게 구체적인 척할 수 있다는 것이 놀랍다. 왜냐하면 노블 부부는 줄거리라는 것이 무엇인지부터 제대로 알고 있지 못하기 때문이다. 그걸 아는 사람들이었다면, 『난봉』과 『레이철 페이퍼스』에 관해, "엡스타인이 에이미스의 줄거리를 훔쳤다는 점은 아주 분명하다"고[79] 쓰지는 않았을 것이다. 이 부부는 두 작품의 줄거리를 이렇게 정의한다. "두 젊은 남자의 인생 가운데 석 달, 둘 다 학교를 떠나, 성적 상대를 만나는데 상대를 가리지

78 Noble and Noble, *Steal This Plot*, 202.

79 Ibid., 194.

않는다. 신체의 생물학적 기능에 몰두하면서, 자존감을 가져야 하고 어른스럽게 행동해야 한다는 내면의 목소리에 대처하는 방식은 실소를 자아낸다. 최초로 진지한 사랑을 느끼는 상대를 만난다."[80] 이런 것들은 소설의 주제, 상황, 모티프 따위에 해당하고, 어쩌면 테마라고도 볼 수 있겠다. 줄거리라는 것은 이런 것들이 사건이 연속되는 순서 안에서 배열된 상태로서, 그러한 배열을 유지하는 일이 어쩌면 소설을 쓸 때 가장 어려운 대목일 것이다. 소설을 한 편이라도 써본 사람이면, 영화에서 콘티 담당이 하는 일이 무엇인지를 더 이상 궁금해할 수 없다. 단지 자기가 소설을 쓸 때도 곁에 그런 사람이 하나 있으면 좋겠다고 바랄 수 있을 뿐이다. 엡스타인의 순서는 에이미스의 순서와 충분히 다르기 때문에 의혹이 있을 수 없다. 한두 군데 특정 상황들이 베껴온 것 아닌지 의심해 볼 수는 있을지 모르나(두 소설에서 공히 주인공에게 공감하는 치과의사 두 명을 만나는 장면이 나온다. 두 편의 소설은 접어두더라도, 한 지역 안에서 주인공에게 공감하는 치과의사 두 명을 만날 확률이 얼마나 될까?), 개연성은 높지 않다.[81]

『난봉』은 표절이라는 주제가 한 번이(러소와 관련되어) 아니라 두 번 대두된다는 점에서 특이하다. 《옵저버》 기사에서 에이미스는 정서불안을 겪는(빌리 윌리엄스의 어머니의 남자친구의 아들) 마크가 『곰돌이 푸』를 표절했다가 아버지에게 들키는 장면을 엡스타인이 어떻게 그려냈는지에 주의를 환기한다. "마크는 처음에 표절을 부인

80 Ibid.

81 《옵저버》에 기고한 기사에서, 에이미스 본인이 노블이 논의하는 부류의 요소들을 가리켜 "줄거리"(plot)라는 단어로 부른다는 점도 특기할 만하다.

했다. 그러나 헨리가 '하느님 맙소사! 마크야, 이러면 안 되는 거야. 서점으로 끌고 가서 꼭 증명해 보이란 말이냐?'라고 말하자, 자기 방으로 달려 들어가 문을 잠그고 나오지 않았다."[82]

《미국의 학자》에 기고한 논문에서 피터 쇼는, 『레이철 페이퍼스』의 주인공 찰스 하이웨이 역시 한 명의 "언어 표절범"인[83] 것으로 의심된다고 말했다. 그의 필기장들을 볼 때 그렇고, 특히 에이미스 자신이 다른 곳에서 한 줄을 가져온 사실을 《옵저버》에서 인정했기에 더욱 그렇다는 것이다. 정수리는 대머리인데 관자노리 근처에만 머리카락 다발이 남아 있는 모양을 묘사하기 위해 사용한 "회색빛 철사로 만들어진 날개 두 짝"이라는 표현을 엡스타인은 『레이철 페이퍼스』에서 따다가 썼는데, 이것은 기실 디킨스의 소설 『우리 모두의 친구』에서 포즈냅이 사용한 표현을 빌려다 쓴 것이라고 엡스타인의 표절을 폭로한 기사에서 에이미스 본인이 밝혔다. 또한 J. G. 밸러드의 「익사한 세상」에서 뇌쇄적인 은어로 이뤄진 문단 하나를 빌려다 써놓고서, 밸러드의 애독자 한 사람이 출판사에 항의한 다음에야 비로소 자기와 친한 사이였던 밸러드에게 알렸다는 사실도 에이미스는 인정했다. "제때를 놓친 것은 태만의 증거이자 일종의 도덕적 무관심이었다"고 에이미스는 해명했다. 이런 점들을 자인했다는 사실은 "부주의하지만, 약간은 의도를 감추고 있는, 자기노출"을[84] 저지르는 사람 중에 엡스타인과 함께 에이미스도 포함시켜야 한다는 근거라고 쇼는 주장한다.

---

82 *Wild Oats*, 97-98; Martin Amis, *Observer*, 26에서 재인용.

83 Shaw, 331.

84 Ibid.

그렇지만 이런 입장이 실제로 지탱될 수는 없다. "표절의 고발은 부적절한 행위의 패턴이 있을 때 대두하는 것이 정상"이라고[85] 피터 쇼 자신도 말한다. 에이미스의 경우는 한 번의 지체, 또는 잠시 잘못된 생각이 발작한 사례로서, 어떻게 그랬는지를 소명하라고 요구할 수는 있겠지만, 십여 군데의 대목들을 강박적으로 빌려다 쓴 것과 같다고 보기는 어렵다. 찰스 하이웨이가 "언어 표절범"라고 해서 에이미스를 의심한다는 것은 장발장이 도둑이라고 해서 위고의 정직을 의심하는 것만큼이나 이유가 안 된다. 언어의 표절은 『레이철 페이퍼스』의 주제고, 이 소설은 『돈키호테』가 그랬던 것만큼이나 책읽기에 관한 소설이다. 『난봉』이 표절을 주제로 삼은 것은 일종의 "자기노출"이라고 볼 수도 있겠지만, 그렇게 볼 수 있는 까닭은 실제로 —엡스타인이 저지른 일을 볼 때— 그 작품이 엡스타인의 표절을 노출하기 때문이다. 그 소설은 하나의 암시, 저자가 무슨 일에 가담하고 있었는지에 관해서 강박적으로 떨어뜨린 실마리였다. 그리고 마무리하자면, 그것은 분별력이 있는 사람이라면 표절범이라고 지칭할 수는 없는 마틴 에이미스와 비견되는 일이 아니라, 단 한 편의 소설을 쓰고 나서 문학의 이력이 끝장나고 마는 찰스 하이웨이와 비견되는 일이었다.

***

자신들을 내세웠던 시트웰 삼남매는 시의 역사보다는 홍보의 역사에 속한다고 언젠가 F. R. 리비스는 말한 적이 있다. 엡스타인 사건

---

85 Ibid., 329.

에도 해당하는 말일 것이다. 엡스타인의 대리인 린 네스빗은 언론이 사건을 과장했다고[86] 역설한다. 그리고 전에 마틴 에이미스의 미국 지역 편집자였던 콜리스 스미스를 포함해서, 출판계에서 일하는 대부분의 인사들은 거기에 동의할 것이다. "이 사건은 제이슨을 잡고 싶어 했던 사람들에 의해 …… 형평에 어긋나게 확장되었다."[87] 또는 바바라를 잡고 싶어 했던 사람들의 탓으로 내심 돌리고 싶었는지도 모른다. 그러나 《주간 출판계 동향》이 1980년 11월 7일자에서 시장 소식 가운데 이 사건을 첫 번째 사안으로 다룬 것도 사실이지만, 다른 인쇄물들은 이 이야기를 본격적으로 다루기보다는 수다거리로 다뤘던 것도 사실이다. 잡지 《뉴욕》의 〈정보원〉 란의 첫 문단은 이랬다. "뉴욕 지역 문단의 별, 바바라와 제이슨 엡스타인 부부의 아들인 작가 제이콥 엡스타인을 둘러싼 표절 공방에서 인생은 예술을 모방하는 듯하다."[88] 좀체 흥분하지 않는 《뉴욕 타임스》마저도 〈일주일간 벌어진 일〉 란 중에서, 《에스콰이어》였다면 반드시 업적이라 일컬을 만한지 따져봐야 한다고 봤을 경우가 더 많은 업적들을, 머그컵에나 새겨 넣을 만한 사진들과 함께, 일요일에 킥킥거리면서 뒷공론 벌이기에 어울리는 수다거리들을 모아놓는 '특종감'에다 집어넣으면서, 『난봉』에 관한 표절 폭로를 "비위 상하는 일"로[89] 다뤘다. 《뉴 리퍼블릭》에 「에핑」이라는 제목으로 기고한 R. D. 로젠은 자기도 모르는 새 수다쟁이 무리에 합류했다. 이 글에서 그는 자기가 {따지

86 Lynn Nesbit, 저자에게 보낸 편지, 1987년 4월 9일자.
87 Corlies Smith, 저자와의 전화 인터뷰, 1987년 4월 16일.
88 "Intelligencer," *New York*, 1980년 11월 3일, 11.
89 *New York Times*, 1980년 10월 26일, section 4, 9.

고 보면} "『오만과 편견』과 『핀란드 역으로』의 저자이며, 『나바론 요새』를 시나리오로 각색한" 셈이라고 너스레를 떨었다. 로젠은 자기가 「에핑」을 쓰기에 이른 것은 엡스타인 때문에 촉발된 충동적인 자백의 일환이었다고 규정했다.

> 소설 다섯 편이 절판되었고, 그 뒤로는 후속작을 내지 못한, 시카고의 작가 플레밍 알루터는 힐튼 호텔에서 기자회견을 열었다. 그러고는 자기가 쓴 모든 소설에는 다른 데서 통째로 뜯어온 대목들이 들어있고, 그 출전은 『감성교육』, 『양철북』, 타임-라이프 사에서 펴낸 『에스파냐와 포르투갈 요리 비법』, 미국 연방하원 〈중소기업 시장에서 대리점의 역할에 관한 소위원회〉의 1973년 청문회 의사록, 그리고 조이스 캐롤 오츠의 미출간 소설 한 편 등이라고 밝혔다. 이 놀라운 발표의 결과, 알루터의 출판사는 그의 소설들을 작품집으로 한데 모아 다시 내기로 했고, 아이리스 머독의 작품을 토대로 꼼꼼하게 이용해서 장차 쓰게 될 소설 두 편에 대한 고액의 계약을 그와 맺었다. …… 원고를 보냈다가 출판사로부터 거절당한 대여섯 명의 작가들에 따르면, "기가 막히는 물건입니다만, 종전에 이런 작품 비슷한 것을 읽어본 적이 없습니다"가 이유였다고 한다.[90]

이 풍자에는 상당한 타당성이 들어있지만, 엡스타인 사건 때문에 타당해지는 것은 아니다. 출판업이란, 다른 사업이나 마찬가지로, 언제나 소매 차원에서 공인되는 진실에 따라 작동해왔다 — 고객이 원

---

90 Rosen, "Epping," *New Republic*, 1980년 11월 15일, 14.

하는 것을 제공하라.

《뉴스위크》 1980년 11월 3일자에 실린 기사는 표절 소식이 터졌을 당시 이미 서점의 책꽂이 위로 올라간 『난봉』 보급판이 11만 부나 되었다고 보도했다.[91] 이것은 처녀작의 평균치보다는 훨씬 높았지만, 표절 소송의 세계에 『난봉』이 한 자리를 차지할 정도로 큰 히트는 아니었다. 콜리스 스미스의 관점에서 볼 때, 이 사건 보도가 과장되었다고 봐야 할 이유 하나는 "별로 많이 팔리지 않은 책이 별로 많이 팔리지 않은 다른 책에서 표절한"[92] 사건에 해당하기 때문이었다. 『난봉』의 표절이 폭로되기 얼마 전에, 막후에서 거액이 오가며 합의되어 언론의 주목을 받은 사례들이 몇 건 있었다. 경이적인 성공을 거둔 『인생의 예견된 위기』의 저자 게일 쉬히는 캘리포니아의 한 정신과 의사에게 상당한 액수를 지불했다.[93] 출전을 충분히 밝히지 않고 그 의사의 과학적 연구를 써서 유포한 탓이었다. 알렉스 헤일리와 해롤드 코얼랜드 사이에 합의된 액수는 공개되지 않았지만, 《뉴욕 타임스》는 "수십만 달러"에[94] 이를 것으로 추측했다. 이렇게 거액의 합의가 이뤄졌다는 것은 판매고가 워낙 높아서 저자들의 인세 계약 기간이 길어졌음을 반영한다. 청구할 수 있는 액수가 얼마가 되든지, 에이미스는 소송을 제기할 의도는 결코 없었다. 엡스타인과 관련해서 일어난 일은 "하나의 아주 특별한 사례"[95]였고, 그 때문

91 "Why Writers Plagiarize," *Newsweek*, 1980년 11월 3일, 62.

92 Corlies Smith, 저자와의 전화 인터뷰, 1987년 4월 16일.

93 Rosen, "Epping," 13-14를 보라.

94 Arnold H. Lubasch, "'Roots' Plagiarism Suit Is Settled," *New York Times*, 1978년 12월 15일, A1.

95 Martin Amis, 저자와의 전화 인터뷰, 1987년 5월 20일.

에 초래된 반응은 어쩌면 앙심의 소산일 수 있다고 그는 인식하고 있었다. 엡스타인의 부모 때문에 사람들이 엡스타인에게 "특별히 심하게"[96] 굴었을 개연성이 있었다. 이 사건은 언론에 의해 워낙 부풀려져서, 《옵저버》에 기사를 보낸 지 6년이 지난 뒤까지도 에이미스는 자기가 그렇게 했어야 했는지를 "아직도 잘 모르는 상태"였다.[97]

이 사건 후로, 에이미스는 미국 문단의 성공과 명성에 관해 상당한 해학을 담은 평론들을 썼다. 미국 문단의 "통제될 수 없는 본질"[98] 때문에 "상습 강간범과 추악한 문학상의 수상자들에게 단번에 사랑의 징표들과 결혼 중매, 기타 등등이 쏟아지도록"[99] 보장된다. 에이미스에 따르면, "영국의 작가에게 성공이 찾아오면 타자기를 새로 사고, 미국의 작가에게 성공이 찾아오면 인생을 새로 맞이한다."[100]

"미국의 작가들은 왜 서로 미워하는 경향이 있는지"를[101] 궁리하면서, 에이미스는 나라가 워낙 큰 것과 관련이 있지 않은지 궁금해 한다. "영국에서는 작가들이 서로 제법 잘 뒤섞인다. 그들은 대체로 중산계급 출신이고 대체로 진보적이라는 공통점이 있다. 미국에서는 작가들이 자연적으로(앨라배마, 워싱턴, 시카고, 뉴잉글랜드) 서로 멀다. 서로 만나려면 먼 거리를 건너뛰어야 한다. 서로 만났을 때 상대에게 낯설어 보이는 것이 놀랍지 않다."[102] 어쩌면 맞는 말일 수

96 Ibid.
97 Ibid.
98 Amis, *The Moronic Inferno*, 28.
99 Ibid., 29.
100 Ibid., 136.
101 Ibid., 39.
102 Ibid.

도 있겠지만, 엡스타인 사건은 대부분의 측면에서 매우 지역적인 사건이었다. 미국 문단에서 자기는 아직도 우뚝 솟은 태양이고 나머지 지역들은 그 주위를 싸고 회전하는 소행성이라고 스스로 자처하는, 그리고 그럴 만한 나름의 근거도 없지만은 않은, 뉴욕이라는 도시에서 범인의 부모는 널리 알려진 인물들이었다. 다른 대도시들도 그렇지만, 뉴욕은 매우 지역적인 도시다. 이 도시의 문단 사람들이 모이는 회합 자리는 한 번에 실제로 한 곳뿐이다. 어느 날 밤이든지 그 모임에 참석해서 한두 시간을 보내며, 남들의 불행을 화제로 삼아 행복해 하면서 서로 도움을 주고받을 만한 일을 얘기하다가, 지금 표절에 관해 책을 쓰고 있다고 상대방에게 귀띔하면, 콜리지나 윤리나 워드프로세서에 관해서가 아니라 필연적으로 "제이콥 엡스타인에 관해 쓰고 계시군요?"라는 반문을 듣게 된다.

필기장에 관한 논의로 돌아가자. 기억의 창고로서 그리고 실습장으로서, 필기장을 책임감 있게 사용할 줄 아는 작가들도 있다. 마틴의 아버지 킹즐리 에이미스는 《파리 평론》 기자에게 자기가 필기장을 어떻게 사용하는지 말한 바 있다.

> 별로 두껍지 않은 필기장이다. 우연히 듣게 된 대화 또는 머릿속에 떠오른 대화라든지 …… 등장인물에 관한 아주 간략한 묘사 …… 실제 있었던 또는 있을 법하게 지어낸 웃기는 사건들을 기록해 둔다. 하지만 나는 작품의 얼개를 적어 놓지는 않는다. 한때는 그런 적도 있었다. 그러니까, 『너 같은 여자는 없어』를 쓸 때는 약 백 페이지 정도 되는 아주 두꺼운 필기장에 자세한 사항들을 적어 뒀었다. 하지만 지금 생각하면 불안감이 부분적으로 작용한 것 같다. 그 주제 그리고

> 주인공이 여자라는 설정 등으로 말미암아 내 역량이 심각한 시련을 겪게 되리라는 점을 나 자신이 감지하고 있었기 때문이다. 말하자면, 그런 소설을 쓰기 위해 필기장에서 몸을 풀고 있었던 셈이다.[103]

로버트 루이스 스티븐슨은 에딘버러에서 학부생이던 때의 경험을 얘기한다.

> 주머니에 항상 책 두 권이 있었다. 한 권은 읽을 책, 다른 한 권은 필기장. 어떤 말이나 효과가 적절하게 표현되었다든지, 생동감이 두드러지거나 문체가 상서롭게 독특하다든지, 특별히 나를 즐겁게 하는 책이나 대목을 읽을 때마다, 곧바로 자리에 앉아 그러한 특질을 스스로 흉내 내보려고 노력했다. 제대로 되지는 않았고, 나도 알았다. 다시 시도했지만 또 잘 안 됐다. 언제나 잘 안 됐다. 그러나 이렇게 시간을 허비하는 와중에 적어도 리듬, 조화, 구성, 부분들 사이의 연관 같은 것들을 연습할 수 있었다. 이처럼 나는 해즐릿, 램, 워즈워스, 토머스 브라운 경, 디포, 호오돈, 몽테뉴, 보들레르, 오베르만 등의 원숭이 노릇을 끈덕지게 했었다.[104]

왕성한 젊음의 활력을 과시하는 가운데 스티븐슨은 주머니에 넣고 다니던 두 권의 책을 분명하게 구분했다. 반면에 엡스타인은 그 둘이 어느 순간부터 일종의 이중장부가 되고, 처음에는 자기 자신도 깨닫지 못한 채 말려 들어간 형태의 횡령이 되고 말았다. 회계사가

---

103 Plimpton, *Writers at Work*, 182에서 재인용.

104 Matthews, "The Duty of Imitation," in *Gateways to Literature*, 79-80에서 재인용.

첫 번째 숫자의 자리를 틀리게 적어 넣는 운명적인 행위를 저지르고도, 자기가 무슨 짓을 했는지를 아직 자신에게조차 인정하지 않는 셈이다. 거기에는 의도가 있다. 그럼에도 의도가 손가락 끝에서부터 뇌에 이르기까지 아직 완전히 자각되지는 못했다. 양심은 여전히 지금 벌어지고 있는 일을 부인한다. 그렇지만, 저 아래에서는, 지면 위에서는, 한 문장에 가로줄이 그어지고, 왼손이 하는 일을 오른손이 안다. 시카고 세븐의[105] 재판에 관해 쓴 책에서 제이콥 엡스타인의 아버지 제이슨은 이렇게 설명했다. "'의식적 동조'라고 알려진 법리 아래에서는, 더욱 우호적으로 해석할 필요를 변호인이 배심원단에게 설득하지 못하는 한, 피고들의 드러난 행위에 의해서 시사되는 목적이 유사하다는 것만으로 배심원단은 어떤 음모의 존재를 추론할 수 있다."[106] 제이콥 엡스타인이 뭐라고 주장하든지, 『난봉』은 그의 내면에 들어 있었던 독자라는 일면과 저자라는 일면 사이에 있었다고 수긍할 수밖에 없는 악의적인 음모의 결과처럼 보인다.

뉴욕의 언론에서 소동이 벌어진 지 한두 주일 후, 대릴 핑크니는 《마을의 목소리》에 「표절이라는 도깨비놀음」을 기고해서 홀로 우렁찬 변론을 펼쳤다. 거의 엡스타인만큼 젊었던 핑크니는 엡스타인 본인의 고백을 무너뜨리기 위해 글은 잘 썼지만 논리는 빈약했다. 『난봉』이 1979년에 나왔을 때, 핑크니는 매우 즐겁게 읽었노라고 말한다. 이듬해 표절 관련 기사들이 터져 나왔을 때, "여전히 마음속

105 시카고 세븐(Chicago Seven): 1968년 시카고에서 열린 미국 민주당 전당대회장에서 발생한 폭동과 관련해서, 베트남 전쟁에 반대하고 대항문화적인 폭동을 꾸민 음모 혐의로 기소되어 재판을 받은 7명을 가리킨다. 결국 음모 혐의는 무죄로 밝혀졌다. —역주

106 Jason Epstein, *The Great Conspiracy Trial*, 92-93.

으로는 — 그 소설 안에는 대서양 이편의 삶이 그토록 많이 담겨 있는데, 영국의 작품에서 가져왔더라도 무의미한 정도를 넘는다고는 생각할 수 없다. 뭐라고 고백했든지."[107]

평결에 항소하는 핑크니의 핵심적 주장은 『난봉』의 내용 대부분은 표절이 아니라는 것이었다. 이것은 익숙한 변론이지만, 이 경우에 요지를 간추려보면 웃음을 참을 수 없다. "엡스타인의 초판본과 에이미스의 책을 읽으면서, 나는 『레이철 페이퍼스』에서 문장 또는 문구 53개가 어떤 것은 바뀌고 어떤 것은 안 바뀐 채 메아리친다는 에이미스의 고발을 확인해봤다. 두 책을 맞춰본다는 것은 어려운 작업이었지만, 『난봉』이 본질적으로 엡스타인의 책이라는 느낌 때문에 그 일을 하게 되었다."[108] 메아리 소리를 쉰세 번이나 듣고도 그 느낌은 결코 사라지지 않았다. "그는 범죄자가 아니라 작가다. 그가 『난봉』을 썼다. 그 소설은 그의 것이다."[109] 질문: 경찰이 절도 용의자의 집에 들어가서 집주인이 합법적으로 구입한, 예컨대, 2천 개의 물건들 사이에 훔친 물건 53개가 있다면, 그를 체포하지 말아야 할까? 일찍이 러니드 핸드 판사가 썼듯이, "자기가 해적질하지 않은 작품이 얼마나 많은지를 보여줌으로써 표절범이 잘못을 면할 수는 없다."[110]

영국식 표현으로 "못된 부위"[111]라고 일컬을 수 있을 대목들에 관

---

107 Pinckney, "Spooking Plagiarism," 47.

108 Ibid.

109 Ibid., 49.

110 *Sheldon v. Metro-Goldwyn Pictures Corp.* 판례에서 Learned Hand 판사의 의견. Condren Affidavit in *Kornfeld v. CBS, Inc., et al.*에서 재인용. 아울러, 아래 제5장을 보라.

111 "못된 부위"(naughty bits): 신체 중에 성과 관련되는 부위를 가리키는 영국식 표현이다. — 역주

해서, 핑크니는 "이 문장들은 용서하고 말고 할 거리가 못 된다 — 너무나 멍청해서 전체 작품의 구성에 도움이 안 되기 때문"이라고[112] 쓴다. 그는 실제로 "'들치기'를 당했다는 문장들은 대부분 별 의미 없는 통상적인 서술문으로서, 눈에 항상 띄지도 않으므로, 죽은 문장이라고 부를 만한 것들인데, 바로 그 점에서 오히려 호기심의 대상"이라고[113] 역설한다. 이는 맞는 말이 아니다. 다만 형량을 낮춰달라고 호소하는 방법 가운데 하나로 장물의 가치를 떨어뜨리는 길이라는 게 있을 뿐이다(기억할 독자도 있겠지만, 워터게이트 사건의 의미를 축소하고 싶은 사람들은 "3류 좀도둑" 사건이라고 불렀다). 에이미스의 산문을 훔친 사람이 훔친 물건은 쓰레기가 아니라 번득이는 섬광이라는 사실은 변하지 않는다. 『레이철 페이퍼스』는 강탈할 만한 가치가 충분했다.

에이미스가 "덩어리"라고 부르는 것들이 어쩌면 "여기 또는 저기서 유사한 언어로 표현되는 상황적인 사안"일[114] 수 있다고 핑크니는 생각한다. 반면에 《옵저버》에 기고한 에이미스의 글을 읽은 독자 대부분에게는 "덩어리"라는 단어 자체가 상대적인 의미로, 다른 대목들에 비해 더 많은 분량을 아무 변경도 없이 그대로 집어간 대목들을 가리키는 의미임이 분명할 것이다. 그럼에도 핑크니는 "덩어리"에 해당하리라고 추측되는 두 대목을 추려내서 비교한다. 그 중 두 번째, 그가 "예시 B"라고 제시하는 것은 이렇다.

---

112 Pinckney, 49.
113 Ibid.
114 Ibid.

…… 오르가즘의 묘사. 엡스타인에 비해 에이미스의 묘사가 더 길고 기교가 훨씬 화려하다. 마침내 레이첼의 몸 위에서, 그리고 몸 안에서, 찰스는 이렇다. "나이가 드는구나, 나이가 드는구나. 여인의 손톱을 느껴야 하나, 신음소리를 들어야 하나. 힘을 주소서. 오 사람들은 세상 앞에서는 긍정하고 양말 사이에서는 부정하네. 끝나면 모두가 사랑 받는 정원이 멀지 않다. 열 번만 더 다섯 번만 더 정원의 화장실 가물어 바싹 마른 사막의 정원 입에서 시든 사과 씨를 뱉어낸다." 여름에 잠깐 사귄 룰루의 몸 위에서 빌리는 이와 같다. "…… 지금 그 일, 자기 밑에서 벌어지는 일에서 정신을 딴 데로 돌릴 수 있는 거라면 뭐든지 …… 2루를 훔치는 야구 선수, 마틴 루터 킹, 오 하느님 …… 나에겐 꿈이 있습니다 …… 나온다 …… 작은 흑인 소년들이 백인 소녀들과 손을 맞잡고 함께 걸을 것입니다 ……." 이걸 어쩌나. 엡스타인의 빌리는 룰루가 느끼는 오르가즘 위에서 "파도를 탄다." 에이미스의 찰스가 레이첼의 오르가즘 위에서 "파도를 타는" 것과 같다. 그리고 이들 네 명 모두는 몰리 블룸처럼 파도를 탄다. 그렇다.[115]

약삭빠른 얘기지만 솔직하지 못한 얘기이기도 하다. 단어들을 있는 그대로 베낀 것이 절대적으로 확실한 대목들을 나란히 인용해서 대조하지 않고, 에이미스가 마음속으로 무슨 생각을 하고 있었는지를 궁금해 하는 까닭이 뭘까? 또는 마지 아주머니와 앤 랜더스를 언급하는 문장들은 어떤가? "닮았다고 해서 곧 도둑질은 아니"라고[116]

---

115 Ibid. {몰리 블룸(Molly Bloom)은 조이스의 소설 『율리시즈』(*Ulysses*)에서 주인공 레오폴드의 아내. — 역주}

116 Ibid.

핑크니는 말하는데, 물론 이 말은 맞다. 그러나 단지 닮았다는 이유만으로 문제를 삼는 사람은 아무도 없다. 에이미스 본인도 줄거리나 인물이 겹치는 것은 수상한 일이 아니며 심지어 불가피하다고까지 서술했다. 그 정도 겹치는 것만으로 분위기가 아주 흡사한 책이 만들어질 수는 없기 때문이다. 사실을 말하자면, 에이미스와 엡스타인의 책들은 전체적으로 비슷한 느낌을 주지도 않는다. 다만 때때로 두 소설이 정확히 똑같을 따름이다.

G. K. 체스터턴은 "차이점들을 보지 않고 유사점들만 본다는 것은 …… 위험한 게임으로 보인다"고[117] 말하면서, 표절 사찰에 대해 나름의 경고를 발했다. 표절의 증거를 찾아다니다 보면 셰익스피어 작품의 원작자가 베이컨이라는 따위의 생각에 광적으로 집착하게 만든다고 그는 생각했다. 이런 얘기들이 워낙 분별 있게 들리기 때문에, 표절이 때로 발생하며, 어떤 경우에도 유사성만 가지고 의혹을 제기하는 사람은 없다는 점을 망각하기 쉽다. 표절이 문제될 때 핵심 논제는 반박할 수 없는 동일성인 것이다.

핑크니도 "문제가 심각하다"고[118] 보는데, 이때 그가 생각하는 문제는 엡스타인이 불운하게 말려 들어간 것이 문제라는 뜻으로 보인다. 핑크니는 그를 피해자라고 보면서, 표절 자체보다도 표절을 탐지한 행위가 품위 없다고 본다("내가 공들여 닦아내고 벗겨내고 조사한 이 두 권의 책들 — 교통사고 피해를 조작하는 변호사 또는 일거리가 없는 변호사나 탐낼 일이다"). 「표절이라는 도깨비놀음」을 쓸 당시에 제이콥

117 Chesterton, "On Literary Parallels," in *Come to Think of It*, 25.

118 Pinckney, 47. (이후의 인용문 다섯 개는 출전이 이와 같다.)

엡스타인을 잘 몰랐다고 말하면서도, 핑크니는 엡스타인이 겪는 문제를 무척 개인적으로 받아들인 것 같다. 표절 논란이 여기저기서 터져 나오던 시절이었지만, 그 중에서도 엡스타인과 관련된 고발이 "나를 가장 세게 때렸다"고 말한다. 『난봉』이 최근에 "체면 손상"을 겪었다고 언급하기까지 하는 등, 그는 그 소설을 마치 하나의 성스러운 경전처럼 다룬다("그가 『난봉』을 썼다. 그 소설은 그의 것이다"). 그리고 비록 그 논고를 쓸 때 핑크니가 《뉴욕 리뷰 오브 북스》와 관계는 없었지만(나중에는 관계를 맺는다), 「표절이라는 도깨비놀음」은 모든 침대 밑에 매카시주의자가 있을지 모르니 조심하라는 《뉴욕 리뷰 오브 북스》의 경고처럼 들리는 것이 어느 정도는 사실이다. "타자기 앞에 앉은 사람들은 모두들 조심하시오. 정말로 조심하시오. 음료수를 마실 때에도 잘 살피고, 눌린 베개 밑에 언제나 에드거 앨런 포의 논고 「롱펠로 씨를 비롯한 표절범들」 한 부를 간직하시오. 한밤중에, 깊은 밤에, 그 글 위로 돌아다니는 환영들을 조심하시오."

포는 1840년대 초엽과 중엽에 롱펠로를 겨냥한 여러 건의 혐의를 제기했다 — 그 중 가장 심각한 혐의는 테니슨에게서 롱펠로가 훔쳤다는 것이었다. 1845년 《브로드웨이 저널》에서는 「히아와타」를 노래한 백발의 음유시인을 변호하는 "우티스"라는 가명의 필자와 포 사이에서 토론이 길게 이어졌다.[119] "우티스"와 몇 달 동안 싸우고 나서, 포는 "가장 뚜렷한 표절을 가장 자주 저지른 사례를 찾으려면 가장 유명한 시인들의 작품을 뒤져야 한다고 문학의 모든 역사는

---

119 롱펠로를 겨냥해서 포가 가한(내용이 있을 때가 많았지만 가끔은 황당하기도 했던) 공격의 복잡한 역사는 Moss, *Poe's Literary Battles*에 잘 기록되어 있다.

증명한다"고[120] 결론을 내리면서 전향한 듯이 보인다. 남들의 단어를 거의 복제하다시피 했던 롱펠로의 소행이 "도덕적 위반"이 아니라 "시적 감성"을 가진 사람에게는 불가피한 무의식적 삼투작용의 결과라고 선포한 이 두드러진 입장 변화가 핑크니가 인용하기로 선택한 유일한 논고다. 포는 롱펠로의 의도적인 도둑질을 무죄로 풀어주면서 때때로 독설로 가득 찼던 자신의 논조를 정직하게 후회했을 수도 있다. 그러나 아마도 "악의 또는 무례를 의심 받는"[121] 상황이 지겨웠을 수도 있다 — 엡스타인을 비난하는 사람들에게("교통사고 피해를 조작하는 변호사"라는 식으로) 핑크니가 뒤집어씌운 것과 같은 의심이다. 표절에 관해 포가 말했던 아주 합리적인 지적 중에는 이런 것도 있다.

> 저질러지고 들킨 다음에는 "별일 아니"라는 말, 그리고 이와 비슷한 말들이 즉각 동원된다. 그 단어들 자체에 대해서는 반대할 까닭이 전혀 없다. 그러나 그 단어들의 용례는 가끔씩 향상될 여지가 있는 것 같다.
>
> 어느 비평가 한 사람이 엄밀하게 존경을 받을 만한 동기 또는 심지어 자선적인 동기에서 표절을 폭로하기로, 또는 더욱 좋기로는 자기가 목격할 때마다 표절을 일반적으로 폭로하기로, 이끌리는 일은 정녕 불가능한 것일까?[122]

삼투작용 때문에 발생한 일이라는 설명은, 잠시 후에 논의해 보

---

120 Poe, "The Longfellow War," in *Complete Works*, vol. 12, 106.
121 Ibid., 104.
122 Ibid., 54.

겠지만, 어느 정도 그럴듯하다. 우연히 그렇게 되었다는 설명도 어느 정도 그럴듯하다. 롱펠로 역시도 그 점을 인정한 적이 있다. "파르나소스 산에서 삽으로 땅을 파면 죽은 시인 누군가의 뼈를 건드리지 않을 수 없다."[123] 그렇지만 그토록 많은 에이미스의 문장들을 자기 원고 안에 집어넣으면서 출전을 표시해야 한다는 생각을 단 한 번도 하지 못했다는 것은 생각할 수 없다.

엡스타인은 문학적 자살을 저지른 셈과 같다. 마틴 에이미스는 처음부터 이를 인지했다. 《옵저버》의 기사에서, 『난봉』에 낱낱이 드러나는 표절의 광경에 주의를 환기하기 전에, 그는 표절의 심리가 "고혹적으로 도착적이다. 깊은 창피를 무릅쓴다 또는 초청한다, 다시 말해, 거기에는 일종의 죽음의 소원이 들어 있다"고[124] 선언한다. 이런 설명을 엡스타인은 "매정하고 앙심을 품고 있다"고[125] 보겠지만, 이 사건이 터졌을 때 인터뷰에 응한 정신과 의사들은 에이미스와 생각이 같았다. 미국 정신분석학회 회장이었던 아놀드 쿠퍼 박사는 "공개 처벌을 받고자 하는" 표절범의 무의식적인 "욕구"에 관해 논평했다. "그 사람은 이런 방식 또는 저런 방식으로 창피당하기를 내심으로 바랄 수 있다."[126] 에이미스가 그의 책을 읽기 전에 에이미스와 만난 엡스타인이 "떨었던 일",[127] 그리고 공개적인 비난을 방지할 수 있었음에도 사과의 편지를 에이미스에게 쓰지 못했던 일 등을 생각해보면, 이 모든 사태가 과연 자기파멸이 아니라 자기팽창의 문제였는지 의아하지 않

---

123 Poe, Moss, 181에서 재인용.

124 Amis, "A Tale of Two Novels," 26.

125 Jacob Epstein, *Newsweek*, 1980년 11월 3일, 62에서 재인용.

126 Arnold Cooper, *Newsweek*, 1980년 11월 3일, 62에서 재인용.

127 Amis, "A Tale of Two Novels," 26을 보라("떨리는 목소리로 대답하더이다").

을 수 없다. 코넬 대학교 의과대학의 로버트 미첼스 박사는 자긍심이 부족한 사람들이 "이윽고 커다란 성공을 거두면 스스로 그 가치를 폄하하고 심지어 그것을 무너뜨린다 …… 그들의 성공은 그 안에 패배의 씨앗이 심어져 있기 때문에 망가진다"고[128] 말한다. 그리고, 독자 여러분도 기억하겠지만, 피터 쇼는 표절범과 가장 밀접하게 비견될 수 있는 범죄자는 절도광이라고 말한다. "둘 다 들키고 싶은 소원을 명백하게 드러낸다는 점에서, 그리고 훔친 물건이 반드시 필요하지 않다는 점에서(절도광의 경우에는, 필요하지 않다는 점이 절대로 핵심적이라고 한다)."[129] 마담 레보에게서 훔친 리드의 도둑질은 자신의 평판이 탄탄하게 이뤄진 후에 발생했다. 그리고 그가 남긴 필기장들은 경찰관이 따라 오기를 고대하면서 안내문까지 붙여둔 고백록과 같다. 기한을 바로 앞둔 날 밤에 절박한 학생이 기말보고서의 내용을 훔쳐야 할 필요에 비할 때, 엡스타인에게는 그 50여 군데의 대목들이 그럴 만큼 "필요"하지는 않았다. 그런 대목들이 없었더라도 『난봉』은 처녀작으로서, 수치스러운 호기심의 대상은커녕, 제법 괜찮거나 평균작은 되는 수준으로 기억되었을 것이다.

표절범들은 남들이 표절을 저지를 때 유난스럽게 강경하고, "남들이 자기 작품을 표절해 간다는 착각으로 고통받는 경향이 있다"고[130] 쇼는 지적한다. 이런 경향을 과도할 정도로 보인 사람은 물론 콜리지다. 그리고 이와 똑같은 부류의 죄책감에 찌든 정의감은 표절범의 사촌격인 위조범에게도 연장된다. 영국의 서적거래상 토머스 J. 와이

---

128 Dr. Robert Michels, *New York Times*, 1987년 5월 19일, C5에서 재인용.

129 Shaw, "Plagiary," 332.

130 Ibid., 333.

스는 20세기 초에 복제본들을 낭만주의 시대 그리고 빅토리아 시대 작가들의 초판본이라고 속여서 팔아치우는 일을 전공으로 삼았던 인물인데, 존 화이트헤드에 따르면, 그는 동시에 "위조범들의 가면을 벗기는 일에도 강박적이었다. 그 덕분에 그는 세상의 주목도 받았고, 문학적 탐정으로서 성공한 덕분에 훨씬 많은 숭배자도 생겼다."[131]

브랜더 매튜스는 1902년의 논고 「표절의 윤리」에서, "표절 혐의를 쉽게 받아들인다는 것은 저급 문화의 징표이고, 표절 고발이 자주 발생한다는 것은 교육에 결함이 있고 지성이 부족하다는 징표"라고[132] 선언하면서, "문단의 아마추어 탐정은 …… 거의 쓸모라고는 없는 사람"이라고 선고했다.[133] 언어라는 것은 "유한하고",[134] 줄거리에는 더욱 더 한계가 많다고 독자들의 주의를 환기한 다음에 그는 신기한 주장을 펼친다. "표절 논의에서 단연코 가장 중요한 질문은 빌려 쓴 사람에게 빌려 쓴 대목이 가지는 상대적인 가치다. 만일 자신의 양떼를 가지고 있는 사람이라면 이웃집 주인이 아끼는 새끼 암양을 집어갈 수 있다. 부지런하지만 멍청한 사람이나 이에 반대할 것이다."[135](매튜스가 이보다 13페이지 앞에서는 "부지런하지만 멍청한 사람"이라는 문구가 스코트의 것이라고 인용해 놓고서 여기서는 출전을 밝히지 않는다는 점은 접어두고) 이상한 점은 상상력이 빈곤한 사람은 그렇지 않은데 풍부한 사람은 훔쳐도 되는 이유가 무엇이냐는 것이다 — 마치 돈이 많으면 그렇지 않지만 재능이 많다면 약탈이 용

131 Whitehead, *This Solemn Mockery*, 138.
132 Matthews, "The Ethics of Plagiarism," in *Pen and Ink*, 29.
133 Ibid., 27.
134 Ibid., 32.
135 Ibid., 38.

서된다는 것처럼. 더구나 설령 매튜스 식의 정의감을 받아들이더라도, 엡스타인을 무죄로 풀어주는 데 이용될 수는 없다. 매튜스가 주변에 무슨 물건들을 늘어놓더라도 에이미스에게서 나온 꽃다발의 광채가 모든 것보다 두드러지기 때문이다.

"절대적으로 필요한 경우"[136] 유사한 문장들의 사용이 정당화될 수 있다고 매튜스는 받아들인다. "한 작가가 다른 작가로부터 뭔가를 취해다가 적나라하게 재생산한다면 표절이다."[137] 그러나 만약 "두 번째로 온 사람이 먼저 온 사람의 작품을 개선한다면, 만약 그 작품을 다시 만들었는데 더 낫게 만들었고, 그리하여 그것을 자신의 작품으로 만들었다면, 우리는 그 결과를 받아들이고 문제로 삼지 않는다."[138] 이 지점에서 분별력을 가진 작가들 사이에 의견이 갈라진다. 일부는 뻔뻔스러운 일로 보지만, 다른 일부는 심드렁하게 지나친다. 영국의 작가 D. M. 토머스는 두 차례 표절 때문에 곤경을 겪었다. 한 번은 푸시킨을 번역했을 때였고 다른 한 번은 소설 『하얀 호텔』을 출판했을 때였다. 비평가 존 베일리는(《뉴욕 리뷰 오브 북스》에서) 두 사례 모두를 우호적으로 바라봤다.

> 종전의 번역본들에서 차용했다고, 심지어 원본에서 번역하는 대신에 종전의 번역본들을 복사했다는 혐의를 그는 받았다.
>
> 가장 잘 팔린 그의 소설 『하얀 호텔』을 겨냥해서도 표절 혐의가 제기되었는데, 두 경우 모두 마찬가지로 근거가 없는 것으로 보인다. 표

136 Ibid., 28.
137 Ibid., 40.
138 Ibid., 40-41.

절범이라면 도둑질을 인정하지 않는 것은 물론이고, 자기가 훔친 원저를 뒷전으로 숨긴다. 토머스는 바비야르 협곡의 기억을 재생한 쿠즈네초프의 소설을 이용했다고 상냥하게 인정했다. 푸시킨의 번역본 역시 푸시킨의 운문을 쉬운 산문으로 가장 잘 옮긴 펭귄판 선집의 번역자 존 페널 교수에게 빚을 졌다고 인정한다.[139]

토머스의 후속작품 『아라라트』의 서평을 《애틀랜틱》에 기고한 사람은 다름 아닌 마틴 에이미스였다. 에이미스는 그렇잖아도 표절이 저질러질 수 있는 가능성에 관해 본디 관심이 있었다. 그는 푸시킨 시의 번역에는 문제가 없다고 봤지만, 쿠즈네초프에 관해 —또는 대해— 토머스가 한 짓에는 편치 않은 심정이었다. "표절이라고 할 수는 없었다. 하지만 아무 일도 아니지는 않은 것만은 분명했다('나는 나가서 뜰로 들어갔고, 아무 말도 할 수 없었다,' 기타 등등). 『하얀 호텔』을 뒤져보면서 어안이 벙벙해졌고 무너져 내렸다고 말하는 서평자들은 바비야르 때문에 타격을 받았던 것이다. 증거는 버텨낼 도리가 없이 강력하다. 그 대목은 소설의 클라이맥스다. 쉬운 말로 해서 가장 뛰어난 부분이다 — 그리고 그것을 쓴 사람은 토머스가 아니다."[140] 저작권을 표시하는 페이지에서 빚진 사실을 인정한 것은 잘한 일이고 탓할 것이 없다. 빌려다 쓴 문구 대부분에 따옴표를 넣지 않고 넘어간 것은 아주 다른 일이다. 잠시 대학 생활로 돌아가서 생각해보면, 만약 젊은 여학생 헤더가 참고문헌 목록에 어떤 책을 표기했다고 해서, 그 책에 나오는 문구들을 따옴표도 없이 각주에

---

139 Bayley, "Looking In on Pushkin," 36.
140 Amis, "The D. M. Thomas Phenomenon," 124.

표시도 하지 않고 그대로 들어다 써도 되는 것은 아니다. 새끼 암양이라고 부르든 무슨 다른 이름으로 부르든, 바로 그 단어들이 문제의 전부다.

표절이 발생한 까닭이 정신이 없었던 탓이 아니라 (돈을 위해서든 인정을 위해서든 아니면 치욕을 위해서든) 탐욕 때문임이 분명한 경우라면, 일종의 응급 피해대책이 필요하다. 그레이엄 그린의 대리인은 1972년에, 서아프리카의 작가 얌보 우올로겜의 『폭력의 강박』에서 두 페이지가 그린의 1934년 작품 『전쟁터』에서 거의 축자적으로 베낀 대목들을 담고 있다고 항의했다. 우올로겜의 책을 미국에서 출판하던 하코트 브레이스의 윌리엄 조바노비치는 당시 시장에 나와 있던 그 소설책 3,400부를 모두 폐기하는 데 동의했다. "그린 씨가 설령 출전 인정만을 원한다고 말했더라도, 우리는 여전히 그 책들을 폐기했을 것이다 …… 이와 같은 처리를 내가 보장할 수 없다면 나는 출판을 할 수 없다."[141]

아주 조금이라도 장래가 기대되는 젊은 작가라면, 고의적으로 모방하는 버릇에 빠지지 말아야 하지만, 그렇더라도 자기를 흥분시키는 다른 작가들의 리듬을 흡수할 줄은 알아야 한다. 최면처럼 시작한 일이, 필연적으로 그리고 기껍게, 삼투압처럼 스며들어 오게 된다. 왜냐하면, 작가로 이름을 얻는 사람 가운데 초창기에 읽었던 것들이 자신의 처녀작으로 흘러들어가지 않은 사람은 있을 수가 없기 때문이다. 브랜더 매튜스가 「모방의 의무」에서 적었듯이, 그렇다. "예술가

141 William Jovanovich, *New York Times*, 1972년 5월 5일, 34에서 재인용.

로서 작가는 개인적일 수 있다. 자기만의 억양을 가질 수 있고, 동료들로부터 자신을 분리할 수 있다. 오로지 자기 나름의 개성이 스스로를 드러내는 만큼만 그럴 수 있는데, 젊은 시절에는 그러기가 힘들고, 그 예술가가 자신만의 솜씨를 익히기 전에는 할 수 없는 일이다. 오직 모방을 통해서만 이를 터득할 수 있다. 그러므로 모방은 그의 의무다 — 노예처럼 베끼는 것이 아니라 독립적인 모방 말이다."[142]

과학자에게 정점이 있다면 보통 일찍 찾아온다. 예술가에게는 제자로 수련을 받는 기간, 가끔씩 대들기도 하지만 일반적으로는 바보처럼 지내는 기간이 훨씬 오래 허용된다. 작가가 될 꿈만 꾸다 그친 사람이든 실제 작가가 된 사람이든, 셀 수 없이 많은 작가들이 강력한 문체를 구사한 누군가를 나름대로 선택해서 모방하면서 성장한다. 존 디디언은 헤밍웨이를 읽으면서 "문장들이 어떻게 작동하는지"를 배웠다고 말한다. "열다섯인가 열여섯 살 때 나는 문장들이 어떻게 작동하는지를 배우기 위해 그의 소설들을 타자로 쳤다.[143] 그러면서 타자도 익혔다. 몇 년 전 버클리에서 가르치면서, 『무기여 잘 있거라』를 다시 읽다가 바로 그때 그 문장들로 빠져들었다. 완벽한 문장들이라는 뜻이다. 아주 직접적인 문장들, 화강석 위에 맑은 물이 부드럽게 흐르며 지하로 빠지는 석회암 함몰 지대도 없는 강물

---

142 Matthews, "Duty of Imitation," 85.

143 제이콥 엡스타인 역시 "작가들이 이런 일 저런 일들을 어떻게 작동하게 만드는지 보기 위해서" 열다섯 권의 파랑색 필기장에다 에이미스, 나보코프, 투르게네프, 괴테, 기타 등등의 작품에서 뽑아낸 발췌문들을 갈무리해뒀다고 설명했다. *New York Times*, 1980년 10월 28일, C5에서 재인용.

같은 문장들."[144] 디디언 자신이 워낙 표가 날 정도로 독창적인 문체를 구사하기 때문에 아주 쉽사리 패러디의 대상이 되는 작가다(자기 문장을 자기가 패러디하기도 한다). 그러나 누구에게도 환원될 수 없는 그녀만의 독특한 문체를 벗겨내고 보면, 그 밑 지하에서 뿜어 나오는 —특히 어떤 문장이나 문단도 너무 길게 늘어놓지는 않고 간명하게 쓴다는 자세와 같은— 파파의[145] 샘물을 찾아낼 수 있다.

내가 처음 글을 쓰기 시작하던 1970년대에 젊은이들 사이에서 헤밍웨이는 대략 흘러간 유행에 해당했다. 존 디디언 본인이야말로 부쩍 유행을 타고 있었다. 불과 몇 년 전에 썼던 글에서까지도, 그녀만 못한 내 산문 안에서 디디언이 콧노래를 부르는 것 같은 소리가 내게는 때때로 들린다. 우리는 모두 작가로서 대부분 이 만큼은 비슷하다. 이 책을 여기까지 읽어온 독자라면 누구나 내 문체가 조금 수다스럽고, 괄호를 많이 치며, 의도적으로(때로는 뻔뻔스러울 정도로) "친한 척한다"고 느낄 것이다. 이것들 어떤 점도 디디언의 특징이 아니다. 그러나 그녀의 작품은 작가로서 내 나름의 작업장 밑에 흐르는 지하수 가운데 하나다. 대학생 시절에 썼던 일기를 나중에 읽었던 경험에 관해(원래 어떤 연설문의 일부로) 내가 쓴 글이 있었는데, 그 중 한 문단을 가지고 어떤 학생이 찾아온 적이 있었다. 그 문단은 당시 서른세 살이었던 내가 마치 열아홉 살 때의 어린 나에게 해주는 듯한 충고를 담고 있었다. "첫째, 사랑과 자기존중의 상대적 가치를 혼동하지 마라. 이 둘의 차이는 사치품과 필수품 사이, 향수

144 Joan Didion의 말, Plimpton, *Writers at Work*, 343에서 재인용.

145 파파(Papa): 헤밍웨이의 별명이다. — 역주

와 산소 사이의 차이와 같다."[146] 그랬더니 그 학생은 우리가 전에 — 그 문단을 쓰기 직전 학기에— 강의실에서 읽었던 디디언의 어떤 논고에(「자기존중에 관하여」) 표현된 정서와 무지 비슷한 말인 것 같다고 지적했다. 글쎄다. 다시 곰곰이 생각해보니 내가 봐도 비슷해 보였다. 그렇지만 어쨌든 이것은 나 스스로 터득한 행동규범이었다 — 디디언보다 앞선 사람들 중에도 그와 같은 분명한 결론에 비슷하게 도달한 사람들이 있었던 것과 마찬가지다. 더구나 향수-대-산소라는 눈길을 끄는 비유는 내 것이 맞다. 그 비유가 눈앞에 떠올랐다가 팔목을 타고 흘러내려 펜촉 끝에 응결되었을 때 무척 기뻤던 기억이 지금도 생생하다. 그러므로 그 비유는 이 주제에 관한 나의 독창적인 공헌이라고 부를 수 있을 것이다. 잠깐, 진짜 그럴까? 나는 디디언의 논고를 다시 뒤져보면서, 자기 자신이 중요하다는 느낌을 과장하지 말고 절제하기 위한 디디언의 권고를 찾았다. 종이봉지 안에 얼굴 전체를 집어넣음으로써, 부풀어 오른 뇌에 공기 공급을 차단해보라. 향수에 견주는 대조도 없고, "산소"라는 단어가 실제로 사용되지도 않았다. 그렇지만 의문이 남을 수밖에 없었다. 그 비유가 정말 내 것이었을까? 작업장 밑에 흐르는 지하수 가운데 하나로부터 불청객처럼 솟아나온 것은 아니었을까?

나의 사춘기 시절의 자아를 되돌아보며 시간을 거슬러 지침을 내리는 그 글의 나머지 부분을 더욱 자세하게 들여다보면, 모범적인 인물들과 영웅들이 더 많이 숨어 있을 것이다. 여러 가지 물건들이나 일들을 목록으로 정리하는 데서는 메리 매카시와 비슷한 면

---

146 Mallon, "Rereading One's Diaries," *Vassar Quarterly*, 1985 가을, 9.

이 있을 것이고, 목록에 들어간 항목들에 실제로 번호를 매기는 데서는 오웰과 비슷한 면이 있을지도 모른다. 물론 이 두 작가 역시 내가 닮고 싶어도 닮을 수 없는 사람들이다. 그들이 원고를 쓰다가 구겨서 버린 문장들만도 내게는 선망의 대상이다. 그토록 나는 그들과 다르지만, 내 잉크가 솟아나는 샘 안의 어딘가에 — 희석된 상태일 수도 있고, 오인된 모습일 수도 있지만, 그들이 있는 것도 사실이다. 만약 성전을 가득 채울 만큼 우상들이 많다면, 의식적으로든 아니면 무의식적으로든 한두 사람을 흉내 낼 위험은 당연히 줄어든다("아무도 베끼지 않을 유일한 길은 모든 사람을 공부하는 것"이라고[147] 했던 프랑스의 작가 르구베의 말을 매튜스는 인용한다). 쉽게 표가 나는 문체를 구사한 문장가를 너무 깊게 공부하다가 손가락에 생긴 굳은살 안으로 인이 박힐 지경에 이른다면 가장 위험하다. "언어적 감염의 위험"에 관해서 S. J. 페럴만은 이렇게 지적했다. "가정주부들이 사용하는 철수세미처럼, 내가 사용하는 종류의 단어들도 살 속으로 파고 들어가 안에서 곪기 쉽다."[148]

자기도 모르는 사이에 표절을 범할지 모른다는 것은 작가들이 느끼는 직업병적인 두려움 가운데 하나다(표절을 주제로 하는 책을 쓰는 와중에도, 마치 제왕절개 수술을 받은 후에 마비 증상을 겪는 산모의 경우처럼, 이 두려움이 부풀어 오른다). F. 스코트 피츠제럴드는『위대한 개츠비』가 출판되기 직전인 1925년 4월에, 윌러 캐더에게 자기 원고 가운데 두 페이지를 동봉한 편지를 보냈다. 데이지의 목소리가 남자들의 감정을 어떻게 움직이는지를 묘사한 대목이 캐더의 소

---

147 Matthews, "Duty of Imitation," 83에서 재인용.

148 Perelman, Don't Tread On Me, 109.

설 『잃어버린 여인』에 나오는 한 부분과 비슷하다는 사실을 알고 나서 자기가 얼마나 괴로운지를 표현하기 위함이었다. 피츠제럴드가 그 대목을 쓴 것은 『잃어버린 여인』을 읽기 전이었다(캐더에게 보낸 원고, 『위대한 개츠비』 제1장의 두 페이지에는 여주인공의 이름이 데이지가 아니라 아직 에이다로 되어 있었다). 그리고 링 라드너와 같은 친구들은 아무 잘못 없는 우연의 일치일 뿐이니까 삭제하면 안 된다고 말했다 — 더군다나, 캐더는 목소리를 묘사한 것도 아니라, 매리언 포레스터의 눈이 닐 허버트에게 미친 영향을 묘사했을 뿐이었다. 그렇지만, 스크리브너 출판사를 통해 자신의 걸작이 막 출간될 참이었던 피츠제럴드에게는 이런 모든 사정들과 상관없이 신경이 곤두섰다. 필리스 로빈슨이 쓴 전기에는 캐더가 이해심 깊게 응답했다고 나온다. 그녀는 "『위대한 개츠비』에 관해 피츠제럴드를 칭찬하는 동시에 자기 눈에는 어떤 표절도 보이지 않는다고 확인해주는 우아한 답장을 보냈다. 아름다움을 묘사하는 유일한 길은 실제 인물이 아니라 그 효과를 묘사하는 것뿐이라고 그녀는 피츠제럴드에게 말했다. 인물들을 너무나 가깝게 실생활에서 따온다고 사람들이 말할 때마다, 그녀가 오랫동안 그런 사람들에게 해준 말이 그것이었다."[149]

소설이란 모두 아마도 각기 하나의 실화소설일 것이다. 미로처럼 서로 얽혀 있는 방들을 독자가 둘러보려면 먼저 열쇠다발을 찾아야만 하는 소설도 일부 있겠지만, 가장 깊은 곳의 내밀한 방에 있는 가장 작은 상자를 다 열어보더라도 모든 옷을 다 찾아낼 수는 없다. 우리의 상상력은 단지 우리가 보고 듣는 것으로 이뤄진 뭉텅이일 따름

---

149 Robinson, *Willa*, 239.

이다. 창조성이란 뭔가를 만들어낸다기보다는 섞는 일이다. 소설가는 실제로 살아있는 사람(심지어 의식적으로 기억하지도 못하는) 대여섯 명을 섞어서 한 인물을 빚어낸다. 실제 살아가는 동안에 겪은 이런저런 상황에서 다른 사람들과 대화하는 도중에 들었던 말 가운데 지금 쓰고 있는 책에서 편리하게 사용할 만한 문장 예닐곱 개를 써먹을 수도 있다. 피츠제럴드의 필기장들에는 길거리에서 또는 연회장에서 건져온 것으로 보이는 사항들이 많이 적혀 있다. 그의 삶 속으로 잠깐 스쳤다가 지나간 낯선 자들의 입에서 나온 하루살이 말들이다. 아울러 그는 집 안에서 돌아다닌 말들도 유기하지 않았다. 『아름답고 저주받은 사람들』에서 "결혼한 지 얼마 안 돼 불가사의하게 사라진 내 옛날 일기장의 한 부분, 그리고 아련하게 전에 들어본 듯한 언어의 조각들을 알아볼 수 있다. 피츠제럴드 씨는 표절이 가정에서부터 시작한다고 믿은 것으로 보인다"면서[150] 젤다 피츠제럴드는[151] 불평한 바 있다. 극작가 조 오턴의 애인 케네스 할리웰은(희곡 『전리품』의 제목을 비롯해서) 오턴의 작품에 기여한 자신의 공로가 충분히 인정되지 못했다고 느꼈다. 그리고 이는 1967년 여름에 오턴을 망치로 때려 사망케 함으로써 청산한 많은 거래 중 하나였다.[152]

단순히 입에서 나온 말 또는 몸짓으로 나타난 표현을 훔쳐다 쓰는 정도는 그다지 심한 반감을 일으키지 않는 것이 보통이다. 기실 우리는 일반적으로 그런 정도의 표절범들에게는 영리하다는 점수를

---

150 Lindey, *Plagiarism and Originality*, 105에서 재인용.

151 젤다 피츠제럴드(Zelda Fitzgerald, 1900-1948): 미국의 소설가, F. 스코트 피츠제럴드의 부인. — 역주

152 Lahr, *Prick Up Your Ears*, 186을 보라.

준다. 오스카 와일드와 위슬러가[153] 함께 있다가 위슬러가 기막히게 적확한 표현을 말했는데, 와일드가 "지미, 왜 내가 그 표현을 먼저 생각해내지 못했을까?" 하면서 한탄하자, 위슬러가 "걱정 마 오스카, 결국 그렇게 될 거 잖아"라고 대꾸했다는 유명한 이야기가 있다. 이 일화가 수십 년을 거쳐 전해 내려오면서, 후세 사람들은 위슬러의 재치보다 오히려 와일드의 담력을 애호하는 경향을 보인다 — 다른 코미디언들의 농담을 훔쳐 사용한 것으로 사랑을 받았던 밀턴 버를의 경우와 흡사하다. 1984년 민주당 예비선거 과정에서 게리 하트가 존 F. 케네디의 몸짓을 흉내 내는 것처럼 비쳤을 때, 짜증을 낸 유권자와 논평가도 일부 있었지만, 전체적으로는 대수롭지 않은 일로 넘어갔다. 게리 하트를 진짜로 곤경에 빠뜨린 보디랭귀지는 그로부터 3년이 지난 뒤에[154] 나왔다.[155]

우리 시대에 가장 유명한 정치적 표절범은 델라웨어의 연방상원의원 조지프 바이든이다.[156] 《뉴욕 타임스》가 1987년 9월 12일 제1면에 실은 「바이든의 토론 마무리: 해외에서 날아온 메아리」라는 기사로 말미암아 그는 1988년 대통령 선거를 겨냥한 모든 활동들 접고 손실을 최소화하는 작업에 착수해야만 했다. 8월에 아이오와

---

153 위슬러(James McNeill Whistler, 1834-1903): 미국인 화가로 영국에서 활동했다. — 역주

154 하트는 1984년 민주당 예비선거를 2등으로 완주했고, 1988년 선거를 앞두고는 유력한 선두주자였다. 하지만 나이가 두 배나 차이나는 젊은 여자와 찍은 사진이 나오면서 1987년 4월에 경선에서 사퇴했다. — 역주

155 「공작과 그의 영지」에서 트루먼 커포티는 "딘의 첫 번째 영화 《에덴의 동쪽》에 대한 영화평을 쓴 많은 비평가들은 그의 연기에서 나타나는 상습적인 특징들이 거의 표절에 가까울 정도로 브란도의 특징과 닮았다고 지적했다"는 점을 독자들에게 상기시켰다. Capote, *The Dogs Bark*, 338.

156 조지프 바이든(Joseph Biden, 1942-): 47대 부통령(2009-2017)도 지냈다. — 역주

에서 있었던 토론회에서 내놓은 마무리 발언이 그 전해에 영국의 노동당 당수 닐 키노크가 텔레비전 광고에서 사용했던 연설문과 아주 흡사하게 닮았다는 기사였다. 키노크와 바이든의 사진 아래 각각 핵심적인 대목들을 큰 글자로 녹취해서 대조해 놓았다.

수천 세대가 지나는 동안 키노크라는 성을 쓰는 사람 중에서 대학에 처음으로 갈 수 있었던 사람이 왜 나였을까요? (중략) 우리 선조들이 둔해서였을까요? (중략) 그들이 나약해서였을까요? 지하에서 여덟 시간을 일하고 땅 위로 나와서 축구를 했던 사람들이 나약해서였을까요? 그들이 올라가 발언할 수 있는 연단이 없었기 때문입니다.

조 바이든이 그의 집안에서 사상 처음으로 대학에 갈 수 있었던 것은 왜일까요? (중략) 우리 아버지들과 어머니들이 똑똑하지 못했기 때문일까요? (중략) 그들이 열심히 일하지 않았기 때문일까요? 펜실베이니아 북동부 탄광에서 열두 시간을 일한 다음에, 땅 위로 나와서 네 시간 동안 축구를 했던 내 조상들이 열심히 일하지 않았기 때문일까요? (중략) 그들에게는 올라가 발언할 수 있는 연단이 없었기 때문입니다.

의지만 있다면 못할 일이 없다는 식의 정치 신조에 동의하든지 말든지 상관없다. 수천 세대 전에 키노크 집안의 누군가가 대학교에 가려면, 정부가 설사 장학금을 수여했다손 치더라도, 공룡 같은 것이라도 타고 다니지 않는 한 통학 자체가 불가능했다는 점도 상관없다. 키노크의 원래 연설은 무지무지하게 훌륭했다.

표절을 연구하는 사람이 그 신문기사를 읽었다면 누구나 한 가지 분명하게 알 수 있었을 것이다. 앞으로 "드러날 일"이 더 있을 것이다. 그리고 실제로도, 이 범행에 담겨 있는 여타 고전적인 특징들도 그러했듯이, 강박이라는 요인이 이내 모습을 드러낸다. 그로부터

4일 후, 바이든이 자신의 정치적 우상이었다고 스스로 공공연하게 인정해왔던 고 로버트 케네디 상원의원의 말들을 출처를 밝히지 않고 전용하기도 했다는 보도가 뒤따랐다. "국민총생산은 우리 아이들의 건강, 그들이 누릴 교육의 질 또는 그들이 놀면서 느끼는 기쁨을 고려하지 않는다. 우리 시의 아름다움, 또는 우리 결혼의 견고함, 또는 우리네 공적 토론의 지성 또는 우리 공무원들의 성실성도 거기에는 포함되지 않는다"고[157] 케네디는 말했다. 바이든은 물질적 표준이 측정할 수 없는 것들로 정확히 바로 그런 사항들을 정확히 똑같은 순서로 열거했다. 한 때 케네디의 적수였던 휴버트 험프리의 말을 들어내다 써먹은 사실도 이어서 발각되었고, 그 다음에는 존 F. 케네디의 말을 빌려다 쓴 사실도 드러났다. 무엇보다도 가장 타격이 컸던 보도는 1965년 시라큐스 대학교 로스쿨에서 바이든이 보고서를 표절해서 조사를 받았다는 보도였다.

이 사례도 고전적인 특징들을 공유한다.

다른 사람이라면 몰라도 그가 왜? 민주당에서 으레 그렇듯이 당내의 흐리멍덩한 잡다한 후보들 중에서, 아마도 바이든이야말로 남의 연설문을 훔칠 필요가 가장 적은 인물이었다는 점이 아이러니다. 연설 능력이 가장 뛰어난 후보로서 일반적인 인정을 받고 있었기 때문이다.

그토록 명명백백한 것을 훔친다는 생각을 어떻게 할 수 있었을까? 미국인들은 영국에 아주 자주 건너가기 때문에, 똑같은 광고를 방영하는 영국의 텔레비전 오천만 대 가운데 한 대를 어떤 미국인이 시

157 *New York Times*, 1987년 9월 16일, D30에서 재인용.

청한다는 것은 당연한 일이다. 바이든은 캘리포니아 주 당대회에서 로버트 케네디의 발언을 사용했는데, 그 자리에 참석한 활동적인 민주당원들 중 아무도 알아채지 못할 정도로 로버트 케네디에 대한 기억이 까마득한 과거의 일은 아니었다.

표절에 대한 변명을 표절하기(스턴의 경우와 버튼의 경우를 돌이켜 생각해보라). 대통령 선거전에서 사퇴한다는 바이든의 발표문을 들은 사람 중에 적지 않은 이들이 『분노의 포도』에서 톰 조드의(또는 영화로 본 사람이라면 헨리 폰다의) 말과 비슷하다는 사실을 인지했다고, 《내셔널 리뷰》는 1987년 10월 23일에 지적했다.

> "그래도 상관없지. 그래도 나는 은밀히 모든 곳을 돌아다닐 거야. 어디를 봐도 내가 거기 있을 거야. 배고픈 사람들이 먹을 수 있도록, 싸움이 있는 곳이면 어디든지. 경찰이 사람을 때리는 곳이면, 거기에 내가 있을 거야."[158] (존 스타인벡)

> "대통령 선거운동은 또 있을 것입니다. 나는 거기 맨 앞에 있을 것입니다. 거기 내가 있을 것입니다. 다른 기회들이 있을 것입니다. 다른 시간, 다른 장소에서, 다른 전투가 있을 테고, 나는 거기 있을 것입니다. 거기에 내가 있을 것입니다."[159] (조지프 바이든)

포퓰리스트적인 단어들을 그대로 베낀 것은 아니다. 그러나 곡조는 남아서 맴돈다.

---

158 *National Review*, 1987년 10월 23일, 14에서 재인용.
159 같은 기사에서 재인용.

전형적인 표절범이 보여주는 틀에 견주어본다면 다른 사람들을 표절로 고발하는 경향이 빠졌지만, 이는 어쩌면 정치인들에게는 자신의 도덕성을 과시할 다른 기회들이 워낙 많기 때문에 표절로 잡힌 사람이라고 해서 똑같은 종류의 강박 증상을 나타낼 필요가 없기 때문일 것이다.

바이든의 표절이 탄로 났을 때 사람들의 반응 역시 확실히 표준적인 노선을 따랐다. 키노크로부터 훔쳤다는 사실을 밝힌(과거에 대조표가 수행하던 역할을 전자적으로 수행한 현대적 등가물에 해당하는) "공격적 동영상"을 널리 유포했다고 그리스 출신의 전령이 —즉, 듀카키스 선거운동 측이— 비난을 받았다. 민주당 전국위원회 위원장이던 폴 커크는 듀카키스로 하여금 "자기 선거운동에서 이런 종류의 행동은 다시 없을 것이라고 확약"하게[160] 만들었다. 듀카키스 선거운동 관리자가 얼마 후 사임했고, 《뉴욕 타임스》의 사설은 익명의 정보원을 인용하며 그 이유가 "악의적인 진실을 퍼뜨린"[161] 탓이라고 묘사했다.

"찻잔 속의 폭풍"이라는[162] 통상적인 변론들도 바이든을 위해 나왔다. 나아가, "독창적"이라 일컬어지는 정치연설문들도 거의 모두, 경위 불문하고, 표절의 결과라는 지적까지 나왔다 — 돈 받고 일하는 대필자들이 쓴 글을 후보는 일인칭으로 읽기만 한다는 얘기다. 누이 좋고 매부 좋다는 식으로 보편적으로 용인되고 있는 담합의

160 *New York Times*, 1987년 10월 2일, A16에서 재인용.
161 *New York Times* 사설, 1987년 10월 2일, A34.
162 Larry Rasky의 말, *New York Times*, 1987년 9월 16일, 1에서 재인용.

형태라고 할 수 있다.[163] 로버트 케네디의 문장들을 바이든이 읽을 원고에 집어넣은 대필자, 패트 캐들의 잘못이라고 보지 않는 까닭이 무엇인가?[164] 글쎄올시다, 정치연설문의 작성은 그런 식으로 이뤄진다는 것이 보편적으로 용인되는 관습이기 때문이다. 정치인은 참모의 글을 훔칠 수 있지만, 정치인이든 참모든 자기 정당의 영웅들로부터 훔치면 안 된다. 케네디의 문장들을 읽으면서 바이든은 그 말이 어디서 나온 것인지 몰랐을 리 없다. 그는 케네디를 "미국 정치에서 내가 아마도 어느 누구보다도 우러러보는 사람"이라고[165] 묘사한 적도 있었다. 일차적으로 누구의 잘못인지 가려낼 이유를 찾기로 한다면, 바이든의 부정직한 행동 유형이 점점 더 선명하게 드러난다는 점도 있었다. 학창시절의 기록에 관한 거짓말들도 있었고, 그리고 키노크의 연설문을 그의 경우에 갖다 붙였다는 것은, 최소한으로 말하더라도 허위 진술에 해당했다 — 바이든의 아버지는 델라웨어 주, 윌밍턴에서 시보레 자동차 판매점을 소유하고 있었다. 자기 선조들이 광부였다고 말할 때 그가 염두에 두고 있었던 대상은 꽤나 멀리 떨어진 인종적 기억에 의거한 아일랜드 출신 이민자 전체였던 것으로 보인다.

물론 바이든에게 표절을 당한 정치인들 가운데에도 같은 부류의

163 자기 자신을 삼인칭으로("조 바이든이 그의 집안에서 ……") 지칭하는 경향은 정치인들 사이에서 어느 정도 흔하다고 볼 수 있다. 그러나 그해 선거운동의 초기, 민주당 내부의 토론에서 그런 어법을 바이든보다 자주 사용한 사람은 없었다. 자기 자신을 하나의 객체처럼 생각하는 관점에 워낙 익숙해져서, 자신의 행동에 대한 책임감마저 무뎌진 것이 아닌지, 심각하게, 궁금해하지 않을 수 없다.

164 Maureen Dowd and Alessandra Staley, "Pat Caddell Says He Wants a Revolution," *GQ*, 1987년 12월호, 352.

165 *New York Times*, 1987년 9월 16일, D30에서 재인용.

표절범들이 있었다. “여러분의 나라가 여러분에게 무엇을 해줄 것인지를 묻지 말고” 운운한 문장을 올리버 웬들 홈스에게서(“지금 이 순간 …… 우리나라가 우리 각인에게 무엇을 해줬는지 기억하면서, 그 대가로 우리가 우리나라를 위해 무엇을 할 수 있을지를 스스로에게 물어야 한다”)[166] 따온 것은 시오도어 소렌슨의 잘못인가 아니면 존 F. 케네디의 잘못인가?(홈스에서 케네디로 넘어가는 중간에 워런 하딩도 그 문구를 사용한 바 있다.)[167]

정치인들은 자기가 하는 일에 대한 변명거리를 찾는 훈련을 일찍부터 시작한다. 연설가로서 바이든보다 뛰어났던 뉴욕 주지사 마리오 쿠오모는, 세인트존스 고등학교의 학생 시절 금연 교칙을 위반한 혐의를 받았을 때, 불붙은 담배를 자기 손에 쥐고 있는 와중에도 담배를 핀 적이 없다고 잡아뗀 일이 있었다고 회고한 바 있다. 손에 쥐고 있는 담배가 뭐냐고 추궁하는 신부에게 마리오 소년은 어떻게 둘러댔을까? “신부님, 제가 신발을 신고 있지만 지금 걷고 있지는 않습니다.”[168] 그러나 이를 전하는 나이든 쿠오모는 로버트 캐로가 쓴 린든 존슨의 전기를 읽은 것이 틀림없다. 이 전기에는 미래의 미국 대통령이 흡연을 금하는 대학에 다닐 때, 불붙은 담배 파이프를 손에 쥔 상태에서 적발되었을 때 똑같은 변명으로 둘러대는 장면이 있다. 실제로, 쿠오모는 캐로에게 『린든 존슨의 나날들: 권력으로 향한 길』을 재미있게 읽었다고 말한 적이 있었다. 따라서 그는, 최소한

---

166 *New York Times*, 1987년 9월 21일, A19에서 재인용.

167 같은 기사를 보라.

168 *New York Post*, 1988년 3월 1일, 6 그리고 *American Spectator*, 1988년 3월호, 7을 보라.

으로만 말해도, 무의식적으로 실현된 왜-내가-그-표현을-먼저-생각해내지-못했을까 라는 환상의 피해자에 해당하는 것으로 보인다. 물론 심지어 화약 연기가 피어오르는 총을 손에 쥐고 있더라도 잡아 뗄 수 있는 정치적 재능이 그에게 있다는 사실을 부정할 사람은 아무도 없다.[169]

정치라는 사업은 문학이라는 사업만큼 심각하지도 더럽지도 않은 모양이다. 바이든 상원의원은 1988년 1월 12일에 닐 키노크를 처음으로 만난 자리에서, 바이든 연설문집 한 권을 선물했다. "원하면 언제든지, 출전을 밝혀도 좋고 안 밝혀도 좋고, 그 연설문들을 사용해도 기꺼이 환영한다고 그에게 알려줬다"[170] — 바이든 상원의원의 말이다.

* * *

입에서 나온 말보다는 글로 적힌 말을 훔치는 것이 우리의 신경을 더 많이 건드린다. 그리고 그 이유는 단순히 전자보다 후자가 더 기록으로 남기 때문만은 아니다. 둘 다 너무너무 많지만, 세상에는 글보다 말이 훨씬 더 많다는 사실, 그리고 글이(우리의 발화가 전자파를 일으켜서 끝없이 우주를 떠돈다고 말하는 사람들이 있음에도 불구하

---

169 1986년 재선을 위한 운동 중에 쿠오모 주지사는 "일하는 리더십"이라는 슬로건을 내걸었는데, 이는 레이건 대통령이 2년 전에 사용했던 슬로건이었다. *New York Post*, 1986년 8월 20일, 6. 레이건 본인도 1988년에 표절이라기보다는 날조 때문에 곤경을 겪었다 — 그의 대변인 래리 스피크스가 레이건이 하지 않은 말들을 지어내서 레이건의 말처럼 꾸몄다고 인정했다.

170 *New York Times*, 1988년 1월 13일, D26에서 재인용.

고) 말보다 분명히 영속적이라는 사실과 관련이 있다. 훔쳐온 것을 인쇄한다는 것은 그것을 영원히 도서관 서가에 올려놓는다는 뜻이 된다. 표절 당한 피해자가 바로 옆 서가에 꽂혀있는 상태에서 죄로 가득 찬 존재라는 오점이 영원히 씻길 수 없이 순환한다는 뜻이다. 소심한 작가가 출판된 후에 실수가 발견될까봐 벌벌 떠는 것과 똑같은 이유로 선의로 충만한 작가가 부지불식간에 표절을 저지를까봐 공포에 사로잡힐 수 있다. 그런 일은 언제나 흔히 벌어질 수 있기 때문이다. 책에 정오표가 붙은 까닭의 핵심이 이것이고, 바로 이 때문에 표절의 치욕은 가중된다.

출판된 책의 오류가 저자에게 영원한 처벌이라면, 그것은 애당초 책을 출판한다는 것 자체가 저자에게 영원한 보상이 되기 때문이다. 오늘날 대부분의 사람들이 사후세계라고 믿는 것이라고는 오직 자식들 아니면 명성뿐이다. 더구나 신을 더 많이 믿던 시대에도, 저자들은 하늘이 참고 기다려줄 것이라고 생각한 경우가 많았다. 빅토리아 시대의 비평가 프랜시스 제이콕스는 「인쇄물에 비친 자화상」이라는 제목의 논고를 써서, 디킨스가 그와 같은 심정을 처음 경험한 때의 이야기를 독자들에게 상기시켰다.

> 그의 {자기 현시욕의} 최초의 "분출"은 어느 날 해질 무렵에 기세가 꺾여, 두려움에 사로잡혀 벌벌 떨면서, 남들에게 들키지 않도록 은밀하게, 플리트 가의 어두운 모퉁이에 위치한 컴컴한 사무실의 깊은 곳에 감춰 둔 서류함 속에 들어가 숨었다. 그리고 출판되는 영예를 안고 그것이 세상 밖으로 나왔을 때, 그는 웨스트민스터 홀로 걸어 내려가 반 시간 남짓 그것을 들여다봤다. "기쁨과 긍지로 가득 차는 바람에 내 눈이 희미해져서, 밝은 길거리를 견뎌낼 수도 없었고, 거기서

남의 이목을 받기에도 부적절했기 때문이었다"는 것이 그 자신의 말이다.[171]

이런 부류의 사안에서는 어떤 길로 왔는지보다 도달했다는 결과만이 중요할 때가 많다. "흉내 내고 싶은 견딜 수 없는 욕망"을[172] 자기 일지에서 털어놓은 실비아 플래스는 자신의 예술적 야심이 과연 순수한지를 궁금해했다. "어렴풋이 소설 한 편, 단편소설 여러 개, 시집 한 권 정도를 쓰고 싶었다(또는 이미 나와 있는 작품의 저자가 나였다면 좋겠다고 생각했는지도 모른다)."[173] 에이미스 부자는 두 사람 모두 허영심이라는 동기의 위력을 인정한 바 있다. 킹즐리는 "한 번도 만나보지 못한 사람들로부터 똑똑하다고 여겨지며 화젯거리로 올라가고 싶은 욕구"에[174] 관해 조지 오웰에 동의했다. 마틴은 1985년 크리스마스에 빌 소원이 무엇이냐는 질문에, "출판된 날을 기념해서 그 후 며칠이 누가 시키지 않아도 저절로 지구 전체의 휴일로 지정될 만큼 너무나 재미있고 감동적이며 진실하고 아름다운 2만행짜리 무운 서사시 한 편"을 쓸 수 있으면 좋겠다는 환상에 빠졌다가 깨어난 다음에, "한 명의 독자에게 단 하루를 편하게 해줄 수 있는 또는 밝은 빛으로 채워줄 수 있는 단편소설 신작 하나"를 빌겠다고 《뉴욕 타임스 서평》 기자에게 말했다.[175]

(『수도원과 벽난로』의 원작인 『제대로 붙은 싸움』을 1910년에 편집해

---

171 Jacox, *Aspects of Authorship*, 35.
172 Plath, *The Journals of Sylvia Plath*, 201.
173 Ibid., 251.
174 Plimpton, *Writers at Work*, 198.
175 *New York Times Book Review*, 1985년 12월 8일, 47.

서 펴낸 바 있는) 앤드류 랭은 「문단에서 실패하는 방법」이라는 제목의 강연에서, "친척들을 놀래주고 싶은"[176] 젊은 작가의 욕망을 지적하면서, 그런 목적을 위해서라면 표절이 의지할 만한 길이라고 추천했다. "표절범으로 고발을 당하고 대조표를 통해 발각되는 날이 오면, 경위야 어떻든 실패하는 데에는 실패한 것이라고 꽤나 확신해도 된다. 그대가 만약 실패했다면, 도덕성이라는 신성한 명분 아래 그대의 책을 토막 내서 잘라낸 다음에 그 중에서 그대가 쓰지 않은 인용문들을 인쇄할 만큼 그대를 시기하고 폄훼할 사람은 아무도 없을 것이다."[177]

그러나 제이콥 엡스타인에 관한 한, 이런 모든 얘기가 들어맞지도 않고 재밌지도 않다. 『난봉』 이후 10년이 지났지만 그의 이름으로 나온 신작은 없었다. 물론 그렇다고 해서 앞으로 신작이 나올 가능성을 배제할 수는 없다. 미국인의 삶에 제2막이란 없다고 했던 말이 스코트 피츠제럴드가 쓴 것 중에 아마도 가장 눈치 없는 문장이었을 것이다. 존 애덤스에서부터 리처드 닉슨에 이르기까지 미국인의 삶은 제2막들로만 구성된 것처럼 보인다. 그리고 밑바닥까지 떨어졌다가 자신을 끌어올린 사람들의 사연을 책으로 쓰자면 소재는 언제나 흘러넘친다. 그렇지만 여전히, 비록 그의 친척들을 놀래주는 데는 틀림없이 성공했겠지만, 엡스타인이 획득한 오명이 그에게 해를 끼치기만 한 것이 아니라 이로운 면도 있었다고 주장할 사람은 없다.

---

176 Lang, *How to Fail in Literature*, 46.
177 Ibid., 76-77.

엡스타인보다 몇 살 더 먹은 젊은 작가들 중에는, 1980년 가을 즈음에, 좌절당한 사람들이 자기 위안 삼아 내지르는 버릇없는 고함을, 스스로 의식하지도 않고 그런 고함을 지르게 될지도 모른다는 생각조차 해본 적이 없는 상태에서 내지르게 된 사람이 틀림없이 있었을 것이다. 어린 제이콥은 너무 일찍 너무나 많은 것을 의심할 나위 없이 근사한 부모를 둔 덕분에 얻었다가 이제 자기에게 닥쳐오는 운명을 맞이했다. 이것은 말하자면 케네디가의 후손 한 명이 체포되는 경우에 상응한다. 사람들은 부모 탓이라며 즐거워할지 아니면 자식 탓이라며 즐거워할지를 선택할 수 있다.

《뉴욕 타임스》의 고정란 「여성의 이야기」에 기고한 칼럼들 그리고 여러 편의 이야기들로 구성된 책 『나는 지금 모험 중』으로써 1980년대 중엽에 굉장한 칭찬을 받은 바 있는 젊은 의사 겸 작가 페리 클라스는(그녀의 부모도 모두 작가였다) 당시 자신이 받았던 공중의 관심을 "슈퍼우먼에 대한(그녀는 작가래! 의대도 나왔대! 아이도 낳았대!) 관심"이라고 부르면서, "트집거리를 찾아내려는 아주 자연스러운 욕구를 불러일으키리라 상상할" 수 있다고 봤다.[178] 얼마 뒤 1986년에 그 "자연스러운 욕구"는 병든 숙주를 찾았다. 클라스를 겨냥한 증오의 캠페인을 익명으로 시작한 사람이 나타난 것이다. 클라스의 직장 주소로 선물용으로 포장된 배설물 소포를 보내기도 하고, 의사로서 능력이 부족하다는 고발을 무기명으로 오타를 섞어 제기하기도 했다.

그녀를 겨냥해서 발사된 정신 나간 화살 중에서 가장 강력했던

178 Klass, "Turning My Words Against Me," 46.

것은 아마도 표절을 고발한 허위 혐의였을 것이다. 검토해 보면 전혀 설득력 없는 고발이었지만, 나름으로는 꽤나 노력을 기울여서 고안된 고발이었다. 출판사들과 편집자들에게 송달된 고발장 중 하나는 의사로서 일과에 시달려 진이 빠진 그녀가 어느 날 늦은 밤에 서른 시간짜리 당직 근무를 완료하기 위해 기를 쓰던 와중에 "자신을 불쌍하게 여기면서 차라리 환자와 처지가 뒤바뀐 상황을 머릿속에 그리는"[179] 모습을 표현한 클라스의 글을 문제 삼았다. 익명의 서신은 클라스의 기고문이 "메이지 윌슨이라는 이름의 수습 간호사"가[180] 제2차 세계대전 중에 영국의 한 간호학계 간행물에 기고했다는 기사와 단어의 선택 및 논지의 흐름에서 매우 흡사함을 보여주는 증거를 제시하겠노라고 자처했다. 얼핏 보면, 클라스가 단지 더욱 현대적이고 미국적인 명사 몇 개와 경험담 몇 가지를 끼워 넣기만 한 것처럼 비쳤다. 메이지 윌슨의 기고문은 "영국에서 간호사로 일한 적이 있는 자기 어머니가 보관하고 있던 스크랩북에서 나왔다"고[181] 익명의 통신원은 말했다. 편지에는 오려냈다는 신문 조각을 찍은 사진이 동봉되었다. "빼곡히 활자로 채워진 신문 칼럼, 주위에는 등화관제를 준수하라는 포고문들이 둘러싸고 있다. 꼭대기에는 ('44) 날짜를 표시하는 듯 보이는 숫자가 잘린 일부가 보이는데 간행물의 제목은 없다 — 그러나 여하간에 40년 묵은 스크랩북에 오려붙인 것은 맞아 보인다."[182] 같은 사람이 전에 보내온 두툼한 증오 — 우편물에

179 Ibid.
180 Ibid.
181 Ibid.
182 Ibid.

도 "복사물을 복사한 사진"이 동봉되었지만 원래 간행물의 제목은 확인할 길이 없었던 적이 있었다.

"그녀의 짧은 기고문을 다시 쓰고 식자까지 다시 하는 수고를 감수할 만큼"[183] 증오심으로 가득 찼던 누군가의 소행이었다. 진상은 그랬지만, 당시의 시점에서 그런 설명은 가능성이 없어 보였고 너무나 으스스했기 때문에 클라스는 오히려 자신의 정직성을 스스로 의심하기 시작했다. 열심히 일해서 성공한 대가로 많은 책임을 짊어져야 하는 사람들에게 흔히 나타나는, 자기가 혹시 엉터리가 아닌지를 무시로 염려하는, 증상을 이미 겪고 있던 클라스는 그처럼 일상적인 자기의심이 익명의 공격자가 초래한 정서적 붕괴와 협동하기 시작하는 광경을 목격했다. "실제로 나에게 문제가 없다는 사실을 나는 분명히 알고 있었다. 내 업무는 면밀하게 감독되고 있었고, 내 상사들이 만족하고 있다는 사실을 나는 알고 있었다. 더구나 다른 인턴들도 내가 느끼는 불안감을 대부분 또는 적어도 많이들 느낀다는 사실도 나는 알고 있었다. 그런데도 나는 마치 짝퉁 의사 같은 느낌을 조금이나마 받았다 — 그래서 나를 짝퉁 작가로 고발하는 편지들을 일축하기가 어려웠다."[184] 표절의 피해자들이 자주 사용하고, 표절을 정당하게 고발하는 사람들도 자주 사용하는 강간의 은유가 이번에는 클라스에 의해서, 무고를 당했을 때 얼마나 당황했는지를 묘사할 때 사용된다. "처음 그 편지들, 고발장들을 봤을 때, 비밀에 붙이기를 진실로 원했다. 강간 피해자가 느낄 법한 방식으로 나도 느꼈던 것 같다. 무슨 일이 일어났는지를 많은 사람들이 알

183 Ibid.

184 Ibid.

게 되기를 원치 않았다. 그 얘기들이 더 이상 퍼져나가기를 원치 않았다. 내가 저지르지도 않은 범죄의 혐의를 쓰게 되었을 때, 잠시라도 죄책감을 느꼈을까? 그렇지는 않다 ……"[185]

《뉴욕 타임스 서평》의 제1면에 기고한 글을 통해(「내 말이 나를 공격하는 광경」) 이와 같은 시련을 적어낸다는 것은 도덕적으로 용감할 뿐만 아니라 어쩌면 신체적으로도 용감한 행위였다. 정신과의사는 공격자가 갈망하는 것은 그녀의 반응이기 때문에 일절 반응하지 말라고 경고했다. "귀찮게 전화를 걸어대는 사람"에게 일절 대꾸하지 말라고 전화 회사에서 조언하듯이, 클라스 역시 "어떤 종류든 공개적 반응"을[186] 피하라고 조언을 받았다. 그러나 클라스 의사는 정신과의사의 조언을 거부했다. "저런 편지들을 쓴 사람이 내 목소리를 빼앗아가려고 하기 때문에, 내 목소리가 실은 내 것이 아니라고 주장하고 싶어 하기 때문에, 그러나 나는 그렇게 되도록 놔둘 생각이 없기 때문에, 나는 이 글을 쓰고 있다. 나의 모든 말들에 대해 다시금 소유권을 되찾기 위해서 나는 이 글을 쓰고 있다."[187] 아이러니하게도 그녀는 진짜 표절의 피해자가 겪어야 하는 운명을 겪는 처지가 되었다. 그녀 자신의 말들을 도둑맞은 셈이었다. 이 도둑이 도서관 문을 통해 들어온 것이 아니라 지하실을 통해 올라온 것은 다르지만, 그 효과는 괴상망측하게도 흡사했다.

그녀가 기고문을 통해서 하려고 했던 일의 정당성을 부정할 사람은 아무도 없다. 그렇지만, 미친 사람에게 다시금 판을 깔아주는 위

---

185 Ibid.
186 Ibid.
187 Ibid.

험 말고, 그녀가 언급하지 않은 위험이 한 가지 있었으니, 바로 독기에 씐 모습을 공개적으로 보여주는 위험이었다. 고대 그리스 사람들이 알았듯이, 오염이란 무차별적으로 퍼져나간다. 이 현상의 내면적 효과는 피해자로 하여금 죄책감을 느끼게 만들지만, 외면적 효과는 공중의 뒤죽박죽으로 흐트러진 단기 기억이다. 클라스의 기고문이 1987년 어떤 일요일 아침에 나왔을 때, 미국의 동해안을 따라 북부든 남부든 독자들은 그녀에게 동정심을 느끼면서, 커피 한 잔과 크루아상 한 접시를 앞에 두고 옆 사람에게 "세상에 이런 일이!"라고 말했다. 그러나 우리가 기억으로 갈무리하는 것은 거의 없고, 갈무리하는 것 또한 뒤죽박죽으로 기억한다. 그날 아침 동정심을 표했던 독자들 중 몇 사람은, 몇 년이 지난 후 그녀의 새로운 기고문이 아침 신문에 실린 날 저녁의 칵테일파티에서 그녀의 이름이 화제에 오를 때 대화에 참여하게 될 것이다. 그리고 그 중 일부는 몇 년 전에 그녀를 동정하던 때와 똑같이 확신에 차서, "아, 페리 클라스, 표절범이었잖아? 안 그래?"라고 말할 것이다.

마틴 에이미스는 이와 같은 면을 모르지 않았다. 『돈 혹은 한 남자의 자살 노트』 가운데 중요한 대목에서 그는 두어 차례 자신의 본 모습으로 등장한다. 이 소설의 내레이터, 호소력 짙게 가증스러운 존 셀프는 《돈》이라는 제목의 영화 대본을 다시 쓰는 작업과 관련해서 에이미스와 접촉한다. 그리고 독자들에게 이렇게 전한다. 제작자 필딩 구드니는 "마틴 에이미스에 관해 들은 적이 있다. 그의 작품을 읽은 적은 없었지만, 최근에 표절 또는 글-도둑질에 관한 어떤 사건들이 신문들과 잡지들에 오르내린 적이 있었다. 그래서 나는 생각했다. 애송이 마틴은 서랍에 손가락이 물렸구나, 그런 거지. 단어

절도범. 이 점을 잘 기억해 두자."[188] 오늘날 실제 마틴 에이미스는[189] 표절 당했던 일에 관해 "불평할 일이 없다"고 말한다. 그렇지만 표절범이 발각된 뒤에도, 피해자 역시 "똑같은 붓으로 흐릿한 색칠을 당한다"는 점은 인정한다.

제이콥 엡스타인의 가족 배경은 유명하다는 점에서만이 아니라 거기 담겨 있는 심리적 함의의 측면에서도 흥미롭다. 뉴욕의 중요한 편집자들을 부모로 둔 사람이 무슨 짓을 하다가 들키는 경우가 최악이겠는가? 오이디푸스적 비극의 전철을 밟듯이, 그런 아들의 표절은 자기 파멸의 도구가 되기 이전에 먼저 일종의 존속살해를 달성하고야 만다. 그 사건이 터졌을 때, 어떤 비평가 한 사람은《뉴스위크》기자에게 이렇게 말했다. "내 아들이 그랬다면 말채찍으로 때렸을 것이오 …… 그렇지만 절대 내 이름을 밝히면 안 돼요."[190] 문학사에서 이와 비근한 부자 관계를 찾는다면, 18세기 서적상이었던 새뮤얼 아일랜드와 그의 아들 윌리엄 사이의 관계가 맨 처음 떠오른다. 윌리엄의 범죄는 위조였는데, 위조는 표절이 더욱 매혹적으로 전도된 형태다. 표절범은 자기가 생산하지 않는 것을 자기 것이라고 주장하는 데 비해, 위조범은 자기가 실제로 창조한 것을 다른 사람의 것이라고 주장한다. 아들 아일랜드는 "어떤 신비로운 늙은 신사 양반"에게서[191] 얻었다면서 셰익스피어의 생애와 관련되는 유물들을 가지고

---

188 Amis, *Money*, 218.
189 Martin Amis, 1987년 5월 20일, 저자와의 전화 인터뷰.
190 *Newsweek*, 1980년 11월 3일, 62.
191 Mair, *The Fourth Forger*, 85-102를 보라.

나오기 시작했다. 기실 그 유물이라는 것들은 자기가 —상당한 솜씨를 발휘하여— 만들어낸 것들이었다. 그는 처음 건 판돈을 계속 키워서(명백히 일종의 죽음의 소원이다), 마침내는 상연되지 않은 셰익스피어의 희곡을 가지고 있다고 주장하는 데까지 이른다. 『보르티제른과 로위나』라는 제목의 영웅적인 정치 드라마였다. 기실 이 희곡은 아일랜드 자신이 셰익스피어의 알려진 희곡들로부터 대사들을 따다가 섞고 변용해서 지어낸 결과로서 — 만일 자신의 작품으로 내놨더라도 표절의 경계선에 딱 걸릴 만한 위작이었다. 『보르티제른과 로위나』를 "찾아냈다"는 소식은 누구나 예상할 수 있는 센세이션을 일으켰다(언제나 감정적으로 휩싸이기 쉬웠던 제임스 보스웰은 그 원고에 입맞춤하기 위해 런던으로 오기까지 했다). 드루리 레인에서 1796년 4월 2일 이 작품이 초연되었을 때, 제2막까지는 잘 진행되었다. 그러나 제3막 도중부터는 관객들이 뭔가 이상한 낌새를 눈치 채기 시작했다. 결국 위조라는 사실이 들통 나는 결과를 피할 수 없었고, 그 과정은 에드먼드 멀론이 주도했다. 아들은 아버지에게 감명을 주고 싶어서 애가 닳았었고, 그리고 셰익스피어의 생애와 관련된 아버지의 신망이 워낙 높았기 때문에 아들은 셰익스피어에서 뭔가를 캐낸 시늉을 하고 싶어 했던 것인데, 그런 아버지가 자기 아들 윌리엄이 『보르티제른과 로위나』 같은 작품을 스스로 지어낼 능력이 있었다고 믿을 수 없다고 {누군가 다른 사람이 배후에 있을 것이라는 뜻으로} 변명했을 때, 아들의 치욕은 극에 달했다. 아들은 씁쓸하게 반발했다. "보르티제른은 내가 썼다. 그것을 누구에게서 내가 베꼈다면 그것은 오직 그 시인 자신뿐이다. 살아 있는 사람 어느 누구의 글이나 책이나 양피지에서도 어떤 언어도 이용하지 않았다 — 거기에 무슨 영혼이라든지 심상이 깃들어 있다면 오직 나의 영혼이고 심상이다."[192]

표절범은 위조범보다도 지옥의 영원함을 겪어야 할 확률이 높다. 위조라는 범행에는 창조적인 활력이 표절에 비해 더 많이 들어 있기 때문에, 위조범은 연옥의 유예 기간을 간단히 건너뛰고 후세의 평가와 명성을 받는 단계로 진입할 수 있다. 윌리엄 아일랜드는 후세의 독자들로부터 존경까지는 아니지만 애호를 받고, 채터턴은 낭만적인 순교자 대접을 받는다. 클리포드 어빙에[193] 관해서도 미래 세대는 잘 봐줄 수 있는 구석을 찾아낼지 모른다. 이에 비해 표절은 구제불능으로 너저분하다. 그런 만큼, 제이슨 엡스타인은 비록 그 당시에 표절과 위조에 공히 관련된 다른 논란에도 연루되고 있었지만, 자기 아들의 『난봉』으로 말미암아 받아야 했던 여론 재판을 특히 아프게 느끼고 있었다고 볼 수 있다. 《뉴욕 리뷰 오브 북스》에 뉴욕시에 관해 그리고 그 도시에서의 교육에 관해 일련의 기사들을 기고하던 1960년대 후반, 그는 동시에 데이비드 로저스의 책(『뉴욕 시 학교 체계의 정치와 관료제』) 한 권을 랜덤하우스에서 출판하기 위해 편집하고 있었다. 엡스타인이 자기가 쓴 기사 한 편을 로저스에게 보여줬더니, 필립 노빌에 따르면, 로저스는 "자기 원고와 자기 편집자의 글 사이에 발상과 논리가 흡사하게 느껴져서 속이 상했다 …… '제이슨을 내가 지나치게 가르쳤다는 느낌이었다'고 말했다."[194]

지식 산업의 우두머리 중 한 명으로서, 엡스타인은 편집을 하다

---

192 Ibid., 209.

193 클리포드 어빙(Clifford Irving, 1930-): 미국의 작가. 하워드 휴스(Howard Hughes, 1905-1976)의 자서전을 가짜로 지어냈다가 휴스 본인에게 고발당해 감옥에 갔다. — 역주

194 Nobile, *Intellectual Skywriting*, 92.

보면 부딪칠 수밖에 없는 분량 이상의 논란에 휘말렸다. 그 중 하나는 그의 아들 사건이 터진 지 몇 년 후, 랜덤하우스와 계약을 맺은 한 저자와 관련된 위조 논란이었다. 티모시 쿠니의("옳음과 그름의 분별"이라는 제목 아래 도덕철학을 주제로 한) 원고는 위작이 아니다. 그러나 하버드 대학교 철학과 학과장이던 로버트 노직이 랜덤하우스에게 쿠니의 책을 출판하라고 촉구한 추천서는 위조된 것이었다. 위조 추천서가 없이는 받아들여지지 않을 것이 분명하다고 쿠니는 느꼈지만, 엡스타인은 그 추천서를 받아보기 전에 이미 "출판하기로 거의 마음을 정했었다"고[195] 말한다. 추천서를 위조했다는 소식이 1984년 9월 공표되자, 쿠니는 자기가 저지른 일에 대해 자부심을 드러냈다. 자기가 그렇게 한 것은 원고가 출판되도록 하기 위해서만이 아니라 자기 전처에게 감명을 주고 싶었기 때문이기도 했다고 노직에게 해명한 것으로 전해진다. 랜덤하우스는 몇 주 동안 고민한 끝에 출판을 진행할 수 없다고 결정했다. 엡스타인은 이렇게 설명한다. "저자들, 출판인들, 독자들 사이에 나름의 신뢰가 충만해야 한다는 점과 쿠니의 위조를 조정하기 위해 많은 고민을 했지만, 내게는 불가능한 일이었다 …… 그 책은 출판되어야 하겠지만, 우리가 출판할 수는 없다."[196]

제이콥 엡스타인의 반칙 행위에 관한 심리학적 추리를 더욱 복잡하게 만들게끔 고안된 것으로 보이는 또 한 가지의 요소는 표절의

---

195 Jason Epstein, *New York Times*, 1984년 9월 13일, C17에서 재인용.

196 Ibid. *New York Times*, 1984년 11월 2일, C28에서 재인용. 스턴이 자신의 작품을 추천하기 위해 개릭에게 보냈던 편지 — 스턴이 쓰고 다른 사람의 명의로 부쳐진 편지가 생각나는 대목이다.

대상으로, 자신과 비슷하게, 문단에서 유명한 아버지를 둔 집안의 아들을 택했다는 사실이다. 제이콥 엡스타인에게는 정말로 "죽음의 소원"이 있었다. 자신과 똑같은 본질적 특징을 공유하는 사람을 선택했다는 것은 이 점에서 탁월한 선택이었다. 들키기 전부터도 벌써, 부메랑이 폭풍처럼 되돌아오기를 기다리는 동안에도, 그는 대서양 너머에 사는 일종의 쌍둥이 형을 괴롭히는 행위를 통해 실상 자기 자신을 해칠 수 있도록 길을 열어 놓은 셈이었다. 실제로 그의 의도가 어땠든지, 아버지 에이미스와 아버지 엡스타인은 놀이터에서 서로 싸우는 자식들을 각기 편들기 위해 나오는 아빠들처럼 행동했다. 제이콥의 소행은 "표절이 아니다. …… 이런 일은, 특히 젊은 작가들의 경우에, 흔한 일"이라고[197] 제이슨은 강변했다. 그러나 킹즐리는 이것이 "파렴치한 사건이다. 저작권이 확립되기 전 시대로 되돌아간 듯하다"고[198] 역설했다.

킹즐리가 아들의 문체를 반긴 것은 아니다. 마틴의 문체가 "끔찍하고 강박적으로 생생한"[199] 점에 대한 반감을 표현한 적도 있었다. 그런 식의 문단을 끝까지 읽어낼 수조차 없다고 밝히기도 했다. "장식이 너무 많이 붙었다."[200] 그렇지만 마틴이 자기 가족의 직업을 몸소 실천하기 시작한 초년기에, 다시 말해, 『레이철 페이퍼스』를 쓰던 바로 그 시점에, 킹즐리에게 받은 영향이 눈에 보인다. 아버지의 문체에서 나타나는 미세한 요소들이 아들에서도 겹치는 것이다. 처녀

---

197 Jason Epstein, *Newsweek*, 1980년 11월 3일, 62에서 재인용.
198 Kingsley Amis, *Newsweek*, 1980년 11월 3일, 62에서 재인용.
199 Kingsley Amis, *Esquire*, 1986년 11월, 142에서 재인용.
200 Ibid., 140에서 재인용.

작에서 The Embankment(둑)를 "The Imbenkment"로, Paradise Lost(잃어버린 낙원)를 "Perry-dice Lost"로, You heard(너는 들었다)를 "U-word"로 발음을 표기하는 음운을 통한 풍자는 킹즐리의 전형적인 모습이자 이 집안 특유의 재고품이다. 마틴은 일부 논픽션에서 이런 커포티의 수법을 소개한 바 있다. "예컨대 turds, ee-bait, inner-stain, wide-ass 등은 'towards', 'about', 'understand', 'White House'를 다르게 표기한 것이다."[201] 아울러, 그 책이 나온 1973년의 시점에서, 마틴이 건드리는 국제 정치 및 섹스의 정치 역시 당시 중년의 나이였던 그 아버지의 관심과 비슷해 보였다. 레이첼의 아버지가 참전했다는 에스파냐 내전의 왕당파들은 마틴의 분신인 찰스 하이웨이에게 "요즘 인기 있는 대의명분"이다. 그리고 여자들은 거의 모두 별로 중요하지 않다는 점에서 다들 마찬가지다. "자연히 둘 다 여자애였던 만큼, 제니가 속마음을 털어놓기 전까지 레이첼은 집에 발을 들여놓지 않았다."[202] 물론 이런 것들은 어떤 것도 표절을 구성하지 않는다. 다만 엡스타인이 약탈 대상으로 선택한 사람은 그 자신 다른 사람에게 받은 영향 때문에 고민하면서 힘들여 글을 써야만 했던 사람이었다. 우리 대부분은 나중에 가서야 아버지가 가졌던 의견에 고개를 끄덕이게 된다. 하지만 마틴 에이미스는 『레이철 페이퍼스』 이후 15년 동안 킹즐리 에이미스의 영향에서 점점 벗어났다. 아들의 의견과 문체는 아버지의 마음속에 모종의 불안감을 불러일으키기에 충분할 만큼 아버지로부터 충분히 멀어졌다. 1980년대 중반에 마틴 에이미스는 핵폭탄에 열정적으로 반

---

201 Amis, *Moronic Inferno*, 34.

202 *Rachel Papers*, 186.

대했다. 그의 아버지는 그렇지 않았다. "내 아버지의 글을 읽어본 사람이라면 누구나 이런저런 논쟁에서 그가 어떤 입장인지 대략 감을 잡을 것이다. 내가 핵무기에 관해 글을 쓰고 있다고 말했더니, 아버지는 흥얼거리듯 곡조를 넣어 가며, '아하, 그러니까 …… 거기에 반대한다는 거지? 맞지?'라고 말했다."[203]

아버지의 둥근 그림자 바깥으로 나오는 과정에서, 마틴은 또한 다른 사람들에게서 받은 빚과 영향을 인정하는 일에 특별히 공을 들였다. 어쩌면 피터 쇼까지도 만족스러울 정도였다. 『바보의 지옥』의 서문과 사사謝辭에서 그는 제목을 비롯해서 "여러 가지 많은 것을 솔 벨로에게서 얻었는데, 그 역시 그것을 윈덤 루이스에게서 얻었다고 내게 알려줬다"고[204] 독자들에게 알린다. 벨로는 어쩌면 에이미스에게 가장 커다란 문학적 영웅일 것이다. 『아인슈타인의 괴물들』에 붙인 저자의 주석에서도 그는 다시 등장한다. 이 단편집에 나오는 반핵 우화 다섯 개 각각에서 어느 정도씩 다른 작가에게 빚을 졌다고 에이미스는 밝힌다.

> 이 기회를 이용해서 내가 받은 약간의 빚을 해소해도 —또는 인정해도— 괜찮을지 모르겠다. 집필의 순서에 따라 말하면, 「시간의 병病」은 J. G. 밸러드에게, 「불의 호수 곁에서 얻은 통찰」은 피어스 리드와 에밀리 리드와 잭 필립스와 플로렌스 필립스에게, 「할 수 있는 작은 강아지」는 프란츠 카프카와 블라디미르 나보코프에게, 「부자크와 강한 군대」는 솔 벨로에게, 「죽지 않는 존재」는 호르헤 루이스 보르헤스

203 *Einstein's Monsters*, 15.
204 *Moronic Inferno*, x.

그리고 『그리머스』를 쓴 살만 루슈디에게 빚을 졌다. 그리고 전반적으로 아이디어와 심상을 제공해준 조나단 셸에게 고마움을 표한다.[205]

엡스타인 사건을 겪었고, 그 결과 "똑같은 붓으로 흐릿한 색칠을 당"했을 텐데, 그 때문에 너무 예민하게 남에게 진 빚을 인정하는 것 아니냐고 물어봤더니, 에이미스는 "그런 것은 아니"라고[206] 대답하면서, 저런 진술들은 다만 하나의 예의일 따름이고 자기는 그런 예의를 지켜서 행복하다고 묘사한다. 나와 대화하는 가운데 그는 『아인슈타인의 괴물들』에 포함된 우화 「할 수 있는 작은 강아지」에서는 (강아지가 늠름한 군인으로) 둔갑하는 변신이 일어나리라는 점을 독서량이 충분한 독자에게 암시하는 문학적으로 정당한 목적을 위해서, 카프카로부터 특정한 편린 한두 개를 취했다고 밝히기도 했다. 그러고서는 영향 받은 사연에 관해 "입을 닥치고 있었"어야[207] 맞는지 모르겠다고 말하며 웃음을 터뜨렸다. 그런 점들을 인정한다는 것은 비평가들더러 "시비를 걸어달라고 부탁하는 셈과 같다"는[208] 얘기다. 스스로 밝히지 않았더라면 그들로서는 전혀 알 수 없던 일인데, 그걸 빌미로 비평가들은 원문과 비교했더니 어떻다는 둥, 불공정하고 과장된 이야기를 십중팔구 늘어놓는 것이 현실이다. 본인은 특별히 애쓴 것이 없다고 부인하지만, 에이미스의 예의가 대단히 치밀하다는 사실에 관해서는 한마디 덧붙여야 한다. 엡스타인에 관해 그가 정당하게

205 *Einstein's Monsters*, Author's Note.
206 Martin Amis, 1987년 5월 20일, 저자와의 전화 인터뷰.
207 Ibid.
208 Ibid.

호루라기를 분 이후(그리고 그 자신을 겨냥해서 다소 가혹했던 쇼의 비평 같은 일들이 있은 후로), 현재 그의 상상력이 발동하는 공간에 조금이나마 강박적인 조심스러움이 있지 않은지는 궁금하지 않을 수 없는 일이다. 『아인슈타인의 괴물들』에 누구에게서 받은 영향의 그림자가 덧씌워져 있든지, 그것은 에이미스 자신의 전매특허와 같은 문체가 현저하게 드러나는 고도로 독창적인 작품이다.

다른 사람에게 진 빚을 어디까지 인정하고, 밝혀서 말하고, 경의를 표해야 하는 것일까? 스티븐 스필버그에 관해 1982년에 쓴 한 편의 논고에서, 에이미스는 《옵저버》의 독자들에게 이렇게 말했다. "오늘날 영화계 사람들은 ―주요 과녁으로 으레 설정되는 어린이 관객들과 마케팅을 위해 일하는 사람들까지 합해서― 미국의 공중 사이에 액정 디스플레이를 신성한 것으로 띄우기 위해 안달이 나 있다. 관객들의 지성을 과소평가해서 손해 본 사람은 여태까지 없었다는 것이 철칙이다."[209] 영국의 모든 독자가 여기서 멩켄의 목소리를 알아챌 수 있었을까? 그럴 것 같지는 않다. 에이미스가 이 표현 일부의 출전을 밝혔어야만 했을까? 그럴지도 모르고 그렇지 않을지도 모른다. 밝히지 않아도 독자들이 마땅히 여기서 멩켄을 알아채야 한다고 생각했다면, 그리고 현학적인 괄호들을 첨가하느라 글의 호흡이 지체되는 것을 저자가 극도로 혐오했다면, 충분히 공평한 일이다. 만약 구두점 하나를 찍을 때마다 각주를 감시하는 경찰이 지키고 있다가 뒤통수를 때릴까봐 겁을 내야 한다면, 경위야 어떻든지, 문학적 암시라는 것은 완전히 종지부를 찍게 될 것이다. 한 작가가 당

209 *Moronic Inferno*, 154.

금 자신의 독자들에 대해 일정 수준의 이해력을 기대하는 일과 앞선 시대에 나온 선배들의 인쇄물에서 받은 도움을 인정하는 일 사이에서, 후자 쪽으로 기울어야 할 지점이 정확히 어디인지는 개인의 상식과 양심에 따라 갈릴 사안이다. 그런데 에이미스는 1982년까지는 "출전"에 관해 다소 격식을 차리지 않았던 데 비해, 1980년대 중반에 이르면 남달리 까다로워졌다.

작가라면 누구나 적어도 한 명의 작가는 속속들이 파악하고 있을 것으로 기대하는 것이 무리는 아닐 것이다. 그 작가는 물론(프루스트의 말에 따르면 표절하지 않기가 가장 어려운 대상인)[210] 자기 자신이다. 자기 작품이 절판되지 않고 계속 나가는 모습 또는 다른 형태로 재생되는 모습을 보면서 기뻐하는 것이 작가의 정상적인 본능이다. 『바보의 지옥』에 붙인 서문에서 정기간행물에 기고했던 글들을 단행본으로 묶어내기 위해 어떤 부분을 수정했는지 밝힌 후에, 에이미스는 이런 농담을 곁들인다. "더 열심히 일했어야 했다. 그렇지만 이것들을 다시 모으는 일도 쉬운 일은 아니었다(정기간행물 과월호를 복사하려면 기를 써야 한다. 여러 권을 한 덩어리로 묶은 더미는 무거운데다가 제록스 복사기의 덮개는 자꾸만 걸리적거리고 복사지는 엉킨다)."[211] 이 대목은 기실 썩어 문드러진 줄만 알았던 것이 그동안 냉동실에 줄곧 보관되고 있었다는 사실을 막 알게 된 작가가 기쁨을 표현하는 장면이다.

자신의 작품이 일시적인 생명 또는 눈에 별로 띄지 않는 생명만을 가지기를 원하는 작가는 없다. 그리고 자기가 쓴 책 중에서도 특

---

210 Lawrence Grobel, *Conversations with Capote*, 146을 보라.

211 *Moronic Inferno*, x.

히 애정을 가지는 작품이 아마 있을 테고, 마찬가지로 자기가 특별히 좋아하는 개별적인 문장이나 대목들도 있을 것이다. 이런 것들을 새로운 맥락에서 다시 보여줄 수 있다면 그로서는 좋아할 일이다. 에이미스 역시 개인적으로 애호하는 과거의 문장들을 재생하는 경향을 드러냈다. 『아인슈타인의 괴물들』에 들어간 한 단편에 등장하는 인물 하나는 슈퍼마켓에서 타블로이드판 신문을 사서 읽는 사람들을 가리켜, 무엇보다도 "케네디 대통령이 살아서 크립톤이라는 행성에서 버디 홀리와 더불어 잘 살고 있다"고[212] 알고 있는 부류의 사람들이라고 일컫는다. 반핵의 입장에 선 『아인슈타인의 괴물들』을 내놓기 5년 전, 미사일 공격을 별생각 없이 대개 비디오 게임의 일부로만 바라보던 시절에, 에이미스는 『우주인들의 침략』이라는 장난스러운 책을 하나 출간했었다. 그 책에서 그는 외계인에 관한 믿음은 "케네디 대통령이 살아서 크립톤이라는 행성에서 버디 홀리와 더불어 잘 살고 있다고 생각하는 몽상가들, 《내셔널 인콰이어러》의 독자들, 헛소리꾼들"에게만[213] 국한되지 않는다는 논점을 제시한 바 있다. 몇 년이 지나 방송에 나가서 이 문장을 말할 때, 책을 뒤져 볼 필요도 없었다는 데 돈이라도 걸 수 있다. 그는 그 문장을 좋아했고, 쉼표 하나하나까지 기억할 수 있었다. 이것은 "삼투작용"이라기보다는 혈액순환이다.

작가들 중에는 오랫동안 사랑을 받는 사람들이 있다. 독서 대중은 이들이 같은 말을 계속해서 반복해 주기를 원한다. 영화배우들에게 같은 장면을 계속 연기해주기를 원한다든지, 나이트클럽의 가

---

212 *Einstein's Monsters*, 64.

213 *Invasion of the Space Invaders*, 43.

수에게 최대 히트곡을 맨 마지막 순서에 반복해주기를 원하는 것과 같은 식이다. 작가 중에 가장 좋은 사례는 P. G. 우드하우스일 것이다. 그는 본질적으로 똑같은 책을 50년 이상 동안 솜씨 좋게 써냈다. 『우드하우스의 집필 과정』에서 리처드 어스본이 지적하듯이, "잘 만들어진 코미디 연속극에서는 많은 점들이 반복되더라도 문제되지 않는다. 배우들을 잘 골라서 배역을 맡겼다면, 매회 똑같은 설정이 오히려 재미의 절반을 구성한다."[214] 우드하우스는 골자만 똑같은 것이 아니라 완전히 똑같은 반복도 때때로 했다. 어스본이 쓴 전기에 나오는 사례 하나. "『침실의 얼음』(1961)은 여러 면에서 『뜬금없는 샘』(1925)의 재탕이다. 등장인물 몇 명도 똑같고, 밸리 필즈도 같다 …… 상황 설정도 번번이 같고, 더구나 코넬리어스 씨는 똑같은 월터 스코트의 시 열여섯 행을 아무도 못 말리게(1925년에는 샘에게, 1961년에는 돌리 몰리에게) 찬가로 노래한다."[215]

그러나 오랫동안 사랑받아온 것과 즉각 나온 재탕은 다르다. 《에스콰이어》 1987년 5월호에서, 소설가 낸시 레만은 루이지애나 주지사 에드윈 에드워즈의 독직 사건 재판을 취재하기 위해서 뉴욕에서 뉴올리언스까지 서던 크레슨트를 타고 여행한 기행문을 기고했다.

> 북부에서는 승객들 사이의 분위기가 엄격히 사업 위주로, 근면과 진보의 표지들이 나타났다. 그러나 수도를 지나 초록색 버지니아를 지나가는 동안에는, 일종의 알코올 섞인 열기가 기본이 되었고, 모든 사람들이 위기를 자초할 듯 보였다. 옷매무새가 괴상하게 흐트러짐에 따라

---

214 Usborne, *Wodehouse at Work*, 39.
215 Ibid., 38.

행동방식들도 그렇게 되었다. 특히 특실차가 그랬다. 우리가 메이슨-딕슨 경계선을 건너자마자부터 특실차는 줄곧 극도로 역동적이었다.

그날 오후 내내, 별나게도, 흑인 여성 한 명이 한 쪽 눈에 검은 안대를 댄 왜소한 백인 남성에게 일종의 재즈 사랑노래를 계속해서 불러주고 있었다. 아주 별난 일이었고, 결국에는 소란으로 비화되고 말았다. 불길은 보이지 않지만 뜨거운 연기로 매캐한 분위기였다고 묘사하고 싶다.[216]

바로 그 달, 1987년 5월에, 똑같은 잡지판매대에 진열된《스파이》최근호에도 낸시 레만의 글이 하나 실렸다. 이번에는 주제가 더욱 넓어져서 "남부에서 맨해튼에 온" 어떤 사람을 다뤘다. 여행의 목적을(그리고 시점도) 언급하지 않은 채, 그녀는 이렇게 회상했다.

뉴욕에서 뉴올리언스까지 서던 크레슨트 기차를 타고 갔다. 북부에서는 승객들 사이의 분위기가 엄격히 사업 위주로, 근면과 진보의 표지들이 나타났다. 그러나 수도를 지나 초록색 버지니아를 지나가는 동안에는, 일종의 알코올 섞인 벌목장 같은 분위기가 기본이 되었고, 모든 사람들이 위기를 자초할 듯 보였다. 옷매무새가 구식이 되고 흐트러짐에 따라 행동양식들도 그렇게 되었다. 특히 특실차가 그랬다. 우리가 메이슨-딕슨 경계선을 건너자마자부터 특실차는 줄곧 극도로 역동적이었다. 그날 오후 내내, 흑인 여성 한 명이 한 쪽 눈에 검은 안

216 Lemann, "The Trials and Jubilations of Governor Edwin Edwards", *Esquire*, 1987년 5월, 80.

대를 댄 왜소한 백인 남성에게 일종의 재즈 사랑노래를 계속해서 불러주고 있었다. 모두 아주 별난 일이었고, 결국에는 남부의 야비한 쾌락주의가 들끓어 오르는 가마솥으로 비화되고 말았다.

불길은 보이지 않지만 뜨거운 연기로 매캐한 분위기였다고 묘사하고 싶다. ……[217]

무언가를 이미 알맞은 표현에 담아서 말했다면, 그 표현을 바꿔야 할 까닭이 별로 없다는 주장이 가능하다. 그렇지만 낸시 레만의 서술처럼 육즙이 풍부한 큰 덩어리에 관해서 수표 두 장을 그토록 연이어 발행하는 데에는 문제가 있다. 게다가 여기에는 미끄러운 고갯길에 해당하는 질문도 제기될 수 있다. 자기 자신의 말이라서 출전을 밝혀 인용할 필요를 느끼지 못한다면, 그리고 향상을 위해 특별히 다듬을 필요가 없어 보이기 때문에 마냥 반복하면서도 아무런 거리낌을 느끼지 못한다면, 다른 사람에 관해서도 이처럼 은밀한 경의만을 표하는 것으로 족하다고 나서는 주장을 어떻게 막을 것인가?

자기 자신의 것을 훔치는 경향은 아마도 바닷가에서 시작하는 듯하다. 집에 남아있는 가족들에게 엽서 여섯 장을 쓰기 위해 자리 잡고 앉아서, 다 쓸 때까지 같은 문구를(고르고 고른 한 마디 또는 두 마디를) 반복하지 않고 끝낸 사람이 있을까? 마찬가지로, 깊은 밤 연애편지를 쓰면서, 호감을 표현하는 문구를, 순전히 지난번에 통했다는 간단한 이유 하나로, 다시 한 번 써먹기로 결심해보지 않은 사람이 있는가?

---

217 Lemann, "Dixie in Manhattan", *Spy*, 1987년 5월, 69.

이제 마흔 살이 된[218] 마틴 에이미스는 점점 작품이 늘어남에 따라 호평도 많이 받은 자신의 작품들 중에서, 자기가 원한다면, 이런 문장들과 저런 문구들을 다시 사용할 수 있다. 『죽은 아기들』과 『성공』에서 보이던 따귀를 갈기는 듯한 제목과 주제들은 『아인슈타인의 괴물들』과 잠시 후에[219] 출판될 핵무기에 관한 우려를 담은 장편소설 『런던 필즈』처럼 사려 깊은 우화들에게 자리를 내주고 물러났다. 이와는 대조적으로, 『난봉』은 나온 지 십 년이 지났지만 여전히 제이콥 엡스타인이 출판한 유일한 작품이다. "그의 인생은 그 사건으로 망쳤다"[220] — 표절 사건과 관련해서 《뉴욕 리뷰 오브 북스》에 자주 기고하는 한 사람의 평이다. 《뉴욕 리뷰 오브 북스》가 망친 인생으로 규정한 삶의 실제 모습은 다음과 같다. 요즘 제이콥 엡스타인은 할리우드에서 일한다. 할리우드는, 뒤에서 다시 보겠지만, 표절 관련 고발이 보통 거액의 소송으로 가서 끝나는 곳이다. 그는 인기를 끌고 비평가들에게도 호평을 받고 있는 텔레비전 연속극 《엘 에이 로》의 줄거리 편집책임자로 일하고 있다. 매주 그 연속극이 끝나고 제작진이 자막으로 표시될 때 그의 이름이 맨 처음에 떠오른다. 여기 출연하는 배우 한 사람이 말한다. "이 작품은 모든 것을 다 가지는 일에 관한 연속극이에요 …… 그러나 거기서 더 나아가 더욱 중요한 질문을 다룹니다. 거기에 도달하고 나면 어떤 상태일까?"[221]

---

218 이 책 초판이 나온 1989년의 시점에서 그렇다. — 역주

219 마틴 에이미스의 『런던 필즈』는 1989년에 출판되었다. — 역주

220 익명의 인물이 저자에게 1985년 9월 14일에 한 말.

221 Alan Rachins, "Laying Down the Law", *People*, 1987년 2월 1일, 77-78에서 재인용.

학자들의 침묵

: 학계에서 일어난 사건

> 표절하라,
> 어느 누구의 작품도 그대의 눈길을 피하지 못하게 하라,
> 그대의 두 눈을 신이 왜 만들었는지 기억하라,
> 그러니 그대의 눈을 가리지 마라,
> 그리고 표절하라, 표절하라, 표절하라 —
> 다만 언제나 그것을 "연구"라고 불러야 할지니라.
>
> _ 톰 레러, 「로바체프스키」

미국 대학 캠퍼스 중에는, 현대식 건물들이 오래된 건물들을 "복사"함으로써 재치 있게 찬사를 바치는 경우가 많다. 도서관을 증축할 때면 원래 있던 건물의 양옆으로 비슷한 모습의 건물을 추가하여, 줄지어 늘어선 꾹대기의 고딕풍 첨탑들 가운데 눈여겨보면 약간 빛이 바랜 것이 있어 원래 있던 것임을 알 수 있다. 이것이 문화적 연속성을 의미하는지 아니면 상상력의 고갈을 의미하는지는 논쟁거리다. 좌우지간 현대 대학 건물에서 널리 유행하는 풍조인 것은 틀림없다. 러벅에 7.5km²(225만 평)에 이르는 광활한 터를 잡고 들어선 텍사스 이공대학교에는, 1925년 개교 이래 에스파냐 르네상스 건축 양식이 풍미해왔는데, 최근에 지어진 건물들 역시 그와 같은 전통과 조화를 이루고 있다. 홀든 관館이 전형적이다. 1970년에 증축된 부분은 원래 건물에 비해 장식은 줄었지만, 여전히 우아하고, 황토색이며, 저층 구조를 유지하고 있다.

이 건물에는 역사학과와 문리과대학 학장실이 있다. 근처 잔디밭

에는 말에 탄 윌 로저스 동상이 있는데, 그 사람이 학교와 무슨 상관인지 지나가는 사람에게 물어도 아는 사람이 없다. 러벅에서는 보수적인 풍토에 힘입어 이런 종류의 등신대 조형물에 대한 열광이 지속될 수 있다. 시내 중심가 시청 근처에는 이곳에서 태어난 버디 홀리가 발판 위에 서 있는 동상이 있다. 안경을 끼고 기타를 든 모습을 그대로 재현해 놓았다. 그리고 이공대학교 캠퍼스 안에는 윌 로저스 동상에서 멀지 않은 곳에 새로 자리 잡은 프레스턴 스미스의 동상도 있다. 러벅 출신으로 1969년부터 1973년까지 텍사스 주지사를 지낸 인물인데, 그 시기는 미국의 대학들이 건물 신개축에 일반적으로 열을 올렸고, 특히나 텍사스 이공대학은 새로운 "시설물들"을(주의회의 승인을 얻기 위해서 교수/강사진에 대한 보수 인상보다 언제나 더욱 유리하게 간주된 핑계거리다) 확보하기 위해 심혈을 쏟던 시기였다. 스미스 동상 아래 새겨진 안내문은 학교 건물들 중에 그의 덕택으로 세워질 수 있었던 모든 건물들을 "둘러보라고" 관람객에게 촉구한다.

지금 시점에서 보면 "이공"대학교라는 명칭은 맞지 않다. 이 학교는 동물교배 분야의 석사학위를 수여하기도 하고, 수많은 외국인 유학생들에게 원유처리 기술을 가르치기도 하지만, 영문학이나 예술 분야에서 박사들을 배출하기도 한다. 대학 요람에는 쾌적한 기후 덕분에 이토록 다양한 분야에서 연구할 환경이 갖춰져 있다고 칭송한다. "여름에는 건조하지만 심하게 덥지는 않고, 겨울에는 건조하며 온난하다(연간 평균 강수량은 45cm밖에 안 된다). 연중 평균 기온은 17.8°C이고, 정오의 평균 습도는 46%로서, 일 년 내내 러벅의 날씨는 쾌적하다." "해마다 일광이 3,550시간 이상"이라는 등, 이런 종류의 통계치에서 봄이라 불리는 계절은 언급되지 않는다. 흙먼지 폭풍이 윙윙거리며 몰려와 오후의 하늘이 짙은 갈색으로 무겁게 내려앉으면, 콘택트렌즈 착용자들은 고문을 당해야 하고, 갑자기 낮아진 기압 때문에 기분마저 우울해진 사람들은 귀가를 서두른다.

그렇지만 텍사스 이공대학교의 분위기는 전반적으로 낙천적이다. 실용성과 복음이 결합한 형태의 낙천성이다. 약 22,000명에 이르는 학부 학생들은 일반적으로 우익이며 종교적이다. 가령 1986년 12월에 이런 기사들이 있었다. 《러벅 눈사태 신문》은 이공대학교의 미식축구 감독으로 스파이크 다이크스가 새로 부임하게 되었다는 소식을 제1면에 여러 꼭지의 기사로 전하면서 환영했다. 《대학일보》의 독자 의견란에는 「언론은 부당하게 레이건을 비난한다」는 주장과 예수의 본질에 관한 의견 그리고 지옥이 아마도 실재한다는 의견 등이 실렸다. 「인간은 자신의 행위를 통제한다」는 제목도 눈에 띈다.

텍사스 사람들이 1986년에 "석유 위기"라는 용어를 사용했을 때, 그들이 얘기한 주제는 고유가가 아니라 저유가였다. 러벅 사람들의 자신감이 휴스턴 사람들만큼 급전직하하지는 않았을지 모르지만, 호황 끝에 불황을 겪게 된 모든 텍사스 사람들이 그랬듯이 그들 또한 흥청망청 현란하던 1970년대는 지나갔음을 분명히 지각하고도 남았다. 포드와 카터가 대통령이던 시기에 이 사람들은 "나쁜 놈들 어둠 속에서 꽁꽁 얼어봐라"[1]라는 문구를 범퍼스티커로 붙이고

---

1 "나쁜 놈들 어둠 속에서 꽁꽁 얼어봐라"(Let The Bastards Freeze In The Dark): 텍사스, 루이지애나 등, 남부에서 채굴되는 석유와 천연가스 등이 없다면 동북부 지역 사람들이 전등도 못 켜고 난방도 할 수 없다는 뜻. 미국 남부에서 양키(Yankee)는 남북전쟁 시기의 북부 사람들을 가리키며, 특히 동북부 뉴잉글랜드 주민들을 폄하해서 부르는 욕설이다. — 역주

다녔다. 일부 양키들이 일자리를 찾아 남부로 알게 모르게 유입되는 와중에, 그들에게 응분의 대가를 치르게 만들자는 촉구였다. 텍사스 이공대학교에서 신규 인력을 임용할 적에 동북부 출신을 특별히 배척한 것은 전혀 아니다. 오히려 각 학과의 임용위원회에서는 전국적인 경기침체를 맞아 학계의 일자리가 심각하게 부족해진 상황을 역이용해서 학교의 지역색을 털어내고 주 내에서나 나라 전체에서 학교의 위상을 끌어올릴 기회로 삼아야 한다고 생각하는 진보적인 위원들도 있었다. 종전까지 텍사스 이공대학교의 교수진은 대체로 모교 출신 또는 그 지역 출신들로 채워져 왔었다. 1970년대 초반부터 중서부의 큰 대학 출신 학자들이 유입되었고, 그 다음으로는 더 멀리 있는 더욱 명문인 학교를 나온 젊은 학자들도 채용되었다. 예를 들어, 영문학과는 1978년에 버클리, 펜실베이니아, 하버드 출신 박사들을 새로 초빙했다. 종전에 프레스턴 스미스가 에스파냐 르네상스풍 건축물들을 짓는 데 사용하던 돈이, 이제는 다른 어디에서도 일자리를 구하지 못한 외부인 신참 학자들을 대거 임용하는 데 사용되고 있었다. 그들은 우쭐해하거나 고마워하면서 부임했고, 그들을 맞이한 선배 교수들은 일반적으로 호의를 보였지만 동시에 약간은 경계심도 가졌다. 버디 홀리가 떨리는 목소리로 노래했듯이, "혹시라도 네가 내 여자일지도 몰라. 혹시라도 네가 진심일지도"[2] 모른다는 식이었다. 우편 결혼처럼 임용된 이 사람들이 종래의 교수들처럼 40년 이상 강의하면서 붙어 있을 것인가?

제이미 애런 소콜로의 이력은 반론의 여지가 없을 정도로 그렇게

2 "Maybe, baby, I'll have you; maybe, baby, you'll be true.": 버디 홀리의 1957년 곡, "Maybe Baby"의 가사 일부다. — 역주

찬란하지는 않다. 하지만 1976년 텍사스 이공대학교 역사학과에 부임할 적에, 그 역시 동부에서 찾아온 하나의 새로운 인물이었다. 뉴저지 주 퍼스 앰보이에서 1946년에 태어난 그는 1968년 트렌튼 스테이트 칼리지에서 학사 학위를 받았고, 4년 후에는 뉴욕대학교에서 노예해방운동가 윌리엄 로이드 개리슨과 헨리 클라크 라이트에 관한 논문으로 박사 학위를 취득했다.[3] 르네상스 시대 프랑스를 전공한 제임스 브링크도 소콜로와 같은 학기에(워싱턴 대학교 출신으로) 러벅으로 왔는데, 이렇게 회고한다. "대학원 시절을 그는 이렇게 묘사했다 …… 야간 수업에 번번이 학교 바깥에 있다가 황급히 달려 들어가는 식이었다고."[4]

소콜로는 "위대한 사회"라는[5] 기치 아래 시행된 정책 덕분에 박사 학위를 받게 된 마지막 세대에 속했다. 지금은 불필요한데도 과거에 지어져서 값비싼 아라비아 산(또는 텍사스 산) 기름으로 난방을 해야 하는 건물들처럼, 위대한 사회라는 깃발 아래 쏟아져 나온 박사들은 만사가 둔화된 1970년대에 이르자 일자리 시장에서 민망할 정도의 인력과잉을 초래했다. 대학원 시절 그리고 그 후 텍사스 이공대학교로 오기 전, 소콜로는 뉴욕 시의 공교육 체제에 소속되어 몇 년 동안 강의했다. 그러는 사이에 대학교수로 경력을 쌓으려는 야심이 겉으로 드러날 만큼 강해졌는데, 마침 텍사스 이공대학교에 자

---

3 *Dictionary of American Scholars*, 8th ed., vol. 1, 720 (New York, 1982), Jayme Sokolow라는 표제 하의 설명(제이미 소콜로는 이 책을 위한 저자의 인터뷰 요청을 거절했다.)

4 James Brink와 저자의 1986년 12월 6일 인터뷰. 이하에서는 브링크 인터뷰로 표기한다.

5 위대한 사회(Great Society): 존슨 대통령(1963-1968)이 빈곤과 차별을 퇴치하겠노라 내세웠던 구호. — 역주

리가 난 것이다. 그의 부임이 역사학과에는 더욱 코스모폴리탄적인 기회였다고 볼 수도 있다. 그가 오기 몇 년 전에 역사학과에 대한 외부 평가가 하나 있었는데, 평가자 중 한 명이 이렇게 말한 것으로 전해진다. "이 학과에는 뉴욕 출신의 양호한 유대인 한 사람이 필요하다."[6] 공격적 기독교가 주류인 러벅에서 유대인으로 산다는 것은 쉽지 않은 경험일 수 있다. 그러나 그 평가자의 권고는, 표현방식은 거칠었더라도, 두뇌와 활력과 전문성을 강조하라는 의도였고 실제로 그렇게 이해되었다. 제이미 소콜로의 부임이야말로 이 학과가 바로 그 외부에서 평가한 박사들의 주문을 따르고 있음을 보여주는 것으로 해석한 사람들이 학과 안에도 일부 있었다.

그 학과는 "화기애애한 학과는 아니었다 …… 그랬던 적이 없다"고[7] 존 운더 교수는 말한다. 운더 교수는 텍사스 이공대학교를 떠나 지금은 네브래스카 대학교의 대평원센터 소장을 맡고 있다. 텍사스 이공대학교 대부분의 학과가 그렇듯이, 역사학과 내부에서 노장교수들과 소장 교수들 사이의 간극은 단지 출신 지역 때문만은 아니었다. 학자가 해야 할 일에 관해 기대치가 서로 다른 탓에 간극은 더욱 벌어졌다. 구매자가 우위를 점한 1970년대의 시장에서, 새로 채용된 교수들은 그들을 채용한 선배 교수들이 젊었던 시절에 비해 훨씬 많은 양의 업적을 출판할 것으로 기대되었다. 소콜로는 이것이 필요할 뿐 아니라 하나의 덕목이기도 하다는 입장을 강하게 견지했다. 운더는 소콜로가 출판에 열광하는 풍토의 "선봉장"이었고, "출

6 브링크 인터뷰 중에서 인용된 말.

7 John Wunder, 1987년 1월 4일 저자와의 전화 인터뷰. 이하에서는 운더 인터뷰로 표기한다.

판하지 않는 학자들을 몹시 강하게 비난했다"고 말한다.[8]

소콜로는 원하는 것이 있다면 직접 덤벼들어 쟁취하는 자세를 분명하게 드러냈다. 제임스 브링크의 회고에 따르면, "그는 레터 사이즈 필기장에 연구 결과를 적어 놓았고, 권마다 서로 다른 작품을 담고 있었는데, 그런 필기장 두세 권을 항상 들고 다녔다 …… 연구 결과들을 워낙 빨리 내놓는 것도 경이적이었지만, 한꺼번에 그렇게 많은 다리미를 불 속에 넣어 놓고 있어서 나는 번번이 놀랐다."[9] 다른 사람들도 비슷한 느낌을 가졌다. 앨런 큐어드 교수는 이렇게 말한다. "그렇게 여러 가지 주제에 관해 글을 발표할 수 있는 전문가가 어떻게 있을 수 있을지, 내 마음속 어딘가에는 의문이 있었다고 생각한다."[10] 자기가 뭔가를 내놓고 있다는 데 관해 소콜로는 워낙 큰 자부심을 가지고 있어서, 큐어드 교수에 따르면, "교실에서 점점 심한 말을 뱉었다. 당시 나는 대학원 주임교수였고, 그는 신임 강의조교들에게 교수법을 가르치는 강좌를 담당하고 있었다. 조교 중 적어도 두 명을 '멍청하다'는 이유로 꾸짖어서 눈물을 흘리게 만들었다."[11]

이런 경멸은 선배 교수들에게도 연장되었다. 오토 넬슨은 소콜로의 야심에는 아무런 잘못이 없다고 본다. "그러나 좋아하지 않는 사람들에게는 가혹하다는 평판을 받았다. …… 그는 학과 내의 몇몇 사람들에 대해 별명을 지어놓고 그렇게 불렀다."[12] 소콜로에게도 친

---

8 Ibid.

9 브링크 인터뷰.

10 Allan J. Kuethe, 저자에게 보낸 1987년 1월 5일자 편지. 이하에서는 큐어드 편지로 표기한다.

11 Ibid.

12 Otto Nelson, 1986년 12월 9일, 저자와의 인터뷰. 이하에서는 넬슨 인터뷰로 표기한다.

구는 있었다. 우선 브링크가 있다. 브링크는 근육질의 신체와 엄정한 공정의 감각을 지닌 온화한 사람인데, 러벅의 빡빡하고 낯선 틀에 소콜로가 어울리지 못해 피해를 입을까 염려했다. "나는 제이미 편을 줄곧 들었었다 …… 그의 생활태도나 일부 성격은 다른 사람들에게 호감을 주지 못했지만, 나는 그런 것은 중요하지 않다는 입장이었다."[13] 부드럽게 말하는 앨윈 바도 그의 친구였다. 바는 1980년대 초반 학과장으로서 보호자 역할을 자임한 후견인이었다. 다른 사람들은 이들만큼 너그럽지 못했다. 영문학과 교수 한 명은 소콜로가 "나타나면 뭔지 무자비한 느낌이 들었다 …… 정상적인 종류의 규칙이나 예절을 인정하지 않는 사람과 자리를 함께하고 있음을 알아차릴 수 있었다"고[14] 말한다. 소콜로의 결혼이 파탄을 맞은 후, 한 파티에서 그가 젊은 강사에게 접근했는데, 그것은 "마치 상어 한 마리와 곰 인형 하나와 비슷했다"는 느낌을 이 영문학 교수는 회고한다.

1981년 가을 제이미 소콜로는 텍사스 이공대학교에 부임한 지 5년이 되었고, 18세기 미국의 과학자 벤저민 톰슨에서, 남북전쟁 이전 유대인 노예해방운동가들을 거쳐, 톨스토이에게 미친 벤저민 프랭클린의 영향에까지 이르는 광범위한 주제들에 관해 논문들을 출판한 다음이었다. 『미국 학자 목록』을 보면, 그는 자신의 연구 분야를 "남북전쟁 이전 미국"과 "19세기 유럽"이라고 표시해 놓았다. 그는 일차적으로 사회사와 이데올로기 연구자였고, 동료들에게 읽어달라고 보여줄 만한 자신의 가장 중요한 작품은 『에로스와 근대화:

---

13 브링크 인터뷰.

14 Jeffrey Smitten, 1986년 12월 8일, 저자와의 인터뷰. 이하에서는 스미튼 인터뷰로 표기한다.

실베스터 그레이엄, 보건개혁, 그리고 미국에서 빅토리아식 성윤리의 기원』이었다. 이 작품은 단행본 분량의 원고로서, 페얼리 디킨슨 대학교 출판부에서 출판하기로 결정되어 있었다. 이러한 연구 실적들은 모두 역사학과 부교수 승진 및 종신재직권을[15] 위한 평가 자료로 제출되었다.

존 운더는 1981년 10월에 이르면 "모두들 종신재직권을 따내기 위한 전투태세를 완비했다"고[16] 말한다. 그러나 앨런 큐어드는 소콜로의 연구 실적들을 볼 때 그가 종신재직권을 받는 것은 "확실한 일"이었다고[17] 생각한다. 인성에 문제가 있더라도 출판물이 많으니 십중팔구 상쇄되고 남을 것이다. 그러나 소콜로에 대한 검토를 진행할수록, 출판을 하고도 밀려날 가능성을 실증하는 사례를 그가 보여주게 될 것이라는 사실이 점점 분명해졌다.

바바라 터크먼은[18] 독일의 역사학자 레오폴트 폰 랑케를 "역사학자의 임무가 실제로 일어난 일, 또는 직역하면, 그것이 진실로 어떠했는지wie es eigentlich gewesen ist를 찾아내는 데 있다고 지정해 준" 사람들 가운데 한 명으로 자리매김한다. "그의 목표는 우리 손이 닿을 수 있는 한계를 넘어 영원히 남으리라"는 것이다. 소콜로의 사례를 정

---

15 종신재직권(tenure): 미국에서는 나이 때문에 물러나야 한다면 연령에 따른 고용 차별이 된다. 대학교수의 경우 계약 연한이 차면 재계약하거나 물러나야 하는 지위와 그런 연한이 없는 지위가 있는데, 후자를 여기서는 "종신재직권"이라고 번역한다. 종신재직권을 가진 사람은 합당한 이유가 있지 않는 한 해고되지 않고, 은퇴 시기는(건강, 학문적 미래, 주위의 평판 등, 여러 가지 사정들을 고려하여) 스스로 결정한다. — 역주

16 운더 인터뷰.

17 큐어드 편지.

18 Tuchman, *Practicing History*, 18.

확하게 규명하려면 랑케가 19세기 자신의 동료들에게 필수사항이라고 가르쳤던 것, 즉 원자료들을 추적해야 한다. 종신재직권 관련 자료와 학계의 문서들은 비공개 문건이고, 최근에 대학 내외에서 소송이 늘어나는 추세는 주의하라는 경고에 해당한다. 그렇다 보니 러벅에서 소콜로가 겪은 운명을 서류를 통해서 추적하는 작업은 빈틈을 많이 남길 수밖에 없다. 그래도 핵심적인 항목은 빛을 본다(인간이 말을 할 수 있어서 비밀 유지가 위협을 받게 된 이래, 제록스 복사기가 나와 다시 최대의 위협 요소로 등장했다). 그리고 일차적인 행위자들 중에도 몇 명은, "그것이 진실로 어떠했는지"에 대한 나름의 학문적인 헌신 때문이든 아니면 단순히 목에 가시가 걸린 것 같은 감성 때문이든, 의외다 싶을 만큼 적극적으로 나선다. 역사학자 구치는 랑케에 관해 쓰면서 이렇게 선포했다. "그가 쓴 드라마에는 영웅도 악당도 별로 없다."[19] 1981-82학년도에 홀든 관에서 벌어진 일에도 마찬가지였다고 말할 수 있다.

학과 안에서 소콜로에 관해 심각한 의심을 가장 먼저 품게 된 사람은 어쩌면 재클린 콜린스 교수였을 것이다. 소년처럼 해맑으면서도 활력이 넘치는 영국사 전문가인 콜린스는 《캐나다-미국 슬라브 연구》 1979년 가을 호에 실린 짧은 기사, 「톨스토이에 대한 벤저민 프랭클린의 잠정적 영향에 관해」를 누군가 권해서 한 번 봤다. 이는 해리 힐 월시가 쓴 4페이지짜리 기고문으로, 그보다 4년 전에 소콜로가 명망 높은 학술지 《미국 문학》에 기고했던 5페이지 반짜리 기사에 대한 강력한 반론이었다. 거기에 실린 소콜로의 기사 제

19 Gooch, *History and Historians in the Nineteenth Century*, 97.

목은 「도덕적 완성의 달성: 벤저민 프랭클린과 레오 톨스토이」였다. 이 기사에서 그는 "젊은 톨스토이의 목표와 가치와 주제가 발전하는 데 프랭클린이 결정적인 역할을 수행했다. 이 러시아인은 사춘기 인격형성의 중요한 단계에서 프랭클린을 공부했다. 프랭클린의 예화와 가치들이 톨스토이에게 스며들어 자전적 작품들을 쓰게끔 고무했다. 이 작품들은 후일 그의 걸작이 나올 수 있게 된 바탕을 형성했다"고[20] 썼다. 월시는 사실도 틀렸고 사실에 관한 해석도 틀렸다고 소콜로를 공격했다. "톨스토이가 걸작들을 창조하는 데 프랭클린이 중요한 역할을 수행했다는 소콜로의 주장, 그리고 톨스토이가 생의 막바지에 이르러 '자신의 문학적 철학적 주제의 근원으로', 다시 말해 프랭클린으로, '귀환함으로써 경력을 마감했다'고 쓴 소콜로의 진술은 둘 다 너무나 가소로워서 논평할 가치조차 없다."[21] 이러한 지적의 와중에 —누구의 해석이 맞는지 여부는 현재 우리의 관심 밖이다— 월시는 "이런 관계를 상정하는 의견들은 에우프로시나 드보이첸코-마르코프가 예전에 발표한 의견과 흡사하다"고[22] 주장했다. 이 흡사함이란 월시로 하여금 부정확하다는 혐의에 표절 혐의를 추가할 정도에는 이르지 않았지만, 콜린스로 하여금 드보이첸코-마르코프의[23] 논문을 찾아보게 만들 정도에는 이르렀다. 《미국 철학회 발표논문집》 1952년 4월호에 실린, 「벤저민 프랭클린과 레오 톨스토

20 Sokolow, "'Arriving at Moral Perfecion,'" 432.
21 Walsh, "On the Putative Influence of Benjamin Franklin on Tolstoi," 309.
22 Ibid., 306.
23 드보이첸코-마르코프(Eufrosina Dvoichenko-Markov, 1901-1980): 러시아 출신으로 미국에서 활동한 역사학자, 소련 KGB의 첩보원이었음이 후일 NSA에 의해 밝혀졌다. — 역주

이」라는 논문인데, 한 세대 후에 나온 소콜로의 주장과 언어가 수상스럽게 겹치는 대목들이 콜린스의 눈에 띄었다. 소콜로도 드보이첸코-마르코프의 논문을 각주에 언급하기는 했지만, 인용한 수많은 전거 가운데 하나로 언급했을 따름이었다. 드보이첸코-마르코프의 논문 가운데 자기가 특별히 신세를 진 대목을 특정해서 인정하지도 않았다. 콜린스가 여기서 목격한 사태는 실상 소콜로의 습관적인 작업방식이 진행한 사례들 가운데 약과에 해당하는 경우였다. 출전을 언급하기는 하되, 여타 수많은 전거 사이에 끼워 넣음으로써, 공부한 너비와 양이 많다는 인상과 함께 관례적인 격식도 갖췄다는 인상을 남기면서, 실제로 다른 사람에게 어떤 빚을 얼마나 많이 졌는지는 밝히지 않고 얼버무리는 것이 그의 작업방식이었다.

바바라 터크먼은 대실패로 끝난 지머만 전보[24]에 관한 책으로 처음 대중적인 인정을 받았다. 제이미 소콜로가 1981년에 무효화되는 과정도, 현대에 대부분의 재앙들이 그렇듯이, 전화 한 통에서 비롯되었다. 콜린스가 대학원 시절의 옛 친구로 인디애나 대학교에 재직하고 있던 랄프 그레이에게 전화를 한 것이다. 콜린스는 그레이가 딸의 결혼식에 청첩장을 보내온 답례로 전화를 했다. 대화 도중에 그레이가 제이미 소콜로라는 이름을 꺼내고서, 동료로서 인상이 어떠

24 지머만 전보(Zimmermann Telegram): 1917년 1월에 독일 외무장관 아르투르 지머만이 멕시코 주재 독일 대사에게 암호로 보낸 훈령. 미국이 제1차 세계대전에 참전하게 되면, 멕시코 정부에게 접근해서, 1836년 텍사스가 분리되어 나가기 이전의 멕시코 영토를 회복시켜 준다는 조건으로, 멕시코와 동맹을 맺으라는 내용이었는데, 영국 첩보부에 의해 암호가 해독되어 공표됨으로써, 미국의 참전을 앞당기는 결과를 빚었다. ─ 역주

냐고 물었다. "설마 그 친구에게 돈을 빌려준 것은 아니겠지?"[25] 비슷한 어조로 대답한 것으로 콜린스는 지금 기억하고 있다 — 톨스토이에 관한 소콜로의 기고를 드보이첸코-마르코프의 논문과 비교해 본 결과에서 부분적으로 영향을 받은 뼈있는 반응이었다.

그레이는 뭣 때문에 소콜로에 관해 물었을까? 갓 출범한 학술지 《초기 공화국 논총》의 편집위원장을 맡았는데, 1850년대 미국에서 부부로 짝을 이뤄 결혼이라는 관습에 반론을 펼친 이론가들을 다룬 「토머스와 메리 니콜스, 그리고 남북전쟁 이전 자유연애의 역설」이라는 제목의 글을 보내온 소콜로가 소속을 텍사스 이공대학교 역사학과로 적어놓았기 때문이었다. 이 논문은 당시 조지아 이공대학교의 사회과학부에서 조교수로 재직하고 있던 로렌스 포스터에게 심사를 위해 송부되었었는데, 포스터는 이것이 아예 대놓고 표절한 결과로 보인다는 사실을 그레이에게 알릴 수밖에 없었다. 매사추세츠 대학교 앰허스트 캠퍼스의 스티븐 니센바움 교수의 저서 『잭슨 대통령 시대 미국의 섹스와 음식과 쇠약: 실베스터 그레이엄과 보건 개혁』이 표절 당한 원전인데, 마침 포스터가 그 책에 관한 서평을 《미국사 논총》에 내기 위해 준비하고 있었던 것이다.

자유연애를 주창했던 니콜스 부부가 130년 전에 그토록 개탄해 마지 않았던 결혼이라는 제도 안으로 그레이 교수의 딸이 들어가려는 참이라서 시작된 이 대화의 결과, 콜린스 교수와 그의 동료 브라이언 블레이클리 교수는 제이미 소콜로의 학술활동에 관해 개인적인 조사에 착수했다. 그로부터 몇 달이 지나, 소콜로의 종신재직

25 Jacquelin Collins, 1986년 12월 9일, 저자와의 인터뷰. 이하에서는 콜린스 인터뷰로 표기.

권 신청과 승진 신청이 심사되기 시작한 1981년 가을에 이르면, 콜린스와 블레이클리는 학과의 심사위원회에 뭔가 볼 만한 가치가 있는 자료들을 제출할 수가 있게 될 것이었다. 그 자료 중에는 스티븐 니센바움의 박사학위 논문 사본도 있었다. 콜린스가 내심 추측컨대, 도서관 상호대차 체계를 통해 원본을 요구했다가는 도중에 무슨 이유로든 실종될 가능성이 뚜렷하다고 보아, 〈학위 논문 마이크로필름〉에 주문해서 받은 사본이었다.

소콜로의 무효화 과정이 러벅에서 시작되던 즈음에, 스티븐 니센바움은 로렌스 포스터로부터 이 좀도둑질 소식을 전해 들었다. 1980년 12월 18일에 쓴 편지에서 포스터는 이것이 "내가 여태 본 것 중에 가장 명백한 표절의 사례"로 보인다면서, "이 사실을 이미 랄프 그레이에게 알렸고, 거기서부터는 그레이가 단계를 밟고 있"는데, "그러나 귀하가 그 분석의 원작자이기 때문에 이 상황에 관해 알려드리고 싶었"다고 니센바움에게 말했다.[26] 교묘하게 은폐된 속임수를 내부에서 발견했을 때, 거기에 무언가 합리적인 이유가 있으리라고 희망하는 동시에 그런 희망이 헛된 것으로 드러나기를 바라는 애국적인 내부고발자처럼, 포스터는 이것이 사실이 아니라고 말해주기를 거의 간청하는 듯도 보이며("표절에 관한 저의 짐작이 사실무근이라면 제발 제게 말해주시기 바랍니다"), 어떤 이유가 있었다는 해명을 듣고 싶어 하는 듯도 보인다("만일 …… 이 두 작품 사이에 이렇게 이례적으로 가까운 일치가 나타나는 데 어떤 타당한 설명이

---

26 Lawrence Foster가 Stephen Nissenbaum에게 보낸 1980년 12월 18일자 편지.

있다면, 저도 그 설명을 알게 되기를 소망합니다"). 그는 심지어 의도적인 도둑질보다는 대규모의 무지 때문에 이런 상황이 초래되었을지도 모른다고 제안하기까지 한다. "혹시라도 소콜로가 귀하에게 배운 학생이었다면, 학계에서 경력을 쌓는 데 표절이 얼마나 심각한 여파를 남기게 될지를 그에게 알려주는 편이 나을 거라고 생각합니다."

조지아 이공대학교의 동료 몇 명이 이 일을 랄프 그레이에게 말한 데서 그쳐야지 더 이상은 아무 조치도 취하지 말라고, 실은 니센바움에게조차 발설하지 말라고 조언했다고 포스터는 이어서 말한다. 은폐하기 위해서라기보다는 더욱 단순하게 입을 막기 위해서, 더러운 비밀이 같은 직종에 종사하는 확장된 가족에게 널리 퍼져나가지 않도록, 그리고 무엇보다도 고발당하는 일이 없도록, 차단하는 이와 같은 풍토는 결국 소콜로의 직업적 생명을 그 후 여러 해 더 연장해준다. 로렌스 포스터가 그런 풍토에 조금이나마 저항했다는 사실은 그의 커다란 공로에 해당한다.

1981년 내내, 소콜로가 종신재직권을 따내기 위해 여러 가지 서류를 준비하고 있던 시기에, 소콜로에게 표절 당한 스티븐 니센바움은 말도 안 되는 고초를 겪어야만 했다. 소콜로가 출판하고자 했던 『에로스와 근대화』의 원고를 심사해 달라고 대학 출판사 세 곳에서 그에게 접촉해 왔다. 소콜로가 다룬 주제에 관해 권위자로 공인을 받고 있었기 때문에 니센바움이야말로 외부 심사자로서 적임이었다. 그때마다 그는 출판사에 표절 사실을 알려줬고, 근거를 밝히는 자료를 제출한 경우도 있었다. 그래서 소콜로의 원고는 번번이 출판을 거절당했다 — 그러나 어떤 출판사도 그 이상의 조치는 취하지 않았고, 심지어 소콜로 본인에게 거절의 이유를 밝히지도 않았다.

1981년 1월 15일, 오하이오 주립대학교 출판사의 경영자였던 웰던 키포버는 소콜로의 원고를 평가하는 대가로 니센바움에게 50달러의 사례금을 제안했다. 2월 4일, 니센바움은 그에게 전화를 걸어 그 일을 왜 맡을 수 없는지 설명했다. 키포버는 "꽤나 심란했던 전화 통화"를 확실히 매듭짓기 위해 편지를 보내면서, "소콜로 박사의 책을 두고 우리 편집위원회가 출판을 고려하고 있을 때, 자문역을 수행할지 말지 결정하는 데 관건이 되었을 것이 틀림없는, 그 몇 가지 사정들을 우리에게 솔직하게 알려줘서" 니센바움에게 고마움을 표했다.[27] 신경과민에 가깝도록 미묘하게 표현한 키포버에게 니센바움은 그 다음 주에 퉁명스럽게 답장을 썼다.

> 이 일이 이렇게 엉망진창이라는 점을 감안하면, 소콜로의 원고에 관해 제가 외부 자문역을 맡아야 하는지 여부는 질문거리가 아닌 것이 분명합니다. 귀사가 그 원고를 애당초 누구에게라도 보낼 필요가 있는지가 질문거리입니다. 이 질문에 대해서도 답이 제게 분명하듯이 귀사에게도 분명하기를 바랍니다. 이 원고의 출판은 귀사에게 이익이 아닙니다. 제게도 이익이 아닙니다. 무엇보다도, 제이미 소콜로에게도 이익이 아닙니다. 이 유감스러운 사태는 어떤 피해도 발생하기 전에 신속하고 영구적으로 중단되어야 합니다.[28]

니센바움은 소콜로의 복제물과 원본을 각각 복사하고, 그 위에 밑줄과 색칠을 첨가해서 키포버에게 보냈다. 두 가지 예만을 여기에 재

---

27 Weldon A. Kefauver가 Stephen Nissenbaum에게 보낸 1981년 2월 4일자 편지.
28 Stephen Nissenbaum이 Weldon A. Kefauver에게 보낸 1981년 2월 12일자 편지.

현한다.

니콜스 부부에 관한 소콜로의 원고

잭슨식 민주주의와 레세-페르 자본주의의 수사법을 활용하여, 그는 "인간의 열정이란 발전의 자유, 행위의 자유, 향유의 자유를 가져야한다"는 진술을 계속 했다. 이러한 열정들이 "자신에게 매료되어 움직이도록", 신은 자유롭게 내버려뒀다. 그러나 결혼이라는 인위적 제도를 창조함으로써, 사회는 "속박과 행태의 체제"에 의해 열정을 "구속하고 굶겼다."

그러나 토머스와 그의 아내 메리를 빅토리아 시대 성윤리를 비판하고 성교를 찬양한 19세기 비평가로 보는 것은 완전히 오도적일 것이다. 성에 대한 그들의 변론은 그 변론이 거부하는 것처럼 보였던 바로 그 정신 안에 뿌리를 내리고 있었다.

니센바움의 『잭슨 대통령 시대 미국의 섹스와 음식과 쇠약』. 박사학위 논문, 『조심스러운 사랑: 실베스터 그레이엄과 미국에서 빅토리아식 성 이론의 출현』(위스콘신 대학교, 1968)에서 변용.

미국 민주주의와 레세-페르 자본주의의 수사법을 활용하여, 니콜스는 "인간의 열정이란 발전의 자유, 행위의 자유, 향유의 자유를 가져야 한다"고 고집한다. 니콜스는 이어서, 이러한 열정들이 "자신에게 매료되어 움직이도록" 신이 자유롭게 내버려두었다고 말한다. 그러나 결혼과 같은 인위적 제도를 발명함으로써, 사회는 "속박과 억압의 체제"에 의해 열정을 "구속하고 굶겨"왔다.

그렇지만, 이 모든 점들을 고려하더라도, 니콜스 부부를 마치 매스터스와 존슨[29]을 예비하듯 19세기에 나타난 선구자로 보는 것은 심하게 오도적일 것이다. 그들이 겉으로 보기에 근대적 사고를 했다는 것보다 더욱 놀라운 점은 그들의 태도가 궁극적으로 자기들이 거부하는 것처럼 보였던 바로 그 정신 안에 뿌리를 내리고 있었다는 사실이다.

---

29 매스터스(William Masters, 1915-2001)와 존슨(1925-2013): 인간의 성적 반응과 장애를 개척적으로 연구했던 팀. 1957년부터 시작해서 1990년대까지 활동했고, 두 사람은 1971년에 결혼했는데, 매스터스는 두 번째, 존슨은 네 번째 결혼이었다. 1993년에 이혼한 후에도 연구자로서는 협동했다. — 역주

니센바움이 지적하듯이, "실베스터- 그레이엄에 관한 책을 쓰면서 소콜로와 내가 공히 토머스와 메리 니콜스에 관한 장을 넣고 있다는 점부터가 애당초 신기하다."[30] 니센바움은 언어적으로 겹치는 대목들만이 아니라, "주제, 구성, 그리고 해석" 상의 유사점도 지적했다 — 소콜로의 원고를 니센바움의 박사학위 논문과 비교하면 더욱 직설적으로 겹치는 유사점들이었다. 이때는 니센바움이 조지아 이공대학교의 로렌스 포스터에게 처음 소식을 들은 지 7주가 지난 다음으로, 누구라도 이런 일을 당하면 마음이 산란해지기 마련인 만큼, 이미 그의 겨울방학과 다음 학기의 시작이 이 일 때문에 망가지고 있었다.[31]

오하이오의 키포버는 1981년 2월 23일에 장식으로 가득 찬 편지를 하나 또 썼다. "당혹스럽고 심란한 사정"에[32] 관해 —즉, 니센바움의 저술을 소콜로가 도둑질한 일에 관해— 한 가지 사실을, 소콜로의 원고를 저자라는 사람에게 반송할 것이라는 사실을, 니센바움에게 분명히 말해줄 수 있다는 내용이었다. 출판을 거절하는 편지에서는 "당연히" 자기와 니센바움 사이에서 오갔던 "비통한 사안들"은 언급되지 않을 것이라고도 말했다. 여기서 가장 의미심장한 것은 "당연히"라는 문구다. 이 문구를 곰곰이 따져 보지 않은 사람이라면, 왜 그 사안들을 언급하지 않는지 의아할 것이다. 상대를 정면으로 응시하면서, 그 내용을 공개적으로 성토해야 할 때가 아닌가? 그러나 "당연히"of course가 가지는 한 가지 의미는 "관례에 따라서"라는

---

30 Stephen Nissenbaum이 Weldon A. Kefauver에게 보낸 1981년 2월 12일자 편지.

31 Stephen Nissenbaum, 1987년 1월 5일, 저자와의 전화 인터뷰. 이하에서는 니센바움 인터뷰로 표기한다.

32 Weldon A. Kefauver가 Stephen Nissenbaum에게 보낸 1981년 2월 23일자 편지.

뜻이다. 그리고 이 의미로 보면, 키포버의 말은 진실을 말하고 있을 따름으로, 그다지 놀랍지 않게 된다. 제이미 소콜로의 사건에서는 그가 훔친 단어들에 대해 완곡하게 장식된 단어들로 응답하는 것이 그 후로도 여러 해 동안 표준적인 절차로 작용하게 될 것이었다.

출판을 거절하는 편지에서 키포버는 무슨 말을 하겠다는 것일까? "소콜로가 다루고자 하는 주제에 관해 책 한 권이 이미 작년에 나왔다는 정보를 얻었고, 똑같은 주제에 관해 책 한 권을 더 출간하도록 권할 이유가 없다고 우리의 자문위원들과 조언자들이 본다는 점에서, 우리의 결정이 이렇게 내려지게 되었음을 단지 적시할 생각입니다."[33] 소콜로가 단 각주와 마찬가지로, 이런 식의 "적시"란 진실의 절반에도 한참 모자라는 분량만을 담고 있을 뿐이기 때문에, 결과적으로 거짓말과 같다.

이 다음에는 올버니에 있는 뉴욕 주립대학교 출판부에서 제이미 소콜로의 작품과 관련해 니센바움에게 도움을 청해 왔다. 니센바움은 오하이오 주립대학교에 답했던 것과 같은 얘기를 올버니에도 해줬다. 8월에 니센바움이 휴가를 보내고 돌아왔더니, 세 번째 요청이 답지해 있었다. 이번은 노던 일리노이 대학교 출판부의 메리 리빙스턴이었다. 그녀는 100달러의 사례금을 제시하면서 소콜로의 원고를("꽤나 잘 쓰인 글이에요")[34] 읽어주겠느냐고 물었다. 1981년 8월 17일로 날짜가 적힌 그의 대답은 역겨움과 모멸감이 섞인 것이었다. 소콜로가 표절을 ("나는 이 단어를 주의해서, 법률적인 의미로 사용하고 있는 것입니다")[35]

---

33 Ibid.

34 Mary Livingston이 Stephen Nissenbaum에게 보낸 1981년 7월 28일자 편지.

35 Stephen Nissenbaum이 Mary Livingston에게 보낸 1981년 8월 17일자 편지.

저질렀다고 고발한 다음에, 그는 리빙스턴에게 이렇게 설명했다.

> 이 유감스러운 의식儀式을 계속 반복할 필요 없이 짧게 끝낼 길이 있으면 좋겠습니다. 이 일은 제게 이미 소름끼치는 상태를 지나 지겨운 일로 전락했습니다. 그러므로 표절을 다시 한 번 증명하는 대신에, 제가 이미 얘기를 나눴던 출판사 두 곳의 연락처를 알려드릴 테니까, 일단 그들과 접촉해 보시고 나서 그 다음에 취할 조치를 취하시기를 권합니다.

스티븐 니센바움도 제이미 소콜로처럼 뉴저지 출신이었다. 1941년에 태어난 그는 자신의 단어들을 훔쳐간 사냥개보다 다섯 살이 많았고, 학벌은 더 상등이었다. 하버드에서 학사, 컬럼비아에서 석사를 받은 후에 위스콘신 대학교에서 박사학위를 취득했다. 줄곧 매사추세츠 대학교 앰허스트 캠퍼스에서만 강의했고, 마흔 살이 되기 전에 정교수가 되었다. 소콜로는 『에로스와 근대화』를(켄트 주립대학교와 펜실베이니아 대학교에서 거절당한 후에)[36] 마침내 페얼리 디킨슨 대학교 출판사에 팔았는데, 이로써 니센바움은 그 원고를 심사해달라는 요청을 더 이상 받을 일이 없게 되었다. 그러나 1981년 가을에 텍사스에서 벌어진 일련의 사태로 말미암아 그의 인생에는 소콜로가 계속 남아 있을 수밖에 없었다.

앨윈 바는 10월 2일에 텍사스 이공대학교 역사학과의 종신재직권을 보유한 교수들에게 회람을 돌렸다. 10월 5일에서 21일 사이에 소콜로

---

36 Jayme Sokolow가 1981년 10월에 역사학과의 종신재직권을 가진 동료 교수들에게 보낸 편지.

의 저서 원고, 출판물, 학생들의 평가 등이 학과 사무실에 비치될 테니 살펴보라는 공지였다. 교수들로 구성된 평가위원회의 보고서도 학과 사무실에 10월 19일부터 23일까지 비치될 터였다. 금요일인 23일 오후 1시 30분에 종신재직권을 보유한 부교수와 정교수는 모두 모여 소콜로의 신청을 토의하고 투표용지를 받아 간 다음, 의사를 표시해서 다음 화요일인 10월 27일까지 바에게 제출하기로 되었다.

바는 동료 한 사람에 의해 "매우 조심스러운 사람"이라고,[37] 다른 한 사람에 의해서는 "내가 아는 사람 중에 아마도 가장 조심스러운 사람"이라고[38] 묘사된 인물이다. 존 운더 교수에 따르면, 바는 (외부 출신이자 유대인인) 소콜로가 부당한 일을 겪지 않도록 훌륭하게 보호해줬다. 교수평가위원회는 교수를 평가하기 위해 동료 교수들로 구성된 소위원회로서, 평가 결과를 학과 내 종신재직권 교수 전원에게 보고하게 되고, 그 이후에는 종신재직권 교수 전원이 "종신재직권 위원회"의 기능을 수행하게 되어 있는데, 교수평가위원회의 인선에서 바는 논의가 개시되었을 때 소콜로에 대해 중립적이거나 전반적으로 우호적일 것으로 믿어지는 사람들을 선택했다고 운더는 추측한다.[39] 결과적으로 교수평가위원회는 벤저민 뉴컴 교수(미국시민자유연맹 러벅 지부장을 역임했다), 존 운더 교수, 그리고 앨런 큐어드 교수로 구성되었다.

누가 위원장을 맡았는지를 뉴컴이 현재 시점에서 기억하지 못한다면, 처음부터 그 일이라는 게 판에 박힌 요식 행위라고 여겼었기 때

37 운더 인터뷰.
38 넬슨 인터뷰.
39 운더 인터뷰.

문일 것이다.[40] 그러나 10월 12일 오후에는 근대 영국사 전문가였던 브라이언 블레이클리가 "소콜로의 종신재직권 신청에 관해 논의하기 위해"[41] 자신과 재클린 콜린스, 오토 넬슨과 함께 모이자고 큐어드에게 청한다. 방금 인용한 문구는, 문서화된 출전을 사용하는 데 익숙해진 큐어드가 회의에 참석할 때마다 기록한 일지에서 나온 것인데, 기록을 시작하고 나서 머지않아 그는 그 기록들이 학과 역사에서 난처한 장면들에 해당하리라는 사실을 깨달았다. 네 명의 회의는 14일 아침에 있었다. 여기서 큐어드는 콜린스가 독자적으로 조사한 결과를 받았다. 그 다음에 그는 "랄프 그레이에게 전화해서, 그레이의 학술지에 제출된 소콜로의 원고에 관해서 그레이와 소콜로가 교신한 내용의 사본을 사용할 수 있도록 허락해달라고 요청했다."[42]

큐어드는 5년이 지나서 회고하기를, 당시에 "언짢음과 분노와 근심이 뒤섞였지만 그다지 놀라지는 않은 상태"로[43] 대응했었다고 한다. 연구 주제들이 수상할 정도로 여러 분야에 걸쳐있었던 점은 접어두고라도, "소콜로의 성격이 허풍치고 위세를 부리는 경향이 많았다"는[44] 것이다. 그렇지만 이와 같은 막연한 의심이 사실이었음을 확인하는 일은 큐어드에게 지적인 즐거움이 전혀 아니었다. 그 다음으로 무슨 일이 이어질지 그는 깨달았다. "목표물에 가까워짐에 따

---

40 Benjamin Newcomb, 1986년 12월 8일, 저자와의 인터뷰. 이하에서는 뉴컴 인터뷰로 표기한다.

41 Allan J. Kuethe가 기록해둔 일지에 1981년 10월에 있었던 일의 기록. 이하에서는 큐어드 일지로 표기한다.

42 Ibid.

43 큐어드 편지.

44 Ibid.

라 느껴지기 마련인 두근거림이라고는" 전혀 없이 다만 "지저분하고 힘들지만 필요한 작업"만이 남아 있었다. 더구나 교수평가위원회의 보고서도 19일까지 제출해야 했기 때문에, 큐어드는 자기 어깨 위에 "세계의 모든 무게"를 짊어진 듯이 느꼈다.[45] 소콜로의 박사학위 논문은 큐어드가 검사하기로 하고, 그의 다른 논문 한 편은 오토 넬슨이 검사를 맡았다. 14일 저녁에 큐어드는 뉴컴을 만나 진행상황을 알려줬다. 큐어드의 일지에는 이렇게 적혀 있다. "서부역사학회 학술대회에서 운더가 돌아올 때까지 기다려 보기로 결정."[46] 그 사이에 뉴컴은 소콜로의 책 원고와 스티븐 니센바움의 박사학위 논문을 대조하는 작업을 마치기로 했다.[47]

샌안토니오에서 그 주에 개최된 서부역사학회의 학술대회에는 텍사스 이공대학교 역사학과에서 여러 명이 참석했다. 금요일 16일에, 큐어드는 여전히 대조 작업을 직접 하기도 하고 다른 사람에게 맡기기도 하면서 계속하는 중이었는데, 마치 걱정스러운 의료 진찰처럼 들어오는 소식마다 맞다는 것이었다. 그날 저녁에 그는 존 운더의 부인 수잔에게 전화해서 토요일에 만나자는 전갈을 존에게 남겼다.[48] 운더는 토요일 아침 10시에 큐어드와 함께 뉴컴을 만났는데, 그 전에 공항에서부터 호출신호를 받았고 새벽 1시에 큐어드에게 전화를 받았다고 기억한다.[49] 이 모임에서 그들은 교수평가위원회는 소콜로의 종신재직권을 거부하기를 권고해야 하고, 나아가 추가적인 조치를 취

---

45 Ibid.
46 큐어드 편지.
47 Ibid.
48 Ibid.
49 운더 인터뷰.

할 필요가 있다고 결정했다. 큐어드의 일지: "운더, 뉴컴, 그리고 나는 또한 해임의 가능성을 검토하도록 바에게 촉구하기로 합의. 뉴컴이 바의 집에 전화해서 서부역사학회에서 돌아오는 시간을 알아보기로."

같은 토요일 오후 10시 30분, 교수평가위원회는 바와 만났다.[50] 학과장으로서 바는 당시 문리과대학 학장이던 로렌스 그레이브스에게 면담을 신청하기로 하고(바를 학과장에 임명한 사람이 그레이브스였다),[51] 그 전에는 역사학과의 강사 한 명과도 만나기로 정해졌다. 학장 면담은 10월 20일 화요일 아침에나 시간이 잡혔는데, 교수평가위원회의 보고서를 학과의 여타 종신재직권 교수들에게 제출하기로 했던 월요일에 바는 큐어드에게 연기할 것을 제안했다.[52] 그 사이에도 교수평가위원들은 학과장 사무실 책상 위에 소콜로 본인의 저술들 바로 옆에 비치하기 위해, 소콜로의 학위논문, 책 원고, 여타 출판물들의 원전들의 복사본을 취합하고 있었다. 이 두 부류의 작품들 사이에 충분히 현저한 연관이 있다는 사실을 소콜로가 손수 드러내지 않았던 것이라면, 이제 위원회가 약간 분기탱천하며 나서서 모든 사람들이 볼 수 있도록 낱낱이 진열하겠다는 것이었다.

소콜로에게 불리한 가장 심각하고 가장 양이 많은 증거는 『에로스와 근대화』 원고였는데, 이것은 뉴컴이 맡았다.[53] 뉴컴은 스티븐 니센바움의 1968년 논문에서 따오고도 원전의 공로를 충분하게 인정하

50 큐어드 일지.

51 Lawrence Graves, 1986년 12월 8일, 저자와의 인터뷰. 이하에서는 그레이브스 인터뷰로 표기한다.

52 큐어드 일지.

53 뉴컴 인터뷰.

지 않은 수십 군데의 대목들에 빨강색으로 밑줄을 그어 표시해 두었다. 겹치는 대목들의 쪽수만을 —문구를 적지는 않고— 나란히 수기로 적어둔 목록이 4페이지를 넘었다.[54]

니센바움의 책 『잭슨 대통령 시대 미국의 섹스와 음식과 쇠약: 실베스터 그레이엄과 보건 개혁』은 1980년에 나왔는데, 그 바탕이 되었던 1968년의 박사학위 논문 『조심스러운 사랑』을 소콜로가 사용한 지 상당한 시간이 지난 다음이었다. 박사학위 논문으로 통과된 지 12년이나 지나서 그것을 바탕으로 새로 쓴 책이 나와서 소콜로로서는 놀랐을 수도 있다.[55] 그런 책이 곧 나오리라는 사실을 소콜로는 어쩌면 친구이자 동료였던 제임스 브링크에게서 처음 들었을 수도 있다. 브링크는 이렇게 말한다. "구독하던 어떤 학술지 소식란에서 그것을 보고 제이미에게 가져가 '이거 봤어? 자네 것과 정확히 똑같은 주제를 다룬 책이 나온다네'라고 말했던 날이 기억난다."[56] 『잭슨 대통령 시대 미국의 섹스와 음식과 쇠약』에 관해 처음 들어본 것 같은 인상을 주기에는 모자라지 않을 만큼 놀란 표정이었지만, 소콜로는 "쳐다보더니, '어, 그렇구나, 별문제는 아니라고 생각'한다고 말했다." 브링크는 지금까지도, "수많은 박사학위 논문들이 그렇듯이, 그냥 잠자고 있으리라 생각했던 무언가가, 자기가 그 자료를 사용하려 마음먹은 바로 그 순간 갑자기 출판되어 나온다는데 어떻게 충격을 받지 않을 수 있는지 상상이 안 된다."[57] 물론, 어지간한 일에

54 John Newcomb이 저자에게 보여준 목록.
55 브링크 인터뷰.
56 Ibid.
57 Ibid.

는 충격을 받지 않는 기질이라면 얘기가 다르겠지만.

하여간, 뉴컴은 니센바움의 박사학위 논문을 가지고 대조 작업을 수행했고, 누구든지 보기만 하면 수긍할 수밖에 없는 대조표를 만들었다. 구성, 세부주제들, 해석들, 전거들을 가지고도 설득되지 않는 사람이 혹시 있다고 쳐도, 도처에서 단어들 —정확하게 베껴 쓴 많은 문구들과 약간 변형했지만 베껴 쓴 것이 명백한 많은 문구들— 자체가 있었다.

소콜로는 1972년에 뉴욕대학교에서 박사학위 요건을 "부분적으로 충족하는"[58](이 문구가 이때만큼 진실된 경우는 별로 없을 것이다) 논문, 『신앙부흥 운동과 급진주의: 개리슨, 라이트, 그리고 무저항주의』를 제출했는데, 책으로 출판하지는 않았다. 이 논문을 그는 부모, 아내, 그리고 세 명의(네오콘 어빙 크리스톨도 그 중 한 명) 지도교수에게 헌정하면서, 그 사람들 덕분에 "이 논문이 가능했다"고[59] 감사를 표했다.

그 논문이 가능했던 것은 윌리엄 홀러의 『청교도주의의 발흥』(1938)과 같은 책 덕분이기도 했다. 첫 번째 각주는 제1장, 11페이지에 나오는데, 홀러의 책 또는 그 책 처음 다섯 페이지를 언급한다. 이것은 소콜로의 전형적인 수법이다. 이런 각주를 보면, 아마도 저자가 홀러에게서 배경적인 정보를 상당히 빚졌는데, 그 내용은 저자 자신의 주장 속으로 여기저기 용해되어 들어갔으리라고 기대하는 것이 정상이다. 실상을 보면, 「신들린 사람들」이라고 제목이 달린 이 장 처음 몇 페이지에서, 소콜로는 홀러가 쓴 단어들을 정확히 그대

58 통과된 박사학위 논문 맨 앞에 붙은 승인문에는 요건을 "부분적으로 충족했다"는 문구가 의례적으로 들어간다. — 역주

59 Jayme Sokolow의 박사학위논문, "Revivalism and Radicalism"에 달린 사사.

로 인용부호에 넣지 않고 반복적으로 훔쳐 쓰고 있다. 청교도들에 관해, 홀러는 자기 책 3페이지에서 이렇게 말한다.

> 초서는 캔터베리로 가던 도중에 한 명을 만나 초상화를 그렸다. 우리가 여기서 다룰 종류의 사람들의 초상화로 그보다 2백년 후에 많은 사람들이 그린 것에 비해 별로 다를 바 없고 손색도 없다. 그 성직자는 학식 있는 인물이었고, 신도들을 가르치고 돌보는 데 헌신적이었으며, …… 아름다운 말과 훌륭한 본보기로써 사람들을 천국으로 인도하는 것이 그의 진짜 일이었다고 초서는 말한다. 그의 말은 사려 깊고 자비로웠다.[60]

소콜로는 이렇게 썼다.

> 초서는 캔터베리로 가던 도중에 한 청교도를 만나 그의 초상화를 그렸다. 그 성직자는 학식 있는 인물로, 가르치는 데 헌신하고 신도들을 돌봤다고 초서는 적었다. 아름다운 말과 훌륭한 본보기로써 사람들을 천국으로 인도하는 것이 그의 일이었다. 그의 말은 사려 깊고, 자비로웠다.[61]

소콜로는 『캔터베리 이야기』에서 십여 행을 이 성직자와 관련해서 인용하는데, 홀러가 1938년에 인용했던 문장들과 정확히 같다. 홀러 책의 "1-5페이지"를 출전으로 밝힌 각주 다음의 각주에는 로버트

60 Haller, *The Rise of Puritanism*, 3.

61 Sokolow, "Revivalism and Radicalism," 9-10.

프래트가 1966년에 편집한 『캔터베리 이야기 발췌본』을 출전으로 적어 놓았는데,[62] 이미 홀러의 책에서 초서의 문장들을 먼저 읽은 다음에 단지 페이지를 찾기 위한 목적이 아닌 한, 소콜로는 이 발췌본을 들여다 볼 필요가 없었다. 예를 들어, "그는 배우기를 즐기고, 가르치기도 즐겼다."[63] 초서의 문장을 소콜로 자신이 인용한 듯 사용한 것이다. 글쓰기가 이렇게 쉽다면 누군들 하지 않겠는가?

홀러의 책 『청교도주의의 발흥』은 초기 미국사를 연구하는 역사학자 사이에서는 비교적 하나의 고전에 해당하는 만큼, 그토록 널리 알려진 책을 도용했다가는 발각될 것이 너무나 뻔하기 때문에, 콜리지와 엡스타인의 경우 최소한 부분적으로 해당했던 "죽음의 소원"이 소콜로의 경우에도 해당한다고 보지 않는다면 이상할 지경이다. 박사학위 논문에서 벌어진 도둑질은 "다른 것들에 비해 덜 명확하다"고[64] 존 운더는 기억하면서(이 얘기는 액면 그대로 사실일 수도 있고 니센바움에 대한 약탈 행위가 그만큼 지독했음을 시사할 수도 있다), 죽음의 소원이라는 설명이 "이 사례에 많이 부합한다"고[65] 생각한다.

아마도 그럴 것이다. 랄프 그레이로부터 소콜로의 소행에 관해 경보를 들은 후 뉴욕대학교로부터 박사논문의 사본을 주문해서 받아본 재클린 콜린스는 실제로 자기 강좌에서 홀러 책의 해당 대목 일부를 전부터 줄곧 사용하고 있던 참이다.[66] 그 책은 그만큼 유명한

62 Ibid., 11.

63 Gladly wolde he lerne, and gladly teche. Geoffrey Chaucer, *The Canterbury Tales*, General Prologue, "The Clerk", 310행. — 역주

64 운더 인터뷰.

65 Ibid.

66 콜린스 인터뷰.

책이다. 그런데 콜린스는 왜 소콜로를 채용할 때 바로 잡아내지 못했을까? 그의 박사논문을 읽지 않았기 때문이다.[67] 앨런 큐어드는 말한다. "미국사 분야의 내 동료들에 관해 약간보다는 조금 더 많이 불편한 심정이다. 선배 교수들이면서 그의 저술을 읽지 않았다니, 만약 읽었다면 그의 수법을 알아채지 못했을 리가 없지 않은가?"[68] 그러니까 종신재직권 심사 전에 읽지 않았다는 말이다. 단, 콜린스는 미국사가 아니라 영국사 전공임을 간과하지 말아야 한다. 그리고 텍사스 이공대학교에서 소콜로의 비행이 드러나게 된 것은 누구보다 콜린스의 역할 때문이었다는 사실도 잊지 말아야 한다. 소콜로가 채용되기 전에 그의 학위논문을 읽지 않았다는(그 자신이 자인한 사실인데) 점은 이상한 일도 아니고 추악한 일도 아니다. 조교수 자리에 지원하는 후보들은 보통 박사논문 가운데 하나의 장 정도만을 보내지만, 최종 단계에 오른 후보만 하더라도 커다란 학과에서 수십 명에 이르는 모든 교수가 그들이 제출한 저작물 모두를 읽는다는 것은 현실적이지 않다. 그런 예시 자료들은 학기가 끝날 즈음, 크리스마스 휴일과 연말 학회 직전, 가장 분주한 시기에 도착하는 경향이 있다. 연말 학회에서 교수 임용에 관한 예비 면접들이 대부분 이뤄지는 것이다. 임용 과정은 빠르게 —혼란스럽고 성가시게— 진행되며, 학계의 모든 활동이 그렇듯이 정직하리라는 추정에 어느 정도는 의존한다. 박사학위 논문에 관해, 소콜로로서는 죽음의 소원보다는 들킬 리 없다는 배짱이 필요했을 뿐이다. 그리고 뉴욕대학교에 제출된 지 10년 후, 홀든 관 학과장 사무실에 다른 증거들과

67 Ibid.

68 큐어드 편지.

함께 그 논문이 놓였을 때에도, 그는 자살하듯이 반응하지 않았다. 맞서 싸우는 길을 택했다.

실베스터 그레이엄이 미국인의 건강을 지켜주려 나서기 전에, 럼포드 백작 벤저민 톰슨은 모국의 도시 주민들을 따뜻하게 지낼 수 있게 해줬다. 소콜로가 주제로 다룬 과학자 중 한 사람인 톰슨에 관해 『뉴 컬럼비아 백과사전』에 올라 있는 짧은 전기의 일부는 다음과 같다.

> 럼포드 백작, 벤저민 톰슨, 1753-1814, 미국계 영국인 과학자 및 행정가, 매사추세츠 워번 출생. 1776년에 영국으로 건너가서, 식민청 차관으로 봉직하면서(1780-81), 여가를 이용해 화약에 관해 중요한 실험들을 행했다. 그 후, 바이에른 선제후 아래서 행정관으로 일했다. 신성로마제국으로부터 1784년에 기사위를 받았고, 1791년에는 백작위를 받았다. 백작위를 받을 때 칭호로 자신의 부인이 태어난 뉴햄프셔의 럼포드를(오늘날의 콩코드) 선택했다. 영국으로 돌아간 후(1795), 난방과 취사의 방법을 개선했고, 열에 관해 더욱 정확한 이론을 개발했다.[69]

럼포드가 여러 분야에 걸쳐 업적을 남긴 탓에 텍사스 이공대학교에서는 소콜로의 사안이 여러 학과로 번져가게 되었다. 「럼포드 백작과 후기 계몽주의 과학, 기술, 그리고 개혁」은 20페이지짜리 논문으로, 영문학과의 부교수 두 사람, 제프리 스미튼과 조엘 와인샤이머가 편집하던 계간 학술지 《18세기: 이론과 해석》에 게재되었다. 스미튼은 여러 해가 지난 다음, "나는 조엘 탓이라고 본다"고[70] 웃으

---

69 *New Columbia Encyclopedia*(New York, 1975), 2373-2374.
70 스미튼 인터뷰.

면서 말한다. "조엘도 나만큼은 아마 제이미를 잘 알았다. 어쩌면 나보다 더 잘 알았을 수 있다. 그리고 럼포드 백작에 관해 논문이 하나 있으면 좋겠다고 …… 그와 제이미는 자주 얘기를 나눴다. 그래서 제이미가 이걸 쓰기로 동의했다. 그러니까 이건 청탁해서 받은 원고였다. 우리는 가끔 그렇게도 한다. 하지만, 그 일 때문에, 이제는 더 이상 그렇게는 안 한다." 스미튼은 소콜로를 사실 잘 몰랐다. 그리고 사교적으로 마주치면서 받은 인상도 좋지 않았다. 그렇지만 학자로서 정직하리라는 추정만은 유지되었다. 직장 동료에 관해 대개는 성실하게 작업하리라고 추정하는 것이 보통이므로, 같은 학교에 재직하는 동료에게 논문을 청탁했다면 출판 적격 여부를 심사받기 위해 "외부의 독자"에게 보내지는 않는 것이다. 누군가에게 뭔가를 써달라고 요청했다면, 그 일을 잘할 능력이 있다고 이미 그에 대한 신뢰를 표명한 셈과 같다. 소콜로의 럼포드 논문은 완성되어 들어왔고, 편집자들이 보기에 "무리 없이 잘 쓰인"[71] 것으로 보였다. 그래서 《18세기》 1980년 겨울 호에 게재되었다.

거의 2년이 지나, 소콜로의 연구 실적들이 산산이 조각나고 있을 무렵, 교수평가위원회는 자연스럽게 럼포드 논문도 조사해 보기로 결정했다. 이 조사 임무는 학과에서 독일사 전문가로서 나중에 문리과대학 부학장이 되는 오토 넬슨에게 맡겨졌다. 잔잔한 어조로 정확하게 말하는 천사 같은 넬슨은 텍사스 이공대학교에서, 독일 제3제국의 역사에 관한 자기 강좌를 수강했던 존 힝클리가 레이건 대통령을 암살하려다[72] 실패하고 잡히는 경험을 이미 감내해야만 했던 바가 있었다.

---

71 Ibid.

72 1981년 3월 30일의 일이다. — 역주

"소콜로 소동 전체에서 [럼포드 논문의] 역할은 부수적이었다"고[73] 넬슨은 말한다. "실은 아주 미미했다." 그럼에도, 그는 조사를 꼼꼼하게 진행했다. 소콜로 본인이 종전에 건네준 사본을 가지고 조사했는데, 그 사본에는 "오토 —이것은 독일의 제후국에서 활동했던 미국인 과학자에 관한 연구입니다. 어쩌면 선생님께서도 관심이 있을 것 같다고 생각했습니다. — 제이미"라는[74] 인사말이 수기로 적혀있다. 여기서도 자기과시라는 요소가 특징적으로 나타나는 듯하다. 왜냐하면, 소콜로가 난처한 지경에 빠지기 전부터도, 넬슨은 그에 대해 인간적인 친근감이나 학문적인 경의를 별로 느끼지 못한 것이 명백하기 때문이다.

넬슨은 그 논문을 출전과 대조해서 읽으면서 주석을 붙였다. 그가 찾아낸 주된 내용은 소콜로가 샌본 브라운의 1962년 연구, 『럼포드 백작, 비상한 물리학자』에 크게 의존했으면서도 그 사실을 충분히 인정하지 않았다는 사실이었다. 기술 분야에 관한 소콜로의 서술들은 브라운의 서술과 가깝거나 똑같은 경우가 많았다. 예를 들어, 럼포드의 투명잉크에 관한 소콜로의 설명("오배자 가루를 물에 타서 얻어지는 타닌 산")은[75] 브라운의 설명("갤로타닌산인데, 오배자 가루를 물에 타서 얻어진다")과[76] 글자까지 거의 똑같지만, 아무런 각주도 달려있지 않다. 그리고 소콜로는 럼포드 벽난로가 제인 오스틴의 『노생거 사원』에서도 언급된다고 알려주면서, 그 벽난로를 이렇게

---

73 넬슨 인터뷰.

74 소콜로가 럼포드 논문의 사본을 넬슨에게 보내면서 그 위에 적어둔 메모. 넬슨이 저자에게 보여줬다.

75 Sokolow, "Count Rumford and Late Enlightenment Science, Technology, and Reform," 68.

76 Brown, *Count Rumford*, 19.

소개한다. "아주 좁은 연기구멍과 연기선반이 굴뚝 입구의 뜨거운 공기를 굴뚝 출구의 찬 공기와 분리한다. 그는 또한 벽난로가 사용되지 않을 때 외부 공기를 차단할 수 있도록 댐퍼를 도입했다. …… 그는 후면과 측면을 비스듬하게 만들었다."[77] 같은 발명에 관해 브라운은 이렇게 썼다. "좁은 연기구멍과 연기선반은 벽난로 앞의 뜨거운 공기를 굴뚝 출구에만 있어야 할 찬 공기와 분리한다. …… 그는 또한 벽난로가 사용 중이지 않을 때 외부 공기를 차단하기 위해 댐퍼를 도입했다. …… 그는 후면과 측면을 비스듬하게 만들었다."[78] 하지만 소콜로는 각주를 달지 않았다.

서사나 논증에 비해 기술적인 해설에서는 표현이 달라질 수 있는 가능성이 적다고 주장할 사람도 있을 것이다. 그렇더라도, 심지어 "날림"으로 논문을 하나 작성하다 보니 그랬을 가능성까지를 용인하더라도, 소콜로가 다른 사람의 물리학 위에 무임승차했던 것은 분명해 보인다. 그의 논문에서 넉넉한 권위를 자신하면서 등장하는 과학적 서술들은 실상 거론되는 주제에 관해 누군가 다른 사람이 체득한 고유한 이해력에 절박하게 의존하고 있는 것이다.[79](누가 소콜

---

77 Sokolow, "Count Rumford," 80.

78 Brown, *Count Rumford*, 109-111.

79 콜리지가 마스를 어떻게 사용했는지에 관한 노먼 프루먼의 논의를 보라(*Coleridge: The Damaged Archangel*, pp. 76-77). 그리고 마이클 홀로이드의 리튼 스트래치 전기에 나오는 이 대목을 고찰해보라. "이디트 시트웰의 『잉글랜드의 빅토리아』는 가장 비범한 형태의 표절을 제공한다. 조프리 그리그선이 제대로 짚어냈듯이(*Times Literary Supplement*, 1965. 2. 11, p. 107), 저자는 리튼이 인용한 문구들을 찾아낸 다음, 그 뒤에 이어지는 리튼의 논평을 문구만 바꿔 씀으로써, 아니면 때때로 각 단어를 동의어로만 바꾸는 작업을 반복함으로써, 단지 길이만을 늘인다."(Michael Holroyd, *Lytton Strachey*, vol. 2, Holt, Rinehart & Winston, p. 431.)

로의 연구실에 들러 럼포드 벽난로에 관해 말로 짤막하게 설명해달라고 했을 때, 벽난로의 작동원리를 설명해 줄 수 있었을까?) 대통령이 공범 인지를 확인하기 위한 고전적인 질문은 "그가 그것을 알았는가 그리고 언제 알았는가?"인 반면에, 소콜로에 관해 물어야 할 첫 번째 질문은 다만 "그가 어떻게 그렇게 많이 알 수 있을까?"였다. "그렇게 여러 가지 주제에 관해 글을 발표할 수 있는 전문가가 어떻게 있을 수 있는지, 내 마음속 어딘가에는 의문이 있었다고 생각한다"는[80] 앨런 큐어드의 의심은 다름이 아니라 바로 럼포드에 관한 논문과 같은 저술들 때문에 일어났던 것이다.

넬슨은 "약 한 시간 만에"[81] 럼포드 논문을 논죄할 수 있는 충분한 근거들을 보고서로 정리해서 동료들에게 보여줄 수 있게 되었다.

> 다른 경우에서라면, 이런 논문은 단지 엉망진창이라고 판정하고 일축하는 것으로 마무리할 수도 있었을 것이다. 그러나 다른 사안들과 연계해서 바라보면, 학자가 지켜야 할 도리에 관해 저자의 자세를 심각하게 의문시할 수밖에 없는 일정한 패턴의 일환에 이 논문도 해당한다.[82]

《18세기》의 편집자 중 한 명인 제프리 스미튼도 역사학과의 내부 조사 과정에서 드러난 겹치는 대목들을 통보받았다. 그리고 그 학술

80 큐어드 편지.
81 넬슨 인터뷰.
82 넬슨이 1981년 10월 16일 역사학과의 동료 교수들에게 제출한 보고서.

지의 1982년 봄 호에, 명예로운[83] 철회를 공포하면서, 다음과 같이 마무리했다.

> 인용된 출전들의 공로를 인정하지 않았다는 사실을 편집자들은 알아차리지 못했습니다. 편집자들은 물론 이런 행위를 묵과할 수 없습니다. 대학교 당국, 텍사스 이공대학교 출판사, 그리고 《18세기》의 편집자들은 이 소홀에 관해 학문공동체 전체에게 그리고 특히 브라운 박사께 사과합니다.[84]

논문은 철회되었지만 소콜로의 이름도 그 논문의 제목도 언급되지 않았다. 소콜로 본인에게 사과하라고 요청하지도 않았다. 이렇게 처리된 까닭은 다분히 피해자의 당혹감 때문이었다. 스미튼은 이렇게 말한다. "편집자로서 우리는 엄청난 죄책감을 느꼈다. 이건, 말하자면, 강간과 다르지 않다. …… 가해자만큼이나 피해자도 심한 죄책감을 느낀다." 극단적인 비유일 수는 있지만, 앞에서 살펴봤듯이, 또한 표준적인 비유이기도 하다.[85]

"[외부] 심사자가 있었더라면, 그 논문은 아예 받아들여지지도 못했을 것"이라고[86] 오토 넬슨은 말한다. 스미튼은, 외부 심사를 필수

---

83 본문은 honorable retraction이다. 이 문구는 원래 어떤 잘못을 저지른 사람이 그 잘못이 공식적으로 문제되기 전에 스스로 잘못을 인정함으로써 더 이상의 징계가 사면되는 경우에 사용된다. 따라서 이와 같은 경우에는 "자진철회"를 뜻해야 한다. 하지만, 《18세기》 편집자들은 소콜로의 사과를 받지도 않은 채 자기들이 일방적으로 논문만을 삭제했기 때문에, 이렇게 모호하게 옮긴다. — 역주

84 *The Eighteenth Century*, 1982년 봄 호에 실린 편집위원회의 공지.

85 스미튼 인터뷰.

86 넬슨 인터뷰.

로 정한 새로운 방침을 반기면서도, 반드시 그랬을지 확신이 없다. 어쨌거나, 소콜로의 다른 논문들 중에는 외부 심사를 거쳐서 게재된 것들도 있지 않은가? 실제로, 자기 논문 중 적어도 아홉 편은 인쇄되기 전에 외부 심사를 거쳤다고 소콜로는 자랑스럽게 주장할 수가 있었다.[87]

편집자의 사과문에 전혀 아무런 반응이 없어서 스미튼은 놀랐다. "아무도 이에 관해 우리에게 어떤 말도 하지 않았다. 구독자든 기고자든 …… '이렇게 창피한 일이 일어나다니'라든지 '이런 걸 못 잡아내다니 당신들 바보 아니야'라는 편지를 보내온 사람도 없었다."[88] 어쩌면 창피한 일들은 언제나 충분히 많기 때문에 으레 그 중 일부는 간과되기 마련인지도 모른다. 소콜로가 일으킨 나머지 문제들에 견주어 보면 럼포드 논문이야말로 그런 경우에 가까웠다. 넬슨이 맡은 조사가 채 끝나기도 전에, 그의 표현을 그대로 사용하면, 이것이 "이미 닫힌 관에 박힌 아주 작은 못 하나일 뿐"이라는[89] 사실이 분명했다. 그리고 스미튼의 사과문은 소콜로에 관해서 서로 다른 세 개의 학술지가 공포한 세 편의 사과문 가운데 첫 번째였을 뿐이다.

마침내 10월 20일 화요일 오전 8시, 앨윈 바는 로렌스 그레이브스와 만나 "권장할 만한 대책"을[90] 짜내고 있었다고 앨런 큐어드의 일지에 기록되어 있다. 대학교 당국도 아마 대책에 관해 이미 법률가

---

87 종신재직권을 보유한 동료 교수들에게 보낸 소콜로의 편지, 1981년 10월.
88 스미튼 인터뷰.
89 넬슨 인터뷰.
90 큐어드 일지.

들의 자문을 받았을 것이라고 그레이브스는 생각한다.[91]

햇볕에 그을린 잘 생긴 얼굴, 숱 많은 백발, 두꺼운 금테 안경, 그리고 그만큼 굵은 목소리의 소유자인 그레이브스는 처음 만나는 사람에게 서부 텍사스 사람이라면 으레 그런 외모를 갖춰야 할 것 같은 선입견을 남긴다. 그렇지만 그는 뉴욕 주 북부에서 자라고, 스티븐 니센바움처럼 위스콘신 대학교에서 박사학위를 받은 사람으로, 텍사스에는 1955년에야 왔다. 역사학과 소속이었으면서도 학장을 맡게 되면서 학과 내부의 일에는 대개 간여하지 않았다. 바를 학과장에 임명한("학자로서 그의 역량과 함께 행정가로서 역량에 관해서도 나는 잘 알고 있었다") 그레이브스는, 소콜로 사건이 진행되는 동안 그 얘기를 처음 들었을 때부터 학과 내부에서 "합의가 이뤄질 수 있도록 그에게 의존했다." 그는 소콜로와도 교수평가위원회와도 만나지 않았다.

바를 통해서 그 문제에 관해 알게 된 그레이브스는 소콜로가 종신재직권 신청을 철회하고 학년 말에 사임하는 것이 온당한 길이라고 생각했다. 그는 그 문제가 낮은 등급 이상으로 불거지지 않도록 애를 썼다. "우리는 상당히 길게 논의했는데, 거기서 나는 그것이 학과 안에서 처리되는 게 맞고, 반드시 필요하지 않은 한 대학 차원으로 올라오지는 말아야 한다고 바의 주의를 환기했다." 어떤 경우가 필요한 경우일까? 자기가 소콜로를 즉시 해임하거나, 또는 학년 말이 아니라 가을학기가 끝났을 때 소콜로로 하여금 사임하게 하려면, 반칙이 상습적이었어야 했다고 그는 말한다. "전에도 그런 일

91 여기서부터 다음 각주 사이의 모든 인용은 그레이브스 인터뷰에서 나온 말이다.

이 있었고, 다시 또 그런 일이 있으리라고 봐야 할 추가적 정보와 추가적 증거가 내게 있었더라면," 그랬다면 다르게 처리했을 것이라는 말이다. 그러나 "그때 내가 가졌던 증거를 기반으로 볼 때, 그것은 한 번 저질러진 일이었"으며, 그래서 만약 그 때문에 소콜로가 즉시 해임되었다면 "소송을 걸어왔을지도 모른다"고 그레이브스는 추론한다.

한 번 저질러진 일? 자기에게 제출된 자료는 『에로스와 근대화』의 원고뿐이었고("내 기억으로는 그것이 전부였다"), 문제가 된 다른 논문들도 박사학위 논문도 보지 못했다고 그레이브스는 회고한다. 바가 실상을 자신에게 숨겼다는 인상을 남기고 싶어 하지는 않으면서도, 자기가 봤던 것보다 더 파렴치한 사건이었음을 알기만 했더라면 더욱 가차 없는 조치가 취해졌으리라고 느낀다. 스스로 기억하기에 자기가 본 것은 그 원고뿐이었고, 그래서 소콜로에게도 "그런 종류의 물건을 출판할 시도는 하지 않을 만한 양식이 확실히 있을 것"으로[92] 생각했다는 것이다.

바는 그레이브스의 학장실을 나와 뉴컴과 운더와 큐어드를 만났다. 큐어드의 일지에는 10월 20일 오전에 "권장할 만한 대책은 이제 종신재직권 심사보고서를 작성하고 해임 조치를 연기하는 것이라고 들었다"고[93] 적혀 있다. 추정컨대, 만약 소콜로가 사임을 거부한다면, 해임이 시도될 것이었다. 운더는 소콜로와 자전거를 함께 타던 친구 조지 플린에게 전화해서, 제이미가 사임하는 것이 좋을 거

---

92 앞 각주에서부터 여기까지 그레이브스 인터뷰에서 밝혀진 내용.
93 큐어드 일지.

라고 말했다.[94]

교수평가위원회는 이제 역사학과의 나머지 종신재직권 교수들에게 증거를 제출해야 했다. 그들은 금요일에 모여 소콜로 건을 논의하고 투표용지를 받아가기로 되어 있었다. 위원회는 우회어법을 사용하면서 엄청난 자료를 제출했다. "이 출판 건에 관해서는 간략한 보고서를 쓰기로 했고, 실제로 아주 간략했으며, 그 다음에 우리는 증거가 학과장 사무실에 있으니까 학과 교수들은 거기서 볼 수 있다고 말했다. 그렇게 하는 것이 우리가 목격한 사실에 관해 예단할 여지를 원천적으로 방지하는 길이라고 생각했다. …… 내 기억으로, 우리는 아무 말도 하지 않았다. 보고서가 제출되었을 때 사람들이 내게 다가와, '이게 무슨 뜻이지요? 보고서의 의미가 뭡니까?'하고 물었다. …… 나는 '글쎄요, 정보는 학과장실에 있습니다'라고 말했다. 이처럼 우리는 사람들의 생각을 강제하려는 시도는 실지로 전혀 하지 않았다. …… 그들 스스로 가서 볼 수 있는 일이었다"[95] — 이렇게 교수평가위원회가 결정했다고 뉴컴은 말한다. "표절"이라는 단어 자체가 한 번도 사용되지 않았다.[96]

1981년 초, 홀든 관에서 이 위기가 발생하기 약 6개월 전, 제이미 소콜로는 당시에 여러 대학 출판사를 돌아다니고 있었던 『에로스와 근대화』의 원고를 읽어달라고 제임스 브링크에게 요청했다. 브링크의 전공분야는 남북전쟁 이전 미국이 아니라 16세기 프랑스였기 때

94 운더 인터뷰.
95 뉴컴 인터뷰.
96 운더 인터뷰.

문에, 소콜로는 원고의 구성과 문체를 평가해주기를 원했다 — "반드시 내용을 평가해달라는 것은 아니었다"고[97] 브링크는 말한다. 브링크는 우아하고 재치 있는 문장을 쓸 줄 아는 저자였기 때문에 — 더구나 소콜로가 다른 경우에 사용한 문장들 그리고 오토 넬슨에게 럼포드 논문 사본을 증정하면서 적은 인사말을 감안할 때— 이 요청에는 아첨하는 의미도 섞이지 않았나 의심해 볼 수 있다. 무엇보다 브링크는 소콜로의 종신재직권에 관해 한 표를 행사할 사람이었다. 두 사람은 같은 시기에 러벅에 부임했지만, 강의로 매우 인기가 높았고 탄탄한 학자였던 브링크는 남보다 먼저 "승진"하기로 선택해서, 1980-1981 학년도에 종신재직권을 받은 상태였다.

오랫동안 심사를 받아야 하는 행로를 함께 시작한 조교수들 사이에는 훈련병들 사이에서 나타나는 것과 같은 일종의 동지애가 있다. 그 중 한 명이 먼저 튀어나가 종신재직권을 받게 되면, 마치 팀 동료가 심판 노릇을 하는 것 같은 어색함이 생길 수 있다. 게다가 브링크는 천성이 선한 사람으로 소콜로의 보호역을 자처했던 입장이라서, 자료들을 심사하는 일이 뒷단계로 갈수록 그에게는 괴로운 일이 되었다.

앨윈 바가 소콜로에 관한 투표개시일로 잡아놓은 10월 23일 금요일, 브링크는 콜로라도에서 열리는 〈서부지역 프랑스 역사학회〉에 참석하기로 일정이 잡혀있었다. 종신재직권을 가진 교수들만이 모이는 금요일의 회의에 참석할 수 없었기 때문에, 바의 사무실에서 자료를 검토한 직후인 20일 아침에 작성한 서면으로써 그는 증거에 관한

---

97 브링크 인터뷰.

자신의 견해를 동료들에게 표명했다. 그 일부는 다음과 같다.

> 표절이라는 배신행위는 워낙 역겨운 일이기 때문에, 교수진에서 즉시 해임하고 이 저자의 저술 출판과 관련해서 이 해임 조치의 이유를 언론에 명시적으로 서술해서 공표하는 것이 필수적입니다.
>
> 이것이 제게도 무거운 타격이라는 사실을 개인적으로 밝히지 않을 수 없지만, 교수진에게 제출된 증거를 면밀하게 검토한 결과 제이미 소콜로가 책임을 져야 한다고 저는 확신하게 되었습니다. 소콜로 씨에게 즉시 사임하라고 조언하거나, 아니면 우리의 조언을 그가 받아들이지 않는 경우 텍사스 이공대학교에서 그를 즉시 해임할 길을 찾는 것 말고 학과로서 취할 수 있는 길이 제 눈에는 달리 없습니다.[98]

괴로운 심정이 절절하게 담겨 있는 이 편지는 소콜로 사건에서 —결과적으로 버티는 힘이 오래 작용해서 하나의 무용담으로 승격되기에 부족함이 없었던 사건에서— 가장 명료하고 직설적인 문서 가운데 하나로 남아 있다. 그렇지만 바로 여기에도 하나의 모순 또는 적어도 하나의 혼돈이 있다. 브링크는 처음에 소콜로를 해임해야 한다고 말한다. 그래 놓고서 다음에는 자진 사임을 선택하라고 제안해 보자고 한다. 이 두 갈래의 길 사이에는 물론 중요한 차이가 있다. 다만 브링크의 견해는 소콜로가 즉시 떠나야 한다는 데서는 일관적이다 — 학기 말도 아니고 학년 말도 아니며 종신재직권 신청이 거부된 다음 통상 허용되는 일 년 정도의 유예 기간이 끝날 때도 아

98 James Brink, 역사학과의 종신재직권을 보유한 동료 교수들에게 보낸 편지, 1981년 10월.

니다. 그해 10월 러벅에서 이 정도보다 더 강력한 입장을 표명할 사람은 없었다. 그리고 이런 입장이 성실하다는, 스스로 드러낸 적은 없지만, 평판을 받았을 뿐만 아니라, 지금 적발된 사람에 대해서 친절한 자세로서도 잘 알려진 인물의 입장이었다.

편지 쓰기를 마친 후 두어 시간이 지난 오후 3시 30분, 브링크는 연구실에서 소콜로의 방문을 맞이했다. 이때 소콜로는 자기가 처한 곤경을 알고 찾아온 것이었다. 브링크는 그 만남이 "아주 짧았다. …… 나는 대단히 실망했고, 증거를 볼 때 빠져나갈 길은 없다고 말했다. 그의 목소리에는 약간의 망설이는 기색 또는 목메임 같은 것이 있었다고 기억된다. 그리고 그는 …… 답변을 준비하고 있다고 말했다."[99] 그의 답변은 다음날, 21일 수요일 아침 학과에 전달되었다.[100] 말도 안 되는 일을 알게 되어 처리할 책임을 진 사람들이 으레 그렇듯이, 잘 될 리 없는 일이지만 그래도 잘 되기를 바라는 마음에서, 브링크는 만약 소콜로가 펼치는 변론이 "수긍할 만하다면"[101] 자신의 편지를 고칠 수 있으리라는 심정이었다.

그렇지 않았다. ("종신재직권을 보유한 교수 제위께 고합니다"로[102] 시작되는) 그의 9페이지짜리 답변서는 극단적으로 설득력이 없었다. 어느 누구의 마음도 바꾸지 못했고, 일부에게는 도리어 그에 대한 반감만을 강화했다. 처음 문단에서 자신이 강의를 잘한다는 변론을 펼친 다음에, 그는 "저의 학문적 활동에 관한 교수평가위원회의

---

99 브링크 인터뷰.

100 Ibid.

101 브링크가 개인적으로 적어놓은 메모.

102 여기서부터 다음 각주까지 제시되는 내용의 출처는 소콜로가 종신재직권을 보유한 역사학과의 동료 교수들에게 보낸 답변서, 1981년 10월.

보고서는 거기 담긴 내용뿐만 아니라 거기서 생략된 내용 때문에도" 황당하다는 반응을 보였다. 진상을 말하지는 않고 제기된 의혹에 변명만을 늘어놓는 이 답변에 대해 교수평가위원회가 똑같이 표현했다면 오히려 더 잘 어울렸을 말들로 채워진 답변이었다. 변론의 전반적인 기조는 제이콥 엡스타인을 위해 대릴 핑크니가 동원했던 것과 똑같았다. "교수평가위원회를 비난하자는 것은 아닙니다. 다만 그 위원회는 겹치는 대목들을 찾는 데만 몰두하여 …… 제 저술들의 훌륭한 자질들을 간과했다고 저는 믿는 것입니다." 다른 말로 하면, 표절된 대목들만 찾으려다 보니 표절되지 않은 대목들의 가치를 제대로 평가하지 못했다는 얘기다. 표절된 대목들이 있기는 하지만, "무의식적 메아리, 비슷한 주제에 관한 표현의 우연한 일치, 그리고" —다시 엡스타인과 마찬가지로— "필기장에 적어둔 문구를 일부 부주의하게 사용한 것"으로 축소된다. 항상 필기장이 문제다. 콜리지에서 리드를 거쳐 역사학 교수에 이르기까지.

소콜로는 세목에 관해 선택적으로 대응했다. 자신의 톨스토이-프랭클린 논문과 드보이첸코-마르코프의 논문 사이에 "문체, 구성, 논증, 또는 근거제시" 등의 전반적인 차이점들을 제시하면서, 그리고 위원회가 겹친다고 봤던 대목들 가운데 다소 근거가 박약한 인용문 두 개를 대조하면서, 유사성을 부인했다. 더욱 명백한 사례들은 거론조차 하지 않고, 대신에 상관없는 이야기 두 개를 변명이랍시고 제시했다. 하비(해리를 틀리게 썼다) 힐 월시는 자신의 논증을 공격했을 뿐 표절이라고 고발하지는 않았으며, 《캐나다-미국 슬라브 연구》 편집자들이 수정을 요구할 때에도 표절 얘기는 없었다는 것이었다. 하지만 경찰관에게 잡힌 범인이 아까 저쪽에 있던 경찰관이 잡지 않았기 때문에 죄가 없다고 주장하는 것은 체포를 피하는 방법 중에 그다지 설득력이 있는 방법은 아니다.

럼포드 논문에 관한 위원회의 고발에 대해서도 역시 소콜로는 "유사한 오해"의 결과라고 했다 — 소콜로의 오해가 아니라 위원회의 오해라는 말이다. 하지만 유사한 것은 그의 변론일 뿐이다. 더욱 뻔뻔한 유사점들은 무시하면서 일부 연결고리가 박약한 지점만을 공략하는 수법이다.

위원회가 "다른 논문들에 관해서도 평가를 했더라면 좋았을 것"이라는 측면에, 나름 신랄하다 싶은 지적일 수는 있지만 필요 이상으로 중언부언을 거듭하면서, 학과의 동료 교수들에게 주의를 환기하기도 한다. 이는 개중에 표절 아닌 것도 있다는 변명이 최대로 확장된 판본이다. 조사기관이 목록에 넣지 않을 수 없는 불쾌한 세부사항들을 정리할 적에 범인이 살다 보니 적절한 행위도 했다는 측면을 거론하는 것은 표준적인 절차가 아니라는 사실이 여기서도 다시 한 번 그에게는 떠오르지 않았던 모양이다.

니콜스 부부에 관한 논문에 관해서는 잘못을 인정할 용의로 가득 차 있다고 했지만, 단지 "필기장의 부주의한 사용"까지만 인정한다는 것이었다. 랄프 그레이의 조심스러운("귀하의 논문을 돌려드릴 수밖에 없어서 유감입니다") 거절 편지를 인용하면서, 그 논문에 "골칫거리가 될 수 있는 대목들"이 있는 것은 맞다고 인정한다. 니센바움을 괴롭힐 골칫거리가 아니라 소콜로 자신을 괴롭힐 골칫거리라는 뜻인 것 같다. 박사학위 논문에 관해서는, 홀러를 비롯한 다른 저자들과 겹치는 대목들을 위원회가 쉽게 찾아낼 수 있었던 것은 자기가 "간계를 부리지 않고 정확한 쪽수들을 각주에 표기했기" 때문이라고 말한다. 인용해야 할 문장들을 인용 부호에 넣지 않고 쓴 데 그치지 말고, 아예 모든 전거를 밝히지 않는 책략을 썼어야 했다는 한탄일까? 어쩔 수 없이 몰려서 하는 고백에서조차, 소콜로는 자기 잘못이 아니라 너희들 잘못인 것처럼 만드는 재주를 부렸다.

『에로스와 근대화』의 원고와 니센바움의 박사학위 논문에 관해서도, 눈이 부시게 분명한 대목들은 무시하고 덜 분명한 대목들만을 들어서 혐의를 일축했다. "제기될 수 있는 문제는 상당히 가냘픈 정도지만," 그 책이 인쇄되기 전에 수정하겠노라 맹세했다. 책의 출판을 거절한(펜실베이니아 대학교와 켄트 주립대학교) 출판사에서 보내온 심사보고서에도 부정행위에 관한 언급은 없었다고 지적했다. 이 두 출판사는 니센바움에게 평가를 의뢰하지 않았던 곳들로, 어쩌면 부정행위를 발견하지 못했을 수도 있다. 그러나 설사 그들이 표절을 발견했더라도 거절 편지의 문구가 달라졌을지는 의문이다. 도둑질을 알았던 출판사 중에서 적어도 두 군데서는 그 사실을 소콜로에게 말하지 않았던 것이다.

답변서의 마지막 페이지에서 소콜로는 "엉성한 일처리가 현저히 드러나는 사례"를 인정했다. 그러면서도 더 큰 그림을 봐달라고 동료들에게 사정했다.

> 이 실수 중 어떤 것도 …… 독자들이 의심하지 않으리라는 계산 아래 고의적으로 끼워 넣은 것이 아닙니다. 이것은 균형의 문제입니다. 제 논문 아홉 편과 저서의 원고를 읽으셨다면, 실수임이 인정되는 몇 가지 대목들과 이 분야에 공헌해 온 저자의 연구 중에서 어느 쪽이 더 호소력이 있습니까?[103]

103 앞의 각주부터 여기까지 직접/간접 인용문의 출처는 소콜로의 답변서.

『푸리에주의와 미국의 유토피아주의: 북아메리카 팔랑크스, 1843-1855』라는[104] 제목으로 나올 책 한 권을 새로 쓰고 있다고[105] 그는 동료들에게 알렸다. 연쇄살인범들이 익명으로 공고하는 탄원으로 "내가 다시 사람을 죽이기 전에 잡아주세요"가 있는데, 이 답변서도 "내가 다시 쓰기 전에 잡아주세요"로 끝나기를 기대한 사람이 그의 동료 중에 있었을지도 모를 일이다.

학자로서 전문가로서 소콜로의 자세와 역량을 평가하는 데 이 답변서를 얼마나 고려할지는 그의 동료들에게 달려있는 일이었다. 답변서에 들어있는 세 곳의 오타는 어쩌면 정신병리학자에게 묻는 게 나은 일인지 모른다. 오타 셋은 모두 같은 어간을 가진 명사형과 동사형이었다. "포절", "포절하는", "포절했다."[106]

금요일에는 소콜로도 자기를 도와줄 사람이 없다는 사실을 깨달았고 항복했다.[107] 학년 말이 되면 떠날 것이며, 『에로스와 근대화』의 원고는 출판 전에 수정하겠다고 약속했다. 이것은 누가 봐도 그에게 유리한 타협의 대가로 그에게서 끌어낸 최대치였다. 소콜로는 해임되지 않았을 뿐만 아니라, 종신재직권 심사에서도 탈락하지 않았다. 다만 신청을 스스로 철회할 수 있도록 허용된 것이다. 그의 인사기

---

104 이 책은 『북아메리카 팔랑크스(1843-1855): 19세기의 유토피아 공동체』(*The North American Phalanx: A Nineteeth-century Utopian Community*)라는 제목으로 2009년 Edwin Mellen Press에서 출판되었다. — 역주

105 소콜로의 답변서, 1981년 10월.

106 소콜로는 "plagerism", "plagerizing", "plagerized"라고 오기했다. 각각 "plagiarism", "plagiarizing", "plagiarized"라고 써야 맞다. — 역주

107 브링크 인터뷰.

록에 "탈락"이란 존재하지 않는다.

사임안이 받아들여진 후 해임의 가능성이 비공식적으로 약간 논의된 적은 있었지만, 해임시켜야 한다는 공식적 발의는 이뤄진 적이 없다. 뉴컴은 말한다. "해임하는 쪽으로 가야 한다고 말하는 사람들이 여전히 일부 있었다고 생각한다. 당시 내 의견은 아니다였다. 실천적 효과에서 별 차이가 없었을 터이기 때문이다. 큰 재판을 열어 모든 사람들이 시간을 내서 증언하고, 이 모든 자료들에 관해 논의하고서도, 이미 도달한 지점보다 별로 나아가지도 못할 일을 벌일 필요는 없었다. 단, 만일 그가 종신재직권에서만 실패하고 이듬해 일 년 간 마지막 계약을 하는 식이었다면, 그것이 우리가 보통 처리하는 방식이지만, 그랬다면 나도 해임시키자는 발의에 지지를 보냈을 것이다."[108] 그레이브스 학장은 아마도 바와 한 번 더 만난 듯하다. 더 이상의 조치가 필요한지를 논의하기 위해서였다. 그러나 그레이브스의 권고는 여전히 "꼭 그래야 할 결정적인 필요가 없는 한 …… 그의 사임이 발효하도록 하는 선에서 더 이상은 시도하지 않고 이 문제를 마무리해야 한다. 그리고 실제로도 기본적으로 그렇게 되었다."[109]

이 문제를 처리하는 데 학과 구성원들 사이에 "기본적으로 만장일치"가[110] 있었다고 뉴컴은 기억한다. 그러나 운더는 소콜로의 사임이 받아들여진 다음에 추가 조치가 있어야 하는지에 관해 "전혀 합

108 뉴컴 인터뷰.
109 그레이브스 인터뷰.
110 뉴컴 인터뷰.

의가 없었다"고[111] 한다. 뉴컴이 말하듯이, 타협이 이뤄진 다음에 "'그런데 니센바움 교수에게 알려야 하나? 그의 출판사에 편지를 써서 이 얘기를 전해야 하나?'라고 말하는 사람들이 있었다. …… 나는 그렇게 하지 않기로 결정했다 ―다른 사람들이 어떤 생각이었는지는 모른다― 학과가 그렇게 하지 않았고, 학과에서 이에 관해 법률 자문을 받았다고 생각했기 때문이다."[112] 표절한 논문을 근거로 소콜로에게 박사학위를 수여했다는 사실을 뉴욕대학교에 알려줘야 하는지에 관해 논의한 기억도 없다. "없다"고 말하면서 뉴컴은, 자기 마음속에서는 박사학위 논문보다 표절한 책의 원고가 훨씬 더 크게 자리 잡았다고 밝힌다. "그런 논의는 안 한 것 같다. 왜 안 했는지 나는 모르겠다. 아마 그냥 그런 생각이 떠오르지 않은 것으로 추측된다."[113] 그렇지만 운더는 적어도 약간의 비공식적 논의는 있었다고 기억한다.[114] 그리고 그와 함께 브링크도 페얼리 디킨슨 대학교에 알려야 한다고 느꼈으며, 마찬가지로 뉴욕대학교에도 알렸어야 한다고 지금까지 생각하고 있다(운더는 앨윈 바가 반대했다고 말한다).[115] 큐어드는 니센바움, 페얼리 디킨슨, 뉴욕대학교 등 모두에게 알려야 한다는 편이었다. "학계를 위해 그리고 표절 당한 저자를 위해, 모든 일을 바로 잡아야 할 의무가 우리에게 있었다고 나는 믿었다."[116]

이 중 어떤 일도 이뤄지지 않은 데에는 두 가지의 주된 이유가

---

111 운더 인터뷰.
112 뉴컴 인터뷰.
113 Ibid.
114 운더 인터뷰.
115 브링크 인터뷰.
116 큐어드 편지.

있는 것으로 보인다. 첫째는, 뉴컴이 말하듯이,[117] 소콜로가 박해를 당했다는 식의 이야기가 누구의 입에서도 나오지 않게끔 방지하려고 했던 욕구다. 그러나 이보다 더 중요한 이유는, 항상 그렇듯이, 법률적으로 잠재되어 있는 결과였다. 큐어드는 지금도 소콜로에 관한 사연이 관계 당사자와 피해자 모두에게 알려졌어야 한다고 생각한다. 그러나 그것은 "제도적인 당국들에 의해 적절한"[118] 단계를 밟아서 이뤄져야 할 일이었다. 그런데 역사학과든 문리과대학이든, 대학교를 구성하는 어떤 제도적 단위에서도 그런 단계를 밟으려들지 않았다. 부드럽게 처리하게 된 이유 중에는 아이러니로 가득 찬 이유도 있었다고 운더와 큐어드는 입을 모은다. 종신재직권 심사 과정에서, 심하게 열을 받은 사람도 있어서, 화난 상태에서 성급하게 일을 처리하다 보면, "절차"를 어기게 될 수도 있고, 그럼으로써 소콜로에게 반격의 빌미를 줄지도 모른다고 자기와 큐어드가 염려했었다고 운더는 말한다.[119] 그렇게 되었다가는 소콜로의 소청을 담당하는 부서에서 학과의 결정을 파기할 것이고, 소콜로는 그들 사이에서 마치 프레스턴 스미스의 동상처럼 굳건한 기반을 다졌을 것이라는 얘기다.

그 학년도의[120] 남은 기간 동안, 학과는 스스로 내린 결정을 문언대로 따르며 불편하게 지냈다. "그는 별로 자주 나타나지 않았다"고 오

117 뉴컴 인터뷰.
118 큐어드 편지.
119 운더 인터뷰.
120 미국의 학년도는 보통 가을 학기에 시작해서 봄 학기에 끝난다. — 역주

토 넬슨은 회상한다. “학교에 나와 강의는 했다. 복도에서 나와 마주치면 서로 인사는 주고받았다. 말다툼이나 거친 말은 없었다. 그가 싫어한 사람이 적지 않았지만, 내가 그 중 한 명이라고는 생각하지 않는다. …… 아마도 모두들 그와는 아주 서먹한 관계, 일종의 서릿발 같은 관계였을 거라고 생각한다.”[121] 그가 사임하도록 허용할 때 한 가지 조건은 봄 학기 동안 상급반 강의는 담당하지 않는다는 것이었다.[122] 대학원 위원회에 소콜로 대신 들어가게 된 뉴컴은 이렇게 표현한다. “연구에 문제가 있는 사람이면 그런 상황에 머물러야 알맞다고들 느꼈다.”[123] 하지만 가을 학기 남은 기간 동안에는 신임 강의조교들에게 역사학 교수법을 가르치는 강좌였던 〈역사학511〉을 계속해서 소콜로가 맡아서 가르쳤다.

그해에 대학원 주임교수였던 앨런 큐어드는 교수평가위원으로 위촉되기 전부터 그 강좌에서 소콜로가 저지르고 있던 소행 때문에 걱정하고 있었다. “그는 조교 중 적어도 두 명을 ‘멍청하다’는 이유로 꾸짖어서 눈물을 흘리게 만들었다. 그리고 지금은 세상을 떠났지만 당시 대학원에서 아마도 가장 뛰어난 학생이었던 버지니아 볼치가 이에 대하여 내게 항의했었다. 그 주에 약간의 조사를 행한 다음 뭔가 조치를 취하려고 하던 차에, 내가 교수평가위원으로 위촉되었다는 소식을 들었다.”[124] 볼치와 면담한 10월 15일자 큐어드의 일지에는 이렇게 적혀있다. “주변 사람들의 무지에 관해 반복적으로 짜증

---

121 넬슨 인터뷰.

122 브링크 인터뷰, 넬슨 인터뷰.

123 뉴컴 인터뷰.

124 큐어드 편지.

을 내고, 대학원생들에게까지 그런 식. …… 511 강좌 학생 사이에 근심 팽배 …… '돌대가리'라고 부름 …… 우쭐대는 태도."[125] 큐어드는 같은 날 대학원생 한 명을 더 만났는데, 소콜로를 좋아했고 〈역사학511〉을 들어서 많은 보탬이 되었다고 주장하던 학생이었다. 그런데도 "그의 비판은 건설적이지 못하고 …… 너무 심할 때가 많다"고[126] 말한 것으로 적혀있다.

처음에 소콜로를 보호해주려 했던 사람들이 특별히 느껴야 했던 걱정을 넬슨은 기억한다. 넬슨의 기억에 따르면, 10월이 오기 전까지 브리그스 트위먼 교수는 "'제이미에게 찬성표를 던지지 않는 자는 개자식'이라고 말하며 돌아다녔었다."[127] 하지만 그 후로 그는 과거에 동맹군이었다가 극단적으로 실망을 경험하게 된 사람 중 한 명이 되었다. 브라이언 블레이클리는 속아 넘어간 옹호자들이 "이를 갈았다"고[128] 회고한다.

로버트 사이델은 그 후로 텍사스를 떠났지만, 소콜로가 적발되던 시기에 안식년으로 다른 곳에 가 있었다. 당시 조교수로서 그 일에 아무런 역할도 없었고, 검토 대상 자료에 접근할 수도 없었다. 제임스 브링크는 이렇게 회고한다. "학교로 복귀했을 때 그는 계속 제이미 편을 들었다. 나는 그에게도 자료를 보여줘야 한다고 역설했다. 제이미에 대한 그의 지지가 너무나 맹목적이라고 생각했기 때문

---

125 Allan J. Kuethe, 저자에게 보여준 개인적인 메모.

126 Ibid.

127 넬슨 인터뷰.

128 Brian Blakeley, 1986년 12월 9일, 저자와의 인터뷰. 이하에서는 블레이클리 인터뷰로 표기한다.

이다. …… 그는 자료를 보고 싶지 않다고 내게 말했다."[129] 사이델과 (마찬가지로 당시에 조교수였고 나중에 텍사스 이공대학교를 떠난) 재키 레이니어는 소콜로가 너무나 외롭고 따돌림을 당했다고 느꼈기 때문에, 그에 관해 나쁘게 생각할 경험적 증거를 확인하고 싶어 하지조차 않았다고 브링크는 말한다.

존 운더는 소콜로가 스스로 무슨 짓을 했는지를 이해했는지, 또는 "옳고 그름의 차이"를[130] 제대로 이해했는지 확신하지 못한다. 그리고 마지막 봄 학기에 소콜로가 혼란 속에서 회한 비슷한 것을 드러냈다고 회상한다. 다른 사람들은 그렇게 생각하지 않는다. 오토 넬슨은 "창피한 일, 학과에 창피하고 그 사람과 연결된 사람들에게 창피한 일이었다. 장본인만이 아마도 그 때문에 창피하지 않았던 유일한 사람으로 보인다"고[131] 그 일을 회상한다.

소콜로가 짐을 싸고 나간 지 얼마 지나지 않아 학과에서는 조교수들에 대해 3년째에 평가하는 제도를 만들었다. 종신재직권을 신청하기 전 중간쯤에서 조교수들이 거쳐 가야 할 하나의 공식적 검증 절차로서, 심사가 끝나고 나면 연구가 잘 진행되고 있다든지, 속도를 높이거나, 새로운 방향을 지향하거나, 더욱 신중해질 필요가 있다는 등의 조언을 받게 되었다. 이런 절차가 생긴 것이 소콜로 사건의 영향을 받았는지에 관해서는, 역사학자들로 구성된 학과인 만큼 충분히 예상할 수 있듯이, 학과 안에 대단히 다양한 역사적 해석들이

---

129 브링크 인터뷰.
130 운더 인터뷰.
131 넬슨 인터뷰.

존재한다. 현재 문리과대학의 부학장을 맡고 있는 오토 넬슨은 "기준을 강화해야 한다는 일반적인 제도적 압력이 더 크게 작용했다. …… 내 생각에 그 두 사안에는 관계가 없다"고[132] 생각한다. 그러나 넬슨의 동료로서 소콜로에 대해 강경론자였던 앨런 큐어드는 그 절차는 "이 사건의 직접적 결과였다. …… 학계에서 활동하는 동안에 또 다른 소콜로를 만날 것을 기대하지 않기 때문에, 적어도 내 생각에는, 이 조치는 학과의 기준을 개선하기 위한 움직임이었다"고[133] 말한다.

그런 절차가 실제로 도움이 되었을까? 제임스 브링크는 "서로 의심하는 정서"를 자아냈다고 생각한다. 종신재직권을 가진 교수와 못 가진 교수 사이에 "이제 간극이 생겼고," 못 가진 교수들은 "살얼음판을 걷는 셈"이라는 것이다. 최근 몇 년 사이에 학과를 떠난 사람들 중에 일부는 중간평가 과정에서 낙담시키는 신호를 받았기 때문이고 또 다른 일부는 "억압적인 분위기를 깨달은" 때문이라고 그는 지적한다.[134] 넬슨은 그 절차가 "'절벽을 기어올라야 하는 느낌'이라고나 할까, 두려움의 한계를 증폭시켰다"고 생각한다.[135]

벤저민 뉴컴은 그 절차의 한 가지 목적을 이렇게 평가한다. "이것은 사람들로 하여금 일을 성급하게 하지 말라고 장려하게 될 것이다. 그럴 가능성은 언제나 있다. 하지만 소콜로 교수가 저술을 출판되게끔 노력하다 보니 성급해졌고, 그래서 부주의라고 부르든 되는 대로

132 Ibid.
133 큐어드 편지.
134 브링크 인터뷰.
135 넬슨 인터뷰.

라고 부르든 그렇게 되었다는 말은 아니다. 그건 우리가 모르는 일이다. 한 개인을 만일 우리가 일정한 도상途上 위에 놓는다면, 그래서 자기 스스로 어디에 와있는지를 온전히 잘 알게 된다면, 그러면 벼락치기로 복사하는 사태의 가능성을 어쩌면 피할 수 있을 것이다."[136]

하지만 조교수 아무개가 3년차 평가에서 출판 실적이 부족하다는 평을 들으면 어떻게 될까? 그렇다면 압박이 가중되는 만큼 유혹도 커지지 않을까? 큰 것이 좋은 것이라는 텍사스의 풍토에서는, 신축 건물들이 그렇듯이, 참고문헌 목록의 길이와 학문적 진보를 동일시하는 경향이 있다. 오토 넬슨은 부학장으로 몇 년을 지낸 후에, "점점 더 높은 수준의 출판이 요구되고 있다"고[137] 지각한다. 사실은 단지 높은 수준만도 아니다. 더 두꺼운 저술이 요구되는 경향을 그도 인정한다. 미국의 대학에서 3년차 평가는 드물지 않다. 정해봤자 지켜지지 않으리라는 불신 때문에 규칙을 정하지 않는 태도는 많은 문명들을 쇠퇴로 이끈 원인이었지만, 만일 그 당시 텍사스 이공대학교에 3년차 평가 제도가 있었다고 할 때 소콜로가 더 적게 훔쳤을지 아니면 더 많이 훔쳤을지는 의문일 수밖에 없다. 물론 그런 제도가 있었다면, 그가 더 일찍 사임해야 하는 지경에 이르렀을 수도 있다.

텍사스 이공대학교 역사학과에 새로 임용된 조교수들은 "제이미 소콜로가 누군지 모른다"고[138] 제임스 브링크는 말한다. 그러나 넬슨은 "그들도 그 사건을 안다"고[139] 확신한다. 블레이클리는 소콜로에

---

136 뉴컴 인터뷰.
137 넬슨 인터뷰.
138 브링크 인터뷰.
139 넬슨 인터뷰.

관한 기억이 무뎌짐에 따라 3년차 평가도 벌써부터 느슨해지고 있다고 말한다[140] — 아마 이것이야말로 그 제도의 기원을 말해주는 가장 확실한 열쇠일 것이다.

그렇지만 앨런 큐어드는 교수들이 서로 동료의 저술을 꼼꼼히 읽게 된 것은 여전히 좋은 일이라고 말한다. "속임수가 우리 사이에 5년 동안이나 숨은 채로 자행되면서, 상당한 성과급을 챙긴 만큼 다른 사람들의 몫을 빼앗아 왔다는 사실이, 대체로 말해서 우연히, 드러났다는 끔찍한 실상을"[141] 알게 된 뒤로 특히 그렇다는 것이다. 검증은 조교수들만이 아니라 학과에 합류하고자 하는 새로운 박사들을 상대로도 강화되었다. 소콜로 사건이 터진 지 5년이 지난 12월의 어느 날 오후, 한 학생이 제출한 보고서에 달린 각주를 확인하려고 도서관에 갔다가 막 돌아왔다면서 나를 맞이한 뉴컴은, 지원자들에 관해 "대대적인" 검증작업을 벌이는 것은 아니지만, 제출된 학위논문들을 더욱 면밀하게 들여다본다고 밝힌다. "임용의 물망에 오른 후보자들이 단 각주들을 확인하려고 노력한다."[142]

그 사건으로 초래된 (실증적인 근거는 어쩌면 가장 박약할지 몰라도) 가장 큰 효과가 무엇인지, 다시 말해 학과의 분위기와 평판에 미친 가장 큰 영향이 무엇인지에 관해서도 역시 다양한 의견이 있다. 블레이클리는 별로 없었다고 본다.[143] 뉴컴은 약간 의외지만 불행 중 다행에 해당하는 효과들이 꽤나 폭넓게 있었다고 지각한다.

---

140 블레이클리 인터뷰.
141 큐어드 편지.
142 뉴컴 인터뷰.
143 블레이클리 인터뷰.

"어떤 면에서 정화작용"이라고 부를 만한 효과가 있었다는 얘기다.

> 보다시피 우리가 표준을 더 높게 유지할 수 있음이 확인되었어요. 오늘 나는 다른 학과 사람 몇 명과 점심을 함께 했는데, 그들은 자기 학과에서 종신재직권을 가지고 있던 사람들과 최근에 따낸 사람들 얘기를 합디다. 연구업적에 관해 일부 지적들이 있었는데, "역사학과처럼 혹시 연구가 기준에 미달하는 사람을 잡아내는 정도는 아니"라고들 입을 모으더라구요.[144]

그러나 지금은 다른 학교로 옮긴 존 운더는 그 사건은 단지 학과 내부의 문제를 가중시켰을 뿐이라고 생각한다.[145] 제임스 브링크도 이에 동의하면서, 그 일이 하나의 께름칙한 느낌으로 해소되지 않은 채 남아 있다고 말한다. "어느 누구도 서로 말을 꺼내지 않기를 바라는 불미스러운 일들 가운데 하나 …… 실상 단호하게 해결되지는 않은 일 …… 종료된 적이 없는 일."[146] 인간의 나약한 본성과 관료제의 무신경을 아무리 많이 감안해주는 사람이라도 이와 같은 판단에 반대할 수는 없다. 역사학과의 선량한 교수들은 제이미 소콜로의 문제를 결코 해결하지 않았다. 그들은 문제를 밖으로 방출했을 뿐이다.

『영국사의 주요 문서: 초기부터 현재까지』를 브라이언 블레이클리와 함께 편집해서 펴낸 재클린 콜린스는 중세의 번잡한 한 장터에서

---

144 뉴컴 인터뷰.
145 운더 인터뷰.
146 브링크 인터뷰.

수완을 맘껏 발휘하고 있던 도둑을 잡은 한 사람의 사연을 전한다. 목격자가 "멈춰!"라고 소리치자, 장터 사람들이 도둑을 쫓아 옆 마을까지 가서 붙잡았고, 그러자 그들 모두는 "신이여 감사합니다. 도둑 없이 살게 해줘서"라고 말했다는 이야기다.[147]

소콜로 사건에 빗대어볼 수 있는 좋은 우화다. 비록 소콜로에게 표절범이라는 낙인이 공식적으로 찍히지는 않았지만(심지어 교수평가위원회의 보고서에조차 표절은 실제로 언급되지 않았다), 역사학과 구성원 일부는 적어도 그 일 덕분에 자기 자신이 사는 집은 약간의 엄밀성을 통해 "정화"되었다고 느낀다. 소콜로는 그 후 계속해서 역사학자로 자처하도록 방치되었고, 텍사스 주 경계 너머까지 한때 추적이 행해졌을 뿐, 자신이 학계에서 집시처럼 살도록 정죄 받은 처지라고는 전혀 인식하지 않는다.

학계라는 포도밭의 줄기가 얽히고설켜 있어서 일단 그가 학과를 떠나면 다시는 강단에 설 수 없게 되리라는 바람을 텍사스 이공대학교 역사학과 교수들이 가졌다고 브리그스 트위먼은 말한다.[148] 어쨌거나 소콜로를 학과에서 물러나게 한 것은 그 포도 줄기 덕이었다. 포도 줄기보다는 사실 벌집에 가깝겠지만, 학술회의와 초청강연과 전문학술지와 동문 사이의 연락망 등으로 이뤄진 연결고리들이 작용했다. 재클린 콜린스가 대학원 시절의 친구 랄프 그레이에게서 전화를 받아 시작된 일이었다. 그런 바람은 무리한 설정이 아니었고, 적어도 한 번은 그대로 이뤄졌다. 소콜로는 펜실베이니아 주립대학교에 지원해서 최종 후보에까지 올랐다. 그때, 그 학교 교수 한

147 콜린스 인터뷰.

148 Briggs Twyman, 1986년 12월 8일, 저자와의 대화.

명이 옛 친구 트위먼에게 전화를 해서 왜 제이미 소콜로가 텍사스를 떠났는지 물었다. 트위먼은 저술의 독창성에 대해 의문이 제기되었다고 설명했다.[149] 소콜로는 그 일자리를 얻지 못했다.

그러나 결국 그는 다른 곳에 채용되었다. 1983년에 그는 〈전미 인문학 기금〉에서 일하고 있었다. 그의 업무는 때로 교수들의 연구비 지원에까지 간여한다. 이제는 클렘슨 대학교에 재직하는 존 운더는 "그 때문에 많은 사람들이 화가 났다"고 말한다.[150] 홀든 관 부학장실에서 오토 넬슨은 평소의 그답지 않은 어조로 개탄한다. "세상에! 그런 종류의 인물이 이제 와서 한다는 일이, 많고도 많은 일 중에, 다른 사람들의 연구를 평가하는 일이라니. …… 한마디로 어처구니가 없다."[151]

소콜로가 워싱턴에서[152] 어떻게 일자리를 얻을 수 있었는지는 아무도 모르는 것 같다. "그것은 수수께끼다. 하지만, 세상에나, 그가 자기 발로 착륙했다."[153] 텍사스 이공대학교에서 가령 학과장 같은 사람으로부터 적어도 밋밋하게나마 서술된 추천서가 없었더라도 그 자리에 취직할 수가 있었을까? 정상적인 경로라면 추천서가 있었을 것이다. 그리고 전 학장 그레이브스는 "내게는 어떤 연락도 없었지만, 있었더라도 간여하지 않았을 것"이라고[154] 말할 수 있어서 안도하는 듯이 보인다. 그가 옳다. 〈전미 인문학 기금〉은 학과에 문의했

149 Ibid.
150 운더 인터뷰.
151 넬슨 인터뷰.
152 〈전미 인문학 기금〉의 본부가 소재하는 워싱턴 D.C.를 가리킨다. — 역주
153 브링크 인터뷰.
154 그레이브스 인터뷰.

을 것이다. 소콜로가 표절범이냐고 묻지는 않았을 테고(누군들 왜 그런 질문을 했겠는가?), 학과에 미지근하게나마 지지하는 답변서를 작성할 기회를 줬을 개연성이 높다. 이 일을 아는 사람들은 "소콜로가 다른 곳에서 학문적인 일자리를 얻지 못했을 때, 그의 반칙 때문에 촉발된 좌절감이 조금이라도 해소되는 듯한 느낌을 받았다. 그런데, 만일 그가 학계에서 다른 일자리를 얻었다고 한다면, 밤중에 이뤄진 여러 차례의 전화통화와 비밀리에 작성된 서간문 같은 것이 있었을 것"이라고[155] 제임스 브링크는 생각한다. 만약 소콜로가 자신의 행위를 합리화하기 위해 조금이라도 그럴듯한 요소가 담긴 상황 논리를 개발하는 데 성공한 것이라면, 충분히 이해할 수 있는 일이고 심지어 감동적이기까지 한 일이다. 어쩌면 소콜로 같은 인물이 학생들과 직접 접촉하는 것보다는 교수들에게 돼지고기 덩어리를 나눠주는 관료들 사이에서 일하는 편이 덜 위험할지도 모른다.

어쨌든 그는 거기서 일한다. 그리고 다른 사람들의 삶에 나름대로 영향을 미치는 일을 하고 있다.[156] 스티븐 니센바움은 몇 년 전 앰허스트에서[157] 자기 학장이 어느 날, 〈전미 인문학 기금〉에 제출한 지원신청서가 너무 느리게 처리된다고 불평하는 소리를 들었다고 기억한다.[158] 단, 학장은 워싱턴에 직접 방문했다가 직원 한 사람이 일처리를 잘해줘서 위안을 받았다고 하는데, 그 직원이 바로 제이미

---

155 브링크 인터뷰.

156 제이미 소콜로는 1989년까지 〈전미 인문학 기금〉에서 일했다. 1991년에는 개발의 원천(The Development Source)이라는 기업을 창업했다. 각종 정부사업에 지원서를 작성해주는 용역업체다. — 역주

157 매서추세츠 주립대학교가 소재하는 도시다. — 역주

158 니센바움 인터뷰.

소콜로였다 — 수완가인 것은 분명하다. 물론 이 얘기를 들을 때 즈음이면 이미 니센바움은 자기 인생에 아이러니를 보태준 원천으로서 소콜로에 대해 면역이 된 상태였다. 〈전미 인문학 기금〉에서 소콜로는 교육 분과에 소속된 기획관리자로 일하고 있는데, 그가 다루는 연구기획들에 대해서 니센바움은 자문위원으로 일한다 — 소콜로를 보좌하는 "인적 자원" 중 한 명인 것이 틀림없다고 말해도 무리가 아니다.[159]

『에로스와 근대화: 실베스터 그레이엄, 보건개혁, 그리고 미국에서 빅토리아식 성윤리의 기원』은 페얼리 디킨슨 대학교 출판사와 대학출판사연합(런던과 토론토)에 의해 1983년 10월 22일에 밝은 노랑색 표지에 싸여 출판되었다. 소박한 미소를 띠고 있는 저자의 사진 아래 표기된 약력은 소콜로 박사가 "텍사스 이공대학교와 뉴욕대학교에서 가르쳤"으며, "현재는 〈전미 인문학 기금〉의 행정요원이고, 19세기 미국과 유럽의 역사에 관해 많은 논문들을 출판했다"고 독자에게 알려준다. 아울러 "소콜로 박사는 지금 19세기 미국의 푸리에주의 공동체에 관한 책을 집필하고 있다"는 좋은 소식까지 미리 전한다. (미국의 많은 대학 도서관 서가에 니센바움의 『잭슨 대통령 시대 미국의 섹스와 음식과 쇠약』 바로 곁에 꽂혀있는) 『에로스와 근대화』는 저자의 부모에게 헌정되었고, 사사 안에는 존 웰던에게 고맙다는

159 니센바움은 자신의 저서 『신들린 세일럼』을 각색한 영화 《사라의 세 주인》을 제작할 때 자문역을 맡았다. 이 영화는 《미국공영방송》의 정규 프로그램 〈미국의 극장〉에서 방영하기 위해 1984년에 만든 작품으로 바네사 레드그레이브가 주연을 맡았는데, 〈전미 인문학 기금〉의 지원금으로 제작비의 일부가 충당되었다.

언급이 들어있다. “손으로 쓴 내 초고를 타자된 원고로 바꾸는 데 으레 그렇듯 탁월한 솜씨를 발휘한”[160] 데 고마움을 표한 것이었다 — 존 웰던은 텍사스 역사학과의 타자수로, 홀든 관 학과장 사무실 밖에 놓인 책상에서 소콜로의 바로 그 원고에 관한 교수평가위원회의 보고서도 타자로 쳤다. 그 책은 출판된 물리적 겉모습만으로도 속을 뒤집어놓을 수 있을 지경이다. 제임스 브링크는 연구실 건너편 책상에 놓여 놋쇠 빛 광채를 과시하는 그 책의 저속한 표지만 보고도, “보기만 해도 불쾌하다”고[161] 말한다. 텍사스 이공대학교에서 소콜로가 몰락한 후, 원고를 읽어줘서 고맙다는 인사말을 사사에서 빼달라고 그는 소콜로에게 요청했다.[162] 이것은 굳이 요청할 필요조차 없을 정도로 너무나 당연한 일이었다. 하지만, 아무 일도 없었다는 듯이 야들야들하게 텍사스 이공대학교와 존 웰던을 언급한 것을 보면, 요청하지 않았더라면 브링크마저 언급되었을지 모른다.

정상적인 경로에 따라서, 해당 분야를 전공으로 삼는 학술지들은 그 분야의 전문가들에게 서평을 청하면서 『에로스와 근대화』를 한 권씩 보냈다. 《미국역사학보》의 실라 컬버트 교수가 서평자로 맨 처음 고른 사람은 다름 아닌 스티븐 니센바움이었다. 니센바움은 요청을 거절하고 로렌스 포스터를 추천했다 — 그 또한 3년 전에 니콜스 부부에 관한 소콜로의 원고에 대한 심사요청을 받았던 바로 그 사람이었다. 조지아 이공대학교에서 부교수로 승진해 있던 포스터는 1983년 12월 5일자 편지에서 유감을 표했다. “역사학 전공에서 제가

---

160 Sokolow, *Eros and Modernization*, 9.

161 브링크 인터뷰.

162 Ibid.

지금까지 접해본 순수한 표절의 가장 노골적이면서 가장 뻔뻔한 사례"라는 문구로써, 끝이 보이지 않는 이 사건에서 자기가 맡게 된 배역에 컬버트 교수의 시선을 유도한 것이다. 포스터는 『에로스와 근대화』를 읽지 않았지만, 그에게는 낙관적으로 생각할 근거가 없었다. 편지의 말미를 향해 가면서, 그는 이 사태에 관해 스스로도 믿을 수 없는 일종의 꿈을 표현했다. "니센바움의 책과 초점이 거의 똑같은 소콜로 책의 제목을 보면서, 저는 자문하지 않을 수가 없습니다. 이 불행한 이야기가 이번만큼은 세상에 드러날 것인가?"[163]

실제로 2년 전에는 다분히 한 지역에 국한되었던 불명예사건이 공개적인 비리사건으로, 학계 전체의 눈앞에 펼쳐지는 공공기록의 문제로 비화할 법한 순간이었다.

1984년 4월 25일, 《미국역사학보》의 편집위원장 오토 플란츠는[164] 스티븐 니센바움에게 편지를 써서, 포스터가 제공한 정보를 감안할 때, 이 학술지에서는 니센바움 본인이 서평을 쓰지 않는 한 『에로스와 근대화』의 서평을 싣지 않겠노라고 밝혔다. 그러면서 이 문제 전체를 니센바움이 미국역사학회의 윤리분과로 넘기기를 원할 수도 있겠다고 제안했다.[165]

니센바움은 서평은 거절하고 윤리분과를 택했다.[166] 자기로서는

163 이번만큼은 세상에 드러나기를 바라는 꿈과 계속해서 떠오를 듯 수면 가까이에 머물지만 드러나지는 않는 상태가 지속되는 현실을 부조리한 문장에 함께 담은 표현으로 보인다. — 역주

164 Otto Pflanze가 니센바움에게 보낸 1984년 4월 25일자 편지.

165 폴 보이어와 함께 쓴 니센바움의 책, 『신들린 세일럼: 주술의 사회적 기원』은 미국역사학회로부터 존 더닝 상을 수상했다.

166 니센바움 인터뷰.

서평은 고사하고 아예 쳐다볼 수조차 없었던 그 책을 검토해달라고 자기 학교의 학과장이던 로버트 그리피스에게 요청한 다음의 선택이었다. 플란츠의 편지를 받은 지 2주가 지난 5월 8일, 그리피스는 윤리분과의 부위원장 리처드 커켄덜에게 "스티븐 니센바움의 저술과 제이미 소콜로의 저술 사이에 나타나는 유사성 비교(1984년 3월)"라는 제목으로 15페이지짜리 보고서를 보냈다. 그리피스의 보고서가 "배경과 연보"라는 제목을 단 절로 시작해야 할 정도로 이 사건은 이 시점에 이르러 충분히 긴 역사를 가지고 있었다.

수정했다는 티를 내기 위한 —정당한 진술로 바꿔 쓰기보다는 세탁하려는 성격에 치우친— 시도가 있기는 했지만, 『에로스와 근대화』의 출판된 판본은 본질적으로 원고 때 그랬던 것처럼 남의 글을 들어내다 붙인 짜깁기였다. 그리피스 역시 자기 나름의 대조표를 작성했는데, 그 중에서 두 항목만 예거해도 러벅을 떠난 후에 소콜로가 써먹은 수법을 보여주기에 충분할 것이다.

"희미하고"와 "고안"이 "애처롭게"와 "옹호"에게 자리를 내줬고, "팽배해서"와 "시사한다"는 "스며들어서"와 "보여준다"로 바뀌었다. 노출증 환자의 비옷이 그렇듯이, 이런 호도의 몸짓은 선량한 의도의 증거라기보다는 비행의 증거인 것으로 보인다. 아울러, 러벅을 떠난 후 소콜로는 아마도 워드프로세서를 한 대 장만했을 것으로 짐작하게 만든다.

1984년 5월 31일, 미국역사학회의 사무국 부국장 저밀 자이널딘은 그리피스의 보고서를 접수하고 이 사건에 대한 "검토가 개시되었다"고 그에게 통보했다.[167]

---

167 Zainaldin, 로버트 그리피스에게 보낸 1984년 5월 31일자 편지.

니센바움의 박사학위 논문(1968)	《초기 공화국 논총》에 제출된 소콜로의 논문(1980)	소콜로의 책(1983)
그레이엄 자신은, 결과적으로, 결혼에 관해 가장 희미하고 불만족스러운 정당화밖에는 고안해낼 수가 없었다. 모든 성행위가 본원적으로 해롭지만, 결혼에 의한 성행위는 다른 종류보다 해가 덜하니까 안심하라는 정도의 얘기에 그칠 뿐이었다 — 더군다나 해가 덜한 이유라는 것도 결국 덜 즐겁기 때문이라는 얘기였다.	그레이엄은 결혼에 대해 가장 희미한 정당화밖에 고안해낼 수가 없었다. 모든 성행위가 본원적으로 해롭지만, 결혼에 의한 성행위는 다른 종류보다 덜 즐겁기 때문에 해가 덜하다.	그레이엄은 혼인 상태를 단지 애처롭게만 옹호할 수 있었다. 모든 성행위가 본원적으로 해롭지만, 결혼에 의한 성행위는 다른 종류보다 덜 즐겁기 때문에 해가 덜하다.
그렇다고 할 때, 노이스와 니콜스의 사례들은 공히, 서로 상반되는 방식이기는 하지만, 성과 성적 흥분에 대한 —실베스터 그레이엄이 최초로 공론화했고 굉장히 명징하게 개념화했던— 불신이 어떻게 19세기 중엽 미국의 문화에서 그토록 팽배해서, 당대에 관습을 가장 거슬렀던 이론가들의 감수성에조차 침윤할 정도였는지를 시사한다.	니콜스 부부와 당시 성적 급진주의자들의 사례는(실베스터 그레이엄이 최초로 개념화했고 공론화했던) 성과 성적 흥분에 대한 불신이 어떻게 19세기 중엽 미국 문화에 그토록 팽배해서, 그 시대에 관습을 가장 거슬렀던 성 이론가들의 감수성에조차 영향을 미칠 정도였는지를 시사한다.	니콜스 부부와 당시 성적 급진주의자들의 사례는 실베스터 그레이엄의 성에 관한 이데올로기가 어떻게 미국 문화에 그토록 스며들어서, 빅토리아식의 자유연애 이론들과 실천들에 기초가 될 정도였는지를 보여준다.

* * *

그 사이 홀든 관에서는, 제이미 소콜로의 과거 동료들이 『에로스와 근대화』의 출판에 반응하고 있었다. 벤저민 뉴컴은 그 책이 나왔다는 얘기를 듣고 전율했다. "스스로 하겠다고 말했던, 다시 말해 책에서는 충분히 수정하겠다고 했던 말을 유감스럽게도 지키지 않았다. …… 내가 보기에 그다지 많은 시간이 지난 것도 아니다."[168] 실제로 그랬다. 책은, 마치 태아처럼, 완성된 원고가 제출된 이후 제본이 되어 나올 때까지 보통 아홉 달의 제작 기간이 걸린다. 이를 감안하면, 텍사스에서 사임하기로 동의한 후에, 적격의 범위 안으로 들어오려면 엄청난 분해조립이 필요했던 원고를 출판사에 제출하기까지 일 년 남짓밖에 시간이 없었다는 계산이 나온다. 실제로 많은 시간이 아니었다. 특히 그 일 년 동안에도 강의를 한 학기 더 해야 했고, 새 일자리도 알아봐야 했기 때문에 더욱 그렇다. 게다가 이조차도 그에게 수정할 용의가 있었을 때에 국한된 얘기임은 물론이다.

콜로라도 대학교의 랄프 만이 《역사교사》라는 제목의 학술지에 『에로스와 근대화』의 서평을 썼는데, 소콜로의 공로를 어느 정도 인정하면서도 동시에 일정한 당혹감을 표명했다. "1980년에 스티븐 니센바움이 그레이엄에 관한 책을 출판했는데, 구체적인 대목 여러 곳에서 소콜로의 연구와 겹친다. 그러므로 소콜로의 공헌은 대체로 근대화 이론을 뒤집었다는 데 그친다. …… 두 사람의 주장에는 별 차이가 없고, 실베스터 그레이엄에 관한 연구서가 두 권 나와야 했는지 나는 수긍할 수

168 뉴컴 인터뷰.

없다."[169] 만은 학술적 표절이라는 고발에 관해 ―"파생의 결과"라고 볼 수 있다면 "표절의 결과"라고 말하지 마라― 극도로 조심하고 있었거나, 아니면 니센바움의 책을 다시 꺼내서 실제로 대조해 보지 않고 과거에 읽었던 기억에만 의존하고 있었다고 봐야 할 것이다.

앨런 큐어드는 그 책이 출판되었다는 소식에 어안이 벙벙해졌다. 그리고 학과에서 발견한 사실을 페얼리 디킨슨 대학교에 알려줬어야 했음을 다시 한 번 깨달았다. 한때 동료였던 사람의 행보를 그는 놀라움에 차서 되새겨봤다. "소콜로는 텍사스 이공대학교에서 몰락할 뻔했지만 자격증을 상실하지 않고 탈출했고, 워싱턴에 좋은 직장을 구해 안착했으며, 실제 현실에 관한 한, 지위를 확보한 사람이다. 내가 영원히 이해할 수 없는 것은 왜 그가 자기 본모습을 드러냈느냐는 것이다. …… 이 분야가 과거에 자기가 깔아뭉갰던 학생들처럼 '멍청'하다고 여긴 것일까? 잡혀봤자, 학위를 수여하는 기관에서든 워싱턴에서든, 자기에게 미칠 피해는 없다고 본 것일까?"[170]

스티븐 니센바움은 소콜로를 적발하는 일에 관해 자기가 그 동안에는 줄곧 "공격을 취하지 않으려고 공격적으로 노력했다"고[171] 묘사한다. 이제 그는 "제이미 소콜로가 학자라는 전문직과 관련되는 어떤 자리에도 앉는 일이 없도록 하기 위해," 그리고 자신을 "옹호하는 모종의 진술"을 동료들로부터 이끌어내기 위해, 정상적인 제도적 경로를 찾아 나섰다.[172] 이는 둘 다 합당한 요구였다. 1984년

169 Mann, review of *Eros and Modernization*, 161.

170 큐어드 편지.

171 니센바움 인터뷰.

172 Ibid.

6월 29일, 미국역사학회 사무국장 새뮤얼 개먼은 소콜로 사건을 미국대학교수협회에 회부했다.[173] 미국역사학회는 미국대학교수협회와 1971년에 비슷한 사건을 가지고 협조한 적이 있었다. 이런 사정은 니센바움과 소콜로에게 공히 통지되었다.

8월 8일, 소콜로는 미국대학교수협회에 18페이지짜리 답변서를 보냈고, 협회는 사본 한 부를 당연히 니센바움에게 보냈다. 3년 전에 텍사스의 역사학과 종신재직권 교수들에게 보냈던 것보다 훨씬 길고 공들여 작성된 —이번에 그에게는 준비할 시간이 몇 시간만이 아니라 여러 주가 있었다— 답변서였지만, 과거의 것에 비해 설득력은 늘어나지 않았다. 그렇지만 이 답변서는 이례적인 것이, 소콜로가 그 "문제"에[174] 대해 나름의 해법을 제안하면서, 미국역사학회가 받아들이기를 기대했기 때문이다.

그는 설명한다. "이 주제에 관해 쓰기로 선택한 이후, 제 자신의 연구를 시작하기 전에 니센바움의 박사학위 논문을 꼼꼼하게 공부했습니다. 그렇지만 그의 논문과 제 책은 강조점이 명백히 상이합니다." 으레 그렇듯이, 그는 결정적인 유사점들에 대한 정면대응을 회피하기 위해 상관없는 차이점들로 주의를 돌린다. 결정적인 유사점에 관해 때때로 설명이랍시고 내놓은 왜곡된 변명은 차라리 엽기적이다. "언어가 서로 겹치는 대목들이 있지만, 동일한 주제에 관한 연구라는 성격상 불가피했습니다. 주제 내부의 여러 세목들에서 일차 전거가 희소하다 보니, 몇 개 안 되는 똑같은 일차 전거에서 직

173 Gammon이 Jonathan Knight에게 보낸 1984년 6월 29일자 편지.

174 여기서부터 다음 각주까지 사이에 인용된 내용의 출처는 소콜로가 Jonathan Knight에게 보낸 1984년 8월 8일자 편지.

접 인용하거나 표현을 바꿔 쓸 수밖에 없었던 것입니다." 만약 전거들이 너무 희소해서 직접 인용만 해서는 뜻이 드러날 수 없다면, 그렇다면 해석자들이 일차 전거를 대신해서 말을 해 주면 될 일이다. 그렇기 때문에 "언어가 서로 겹치는 대목"이란 더더욱 일어날 리가 없다. "제 책 전체를 보면, 언어가 명백하게 겹치는 사례는 상대적으로 몇 군데 안" 된다고 소콜로는 말한다. 그 자신이 사용하고 있는 부사만 봐도 진상이 드러나고 있다.

로렌스 포스터가 잡아내서 랄프 그레이와 니센바움에게 알려줬던 니콜스 부부에 관한 논문은 그로서도 명백한 반칙으로 인정할 수밖에 없었다 — 실제로 그는 "가슴 깊이 부끄럽다"고 인정했다.

> 필기장에 옮겨 적어둔 문구들을 그토록 명백히 부주의하게 사용한 부족한 학자적 자세에서 나온 그런 논문이 만일 출판되었다면, 수치스러운 일이었을 것이며 연구윤리의 심각한 위반이었을 것입니다. 그러나 그 문건은 출판되지 않았고, 제 책에서는 실질적으로 수정되었습니다. 니센바움의 박사학위 논문을 전거로 표기했어야 했습니다만, 그보다 더욱 중요하게는, 설익은 논문을 출판하려고 서두르는 대신에 제 연구가 완성될 때까지 끈기를 가지고 기다렸어야 했습니다.

부끄럽기는 한데, 또다시 속임수는 아니고 ("설익은") 부주의였다는 얘기다. 하지만 만일 이것이 그 논문에 관해 진실한 설명이라면, 그게 출판되었을 때 윤리 위반일 까닭이 무엇이란 말인가? 수치스러운 일이냐면 인정하지만, 그러나 도덕을 모욕했는지는 의문이다? 필기장을 부주의하게 사용한 것은 맞지만 악의는 없었다? 그 논문은 "출판되지도 않았고 공중에게 들키지도 않았다"고(자신의 무고함을 주장하기 위한 답변서치고 초라한 단어 선택이다) 강조하면서 소콜로는 말을 이어간다. 공중에게 들키기 전에 자신의 부주의가 "기적적으로 인지되어 다행히 교정되었기" 때문이라는 것이다.

『에로스와 근대화』에서 일부 출전이 불충분하게 표시되었다는 점은 그도 인정한다. "그리피스 교수의 주장 하나에는 반대하지만 다른 하나에는 충심으로 동의합니다. 제 책은 실질적으로 니센바움의 박사논문과 유사하지 않지만, 니센바움의 논문에 대한 감사가 불충분한 경우가 그 책에 있고, 저 자신의 연구와 주제에 대해 그 논문이 미친 영향도 충분히 표시되지 못했습니다." 이 18페이지짜리 답변서에서 소콜로는 2년 전 텍사스에서 다름 아닌 바로 이 미흡함이 적발된 까닭에 직위를 상실했다는 사실을 단 한 번도 언급하지 않는다. 그러한 부주의를 자기가 알게 된 것은 1980년에 니콜스에 관한 논문이 거부당했을 때와 지금 니센바움이 미국역사학회와 미국대학교수협회에 항의하고 있기 때문일 뿐이라는 인상을 답변서는 명백하게 남긴다.

『에로스와 근대화』와 (니센바움의 박사학위 논문) 『조심스러운 사랑』 사이에 "실질적인 유사성"이 있음을 인정하는 문서를 소콜로가 공표하고, 『에로스와 근대화』의 발행 중단을 소콜로가 페얼리 디킨슨 대학교 출판사에 직접 요청하는 것으로 논란을 매듭짓자는 것이 니센바움의 제안이었다. 유사성이 "실질적"이지 않다고 계속 주장하고 있었기 때문에, 소콜로는 니센바움의 제안을 "과격하다"고 부르면서 "양면적 해법"이라는 것을 제시했다. 출전 표기가 불충분했지만 실질적인 유사성은 인정하지 않는 면밀한 어휘로 쓰인 해명서를 《미국역사학보》와 《미국사논총》에 보내고, 아직 페얼리 디킨슨의 창고에 남은 『에로스와 근대화』의 재고량에는 정오표를 만들어 끼워 넣는다. 만일 출판사가 할 수 없거나 하지 않겠다면, 정오표의 인쇄와 배포를 자비로 하겠다고 덧붙였다. 책을 구입한 독자들에 대해서는 요청이 있는 경우에 출판사가 정오표를 보내준다. 그렇지만 텍사스 이공대학교 도서관에서 구입한 책을 비롯해서 많은 양이 이미 정오표 없이 팔려나갔다. 정오표는 『조심스러운 사랑』에서 33페이지에 달하는 내용이 『잭슨 대통령 시대 미국의 섹스와 음식과 쇠약』에서 무려 92페이지에 달하는 대목들과 겹친다는 사실에 독자들의 시선이 미치도록 각주 다섯 개를 추가하는 형태였다. 새로 첨가된 각주에서 니센바움의 연구는 "개척적"이고, (두 번에 걸쳐) "탁월"하며, "섬세"하다고 묘사되었다. 문언을 정확히 베낀 많은 사례들에 관해서는 낌새조차 남기지 않은 채, 뭉뚱그리고 넘어가려고 한 이런 정오표 자체가 물론 언어도단이다.

《미국역사학보》와 《미국사논총》에 보내겠다면서 제시한 해명서에는 이렇게 적혀 있었다.

> 보건개혁 운동에 관해 책을 쓰기 전에 저는 니센바움 교수의 섬세한 박사학위 논문을 꼼꼼하게 공부했습니다. …… 제 책에 삽입된 정오표를 통해서 늦게나마 출전이 표시되었습니다. 그리고 저는 서평자와 독자 모두에게 수정된 사항들을 주의 깊게 살펴달라고 촉구합니다. …… 학문적 예의와 윤리를 위반한 이 개탄스러운 일에 관해 매사추세츠 대학교 앰허스트 캠퍼스의 니센바움 교수께 사과합니다.[175]

---

175 소콜로가 Jonathan Knight에게 보낸 1984년 8월 8일자 편지.

니센바움은 소콜로의 "양면적 해법"에 당연히 역겨움을 느꼈다. 그래서 10월 30일에 미국대학교수협회의 조나단 나이트에게 편지를 써서 그렇다고 말했다. 이 사건이 해결되지 않은 채 시간만 흘렀다는 점을 개탄하면서, 미국대학교수협회가 이미 충분한 증거를 가지고 있겠지만, 소콜로의 범행을 보여주는 증거를 추가적으로 제출할 수도 있다고 말했다. 그가 원한 것은 소콜로에 관한 명쾌한 판정이었다 — 법률적 판결이 아니라, 그를 표절범으로 지칭하는 공식적인 낙인을 그는 원했다. 반면에 협회는 "중재"에 해당하는 것을 제안했고, 니센바움은 거부했다. 자기가 1980년 이후 어떤 일을 겪어왔는지를 상기시키면서, 지금 시점에서 보면 이 사연의 핵심인 것이 분명히 드러나는 지점을 이렇게 짚었다. "모든 단계에서 저는 하나의 판정이 내려지리라 희망했고 신뢰했습니다. 모든 단계에서 판정이 아니라 보신책만이 행해졌고, 범행을 특정하는 어휘마저 회피되었습니다."[176] 소콜로 사건의 오랜 시간 동안에 법정에 소송을 제기할 가장 명백한 근거를 가진 사람이, 다시 말해 저작권 소송을 제기할 수 있었던 니센바움 본인이, 그렇게 하지 않았다. 자기가 속한 전문가 집단 안에서 학문공동체가 이 분쟁을(중재가 아니라) 판정해주리라 믿고 의지했던 것이다.

미국역사학회 윤리분과의 로버트 쟁그란도는 11월 5일에 니센바움에게, 그가 느끼는 정서에 무관심하지 않으며, "절차"가[177] 머지않아 시행될 것이라고 약속했다. 이에 고무된 니센바움은 11월 23일에 회신을 보내면서, 그리피스의 보고서에 포함되지 않은 겹치는

176 스티븐 니센바움이 Jonathan Knight에게 보낸 1984년 10월 30일자 편지.
177 Robert L. Zangrando가 스티븐 니센바움에게 보낸 1984년 11월 5일자 편지.

대목들을 추가해서 동봉하면서 "이것들은 견본"일[178] 뿐임을 명시했다.

그렇지만 한 달도 되지 않아, 소콜로의 해법이 받아들여졌다는 사실이 분명히 드러났다. 12월 11일, 새뮤얼 개먼은《미국역사학보》편집위원장 오토 플란츠에게 편지를 써서, 미국대학교수협회에 보낸 편지에서 소콜로가 제안한 내용을 단어 하나까지 보면서 살펴봐달라고 요청했다. 결과적으로 소콜로에게 자신의 사건을 스스로 해결하도록 허용한 셈이었다. 사흘 후 니센바움은 미국역사학회의 쟁그란도에게 편지를 써서 자신의 고통을 호소했다. "소콜로의 책이 표절이라고 믿는다는 얘기를 이 암담한 과정 전체에 걸쳐서 학계에서 어떤 공식적인 직책에 있는 사람도 글로든 말로든 내게 시사한 적은 단 한 번도 없었습니다. 그리고 이제 또다시 학계는 판정을 회피하기로 결정을 내렸습니다."[179] 실상 학계는 하나의 판정을 내렸고, 니센바움도 그 편지의 이어지는 문단에서 그 사실을 알고 있음을 보여준다. "이제부터 자기 책이 하나의 정당한 학문적 업적으로 될 것이라고 소콜로는 암묵적으로 주장했습니다. 미국역사학회는 소콜로의 표현 방식과 그의 정오표에 동조함으로써, 이 문제를 그가 규정하는 방식으로 받아들였습니다." 이 편지의 사본 한 부는 미국역사학회의 사무국 부국장 저밀 자이널딘에게 갔다. 자이널딘은 니센바움의 고통이 얼마나 심할지 공감할 수 있다고 회신했다. 그러나 이것이 "법정 소송까지 가지 않는 한 …… 최선의 해법"이라고[180] 말

178 스티븐 니센바움이 로버트 쟁그란도에게 보낸 1984년 11월 23일자 편지.
179 스티븐 니센바움이 로버트 쟁그란도에게 보낸 1984년 12월 14일자 편지.
180 저밀 자이널딘이 스티븐 니센바움에게 보낸 1985년 1월 22일자 편지.

했다.

소콜로를 가라앉지 않게 지켜준 것은 언제나 바로 이 소송의 두려움이었다. 자이널딘은 이렇게 썼다. "[소콜로의] 편지가 무슨 뜻인지를 오해할 여지는 없다고 믿는다."[181] 다른 말로 하면, 그 편지를 읽으면 누구든지 표절을 인정한 것으로 해석할 것이지만, 다만 "표"로 시작하는 단어는 발설하면 안 된다는 얘기다. "이 사건은 우리 학계에 이런 종류의 어려운 결정과 판정을 내리지 못하는 취약점이—또는 진공상태라고 말해야 하나?— 있다는 사실을 부각한다"고 그는 인정한다. 윤리분과에서 소콜로 사건을 배경으로, 또는 데이비드 에이브럼 사건과[182] 같은 여타 사건들을 배경으로, 윤리강령 아니면 적어도 "표절에 관한 선언문"을[183] 제정할 생각임을 알려줌으로써, 자이널딘은 니센바움에게 미래에는 안심하고 지낼 수 있는 전망 하나를 제공하기도 했다. 데이비드 에이브럼은 프린스턴 대학교 교수였는데, 바이마르 공화국의 사업가들이 히틀러가 권좌에 오르는 데 중요한 역할을 수행했다는 자신의 주장을 설득력 있게 만들기 위해 문서 증거를 왜곡했다는 혐의를 최근에[184] 받았다. 에이브럼의 혐의는 본령상 표절이라기보다는 날조 쪽이지만, 소콜로와 마찬가지로

181 Ibid.

182 *Time*, 1985년 1월 14일, 59를 보라.

183 저밀 자이널딘이 스티븐 니센바움에게 보낸 1985년 1월 22일자 편지.

184 1981년에 출판된 *The Collapse of the Weimar Republic: Political Economy and Crisis*(Princeton University Press)가 증거를 왜곡했다는 최초 고발은 1982년 10월 *Political Science Quarterly*에 실린 Henry A. Turner Jr.의 서평에 의해 이뤄졌다. 책의 바탕이 된 박사학위 논문(시카고 대학교, 1977)부터 왜곡이 있었다. 프린스턴 대학교는 그의 종신재직권 신청을 거부했고, 1년간 더 강의한 후 사임하도록 했다. — 역주

그도 부주의 탓이라고 변명했다. 이 일이 적발된 후, 역사학자들이 크게 항의하여, 《뉴욕 타임스》를 비롯한 전국지들이 이 사건을 보도했다. 그러나 (시카고 대학교 총장 해너 그레이를 포함하는) 일부 역사학자들은 오히려 에이브럼에 대한 항의를 공개서한과 같은 "준準-공개적 선언"을[185] 통해 제기한 학자들을 조사하라고 윤리분과에 요청했다. 학술지의 지면을 통해 제기할 수 있는 문제를 크게 만들었다는 이유에서였다. 미국역사학회는 2개월 만에 조사를 취소하는 것으로 매듭지었다.

어쨌든, 니센바움이 소콜로의 "양면적 해법"을 받아들이라는 요청을 받고 있던 바로 그 때, 윤리분과는 에이브럼 사건으로 진을 빼고 있었다. 나치와도 관계되고 프린스턴 대학교와도 관계된 에이브럼 사건은 소콜로 사건에 비해 더욱 현란한 악명을 떨쳤기 때문에, 설령 니센바움이 억울함을 더 크게 끌고나가 공개적으로 터뜨렸더라도, 수년 만에 입에 침이 튀게 만드는 추문이 대중매체의 스포트라이트를 받으며 흘러가는 광경을 구경하던 역사학자들로부터 그다지 많은 관심을 받았을 개연성은 낮다.

1985년 1월 17일, 오토 플란츠는 자이널딘에게 소콜로의 해명서가 《미국역사학보》 2월호에 게재될 것이라고 편지를 썼다(「윤리적 문제」라는[186] 제목 아래 "아래 편지는 미국역사학회의 지시에 의거해서 게재되었습니다"라는 안내문과 함께 실제로 실렸다). 나아가 플란츠는 그 책은 여러 사정을 감안할 때 "학회가 수령한 서적"의 목록 말미 "기

185 *New York Times*, 1985년 1월 3일, C22. (이 문구는 에이브럼의 표현이다.)

186 "Professional Matters"를 "윤리적 문제"로 번역했다. 윤리분과도 영어 명칭은 "Professional Division"이다. — 역주

타 서적" 중 하나로 열거는 하되 서평은 싣지 말라고 자이널딘에게 말했다. 그의 편지는 "이것으로 이 문제는 잘 처리되었"다는[187] 말로써 끝난다.

홀든 관에는 여기저기 책장들이 있고, 그 책장들 여러 곳에《미국역사학보》1985년 2월호들이 꽂혀 있다. 텍사스 이공대학교에서 그 학술지를 정기 구독한 교수 대다수에게는 274페이지에 나오는 "윤리적 문제"는 아마도 꽤나 오랜만에 처음 들어보는 소콜로의 소식이었을 것이다. 니센바움에게 진 신세를 자기가 "불충분하게 인정했다"는 사실을 단지 최근에야 인지했다는 명백한 함의, 그리고 3년 전에 그 때문에 직장을 잃었다는 사실은 전혀 언급하지 않은 점 등을 배경으로, 소콜로의 해명이 정직하지 않다고 보느냐는 질문에, 벤저민 뉴컴은 조심스럽게 대답했다. "특별히 그렇지는 않아요."[188] 자기가 본 것은 원고뿐이고, 출판된 책은 보지 못했다는 사실을 내게 상기시킨다. 그는 "정직하지 않다"기보다는 "방어적"이라는 단어가 더 나을 것으로 생각한다. 경위 여하간에, "원저자가 나서기 전까지 그는 우리도 믿지 않고 아무도 믿지 않았던 것일 수 있어요 …… 남들이 하는 말을 이해하지 못하는 사람들이 세상에는 있다는 말입니다. 반드시 의도적으로 그러는 것이 아니라도, 어떤 일에 대해 그냥 막혀 있는 경우죠."[189] 영국인들이 별생각 없이 모으다보니 제국이 만

---

187 오토 플란츠가 저밀 자이널딘에게 보낸 1985년 1월 17일자 편지. 소콜로의 해명서는 *American Historical Review*, 90(Februrary 1985), 274와 *Journal of American History*, 72(June 1985), 222-223에 실렸다.

188 뉴컴 인터뷰.

189 Ibid.

들어졌다는 말처럼, 소콜로도 딴 데 정신이 팔려 있는 사이에 그 책이 집필되었다는 말처럼 들린다.

존 운더는 약간이나마 더 직설적으로 그 해명서를 "부정확"하다고[190] 부른다. 그러면서도 "잘못한 것이 무엇인지를 인지할 감각 자체가 소콜로에게 없을"[191] 가능성을 인정한다. 실제로, 이 사건이 오래 끌면 끌수록, 그리고 소콜로의 이력이 길어질수록, 이것을 부도덕의 문제라기보다는 일종의 병리현상으로 바라보기가 더욱 쉬워진다. 제임스 브링크는 소콜로가 암호화된 언어로나마 표절을 자백했으니, 그 문제가 다시 자기네 문 앞에 닥쳐오리라는 걱정은 텍사스 역사학과 교수들 사이에 없다고 말한다. "킥킥대는 듯한 웃음은 여기저기 있었지만 —'이것 봐, 이 친구 다른 곳에서도 들켰다네'— 불안 같은 것은 없었다고 생각해요. 우리가 처리한 것으로써 대략 짐은 내려놨다고 우리는 느낀 거죠 — 교수진 명단에 더 이상 그의 이름은 없다는 뜻입니다."[192] 어쨌든지, 학계 안에서 어떤 내부감찰 기관도 텍사스 이공대학교에 그 일에 관한 설명을 요청한 적이 없었다. 그리고 그가 더 이상 그 학교 교수진 명단에 들어있지 않은 것은 사실이다. 〈전미 인문학 기금〉도 《미국역사학보》를 정기구독하는 것은 틀림없는데도, 그는 거기서 몇 년간 일을 계속했다.

《미국역사학보》의 지면에는 소콜로의 해명서에 대한 스티븐 니센바움의 대답이 실린 적이 없다. 1985년에 이르면, 니센바움의 분노의

190 운더 인터뷰.
191 Ibid.
192 브링크 인터뷰.

대상이 "소콜로가 아니라 학계"로[193] 이동한 다음이었다. 그가 어느 정도라도 위안으로 삼을 만한 유일한 처방은 미국역사학회의 「표절에 관한 선언문」뿐이었다. 이는 이 학회의 소식지 《역사에 관한 여러 시각》 1986년 10월호에 실렸다. 거기 달린 주석에 따르면 이 선언문은 "지난 1년 동안 윤리분과에서 열심히 애를 써서 작성한"[194] 것으로, 거의 2년 전에 자이널딘이 니센바움에게 쓴 편지에서 예고했던 것이기도 하다.

이것은 예외적으로 직설적인 문서다. 이런 선언문이 나오도록 만들었던 사건들 중 하나에 대해 이 학회가 그동안 실제로 보여준 소심한 반응에 견주면 더욱 예외적이다. 사실을 말하자면, 이 문서는 추상적이고 가설적인 진술에 담길 수 있는 모든 용기를 최대한으로 담고 있다. 의도적인 표절은 "학자적 윤리의 심대한 위반"이라는 규정으로 시작한 다음에, 역사학자들에게는 신빙성을 증명할 수 있는 전거가 특별히 강하게 필요하다고 진술한다. 부정행위가 저질러졌을 때 학자들이 임시방편으로 대응하는 것은 불만족스럽다고 선언하면서, "동료를 다룰 때보다 학생들에 대해 훨씬 가혹할 때가 많은" 아이러니를 지적한다. 조교수들이 올라가야 하는 미끄러운 오르막길도 빼지 않고 고려한다. "종신재직권을 향한 경쟁은 격심한 데 비해, 서로에 대한 개인들의 도덕적 책임은 대단히 불안정하다." 부주의한 필기장의 사용은 "틀에 박힌 변명"이라고 일축된다. 마지막 문단에서는, 소콜로가 사용했던 "과격하다"는 형용사가 어울리다 싶을 정도로 엄혹한 절차와 제재가 제안된다.

---

193 니센바움 인터뷰.

194 *Perspectives*, 1986년 10월, 7.

속임수가 지속되는 패턴을 보이면 학문적 이력의 종식이 정당화된다. 부당한 행위가 몇 차례 산발적으로 행해졌다면 공개적으로 폭로하는 정도가 적당할 수 있다. 우려스러운 사항은 반칙일 수 있는 사례를 목격했을 때 학자들의 반응이 여러 갈래라는 점이 아니라 많은 사람들이 말을 꺼내고 싶어 하지 않는다는 점이다. 성급하거나 근거 없는 고발을 옹호하는 사람은 아무도 없고, 적법절차는 언제나 지켜져야 한다. 그렇지만 만약 표절 또는 중대한 비행의 혐의가 어떤 조사위원회에 의해서 인정된다면, 조사결과는 특별한 이유가 없는 한 공표되어야 할 것이다. 출판을 위한 원고를 검토할 때, 서평을 쓸 때, 보직, 승진, 종신재직권을 위해 동료를 평가할 때, 해당 역사학자의 신뢰도가 간과되면 결코 안 된다. 무엇보다도, 학문연구는 개방적이고 솔직한 분위기 안에서 번창할 수 있다. 이런 분위기 안에는 학문적 기만행위를 잡아내고 토론하는 측면도 포함된다는 것이 우리의 의견이다.[195]

이 강렬한 선언문에는 존스홉킨스 대학교의 존 히검과 애크런 대학교의 로버트 쟁그란도가 서명했다. 2년 전에 니센바움에게 이렇게 썼던 바로 그 쟁그란도였다. "귀하께서 우리더러 탐사해달라고 요구했던 그 사안을 제가 개인적으로 또는 미국역사학회의 윤리분과가 묵살했을 것이라고 추정하시는 일은 세상이 무너져도 결코 없기를 바랍니다."[196] 묵살한 것은 아니다. 그러나 《역사에 관한 여러 시각》에 이제 표명되고 있는 명제들에 비춰보더라도, 제대로 처리되지 못한 것이 확실하다. 이름을 밝히라는 것이 이 선언문이 권고하는 대응방

195 Ibid.

196 로버트 쟁그란도가 스티븐 니센바움에게 보낸 1984년 11월 5일자 편지.

안의 핵심이다. 「표절에 관한 선언문」의 마지막 문단은 소콜로에게 일어나지 않은 일의 연대기와 거의 같다. 그는 자기가 저지른 일을 — 게다가 거듭해서 다시 저질렀음에도("지속되는 패턴')— 우회어법으로 호도하도록 용인 받음으로써, 5년 동안이나 살아남았던 것이다.

이 「선언문」에 대해 어떻게 생각하는지를 묻자, 러벅의 역사학과 교수들은 이견이 없었다. 소콜로를 처음 고발한 사람 중 한 명인 콜린스는 "다 좋아 보인다"고[197] 말하고는, 이론에서 다 좋아 보이는 것이라도 실제 대학 생활에서는 그렇지 않을 수도 있다고 덧붙인다. 그레이브스 학장은 선언문을 발췌해서 읽어주자 들은 다음에 "나로서는 받아들이는 데 아무 문제가 없을 것"이라고[198] 말한다. 그러나 다시 한 번, 소콜로의 사건에서 "지속되는 패턴"이 드러났다는 기억은 없다고 확인한다.

어떤 병리적인 요소가 간여한 것으로 보이는 경우, 패턴은 무한히 지속될 수 있는 길을 스스로 찾아나간다. 1986년에 미국역사학회와 미국대학교수협회에는 소콜로를 지목해서 새로운 소청이 제기되었다.[199] 캘리포니아 주 모라가에 있는 세인트메리 칼리지의 부교수 칼 가너리의 소청이었다. 제이미 소콜로는 1980년에 가너리의 박사학위 논문(지도교수 존 히검), 『유토피아적 사회주의와 미국의 이념: 미국 푸리에주의의 기원과 신조, 1832-1848』(존스홉킨스 대학교, 1979)의 사본 한 부를 보내달라고 가너리 본인에게 요청했다. 그 후

197 콜린스 인터뷰.
198 그레이브스 인터뷰.
199 니센바움 인터뷰에서 제시된 정보.

몇 년간, 텍사스를 떠나 〈전미 인문학 기금〉으로 자리를 옮긴 뒤에까지, 소콜로는 미국의 푸리에주의에 관한 (스스로 칭하기로) 자신의 책을 위한 작업을 계속했다. 중년의 문턱에 도달한 나이에 여전히 학생들을 가르치는 직업에 종사했었다면 출판하거나-몰락하는 채찍질에 시달려야 했겠지만, 〈전미 인문학 기금〉은 하나의 관료조직이라서 보상구조가 대학과 다르다. 그럼에도 출판하고자 하는 소콜로의 열망은 줄어들지가 않아서, 가너리가 소콜로에게 우송해준 박사학위 논문에서 부분적으로 표절했다는 고발을 결국 당하게 되는 책을 출판하려고 시도하게 된다.

1988년 가을, 미국역사학회가 가너리의 고발을 접수한 지 2년이 넘었다. 소청을 제기한 사람이 만족스러운 결과를 얻으려면, 그 전에 학회의 「연구 행위 준칙」에 첨부된 「정책과 절차에 관한 부칙」에 의거해서 결과가 나와야 했다. 이 부칙은 《역사에 관한 여러 시각》 1988년 3월호에 공표되었다. 윤리분과는 "중재"를 포함해서 가능한 결정을 여섯 갈래로 요약했다. 가장 강력한 조치는 5번과 6번이었다.

> 5) 만일 하나의 개별적 사례가 모종의 더 큰 문제를 가리킨다고 분과위원회가 결정하면, 권고 의견 또는 지침을 공포할 수 있다. 이는 《역사에 관한 여러 시각》에 게재될 것이고 「연구 행위 준칙」에 부칙으로 들어갈 것이다. 권고 의견은 특정 사안의 인명이나 세부 사항을 노출하지 말아야 한다. 개별적 사례들은 공표되지 말아야 한다.[200]

---

200 *Perspectives*, 1988년 3월, 4.

이 경우라면 소콜로는 익명으로 처리된 지침 안에 숨어서 역사학계 내부의 표절 역사에 들어갈 수 있게 된다. 아니면,

> 6) 만일 추가 조치가 필요하다고 분과위원회가 결정하면, 위원회는 부회장에게 평의회에서 그 조치의 승인을 구하라고 지시할 수 있다. 사무국장은 분과위원회의 권고안을 모든 당사자에게 통지하고, 소청에 의해 지목된 대상은 30일 이내에 서면으로 입장을 소명해야 한다. 그 후 권고안은 평의회에 회부된다. 평의회는 분과위원회의 권고안과 부수된 소명서들을 검토한 후에, 소청을 기각하든지 아니면 권고안을 채택하든지, 학회를 대표해서 이 사건에 관해 최종 결정을 내린다. 사무국장은 평의회의 결정을 모든 당사자에게 통지한다.
>
> 윤리분과위원회는 학회의 정관에 규정된 기구이기 때문에, 위원회의 결정에 대한 항소나 비판은 평의회에 회부되어야 한다.[201]

“추가 조치”가 무엇을 의미하는지는 언급이 전혀 없다. 6번 항목을 작성한 사람들은 제재에 대해 항소할 권리를 보호하는 데에만 몰두하다보니, 제재들을 특정하지도 못할 정도로 소심해진 것이 분명해 보인다. 밖으로 알려지지 않도록 하는 데 신경을 쓰다 보니(“개별적 사례들은 공표되지 말아야 한다”), 자기들이 1986년의 「표절에 관한 선언문」을 정면으로 위배하고 있다는 사실도 깨닫지 못한 듯하다. 1986년의 선언문은 “만약 표절 또는 중대한 비행의 혐의가 어떤 조

---

201 Ibid.

사위원회에 의해서 인정된다면, 조사결과는 특별한 이유가 없는 한 공표되어야 할 것"이라고 매듭지었었다.

소콜로가 또 한 번 반칙을 저질렀다는 사실을 알게 되기 전부터, 스티븐 니센바움은 소콜로에게 이름을 인쇄물에 박아내려는 욕구가 경력이 망가지는 위험을 무릅쓸 정도로 강했던 것인지 궁금해 하지 않을 수 없었다. 『에로스와 근대화』가 나왔을 때, 앨런 큐어드도 똑같은 궁금증을 가졌었다. "어떤 위험이라도 무릅쓸 정도로 그 책이 그에게 그토록 중요한 지위의 상징이었을까?"[202]

대부분의 표절범들이 그렇듯이, 소콜로에게도 아마 여러 가지 동기가 착종되어 있을 터라 그 가닥들을 선명히 밝혀내기는 불가능할 것이다. 큐어드는 서슴지 않고 그를 "사기꾼이자 기회주의자"라고[203] 부른다. 그러나 이처럼 그의 악의가 고의에서 나왔다고 보면서도, 동시에 큐어드의 추측은 도덕만이 아니라 심리학의 영역에도 미친다("닉슨처럼 자신의 잘못을 결코 믿지 않을 정도로 그도 자기기만이 그렇게 심했던 것일까?").[204] 소콜로가 텍사스에서 사임한 지 5년이 지난 후, 그가 왜 그런 짓을 했는지 안다고 느끼는 사람은 역사학과에 아무도 없다. "믿기 어려울지 모르지만, 도대체 그가 무슨 생각을 했는지만도 많은 사람들에게 오랫동안 의문거리였"다고[205] 제임스 브링크는 말한다. 정상적으로 정직한 방식으로 생산적인 학자가 될 수 있는 능력이 소콜로에게 있었다고 믿는지를 물으면, 학과의 누구든지

---

202 큐어드 편지.
203 Ibid.
204 Ibid.
205 브링크 인터뷰.

그렇다고 대답할 것이다. 스티븐 니센바움도 그렇게 생각한다. "훌륭한 학자의 역량을 그는 완전히 갖췄다."[206] 전쟁이란 다른 수단으로 행해지는 외교라고들 말한다. 소콜로의 표절도 단지 다른 수단으로 행해진 정상적인 연구라고 말할 수 있을 것이다. 그의 표절에도 일정한 솜씨가 없었던 것은 아니다. 실제로, 재능과 속임수를 —자신감은 접어두더라도— 활기차게 결합함으로써, 그는 찰스 리드 수준의 거물을 떠올리게 만든다.

하지만 그의 지성과 역량에 대해서는 이처럼 의견들이 일치하지만, 그의 의도에 관해서는 합의가 없다. 소콜로가 고의적으로 동료들을 오도했다고 생각하느냐고 묻자 벤저민 뉴컴은 탄식한다. "아이쿠 머리야! 뭐라 말하기 어렵죠. 누가 알겠어요? 나는 진짜 앞이 캄캄해요."[207] 소콜로가 실로 자신마저 속여서, 자기가 하고 있는 일이 모두 괜찮다고 믿는다는 것이 가능할까? 아니면, 기억력이 모자라는 대통령들과 업무상으로 다양한 관계들을 유지했던 상원의원 하워드 베이커의 질문을 다시 한 번 변용해서 묻자면, 소콜로는 자신에 관해 어디까지 알았던 것일까? 그리고 그것을 그는 언제 알게 되었을까? 이 사건에 관한 한 러벅에서 아마도 가장 강경파였던 오토 넬슨은, 소콜로의 의도는 거의 확실하게 고의적인 사기였다고 생각하면서도, 그럼에도 불구하고 동기가 무엇이었는지에 관해 말하기를 불편하게 여긴다.

"표절은 단순한 현상이 아니다." E. B. 화이트는 1951년에 이렇게 쓴 다음, 이어서 "도둑"과 "얼간이"와 "통째로 되돌리는 자" 등, "대략

---

206 니센바움 인터뷰.
207 뉴컴 인터뷰.

세 가지 종류의 표절범"이 있다고 주장했다.[208] 대학 동기 존 플레밍에게 보낸 편지에서 대략 윤곽만 제시되고 있는 화이트의 해부는 당시 새롭게 드러난 사건으로 말미암아 촉발되었다. 코넬 대학교의 신임 총장 딘 맬럿이 취임 후 최초의 연설에서 사라 로렌스 칼리지의 총장 해롤드 테일러가 썼던 논문의 일부를 글자도 안 바꾸고 베꼈다. 화이트는 《뉴요커》의 〈웃기는 우연의 일치〉란에 쓴 기사에서 이 얘기를 썩 마음이 내키지는 않은 채 거론한 바 있었다. 그 때문에 《뉴요커》의 편집장 해롤드 로스는 맬럿이 타격을 입을까봐 걱정했다. "기억하시겠지만, 〈웃기는 우연의 일치〉에서 비난하는 식의 논조를 어떻게 빼낼 수 있을지를 얘기하면서 같이 웃은 적이 있었죠. 그러나 실제로 그렇게 할 길을 아직 찾아내지는 못했네요."[209] 로스는 코넬에 부임하기 전에 사업가였던 맬럿이 아마도 연설문 작성을 무책임한 부하에게 맡긴 탓이라고 생각했다. 화이트는 맬럿에 관해서 "내 짐작인데, 그냥 별로 명석한 사람은 아니"라고[210] 플레밍에게 썼다. 다른 말로 하면, 얼간이라는 얘기가 되지만, 실제로 화이트는 얼간이형 표절범을 이렇게 정의했다. "인쇄된 단어에 관해 약간 생각이 흐릿해서, 인쇄된 물건에 속하는 것이면 모두 조금이나마 기적적이며 공동 재산이라고 여기는"[211] 사람.

대학 행정가들이 받아야 할 모든 존경을 기꺼이 바치면서 하는 말인데, 이 설명이 맬럿의 경우에는 부합할 가능성이 있다. 소콜로

208 E. B. White가 John R. Fleming에게 보낸 편지. White, *Letters of E. B. White*, 344.
209 Ibid., 342. Harold Ross에게 보낸 화이트의 편지.
210 Ibid., 345. John R. Fleming에게 보낸 화이트의 편지.
211 Ibid., 344.

의 경우에는 그럴 가능성이 없는 것으로 보인다. 화이트의 세 번째 범주, "통째로 되돌리는 자"는[212] 어떤가? 이를 화이트는 "무엇을 읽거나 들으면 사실상 단어 하나도 안 틀리게 나중에 뱉어낼 수 있지만, 자기가 그러고 있다는 사실은 모르는"[213] 사람이라고 정의한다. 화이트가 받아야 할 모든 존경을 기꺼이 바치면서 하는 말인데, 이것은 어느 누구의 경우에도 가능한 일이 아닌 듯하다. 그처럼 용량이 큰 두뇌가 기억의 총량 안에 제목과 저자 이름을 끼워 넣지 못하리라는 것은, 한 마디로 말해서, 믿기 힘들다. 앞 장에서 논의했듯이, 문장의 리듬이나 심지어 문구까지도 삼투작용처럼 스며드는 일이 때로 일어나는 것은 분명해 보이지만, 그것과 이것은 아주 다른 종류의 일이다. 더구나, 소콜로의 경우에는 거리가 멀다. 화이트의 해부를 계속 따라가자면, 결국 "도둑"이라는 명칭만이 남는다. "사기꾼이자 기회주의자"라고 한 앨런 큐어드의 표현도 불친절한 것은 비슷하다.

그렇지만 화이트의 해부에는 피터 쇼가 제시했던 수준의 병리학적 범주가 빠졌다. 한 명 이상의 사람이 실제로 소콜로의 정신구조에 관해 궁금증을 가지고 있다. 소콜로에 관한 니센바움의 추측은—약한 형태의 절망감, 위급해서라기보다는 습관 때문에 형성되었을— 강박증 쪽이다.[214] 가너리 사건은 확실히 이 설명에 편승하라고 부추긴다. 그러나 아마도 이 사건 역시, 콜리지나 엡스타인 사건이 그랬듯이, 하나의 정답도 없고 하나의 명칭으로 정리되지도 않을 것

212 Ibid.
213 Ibid., 344-345.
214 니센바움 인터뷰.

이다. 동기란 신경결절처럼 여러 가닥들이 서로 엉켜있는 것이다. 어떤 도둑은 동시에 얼간이이기도 하고, 어떤 기회주의자들은 동시에 강박증 환자이기도 하며, 어떤 당국들은 자기들이 감시해야 할 대상들보다 소심하다.

***

1986년 가을 존 웰던은 여전히 역사학과의 행정서기로 일한다. 그녀는 제이미 소콜로가 보내준 『에로스와 근대화』를 책상 서랍 안에 간직하고 있다가, 방문객이 요청하자 보여줄 수가 있었다. "이건 박물관에 갈 만한 수집품"이라고[215] 그녀는 말한다. 소콜로 사건이 터지고 5년이 지나, 텍사스 이공대학교 역사학과 교수들의 회상은 운명론에서부터 분노에 이르기까지 여러 가지다. 이제 학과장을 맡고 있는 브라이언 블레이클리는 "당시에 뭔가 더 할 수도 있었던 것 같다"고[216] 말하지만, 특별히 뭘 더 할 수 있었을지는 확실하지 않다. 이제 학장이 된 오토 넬슨도 마찬가지다. "한두 달 전에, 특히 미국역사학회의 《역사에 관한 여러 시각》에 실린 해명서를 읽은 다음, 나는 바에게 말했어요. 우리 학과 사무실에서, 대학 전체에서, 그리고 또 다른 곳에서 이것이 터져 나온 것을 보면, 이 학문적 사기를 공개해야 할 우리의 의무가 아마도 훨씬 컸던 것 같다고 …… 학자의 자세를 위반하는 종류의 범죄가 일어났던 것인데, 우리는 그것을 통 속에 넣어 숨기고 말았죠. 어쩌면 귀찮은 일을 원치 않았기 때문

---

215 존 웰던이 1986년 12월 9일 저자에게 남긴 논평.
216 블레이클리 인터뷰.

에."[217] 제임스 브링크는 명확하다. "그는 즉시 파면되었어야 했다고 생각한다."[218] 앨런 큐어드도 그렇게 되었다면 좋아했을 것이다. 그러나 다음과 같이 말함으로써 소콜로 사건의 핵심을 인지하고 있음을 보여준다. "미국 사법부의 슬픈 현실 그리고 무고한 사람들이 단순히 자기 직무를 수행하기 위해 얼마나 많은 고초를 겪어야 하는지를 감안해서, 당시에 떠오른 타협책을 받아들이는 쪽으로 나는 기울었다."[219]

지금은 은퇴했지만 아직도 주중에는 아침에 홀든 관에 나와 『텍사스 안내서』의 신판을 편집하고 있는 당시 학장 그레이브스는, 뭔가를 더 할 수도 있었을 것 같다고 생각하는 사람들의 정서를 이해할 수 있겠느냐고 묻자, 이렇게 말한다. "당연해요. 물론 그렇죠. 절대로 그래요. 절대로."[220]

---

217 넬슨 인터뷰.
218 브링크 인터뷰.
219 큐어드 인터뷰.
220 그레이브스 인터뷰.

짓밟힌 포도 농장

:《팰컨 크레스트》를 둘러싼 싸움

모방은 가장 진지한 형태의 텔레비전이다.

_ 프레드 앨런

1980년 11월의 어느 일요일 존 콘펠드와 아니타 클레이 콘펠드 부부는 캘리포니아의 내파 밸리에서 스코 밸리를 향해 자동차를 몰고 가면서 행복할 이유가 평소보다 더 많았다. 평소에도 부러움을 살 만했다. 50대의 두 사람은 매력적이고 헌신적이며 성공한 부부였다. 거기에 덧붙여, 특별한 해였다. 내파의 포도주 양조업자 도너티 가족의 흥망을 긴 연대기로 엮은 아니타의 새 소설 『포도 농장』이 출판되어, 출판을 기념하고 판매를 촉진하기 위해 도처에서 열리는 파티에 불려 다니고 있던 중이었다. 샌프란시스코 메이시 백화점에서 사인회가 있었고, 다이앤 파인스틴 시장이 참석한 파티도 있었으며, 로스앤젤레스, 프레즈노, 휴스턴 등지에서도 파티가 있었다. 문화산업과 즐거움이 혼합된 이런 모임에 콘펠드 부부는 익숙했다. 재능 있는 조각가인 존은 여러 해 동안 예술기획가 솔 휴로크가 미국 서해안에서 애호한 파트너였고, 아니타는 그런 남편의 홍보팀을 지휘했다. "이 분야에는 나도 약간의 전문성이 있고, 몇몇 연결고리도 있습니다." 그녀 자신의 책을 홍보할 계제가 찾아오니, "그런 연고를 활용하지 않기가 어려웠죠."[1] 그 날은 스코 밸리에 파티가 있어서 가는 길이었다.

내파의 집으로 돌아가는 길에는 꿈에 부푸는 특별한 즐거움을 경험했다. 《엘리노어와 프랭클린》으로 에미상을 받은 바 있는 텔레비전 프로그램 독립제작자 해리 셔먼이 전화를 하기로 되어 있었다. 셔먼과 아니타는 두 달 전에 내파의 한 파티에서 만났었다. "안주인이 우리 둘을 일부러 나란히 앉혔다"고[2] 아니타는 기억한다. 그녀와 셔먼은 금세 친해졌다. 그리고 『포도 농장』을(원래는 저자의 대리인이었던 에버츠 지글러가 증정본 한 부를 보내주기로 했지만, 증정본이 도착하지 않자) 구해 읽은 후, 그는 그것을 텔레비전 미니시리즈로 각색하는 데 흥미가 생겼다. 셔먼과 콘펠드 여사는 그 후로 몇 차례 전화로 통화했고, 한 번 더 만나기도 했다. 그리고 11월로 접어들면서 그는 이렇게 말을 하고 있었다. "아니타, 방금 실로 흥분되는 어떤 일이 일어났어요 …… 다음 주에 우리 한 번 만나면 좋겠어요. 함께 앉아서 뭔가를 진짜로 일궈내야 해요."[3]

그 일요일 내파 밸리에서 돌아오는 길에 존과 아니타 콘펠드는 "자세한 사항들"을 논의하는 전화를 기대하고 있었다. 해리 셔먼이 그 책의 대가로 얼마나 많은 돈을 제시할지 그들은 서로 물으며 궁금해했다.

---

1 아니타 클레이 콘펠드의 직접 증언, 1984년 6월 15일, 〈콘펠드 대 CBS 사건〉, 「기자단 공판 청취록」, 933.

2 Ibid., 937.

3 Ibid., 940.

"문을 열고 집안에 들어섰을 때, 예상했던 대로 전화가 울렸다" 고 그녀는 기억한다. 실제로 해리 셔먼이었다. 그러나 "자세한 사항들" 대신에 그는 조언을 전했다. "그는 '변호사를 구하는 게 좋겠'다고 말했습니다. 그가 한 말을 그대로 옮기면, '작품을 도둑맞았어요. 《버라이어티》에 난 기사를 방금 봤는데 …… CBS와 로리머가 합작으로 《포도 농장의 나날들》이라는 제목으로 견본 프로그램을 내보내기로 했다고 발표했다네요. 내파를 무대로 여성이 가장인 집안에서 …….'"[4]

《포도 농장의 나날들》은 영영 방송되지 않았다. 그러나 대단한 성공을 거둔 열시 연속극 《팰컨 크레스트》의 기초가 되었다. 아니타 클레이 콘펠드와 해리 셔먼 사이에는 결국 어떤 계약도 맺어지지 않았다. 내파 밸리의 포도주 양조업에 관한 미니시리즈를 두 편씩이나 공중파가 감내할 수는 없었기 때문이다. "내 책에서 모든 재료들을 다 뜯어다 그들의 미니시리즈에 집어넣고 나니 …… 해리 셔먼에게 남은 것이라고는 늙고 지친 칠면조 뼈다귀밖에 없었다는 얘기에요. 살점이니 깃털이니 모든 것을 다 그들이 가져가 버린 거지요."[5] — 콘펠드 여사의 말이다.

키 188센티미터에 스물다섯 살, 교양은 갖췄으나 성깔깨나 있는 애덤 도너티는 작고한 부친의 포도주 양조장을 신세계에서 재건해보려는 꿈을 안고 1894년 이탈리아의 폰트레몰리에서 샌프란시스코로 왔다. 이렇게 이야기가 시작되는 『포도 농장』은 맨몸뚱이에서 부

---

4 Ibid., 941.
5 Ibid., 942.

자가 되는 전형적인 미국적 연대기가 아니라, 부자가 새로운 영토를 개척하는 연대기다. 애덤도 무척 많은 난관과 실패를 겪게 된다. 그러나 그의 이야기에서 핵심은 소수 종족에 속한 뜨내기 졸부로 멸시당하면서 끝없이 싸워야 하는 한 명의 귀족으로 자신을 인식하는 그의 자의식이다. 이웃 양조업자들보다 실로 포도주 양조업을 위해 태어난 사람처럼 그가 실지로 부각된다.

포도주 업계가 불황을 겪는 시기지만, 은행가 새뮤얼 린턴이 애덤의 용기에 넘어가서 지분을 투자한다. 애덤은 스프링 마운튼에 토지를 새로 산다. 그리고 아내 에리카가 스웨덴에서 온 할아버지 제이콥 브루너에게서 상속받은 토지도 그의 영토에 추가된다. 에리카와는 실연당한 아픔에 자포자기 상태에서 결혼했었다. 그가 매혹된 상대는 아름다운 사라 허바드 레이놀즈였다. 두 사람은 열정적인 밀회를 한 번 즐겼었다. 그러나 레이놀즈의 남부인 어머니가 "이탈리아 놈" 애덤을 반대하면서, 딸을 유럽 일주 여행에 나서도록 부추겼고, 제임스 풍[6] 이름에 더 가까운 크리스토퍼 엘리어트-웨어와 더욱 잘 어울리는 결혼을 하도록 이끌었다고 작가는 암시한다.

애덤은 악랄한 자크 퀴뇨와의 싸움을 견뎌내고, 믿을 만한 작업감독이자 충성스러운 중국인 부하 리포의 도움을 받아 스프링 마운튼에 뿌리를 내리기 시작한다. 그러나 에리카가 문제를 일으킨다. 그녀는 결혼 첫날밤에 특유의 성적 취향을 드러내 그를 놀라게 만들고, 페이지가 넘어갈수록 특이한 행동이 점점 더 과격해진다. 애덤에게는 두 아들, 앤턴과 조지프가 생기고, 그녀는 결국 요양원으로 보내진다.

---

6 제임스 풍 이름(Jamesian name): 미국 소설가 헨리 제임스(Henry James, 1843-1916)가 인물에 붙인 이름과 비슷하다는 뜻. — 역주

새로운 금주운동 때문에(이제 소설의 3분의 1정도 되는 지점이다) 곤경에 빠져 속이 뒤집힌 애덤은 사라가 돌아와서 구원을 받는다. 알고 보니, 크리스토퍼 엘리어트-웨어와의 결혼은 이뤄지지 않았다. 그녀는 캘리포니아를 떠날 때 애덤의 아이를 가지고 있었다. 유럽 여행을 마치고 미혼모들을 위한 시설로 갔고, 그 뒤로는 과부 행세를 하면서, 그리고 사우스 캐롤라이나의 한 여학교에서 학생들을 가르치면서 아들 데이비드를 키웠다. 데이비드는 이제 다섯 살이다.

에리카는 샌프란시스코 대지진의[7] 여파로 요양원을 잿더미로 만든 화재로 사망한다. 애덤과 사라는 결혼하고, 스프링 마운튼의 도너티 양조장의 재산을 함께 보살핀다. 애덤은 주점반대 동맹을[8] 상대로 한 정치투쟁에 나서고, 사라는 책을 통해서 돕는다. 소설은 중간쯤에 이르면서, 잡다한 사건들을 늘어놓으며 지루해진다. 그래서 자크 쿼뇨에 필적할 만한 악당이 하나 필요해진다. 에리카가 낳은 애덤의 두 아들이 이 역할을 맡기 위해 최선을 다한다. 앤턴은 하버드를 나와 허세로 가득 찬 모사꾼이 되어, 알코올 중독자인 아내 필리스를 두고 외도를 일삼는다. 조지프는 자기 아버지가 어처구니없는 볼스테드법에[9] 걸리지 않기 위해, 그러면서도 밀주업자라는 낙인도 동시에 피하기 위해, 기를 쓰는 뒷전에서 도너티의 소유지 안에다가 불법 위

7 실제로 3천 명이 목숨을 잃은 1906년 4월 18일의 대지진이 있었다. — 역주

8 주점반대 동맹(Anti-Saloon League): 미국에 실제 있었던 금주운동 단체. 1893년 결성되어, 1919년 미국 내에서 알콜 음료의 생산과 수송과 판매를 금지한 수정헌법 18조의 통과 때 전성기를 누리다가, 1933년 수정헌법 21조에 의해 수정헌법 18조가 폐지되고 나서 소멸했다. — 역주

9 볼스테드법(Volstead Act): 수정헌법 18조를 시행하기 위해 1919년에 제정된 금주법. 1933년에 폐기되었다. — 역주

스키 증류장을 차리고 운영한다. 조지프의 증류장에 경찰이 급습하는 일대 소동이 벌어지는 와중에 애덤은 심장마비로 사망한다.

과부가 된 사라는 가족의 변호사 노먼 재스퍼스와 재혼하지만, 결혼 생활은 미적지근했고 오래가지 못했다. 재스퍼스가 신장병으로 사망하자 두 번째로 과부가 된 사라는, 다정한 어머니이자 할머니 노릇을 하면서, 활동적인 민주당원으로서 대공황과 같은 민족적 위기와 필리스의 음주와 같은 가족적 위기를 이겨나간다.

사라는 자연히 자기 친아들 데이비드와 그의 딸 빅토리아에게 더 끌린다. 빅토리아는 스스로 양조업자가 되고 싶어 하는 씩씩한 빨강머리 아가씨다. 빅토리아는 제로드 제임스라는 멕시코계 텍사스인 노동자와 어울리고, 제임스는 마구간에 숨어 있다가 데이비드에게 들킨다. 데이비드는 그를 고용하기로 하고, 사라는 그를 가르친다. 그리고 그들은 법에 걸리지 않기 위해 그의 이름을 카를로 카두치로 바꾼다.

이 지점에 이르러 『포도 농장』은 다시 재미있어진다. 앤턴과 필리스는 법정에서 다툰다. 데이비드는, 나머지 두 딸이 뉴욕으로 가서 무의미하고 무질서한 생활로 방황하는 동안에, 빅토리아에게 양조장의 지분 절반을 떼어준다. 사라는 나이가 들어 변덕스러우면서 흥미로운 노인이 된다. 그녀는 슬기롭지만 별나다. 해부학과 비타민에 관심이 약간 쏠려있다. 데이비드가 세상을 떠난 후 경영을 맡는 빅토리아에게 이렇게 축복하고도 남도록 오래 산다. "너에게 배포가 있는 걸 나는 알아봤다. 네가 특별한 손녀라는 걸. 너는 실제로 그랬지. 내 관심을 끈 건 너밖에 없어. 내게 관심을 기울인 것도 너뿐이었지. 네 할아버지 애덤 도너티도 살아있다면 너를 무지 자랑스러워 했을 걸세, 젊은 사장님! 다만, 먼저 네가 여성 양조업자라는 사실을 받아들일 수 있었다면 말이지. 스프링 마운튼 위에서 벌어지는 모든 일을 여자가 지휘하다니!."[10]

소설의 마지막 부분은 카를로에 대한 빅토리아의 열정, 그리고 빅토리아에게 충실하고 싶지만 동시에 그 지역에서 일하는 멕시코 노동자 조직원들에게도 충성해야 하는 카를로의 갈등으로 점철된다(마드무아젤 드 말페르와 피나텔의 관계가 어른거린다!). 한 시점에서 그는 그녀를 보호하려다 칼을 맞기도 하지만, 회복되자마자 자기 출신지의 동지들과 합류하기 위해 떠나버린다. 빅토리아가 1960년대로 접어들어 양조장을 경영할 준비를 하면서 카를로를 기다리는 장면에서 소설은 끝난다. "지나간 일은 어쩔 수 없고, 해야 할 일은 많았다. 내년 수확 철까지는 그를 맞이할 준비가 될 것이다. 실로 그래야만 했다!"[11](내일은 내일의 해가 뜨겠지?)[12]

《주간 출판계 동향》은 『포도 농장』을 "속도감 있는 극적인 이야기 …… 여러 세대를 거치는 소설 중에 최고작"이라고[13] 불렀다. 이는 비록 모호하기는 해도, 아마도 진심이 담긴 칭찬일 것이다. 왜냐하면, 최근에 이 장르는 부담스러울 정도로 길어지는 경향을 보이기 때문이다. 이런 부류의 소설을 읽는 독자들은 러들럼[14] 풍의 추

---

10 Kornfeld, *Vintage*, 597.

11 Ibid., 609.

12 마가렛 미첼의 『바람과 함께 사라지다』에서 스칼렛 오하라의 마지막 말: "이 모든 일을 내일 생각할 거야. 그때는 견딜 수 있어. 내일이면, 그를 되찾을 길이 생각날 거야. 어쨌든, 내일은 내일의 해가 떠오르겠지." — 역주

13 *Publishers Weekly, Vintage* 보급판 표지에서 재인용.

14 러들럼(Robert Ludlum, 1927-2001): 미국의 추리작가. 나중에 영화화된 제이슨 본(Jason Bourne) 3부작을 썼다. — 역주

리소설이나 주디스 크란츠와[15] 재키 콜린스[16] 풍의 지저분한 소설들 보다는 덜 자극적인 책을 찾지만, 문체나 미세한 차이에도 그다지 관심이 없다. 『포도 농장』 같은 소설은 해변에서 읽기에 알맞은 책은 아니겠지만, 창문 밖에 햇빛 가리개를 덮은 베란다에서 읽을 만한 책이다. 별로 힘들일 필요 없는 취미를 가진 중년 여인들을 대상으로 판매되는 책이다. 『포도 농장』은 이 장르의 여타 작품에 비해 탄탄하게 쓰였고 고증도 잘 되었지만, 궁극적으로 급이 다른 정도는 아니다. 생생하게 표현된 장면들과 장소들이 눈에 띄지만, 인물들은 익숙한 형용사와 부사들이 암시하는 방향으로 반응한다. 포옹은 "간절하고",[17] 인물들의 분노는 "손가락 끝에까지"[18] 타오른다는 식이다. 한 사람이 좋다고 하면 다른 사람들도 좋다고 하듯이, 사람들 사이에 거리가 가까워지면 바로 열기가 치솟는다.

대화는 포도주와 관련된 이미지들로 점철되어 있고, 어떤 대목에서는 시대착오적인 느낌도 난다("나는 그런 공정과 아주 잘 어울리지는 못해"[19] — 1910년에 나올 말인가?). 그래도 『포도 농장』에는 창피스러울 지경인 대목이 아주 드물고, 진실로 빠져들게 만드는 대목들도 때로는 있다. 아주 긴 연대기 안에서 인물들은 질서정연하게, 그리고 가끔은 영리하게 계산된 순서로 등장한다. 이 소설은 정보를 전해주기도 한다. 발효에 관해, 포도주 시장의 변동에 관해, 북서 캘

---

15 크란츠(Judith Krantz, 1928-): 미국의 대중 연애소설 작가. — 역주

16 콜린스(Jackie Collins, 1937-2015): 영국 태생으로 미국에서 활동한 대중 연애소설 작가. — 역주

17 Kornfeld, *Vintage*, 83.

18 Ibid., 13.

19 Ibid., 287.

리포니아의 이민 유형에 관해 많은 정보를 알려준다. 로버트 몬다비는[20] 아니타 콘펠드에 관해 이렇게 말한다. "내 생각에 그녀는 이 지역의 모든 사람들과 면담한 것 같다."[21] 당시의 시대 상황을 전할 적에 전혀 그럴듯하지 않게 뻣뻣한 격식을 갖춘 대화가 나오는 것은 사실이다. 우드로 윌슨에 관해 사라는 애덤에게 이렇게 말한다. "그는 프린스턴 대학교 총장이었어요. 최고 대학 말이에요. 웰슬리에[22] 다닐 적에 그분의 박사학위 논문을 읽었죠. 제목이 『의회 정부』였던 것 같아요."[23] 비아냥거리기 좋아하는 사람이라면 콘펠드 여사를 "시사 문제 토론모임의 회장"이라며[24] 비웃을지도 모른다. 그러나 이런 소리는 단지 역사적 허구를 쓰는 대부분의 작가들이 풀지 못하는 난제를 그녀도 풀지 못했다는 얘기에 불과하며, 그리고 어쩌면 뻣뻣한 대화든 아니든 『포도 농장』 같은 책들을 통해서 독자는 세상에 관해 유용한 지식을 대부분의 한가하고 내면지향적인 "현대"소설들에서 얻을 수 있는 것보다 훨씬 많이 얻는다는 사실을 무시한 결과일 것이다.

이 소설에 관해 두 가지는 확실하다. 이것은 힘든 작업을 굉장히 많이 한 결과다. 그리고 이 책을 한 시간 읽는 것이 미국의 전형적인 텔레비전 프로그램을 한 시간 보는 것보다 이익이다.

---

20 몬다비(Robert Mondavi, 1913-2008): 캘리포니아의 포도 생산업자. 포도주를 품종별로 분류하는 방식을 표준화했다. — 역주

21 Robert Mondavi, *People*, 1982년 4월 12일, 35에서 재인용.

22 웰슬리 대학(Wellesley College): 매사추세츠 주, 웰슬리에 있는 여자 사립 인문대학. — 역주

23 Kornfeld, *Vintage*, 308.

24 Richard A. Lanham, 1986년 10월 6일, 저자와의 인터뷰. 이하에서는 래넘 인터뷰로 표기.

* * *

1981년 가을부터 금요일 밤 10시에 CBS TV를 통해 방영되고 있는[25] 《팰컨 크레스트》를 봐야 할 이유는 충분히 많다. 데이트 약속이 없을 수 있다. 실제 삶에서 오래 전에 로널드 레이건을 차버린 여인을[26] 좀 더 자세히 보고 싶을 수도 있다. 또는 지난주에 그것을 보고 나서 멜로드라마 연속극의 줄거리를 따라가고 싶은 충동에 홀렸을 수도 있다. 현대소설에서는 한 가지 요소가 있다고 해서 다른 요소로 연결된다고 더 이상 장담할 수가 없다. 그러나 밤 10시 연속극들은 학자들이 직선적 줄거리라고 부르는 것, 실제 삶을 그대로 흉내 내기보다는 실제 삶을 정의롭고 예측 가능하게 다듬어놓은 결과로서 원인이 있으면 결과가 뒤따르는 그런 줄거리를 여전히 제시한다. 다시 말해 밤 연속극들도 낮 연속극과 비슷한데, 다만 제작비가 더 들어갈 뿐이다. 더 좋은 자동차들, 사진발을 더 잘 받는 음식, 어깨에 패드를 꽉 채운 의상들이 사용될 뿐이다. 이런 프로그램들은 일정한 궤도에 일단 오른 다음이면, 《다이너스티》든,[27] 《댈러스》든,[28] 《팰컨 크레스트》든, 무궁무진한 소재로 번져나가면서 끝없는 영역의 확장이 보장된다는 매혹적인 특징이 있다. 원래 소설을 쓰다가 지금은

---

25 1990년에 종방되었다. — 역주

26 이 연속극의 여주인공 역을 연기한 제인 와이먼(Jane Wyman, 1917-2007)은 레이건의 첫 번째 부인이었다. 두 사람은 1949년에 이혼했다. — 역주

27 《다이너스티》(*Dynasty*): 미국 ABC에서 1981년부터 1989년까지 방영한 연속극. 콜로라도 주, 덴버의 한 부잣집을 무대로 벌어지는 사연들을 다뤘고, CBS의 《댈러스》와 경쟁했다. — 역주

28 《댈러스》(*Dallas*): 미국 CBS에서 1979년부터 1991까지 방영한 연속극. 유전을 소유한 텍사스 부잣집의 내부 갈등을 다뤘다. — 역주

《월튼네 사람들》과[29] 《팰컨 크레스트》 같은 텔레비전 연속극 대본을 쓰고 있는 얼 햄너는 이렇게 말한 것으로 인용된다. "나는 기본적으로 이야기꾼이라는 점이 나를 움직이는 동기라고 생각해요. 이야기들을 풀어내놓는 일, 지금은 일종의 실전된 기예라고도 볼 수 있는데, 나는 재미있어요. 특히 텔레비전에서는 이야기에 시작이 있고 중간 지점이 있고 끝이 있어서 재미가 있어요."[30] 시골에서 고상하게 살아가는 월튼네 가족의 감동적인 이야기 각 회만을 두고 보면 그럴 수 있겠다. 그러나 《팰컨 크레스트》의 목적은 제인 와이먼의 육신에 숨이 붙어 있는 한, 또는 이 연속극의 닐슨 시청률이 20% 아래로 떨어지기 전까지는, 탐욕에 찌든 갈등들이 해소되지 않도록 하는 데 있다.

이 프로그램의 대사는 불멸이라고 봐야 할 정도로 익숙한 수준이었다. 텔레비전 연속극에 나오는 어휘는 워낙 제한되어 있기 때문에, 언표상의 표절이라는 논란 자체가 실로 불가능할 정도다. 의도적이거나 치사한 행각으로 베끼기가 발생하는 것이 아니라, 무의식적으로 그리고 불가피하게 베끼지 않을 도리가 없다. "뭘 믿어야 하는지를 더 이상 모르겠다",[31] "어찌 될지 두고 봐야지",[32] "지옥이 꽁꽁 얼어붙기 전에는",[33] "나는 그때 이후로는 어떤 감정도 가져본 기억이

---

29 《월튼네 사람들》(*The Waltons*): 미국 CBS에서 1972년부터 1981년까지 방영한 연속극. 산골 마을에서 사는 가족의 이야기를 다뤘다. — 역주

30 Newcomb and Alley, *The Producer's Medium*, 168에서 재인용.

31 E. F. Wallengren, "The Tangled Vines", 《팰컨 크레스트》 1981년 11월 11일 방영분 대본(세 번째 수정본, 최종 원고), 56.

32 Hamner, "The Harvest", 《팰컨 크레스트》 1981년 10월 15일 방영분 대본(두 번째 수정본, 최종 원고), 42.

33 Ibid., 45.

없어"[34] 같은 문구들이 등장인물들에게서 나오는 장면들이《팰컨 크레스트》의 초기에는 있었다. 이런 문구들은 텔레비전에서 흔히 나오는 상투적인 문구들이다. 이런 문구들은 실생활에서 등장할 때보다 화장기 짙은 입술로부터, 그리고 BMW의 유리창을 통해서, 들려올 적에 더욱 멋있게 들린다. 이런 소리가 그럴듯하게 들리는 까닭은 믿을 수 없다는 의심을 억누르려는 의지보다는 주의를 기울이기 싫은 태만 때문일 때가 더 많다. 뭐가 어쨌든지 지금은 밤 10시고, 사람들은 쉬고 싶다. 시청자들이 일일이 챙겨볼 수 있는 속도보다 더 빠르게 이런 연속극을 쓸 수 있어야 한다는 것이 하나의 보증수표다. 아니타 클레이 콘펠드와《팰컨 크레스트》제작자들 사이에 오랫동안 논쟁이 벌어지는 가운데, 얼 햄너는 "텔레비전이란 원래 서로를 매우 많이 모방한다"고[35] 말했는데, 이 말이야말로 그 오랜 논쟁 중에 발설된 말 중에서 가장 심한 축소 진술인지 모른다.

햄너는《팰컨 크레스트》를 창작할 때,『포도 농장』을 모방한 것은 전혀 아니지만, 자기 자신의 작품을 모방했다고는 실제로 인정했다. "나는 워낙 배운 것이 '가족극'이라서, 완전히 깨끗한 빈 공간이 주어지기만 하면 즉시 거기에 가족에 관한 이야기를 적어넣는다"고[36] 1980년대에 어떤 인터뷰에서 말했다.《팰컨 크레스트》는 점점 현란해지다가 결국 여느 가족극보다 더욱 섹시한 야간 잔치처럼 되었다. 그러나 햄너는 이렇게 말한다. "처음 시작할 때는《월튼네 사람들》의 흐름 쪽에 더 가까운 8시 연속극으로 기획되었다. 가정생활이 강조

---

34 Ibid., 25.

35「기자단 공판 청취록」, 493.

36 Newcomb and Alley, 167에서 재인용.

될 예정이었다."[37] 꼬집어 말하자면, 뉴욕의 조버티 집안사람들, 비행기 조종사 체이스, 그의 아내인 프리랜스 작가 매기, 그들의 십대 자녀 콜과 비키로 이뤄진 가족의 생활이었다. 핵가족에 전형적인(아빠는 집을 비우고 대도시에는 유혹이 넘치는) 갈등을 겪게 되면서 위기를 피하고자, 그들은 땅으로 돌아가자는 식으로 내파 밸리로 이사한다. 체이스의 아버지 제이슨이 물려준 20헥타르의 땅 위에서 포도주 양조장을 시도해보기로 결심한 것이다. 《팰컨 크레스트》의 초기 방영분 가운데 〈얽히고설킨 포도 넝쿨〉이라는 제목으로 월런그렌이 집필한 회차에서 비키는 육촌 랜스에게 이렇게 말한다. "포도 농장에서 함께 살다 보면 우리 가족도 월튼네 사람들처럼 될 거라는 환상을 아버지는 가지고 있었어."[38] 실제로 햄너는 《팰컨 크레스트》 이전에, 1970년대 말에, 《스왑》, 《스위치》, 《바클리네 가족》 등, 여러 가지 제목의 텔레비전 연속극들을 제안한 바 있었는데, 그 모두는 다른 환경에서 새로운 시도를 실험하는 가족의 이야기였고, 캘리포니아의 포도 생산지에서 적응하는 가족도 그 중에 하나 있었다(이 구상은 『포도 농장』이 완성되기도 전인 1978년에 CBS에 제안되었다가 거부당했다).[39]

햄너는 《팰컨 크레스트》가 방송사에 의해 의도적으로 자극성이 증폭되었다는 점을 인정하면서도, 그 작품이 여느 멜로드라마와 같다는 생각에는 여전히 반대한다. 부분적으로는 그가 맞다. 《팰컨 크레스트》를 《댈러스》나 《다이너스티》의 포도밭 판본으로 분류한다

37 Ibid., 164.

38 Wallengren, "Tangled Vines," 13.

39 「피고 측 사건개요」, 15.

는 것은 너무 단순하다. 『포도 농장』에 관한 분쟁에서 핵심 쟁점으로 떠오르게 될 사항이지만, 이른바 "하위 장르"라는 것이 있어서 특징들이 공유된다고 해도, 동시에 중요한 변이들도 많다. "이것은 고딕식 드라마다.[40] 인간적 갈등의 이야기다. 《팰컨 크레스트》에 등장하는 내 인물들이 보여주는 차원이 다른 연속극들에는 없다"고[41] 햄너는 주장했다.

이 진술의 마지막 부분은 허세다(《팰컨 크레스트》의 등장인물들은 여느 연속극과 마찬가지로 그럴듯하지 않게 멍청하며 고상하다). 그러나 고딕식이라는 요소는 초기 방영분에서(그때에만) 기본을 이뤘었다. 《포도 농장의 나날들》이라는 제목의 견본 프로그램에서 조버티 가족은 제이슨이라는 인물의 땅을 자기들이 상속받았다고 주장하는 모습으로 마침내 형체를 드러낸다. 대본 초고 중 하나에서는 제이슨이 "카베르네 소비뇽 통에 빠져 떠다니는 시신으로"[42] 발견되는 것으로 되어 있었다. 그의 죽음에 관한 비밀은 약에 취해 늘 몽롱한 그의 조카 엠마가 어쩌면 쥐고 있는지도 모를 것처럼 암시되는데, 엠마는 자기 어머니이자 체이스의 고모인(제인 와이먼의 배역이다) 안젤라 채닝의 "음침한 오래된 저택"[43] 구석구석을 제인 에어처럼 배회한다. 파티에 참석차 악독한 안젤라의 집에 도착한 매기와 체이스는, 관리를 제대로 하지 않고 방치한 한 구석의 창문 안쪽에서, "눈자위는 푹 꺼진 채 햇볕을 쬔 적이 거의 없이 수척하고 창백한 얼굴

40 고딕식 드라마(Gothic Drama): 괴기, 신비, 음산 등이 결합된 드라마. — 역주
41 Newcomb and Alley, 164에서 재인용.
42 Hamner, "Vintage Years," 두 번째 원고 수정본, 1981년 2월 3일, 33.
43 Ibid., 13.

이 마치 자기들을 꾸짖는 듯한 눈초리로 내려 보고 있는"[44] 광경을 목격한다. 견본 프로그램을 제안한 햄너의 "기획서"에서는 엠마가 태어날 때 뇌손상을 입었던 것으로 되어 있었고, 대본의 초고 중 하나 위에는 TV가 늘 그러듯 혹시라도 책임져야 할 일을 소심하게 피하기 위해 이런 주의문이 적혀있었다. "주의: 제작진 여러분. 엠마가 지진아가 아니라는 사실이 뒤로 가면서 밝혀질 것입니다."[45]

안젤라는 체이스가 실로 감당할 수 없는 상대다("많은 사람들이 안젤라 채닝의 거미줄에 걸려 잡힌 상태다").[46] 제이슨의 땅을 자기가 차지하고, 팰컨 크레스트[47] 전체를 한 덩어리로 유지해서, 나중에 자기가 상속자로 지정할 사람에게 물려줄 결심이 확고하다. 어쩌면 그녀가 내심 생각하는 상속자일 수도 있는 체이스의 아들 콜은 고모할머니에게서 스포츠카를 선물 받고 망나니로 자란다. 《댈러스》의 주인공보다 안젤라가 아마도 더 모질다고 봐야 하겠지만, 이런 점들은 《댈러스》와 흡사하다. 실제로, 견본 프로그램의 대본은 이런 비교를 예방하기 위해, 우간다에서 용병으로 일하고 돌아온 안젤라의 아들 리처드가 랜스에게 자기 어머니에 견주면 이디 아민이 "애교에 불과했다"고[48] 말하는 대사를 끼워 넣었다.

중산계급의 가족적 가치들과 고딕식 탐욕 사이에서 벌어지는 이와 같은 현대판 투쟁이 『포도 농장』처럼 수고스럽게 집필된 역사소설과 무슨 상관이 있는가?

---

44 Ibid.

45 Ibid. 아울러 「공판속기록」, 1555를 보라.

46 Hamner, "Vintage Years," 두 번째 원고, 1980년 12월 31일, 47.

47 팰컨 크레스트는 이 집안 소유 땅을 가리키는 지명이다. —역주

48 Ibid., 5.

멜빈 벨리에 따르면 모든 점에서 상관이 있다. "이렇게 명백한 베끼기 또는 저작권 침해의 사례를 나는 일찍이 본 적이 없다."[49] 둥근 검은 테 안경 때문에 화산재로 만든 커다란 올빼미처럼 보이는 이 백발의 샌프란시스코 변호사는 무슨 일이든 과장하는 경향이 있다. 으레 떠들썩하게 알려진 사건들을 수임해서 유명한 그는, 리 하비 오스왈드를 살해한 잭 루비 같은 의뢰인을 변호했었고, 폐암 환자들이 레이놀즈 담배회사에 배상금을 요구한 소송에서는 원고측 변호인으로 나서기도 했다.

콘펠드 여사는 벨리와는 면식이 없었지만 그의 아내 리아를 알았다. "여러 위원회에서 함께 일했던 사이인데, 그녀가 '멜빈에게 전화해봐요, 도움이 될 거에요'라고 권합디다."[50] 1980년 11월에 해리 셔먼에게서 전화를 받은 후로 계속되던 오랜 마비상태가("어떤 지경이었느냐면, 거의 여섯 달 동안 완전히 침울한 상태에 빠져서 아무 일도 하지 못했어요")[51] 벨리와 접촉함으로써 풀렸다. 《팰컨 크레스트》의 견본은 1981년에 촬영되었고, 콘펠드 여사는 제작진이 채용되어 자기 책에 나오는 똑같은 장소에서 촬영을 진행하고 있다는 소식을 친구들로부터 들었다. "내파 밸리에는 그들이 갈 수 있는 곳이 수없이 많아요 …… 그런데도 그들은 정확히 똑같은 곳으로 갔어요. 심지어 외딴 지점들마저도."[52] 하지만 벨리에게 가기 전까지는, 행동을 취함으로써 얻어지는 안도감을 그녀는 맛보지 못했다. 〈콘펠드 대

49 *People*, 1982년 4월 12일, 35에서 재인용.

50 「기자단 공판 청취록」, 948.

51 Ibid., 947.

52 Anita Kornfeld, 1986년 10월 4일, 저자와의 인터뷰. 이하에서는 콘펠드 인터뷰로 표기한다.

CBS 사건〉, 1억 100만 달러의 피해배상과 영구금지조치를 요구하는 사건번호 81-6177-RG 소장訴狀은 1981년 8월 10일에 접수되었다.

지금에 와서는, 잘 알려진 저작권 소송 전문가를 찾아갔다면 어땠을까 하는 생각이 있다. 그러나 당시 그녀는 아무도 몰랐고, 벨리처럼 선금 7,500달러만을 받고 나머지는 모두 성공보수금으로 돌리면서 자기 사건을 수임할 사람이 있을지조차 그녀로서는 확신할 수가 없었다. 벨리가 사건을 맡은 것은 어쩌면 공개적인 도전을 즐기기 위해서였는지도 모른다. "내 생각에 벨리는 CBS와 로리머를 상대로 소송을 제기한다는 발상 자체를 좋아했던 것 같아요."[53] 1억 100만 달러라는 숫자는 일단 남들보다는 세게 부르고 보는 벨리 특유의 방식으로 정해졌다. "그 전주에 누군가 1억 달러짜리 소송을 제기했어요 …… 저작권 소송이었는데 나중에 취하되었죠 ……《E.T.》였나, 뭐 그 비슷한 상대에 대한 소송이었죠." 콘펠드 여사의 회고다.

소송이 제기된 날부터 로스앤젤레스에서 공판이 개시되기까지 3년이 걸렸다. 그 기간 동안에 꽤나 많은 보도가 이어졌다. 햄너의 변호사들은 콘펠드 여사가 《피플》 같은 출판물을 통해 그의 명예를 얼마나 "무자비하게 훼손했는지"를[54] 지적하게 된다. 《피플》에는 1982년 4월 12일에 「새 병에 담은 오래된 포도주의 사건에서 분노한 작가가 '팰컨 크레스트'를 법정에 세우다」라는 제목으로 동정적인 기사가 실렸다. 로버트 몬다비의 양조장에서 포도주 통 위에 서

53 Ibid.

54 「피고 측 공판결과 보고서」, 57.

있는 콘펠드 여사의 사진과 함께였다.[55] 그녀의 한 손은 포도주잔을 들었고(잔 안에는 포도주가 아니라 진흙물이 들어있었는데 흑백 사진에서는 포도주처럼 보였다),[56] 다른 한 손은 『포도 농장』과 《포도 농장의 나날들》 사이에 비슷한 대목들을 평행으로 대비해서 보여주는 2미터 길이의 도표를 들었다. 그녀와 존 콘펠드가 함께 준비한 도표였다. 햄너는 인터뷰를 거절했고 언론에 일반적으로 비협조적이었기 때문에 별로 보도되지 못했을 뿐이라고 그녀는 말한다. "언론이 나를 보도했다면, 그가 거절했기 때문이었어요 …… 내 생각에는 그것이 그에게는 문제였어요."[57]

〈로젠펠드, 마이어, 그리고 서스맨〉 법률회사가 1983년 3월 18일에 제출한 「피고 측 사건개요」에 햄너의 변론이 절대적인 형태로 진술되어 있다. "'팰컨 크레스트'는 원고의 책 『포도 농장』에 관한 지식이나 인지와는 전적으로 무관한 상태에서 얼 햄너가 고안하고 발전시킨 기획의 결과다."[58] 더구나, "햄너 씨는 1981년 봄까지 『포도 농장』의 존재를 알지 못했는데, 그때는 이미 '포도 농장의 나날들'이라는 견본 프로그램의 대본을 완성한 다음이었다."[59]

제인 와이먼이 전혀 꾸민 것 같지 않은 회색 가발을 쓰고 등장하는 그 견본 프로그램은 방영되지 않았다. CBS에서 출연진을 변경하고 싶어 했기 때문이었다. 연속극의 제목은 "포도 농장의 나날들"

---

55 Bob Lardine, "In a Case of Old Wine in New Bottles, an Angry Author Takes 'Falcon Crest' to Court," *People*, 1982년 4월 12일, 34.

56 「기자단 공판 청취록」, 980.

57 콘펠드 인터뷰.

58 「피고 측 사건개요」, 3.

59 Ibid., 25.

에서《팰컨 크레스트》로 바뀌었다. "'포도 농장의 나날들'이라는 제목을 시청자들이 늙은 사람들을 가리키는 것으로 오해할 수 있다"고,[60] 실제로는 "현시대의 가족"을 그리는 연속극인데도 옛날 영화들이나 빌려다 보는 사람들을[61] 겨냥하는 것으로 오해 받을 수 있다고 우려했기 때문이었다. 콘펠드 여사는 제목 변경이 도둑질을 은폐하기 위해서 이뤄졌다고 주장했지만,[62] 텔레비전 시장의 본질을 감안하면, 이 점에 관해서만큼은 CBS의 해명이 무너뜨리기 힘들게 그럴듯해 보인다.

소송의 초점은 결국 그 방영되지 못한 견본으로 귀착된다. 리처드 개드부아 판사는 연방정부의 시간과 비용을 절약하기 위해, 사건을 "세 부분으로 나누기"로 결정했다. 만일 그 견본 프로그램이 『포도 농장』의 저작권을 침해했음을 콘펠드 여사가 입증할 수 있다면, 법정은 거기서 더 나아가《팰컨 크레스트》도 저작권을 침해했는지를 살펴볼 것이다. 만일 저작권을 침해했다고 결정된다면, 그러면 소송의 세 번째 단계로서 피해액을 산정하는 절차가 시작될 것이다. 판사는 이렇게 세 부분으로 나누는 것이 "너무나 합당한 조치였다"고[63] 말하지만, 존 콘펠드를 비롯한 몇 사람은 아니타 콘펠드에게 처음부터 전면전을 치를 기회가 주어졌어야 한다고 생각

---

60 Ibid., 18.

61 영어 제목에 들어가는 vintage는 원래 포도주를 가리키는데, 이로부터 포도주의 상표, 포도의 품종, 오래 묵은 포도주, 진기한 수집품 등으로 뜻이 번졌다. — 역주

62 「피고 측 사건개요」, 19.

63 Richard A. Gadbois, Jr. 판사, 1986년 10월 7일, 저자와의 인터뷰. 이하에서는 개드부아 인터뷰로 표기한다.

한다.[64] 그러나 판사는, 견본과 소설을 비교하는 일은 "비교적 선명하게 간단한 일"이었지만,[65] 그것만으로도 "한 달이 걸렸다"고[66] 역설한다. 바로 그 한 달이 1984년 늦은 봄부터 초여름까지 그 사건이 그의 법정에 머물렀던 모든 시간이었다. 그에 앞서서 3년간의 사전 준비와 지연이 있었다. 〈로젠펠드, 마이어, 그리고 서스맨〉사가 마침내 1986년 가을에 〈콘펠드 대 CBS 사건〉의 기록들을 —공술증언과 전문가 증언과 영상물 대본과 녹취록들— 베벌리 힐스의 윌셔가에 있는 회사 사무실에서 보관소로 옮기기로 했을 때, 운송회사를 기다리는 짐은 서류 상자 85개였다.[67]

UCLA의 영문학과 교수 에드워드 콘드렌의 이력서는[68] 학계의 기준으로 볼 때 범상치 않은 다양성을 현시한다. 5페이지에는 전형적인 학술지 게재 논문, "「베오울프의 우니트 황금」, 《계간 문헌학》 53호(1973), 296-299"가 나온다. 9페이지에는 전형적인 자문 활동이 나온다. "유니버설 시티 스튜디오 대 RKO 사건, 1934년 영화 《킹콩》의 저작권 소멸 확정." 라틴어, 고대 영어, 중세 영어, 고대 노르웨이어, 고트어, 고대 고지 독일어, 중세 고지 독일어, 고대 프랑스어, 프로방스어를 활용할 수 있을 만큼 알고, 토론토 대학교에서 박사학위를 취득한 콘드렌은 초서와 중세 영문학에 관해 대학원 세미나들을 강의

---

64 John Kornfeld가 1986년 10월 4일에 저자에게 한 말.

65 개드부아 인터뷰.

66 Ibid.

67 〈로젠펠드, 마이어 그리고 서스맨〉사에 1986년 10월 7일 방문했을 때 저자가 직접 세본 결과.

68 「콘드렌 진술서」, 4-9.

하고 있었다. 또한 그는 저작권 침해와 관련되는 법률 소송에서 전문가 증인으로 부수적 경력을 쌓고 있었다. 이와 같은 두 가지 분야의 그의 직업은 역사적인 아이러니를 통해 연결된다고 그는 말한다. 근대 세계에서 저자는 전형적으로 인정에 목말라하는 반면에, 중세 세계에서는 익명성이 찬양을 받았기 때문에 저자들은 자신의 정체를 숨기거나 아니면 자기가 의도적으로 지어낸 이야기라기보다는 꿈을 꾼 이야기인 것처럼 주장하게끔 이끌렸다. "뭔가를 창조한 주체로서 신과 어깨를 나란히 하려는 듯한 자세에 조금이라도 가까워지지 않도록 미리 거리를 두려는 욕망과 관련되는 뭔가 미세한 사항들이 있었던 것 같아요."[69] 그 결과, 중세 문학을 연구하는 현대의 학자는 누가 무엇을 썼는지 확정할 수 있는 역량을 갖춰야 하고, 따라서 콘드렌은 자신의 생각이 에드워드 3세의 법정과 캘리포니아의 연방지구법원 사이를 오가는 것이 완벽하게 논리적이라고 여겼다.

벨리는 콘펠드 여사의 표절 주장을 조사하기 위해서 1983년 6월에 시간당 90달러의 보수로[70] 콘드렌을 고용했다. 콘드렌은 그녀의 주장이 이치에 맞는다고 강력하게 확신하게 되었다. 1984년 5월 19일에 제출된 그의 진술서는 그의 결론을 직설적으로 드러냈다. "《포도 농장의 나날들》의 기획서와 대본을 쓸 때 햄너 씨는, 그 구상과 특정한 표현들을 상당히 많이 베껴오는 등 콘펠드 여사의 소설 『포도 농장』을 광범위하게 활용했다."[71]

69 Edward I. Condren, 1986년 10월 6일, 저자와의 인터뷰. 이하에서는 콘드렌 인터뷰로 표기한다.

70 「공판속기록」, 254, 583.

71 「콘드렌 진술서」, 11.

기다란 그의 진술서는 주제, 인물묘사, 구도, 언어, 배경 등등, 모든 각도에서 싸움을 마다하지 않는다. 수많은 사례 가운데 하나만 예시하자면, 『포도 농장』의 이 대목과,

> 마치 그들의 뿌리가, 포도 넝쿨처럼, 땅 속 깊이 파고들어간 듯이, 오랫동안 조용히 계속된 안락한 습관들도 그들과 뒤엉켜 있는 것 같았다.[72]

그 견본 프로그램에서 안젤라가 랜스에게 말하는 이런 대사 사이의 유사성을 그는 지적했다.

> 이 땅은 나 말고는 누구에게도 진실로 속할 수는 없어. 내가 가고 난 후에는 너에게만 속하는 것이지. 우리의 모든 인생들은 이 포도 넝쿨 안에 뒤엉켜 있는 거란다.[73]

하지만 포도주를 만드는 가족에 관해 책이나 희곡이나 영화 대본을 쓰면서, 이런 대사를 넣지 않을 수 있는 사람이 있을까? 맥락 전체에 관해 저작권을 주장할 수는 없다. 『포도 농장』의 광고문 자체도 그 소설은 "캘리포니아의 우거진 포도밭들에 관한 전설을 배경"으로[74] 삼고 쓰였다고 묘사한다. 전설이란 나름의 상투어가 없이는 지속될 수가 없다.

---

72 「콘드렌 진술서」, 26에서 재인용.

73 Ibid.

74 *Vintage*, 책표지에 적힌 광고문.

나아가, 이런저런 대목들 사이에서 콘드렌 교수의 진술서가 찾아낸 유사성은 때로 혼란스럽다. 진술서 제6절의 제목은 "《포도 농장의 나날들》의 언어는 여러 군데에서 『포도 농장』의 언어와 자체로 대단히 유사하다"이다.[75] 대칭되는 대목들은 토양에 관한 다음 두 문구들이다.

배수가 잘 되는 두꺼운 화산재 층	계곡의 바닥 토양이 특별히 돌이 많은 석회암 토질이라는 사실 또한 태양과 안개만큼이나 매력적이었다.

도대체 여기에 무슨 언어적 유사성이 있다는 말인가?

『포도 농장』에서 애덤의 첫 부인 에리카와, 《포도 농장의 나날들》에서 안젤라의 산만한 딸 엠마를 콘드렌은 비교한다.[76]

에리카	엠마
• 금발	• 금발
• "조심스럽게 다뤄야 할 섬세한 도자기처럼 쉽게 깨질 듯한 그녀의 예쁜 외모", "매혹적으로 예쁘다"	• "증조할머니 테사만큼 예쁘다"
• 직계 가족의 끔찍한 죽음을 목격한다	• 삼촌의 끔찍한 죽음을 목격한다
• 이 끔찍한 사건을 목격한 직접적인 결과로 정신이 나간다	• 이 끔찍한 사건을 목격한 직접적인 결과로 정신이 나간다

75 「콘드렌 진술서」, 24.
76 Ibid., 21.

금발은 무슨 일이 나도 금발일 것이다. 시청자들이 화려한 치장과 미모를 갈망하는 한, 대중소설이나 텔레비전 연속극에 등장하는 인물들 중에는 머리카락을 염색하고 예쁘게 꾸민 사람들의 비율이 실제 인구에서의 비율보다 훨씬 높을 것이다. 그러니까 위 두 항목은 잊어버리고, 아래 두 항목을 보자. 이 둘은 꽤나 심각해 보인다. 그렇지만 첫눈에 비치는 것에 비해 실제로 유사한 것은 별로 없다. 에리카는 하나의 사고, 가족 전체를 파멸로 이끄는 화재를 목격한다. 《팰컨 크레스트》의 초기 회차들에서 엠마는 자기 삼촌의 죽음에 관해 뭔가를 알고 있는 것으로 그려지고, 그러한 암시가 극의 전개에서 중요한 하나의 줄기가 된다. 그러나 견본 프로그램에서 엠마가 뭘(애당초 화재 사건과는 다른 참사일 뿐만 아니라) 목격한다는 이야기는 전혀 나오지 않는다. 콘드렌이 이에 더해 무엇을 읽었거나 봤든지, 그것은 콘드렌이 스스로 해결해야 할 일이다. 콘드렌의 진술서에서 제기되는 유사성의 의혹들은 한결같이 형체가 불분명하다. 예를 들어, 21페이지에서는 사라의 손녀 빅토리아와 안젤라가 대비된다. 둘 다 "의지가 강하고, 대담하고, 지적이며" 각자의 아버지와 강하게 결속되어 있다. 22페이지에서는 "자신을 닮은 남성 동료"가 한 명 있으면 좋겠다는 안젤라의 갈망이 『포도 농장』의 한 인물이 느끼는 정서와 수상하게 닮았다고 지적된다. 그러나 그 인물은 빅토리아가 아니라, 도너티 집안에 사위가 되는 버나드 풀러다. 중세문학을 전공한 콘드렌은 그 견본 프로그램이 그 소설을 악의적으로 재조합한 일종의 풍유에 해당한다고 본 듯하다. 그러나 자신의 입장을 뒷받침하기 위해 그는 수많은 인물들로 하여금 왔다갔다 자리를 바꾸게 만들어야 했다.

이번에는 빅토리아와 빅토리아를 비교해보자. 소설에도 빅토리아가 나오고 견본 프로그램에도 빅토리아(비키)가 나온다. 이 부분은 피고 측에서 정당화하기가 잠재적으로 가장 어려운 항목일 수 있었다. 콘드렌의 진술서에 제시되는 대비표는 다음과 같다.[77]

빅토리아(육체적 특징)	빅토리아(육체적 특징) [비키]
• 빨강 머리 • 승마를 좋아한다 • 멕시코계 미국인과 사랑에 빠진다 • 남자친구, 칼에 찔린 카를로의 병실에 들어가지 못하게 가로막힌다 • 영국계 남성(테이트 윌리엄스)의 구애를 거절한다	• 빨강 머리 • 승마를 좋아한다 • 멕시코인과 사랑에 빠진다 • 남자친구, 칼에 찔린 마리오의 병실에서 결과적으로 쫓겨난다 • 영국계 남성(랜스)의 구애를 거절한다

이와 같은 대비들도 면밀하게 들여다보면 심각한 반칙은 아닌 것으로 판명난다. 소설에 나오는 빅토리아는 1960년대에 여성 사업가로 성공한 상태에서 이야기 전체가 끝난다. 견본 프로그램의 비키는 1980년대의 보통 십대로서 특별히 야망이 크지 않다. 소설에서 빅토리아의 빨강 머리는 그녀의 성격을 단적으로 상징하는 핵심적인(그리고 하나의 도식과 같은) 요소다. 동영상의 비키는 실제 빨강 머리인 여배우 제이미 로즈가 연기한다. 그러나 햄너는 기획서에서도 대본에서도 빨강 머리를 요구한 적이 없고,[78] 그가 제이미 로즈를 뽑은 것도 아니었다. 에리카와 엠마의 유사성을 열거한 콘드렌의 목록을 염두에 두면, 그리고 한 작품의 한 인물이 다른 작품의 두 인

77 Ibid., 21.
78 「래넘 진술서」, 37.

물과 유사하다고 주장하는 그의 경향을 염두에 두고 생각하면, 만일 로리머에서 빨강 머리 대신 금발을 선택했더라도 뭔가 유사성을 찾아냈을지 모를 일이다. 빅토리아의 멕시코계 미국인 애인은 실상 "파란 눈의 영국계 혼혈 사생아인 밀입국자"인[79] 반면에, 비키에게 완전히 온순한 마리오는 체이스 조버티에게 충성을 다하는 핵가족 누뇨즈 집안의 아들이기 때문에, 두 사람은 비슷하지 않다는 것이 피고 측이 내놓은 불멸의 반박이었다. 카를로가 칼에 찔린 것은 노동운동과 연관된 결과였지만, 마리오는 한 개인의 좌절된 욕망 말고는 어떤 다른 일과도 상관이 없는 다툼의 와중에서 깨진 병에 부상을 입는다. 빅토리아를 향한 테이트 윌리엄스의 구애는 답답하고 신사답고, 비키를 향한 랜스의 접근은 은근히 근친상간을 암시한다. 병실 방문에 관해서는, 어쨌든 실제로 병원에는 **규칙**이 있다. 카를로의 의사는 직계 가족의 병문안만을 허용하고, 비키의 경우 마리오를 만날 수는 있었지만 그의 어머니가 찾아오자 수줍게 물러난다. 이름 자체는 어떤가? 비키와 빅토리아는 같지 않은가? 《바클리네 가족》은 햄너가 1970년대에 제안했다가 채택되지 못한 작품인데, 여기서 그는 십대 소녀의 이름을 비키로 지었었다.[80] 다시 말하지만, 그는 자기 자신을 모방하고 있었던 것이다.

그렇지만 콘드렌이 보기에는 견본 프로그램이 소설을 베꼈다는 가장 확실한 증거가 그 이름들이었다. 그는 통계학과 확률을 전공한 UCLA의 동료들에게 자문을 구해, "독자적으로 창조했다는 피고 측

---

79 「피고 측 공판결과보고서」, 39.
80 「피고 측 사건개요」, 15.

의 주장을 극도로 관대하게 고려한"[81] 하나의 공식에 도달했다. 그의 진술서에 따르면 그 결과는 이렇게 나타났다.

> 간단한 이항식 이론을 사용해보자. 다시 말해, 피고인의 대본에서 어떤 인물의 이름이 필요할 때마다, 『포도 농장』에 나오는 이름을 선택하든지 그렇지 않은 이름을 선택할 수 있다. 따라서 『포도 농장』에도 나오는 이름을 선택할 확률은 둘 중 하나, 또는 0.5다. 두 번째 인물의 이름을 지을 때, 두 이름이 모두 『포도 농장』에도 나올 확률은 같은 공식에 따라 0.25 또는 넷 중 하나가 된다. 이처럼 보수적인 공식을 사용해서 계산하면, 《포도 농장의 나날들》에 나오는 12개의 이름이 『포도 농장』에도 나올 확률로 0.00024414라는 초미세수를 얻는다. 다시 말해, 『포도 농장』에 나오는 이름에 영향을 받지 않은 작가가, 작품 내용이 무엇이든, 『포도 농장』에도 나오는 12개의 이름을 담은 작품을 쓴다는 것은, 4,096편의 소설을 쓴 다음에 한 번 꼴로나 가능한 일이다.[82]

그렇지만 『포도 농장』에서 말의 이름인 매기가 견본 프로그램에서는 사람의 이름일 때, 이것이 무슨 증거가 될까? 콘드렌이 수상하게 생각한 이름 12개의 목록에는 이런 항목도 있다.[83]

---

81 「콘드렌 진술서」, 19.
82 Ibid., 19-20.
83 Ibid., 18.

매기	매기
알피에리 저택을 살 때 함께 구입한 말 두 마리 중 하나	체이스의 아내. 캘리포니아로 이주할 때 그와 같이 가서, 포도 재배업자로 성공하도록 돕는다. 콜과 버지니아[비키의 오기]의 어머니.

콘드렌의 진술서는 뒤로 가면서 인물들의 이름을 지나 여관 이름까지 거론하기에 이른다. "{견본 프로그램에 나오는 여관} '콜드 덕'과 {소설에 나오는 여관} '캔디도'의 첫 두 음절의 두운이 일치한다는 사실 또한 먼저 집필된 소설의 영향을 시사한다는 점에 주목해달라"고[84] 법정에 요청한 것이다. 이런 식으로 갖다 붙이자면 견강부회로 빠지기 쉽고, 어떤 결과도 얻기 어려울 것이다.

진술서를 읽는 사람의 마음에 약간의 의혹을 일으키는 데 성공할 때도 있다. "『포도 농장』에서 말을 타는 장면들은 20세기 초 자동차가 보급되기 전의 일이거나 스포츠로서 승마를 즐기는 경우다 …… 반면에 《포도 농장의 나날들》에서는 1980년대에 포도 농장을 돌아다닐 때 말을 타고 다니는 것이 마치 일상적이라는 듯 시대착오를 범하고 있다. 어이가 없다!"[85] 그러나 콘드렌은 마치 물에 빠져 지푸라기라도 잡으려는 듯한 모습일 때가 더 많다.[86]

---

84 Ibid., 30.
85 Ibid., 31.
86 Ibid., 23.

포도주 양조에 종사하는 여성이 하얀색 실험실 가운을 입고 있다(빅토리아)	포도주 양조에 종사하는 여성이 하얀색 실험실 가운을 입고 있다(도카스)

CBS 측 변호사는 도카스의 가운은 회색이었음을 강조할 것이다.

이 모든 일에도 불구하고, 콘드렌은 오늘날까지도 "아니타의 책에서 영향을 받지 않았다면 배경에 깔린 그토록 수많은 세부사항들을 그들이 착상했을 리가 없다"고[87] 주장한다.

콘드렌은 감정이라고는 없이 단지 고용되었을 뿐인 용병이 아니었다. 밤 연속극 배우들이 부러워할 만큼 성량이 풍부한 목소리를 가진 잘생기고 머리가 희끗희끗한 이 사람은 아니타 클레이 콘펠드가 고발한 내용을 열렬히 믿었고 지금도 믿고 있다. 당시 함께 일할 때, 그는 방송사 제작진이 소설에서 훔쳐갔을지 모르는 장소들을 둘러보기 위해 그녀와 함께 내파 밸리를 순례했었다.[88] 그는 『포도 농장』의 처음 150에서 200페이지는 "경이롭다, 말하자면, 현대의 어떤 잘 쓴 책과도 견줄 만하다. 다만 뒤로 가면서는 약간 처진다"고[89] 생각한다. 그는 콘펠드 여사를 중세 연애소설에서 싸움에 말려든 소녀로 간주하면서, 자기가 진술서를 통해서 그 가련한 여성을 구출하는 장도에 나선 것으로 여겼던 것 같다. 판결이 내려지고 2년이 지나 그는 이렇게 되돌아봤다.

87 콘드렌 인터뷰.
88 「공판속기록」, 327.
89 콘드렌 인터뷰.

> 하나의 오래된 고귀한 전문 영역, 하나의 창조적 예술 형식을 대표하는 사람, 자신의 미학적 감수성을 충족하기 위해, 하나의 예술 작품을 창조하려고 홀로 열심히 일한 사람, …… 산문적 허구의 분야 어디엔가 있는 완벽이라는 추상적 관념, 그런 뮤즈를 기쁘게 만들기 위해 노력한 바로 그녀를 이 사건은 하나의 영업기계와 정면에서 맞서게 만들었다고 생각한다. 제일급 전문가들의 관심사에는 전혀 신경도 쓰지 않으면서, 그들을 영업의 목적으로 구부러뜨리는 영업기계 …… 나 자신마저도 폭행당한 느낌, 겁탈당한 느낌을 받았다…….[90]

리처드 래넘 교수는 동기에 관해 묻자 이렇게 말한다. "나는 동기에 관해 추측 같은 것은 별로 하지 않는다 …… 나는 두 개의 문학적 텍스트 사이에 관계가 있는지를 말하도록 고용되었다."[91] 〈로젠펠드, 마이어 그리고 서스맨〉이 콘펠드 여사의 주장들을 검토해달라고 1982년에 그를 피고 측 문학 전문가로 위촉했을 때, 래넘은 연방대법원장 렌퀴스트가 젊었을 때 더욱 말쑥하게 단장했다면 그런 모습이었을 것처럼 보이는 사람이었다. 그는 콘드렌과는 정확하게 반대되는 결론에 도달했다. "줄거리, 주제, 인물묘사, 배경의 활용, 그리고 구조에서 두 작품의 유사성은 실질적이지 않다는 것이 제 의견입니다."[92] 콘드렌이 자기 일에 감정적으로 몰입한 만큼 래넘은 자신의 법률적 업무에 감정적으로 초연했고, 《팰컨 크레스트》에 관해 두 사

---

90 Ibid.

91 Richard A. Lanham, 1986년 10월 6일, 저자와의 인터뷰. 이하에서는 래넘 인터뷰로 표기한다.

92 「래넘 진술서」, 3.

람이 대척적인 결론을 내렸지만, 두 가지 점에서 두 사람은 가깝다. 첫째, UCLA의 롤프 홀에 위치한 두 사람의 연구실은 다른 연구실 두어 개만을 사이에 두고 있다. 두 사람은 모두 영문학과 소속이다. "우리는 아주 좋은 소중한 친구 사이"라고[93] 래넘은 말한다 — "그의 아이들이 자라는 모습을 나는 지켜봤어요." 콘드렌도 동의한다. 두 사람은 "아주 무척 친한 친구 사이입니다 …… 경쟁 따위 문제는 전혀 없어요."[94] 『포도 농장』 소송이 진행되는 내내, 두 사람은 우호적인 동료의 관계를 지속했고 시시때때로 저녁식사를 함께 했다.

콘드렌으로 하여금 법률자문 일을 하도록 실제로 이끈 사람 중의 한 명인[95] 래넘은 시간당 100달러를 받았다.[96] 콘드렌보다는 시간당 10달러가 많았다. 재판이 열린 시점까지 그가 일한 시간은 700시간이었다.[97] 그의 이력서에는 다섯 분야의 학문적 관심이 열거되어 있지만,[98] 그 정도 시간과 보수라면 "부업"으로 부르기는 부적절할 것이다. 다섯 가지 학문 분야는 중세와 르네상스 영국과 유럽의 문학, 수사학의 역사와 이론, 문학 이론, 미국의 대학교육, 그리고 산문 작성이다. 그는 이런 분야에서 강의만 한 것이 아니라 아홉 권의 저서도 냈다. 그 가운데에는 『산문의 분석』과 『문체: 하나의 반反-교과서』도 있다. 『문체: 하나의 반反-교과서』는 "정서의

93 래넘 인터뷰.
94 콘드렌 인터뷰.
95 래넘 인터뷰, 콘드렌 인터뷰.
96 「래넘 진술서」, 3.
97 「공판속기록」, 1611.
98 「래넘 진술서」, 70-79.

대중민주주의"[99] 시대에 대학의 작문 강좌들이 매몰되어 있는 답답한 기능주의를 겨냥한 재치 넘치는 도전이다. 문체는 "그 본연의 모습대로, 즐거움, 품위, 환희, 희열 등 본연의 모습을 위해서 가르쳐져야 한다"고[100] 래넘은 주장한다.

이토록 기준이 높은 사람이 어떻게 안젤라와 비키에 관해, 그리고 여관방에서 벌어지는 싸움과 방황하는 친척 아저씨들의 이야기를 읽고 보고서를 작성하는 데 무려 700시간이나 소비할 수 있었을까? 그의 대답이다.

> 흥미롭게도 내가 이 일을 맡는 데 가장 반대한 사람들은 내 지인들 가운데 연예계 종사자들이었어요. 《팰컨 크레스트》의 견본 프로그램을 감독한 알렉스 싱거는 우리 집에서 조금 위쪽에 있는 집에서 살고, 그와 그의 아내는 항상 우리와 함께 모여 단테 같은 작가들의 작품을 읽는데, 그의 아내는 '이 쓰레기를 왜 읽으세요? 이런 일을 어떻게 견뎌내세요?'라고 묻습니다. 그러면 나는 '글쎄요, 딴 건 접어두더라도, 이 덕에 우리가 당신네 집 아래서 살 수 있죠' 같은 식으로 대답하는 거죠.[101]

그는 법률자문 일을 맡은 덕에 논쟁의 언어와 극적인 현실에 관해 새로운 통찰도 얻을 수 있었다고 말한다.

판사들과 법률가들은 전문가들을 마지못해 이용하기는 하지만

---

99 Lanham, *Style: An Anti-Textbook*, 126.
100 Ibid., 20.
101 래넘 인터뷰.

혐오하며 경멸한다고 그는 말한다.[102] 그러나 『포도 농장』 소송에서 진실한 문학적 즐거움을 구하는 사람이라면 누구든지 래넘의 참여를 반가워해야 한다. 그가 1984년 5월 22일에 법정에 제출한 선언문은 하나의 예술작품이라 할 만한 것으로, 콘펠드 여사와 그의 동료 콘드렌을 겨냥한 재치 넘치는 폭탄이었다. 그는 논리와 현실성에 호소했다. "안젤라 채닝이라는 인물을 창조하고 싶은데, 사라에서 시작할 이유가 있을까요? 도대체 말이 안 됩니다. 왜 그냥 처음부터 새로운 작품을 쓰지 않겠습니까? 윤리에 관한 모든 문제들을 접어두고, 《팰컨 크레스트》의 견본 프로그램을 창작하고 싶다면 처음부터 새로운 작품을 쓰는 것이 훨씬 쉬울 것이고, 『포도 농장』을 표절하지 않는 것이 훨씬 빠를 것입니다. 새로운 작품을 쓴다면, 『포도 농장』을 읽을 필요도 없기 때문입니다."[103] 사건을 재판부가 세 부분으로 나눈 것이 의문의 여지 없이 그에게 도움이 되었다. 원고 측에서 견본 프로그램 이외의 것을 끌어와서 논변을 전개하려 할 때마다 그는 반칙이라고 외칠 수 있었기 때문이다. 하여간, 유사성을 주장하는 상대에 대한 그의 반박은 계속해서 위력적이었다. 이미 고점을 획득한 비디오 게임이 끝날 때처럼 여기저기 깜빡이는 불빛과 함께 처리되지 못한 주장들도 있었지만, 래넘은 그런 것들은 "결단코 사소하다"고[104] 선포했다. 그런 것 중 하나는 "창업주의 여자 후손이(두 작품 모두에서 빅토리아라는 이름의 인물이다) 노동계급의 남성과 연애를 하는데, 이 남성은 100% 영국계는 아니고 이 가족 사업

102 Ibid.
103 「래넘 진술서」, 67.
104 Ibid., 66.

에 뭔가 기여하는 바가 있다"는(콘드렌의 목록에 유사성 9번으로 열거된) 점이었다. 하지만 래넘의 검토를 거치면 이 유사성은 수상한 것이 아니라 필연적인 것으로 비치게 된다.

> 이것은 가족사를 소재로 한 허구에 늘 나오는 주제가 변용된 하나의(드물지 않은) 사례다 — 주인집 자식이 하인의 자식과 사랑에 빠진다. 『이 찬란한 대지』에서는[105] 포도주를 만드는 가족 기업을 일으킨 프랑스 이민자의 빨강 머리 딸 마리아가 그 집 소유 포도 농장에서 일하는 멕시코인 호세와 사랑에 빠진다. 『대지가 품은 모든 것』에서는[106] 포도주 가족 기업의 창업자의 후손인 알렉산드라라는 이름의 구리 빛 머리카락의 십대가 그 가족의 포도 농장에서 일하는 (영국 혈통과 멕시코 혈통이 반씩 섞인) 젊은 로저를 사랑한다 ……
>
> 주인집 자식과 하인 집 자식 사이의 연애 이야기는 실로 연애 문학에서 아주 오래 된 상투적인 주제다. 『천한 신분의 신사』에서부터[107] 나오는 주제다. 이런 작품들 각각이 다르게 변용된다고 해서 그것들이 모두 하나의 공통된 장르라는 사실이 달라지지는 않는다.[108]

"장르"야말로 래넘의 논변에서 주춧돌이었다. 그는 연애소설, 과거 역사를 소재로 한 연애소설, 고딕식 민담, 가족 소설 등을 구분

---

105 『이 찬란한 대지』(*This Splendid Earth*): 배니스(Victor Banis, 1937-)의 1977년 작 소설. — 역주

106 『대지가 품은 모든 것』(*The Earth and All It Holds*): 배니스의 1980년 작 소설. — 역주

107 『천한 신분의 신사』(*The Squire of Low Degree*): 작자 미상의 중세 후기 또는 근대 초기 영국 연애시. — 역주

108 「래넘 진술서」, 60-61.

하면서, 《팰컨 크레스트》 견본 프로그램은 고딕식 민담과 가족 소설이라는 두 양식을 충돌시킴으로써 자기 나름의 극적인 갈등구조를 전개했다고 밝혔다. "포도주 마녀와 미국적인 가족 중에 누가 이길까?"[109] 이 충돌 때문에 그는 그 견본 프로그램을 "문학적으로 독특하다"고[110] —우스꽝스러우면서 동시에 고상하다는 관점에서— 진정으로 자리매김할 수가 있었다는 것이었다. 이 작품과 『포도 농장』은 둘 다 "가족의 모험담"이라는 "하위 장르"의 요소를 도입한 연애 이야기의 사례들인데, 『포도 농장』은 "여러 세대에 걸친 가족 모험담의 고전적 사례"인[111] 반면에, 그 견본 프로그램은 일주일간의 이야기라는 차이가 있다고 그는 주장했다. 나아가 그는 "캘리포니아 포도 생산지 연애 이야기"라고 하는 정교한 듯 보이는 미세한 장르에 속한다고 두 작품을 분류했다. 이 장르에 속하는 별 볼 일 없는 작품들이 놀랍도록 많다는 사실도 그는 찾아냈다. 앞에 인용한 유사성 9번에 관한 그의 설명이 대꾸할 말을 찾기 어렵도록 그럴듯하게 들리기에 충분할 만큼 그런 작품들이 많았다.

콘드렌의 진술서는 래넘의 주장을 초점분산책이라고 부르면서, 그런 장르 같은 것은 존재하지 않는다고 선언하는 데까지 나아갔다. "장르라는 개념은 비평가들 사이에 문학적 토론이 일어나서 이어질 수 있을 정도의 일반성들이 집적되어 있다는 뜻이다 …… 장르는 비평에 속하는 개념이지 작품에 속하는 개념이 아니다."[112] 진술

109 Ibid., 22.
110 Ibid.
111 Ibid., 53.
112 「콘드렌 진술서」, 44.

서 47페이지에 이르면, 그는 마치 점수에서 많이 뒤처진 권투선수처럼 반격을 시도한다. "만일 문학적 자료에서 베껴다가 컴퓨터 게임을 만들거나, 또는 시리얼 상자에 재밌는 문구로 집어넣거나, 또는 심지어 오래 묵었다는 샴페인을 팔기 위해 장사꾼이 외치는 구호로 사용한다면, 문제가 달라지는가? 베낀 것은 베낀 것이다."[113] 이 대목에서 콘드렌은 〈베니 대 로우즈 영화사 사건〉의 (차라리 기막히다고 봐야 할) 판결을 훌륭한 예로 인용한다.[114] 영화 《가스등》을 패러디한 잭 베니의 코미디가, 그것이 패러디라는 의도가 아무리 분명히 나타났든지 말든지, 원작의 저작권을 침해했다는 판결이었다.[115]

장르가 작품이 아니라 비평에 속하는 개념이라고 쳐도, 여전히 법은(장르라는 명칭을 사용하든지 않든지) 그 개념을 인정했다. 〈리치필드 대 스필버그 사건〉(제9 연방항소법원, 1984)에서 법정은 이렇게 판시했다. "표현의 저작권 침해를 구성하려면, 두 작품의 총체적 발상과 느낌이 상당히 유사해야 한다."[116] 교수들은 "장르"라고 부르는 것을 법률가들은 "느낌"이라고 부른다. 이 사건에서 이런 것을 몽땅

---

113 Ibid., 47.

114 Benny v. Loew's, Inc., U. S. Court of Appeals, 9th Circuit, 1956, 239F. 2d 532. 「콘드렌 진술서」, 47에서 재인용.

115 영국(1940년)과 미국(1944년)에서 영화로 만들어진 《가스등》의 원작은 패트릭 해밀턴의 1938년작 희곡이었다. 해밀턴은 1942년에 이 작품의 영화 판권을 MGM에 넘겼다. 1952년에 CBS는 코미디언 잭 베니가 주연을 맡은 패러디 프로그램을 허가 없이 방영했다. 로우즈 영화사는 당시 MGM의 모회사였다. 로우즈 영화사와 해밀턴이 CBS와 베니를 상대로 제기한 저작권 소송에서 연방항소법원은 1956년에 원고 승소 판결을 내렸고 1958년에 다시 이를 확인했다. 이 판결은 1994년 미국 연방대법원의 판결(510 U.S. 569)에 의해 무효화되었다. — 역주

116 *Litchfield v. Spielberg*, 9th Circuit, 1984. 「피고 측 공판결과보고서」, 44에서 재인용.

배척할 용의를 가진 사람은 아무도 없었다.

래넘은 시시한 점들을 가지고 원고 측에게 융단폭격을 가했다. 콘펠드 여사가 제기하는 유사성 같은 것은 그녀 자신의 작품과 다른 사람들이 먼저 쓴 틀에 박힌 작품 사이에서도 나타난다고 주장하기 위해, 그는 라베트 집안의 모험담을 1,875페이지에 걸쳐 다룬 하워드 패스트의 다섯 권짜리 대하소설과 『포도 농장』을 대조한 긴 목록을 제시했다. 이 엄청난 분량의 연대기를 잠이 안 올 때 읽을 책으로 여기든지 잠에 들기 위해 읽는 책으로 여기든지, 래넘이 콘드렌으로 하여금 그것을 읽게 만들었을 뿐만 아니라, 유사점들에 관해 자기 나름으로 반박하는 목록까지 작성하게 만든 것은 사실이다. 콘드렌은 격분했지만,[117] 하워드 패스트의 대하소설을 겪고 난 후에도 래넘에 대한 우정이 궁극적으로 유지되었다는 사실이야말로 두 사람 사이의 우정이 진실했음을 증언한다. 래넘의 목표는 콘드렌 여사가 패스트의 작품을 약탈했다는 증명이 아니었다. 전혀 반대로, "나는 단지 그녀가 주장하는 바와 같은 종류의 유사성 같은 일들은 이 장르 안에서 당연히 기대되는 사항의 일부고, 유사성을 주장하기로 하면 더 그럴 듯한 주장을 펼 수 있는 작품이 그녀의 작품 말고도 있다는 점을 보여주려 했을 뿐입니다."[118] 콘드렌은 이런 전략을 이해한다고 말하면서도, 이것 역시 또 하나의 초점분산책일 뿐이라고 생각한다.[119] 라베트 집안의 모험담을 이 사건에 끌어들인 것은 다만 원고 쪽의 전문가를 피곤하게 만들려는 책략이었다고 생각하

---

117 「공판속기록」, 302.
118 래넘 인터뷰.
119 콘드렌 인터뷰.

느냐고 묻자, 콘드렌 여사는 웃는다. "래넘은 시간을 끌 목적이었다고 생각해요."[120]

래넘 본인은 무슨 일로 보수를 받는지 알고 있는 사람다운 평정심을 유지한다. 〈콘펠드 대 CBS 사건〉에서 자기가 맡았던 업무를 되돌아보며, 그는 이렇게 말한다. "이것은 처음부터 끝까지 본말이 전도된 사건이라는 것이 내 생각이었어요."[121]

본말이 전도된 것이 어쩌면 사실일지 모르나, 하여간 이해할 수는 있는 일이었다. 래넘조차도, 콘펠드 여사가 분한 마음을 토대로 "실재를 재해석할"[122] 궁리에 몰두했을 수 있다고 보면서, 그녀가 "완전히 진지했다"는[123] 점은 인정한다. "내가 참여한 모든 사건에 이와 비슷한 지점이 있어요 …… 원고가 '내가 억울한 일을 당했다'고 결심하는 지점이지요."[124] 〈로젠펠드, 마이어 그리고 서스맨〉의 사건 개요서는 "자신의 작품과 그 뒤에 나온 다른 작품 사이에 나타나는 모든 유사성들은 불가피하게 표절로 간주할 수밖에 없다는 강박적인 확신이 저자들과 작곡가들에게 무척 흔하다"는[125] 사실을 연방법원들과 주법원들이 주목해왔음을 지적한다. 아주 결백한 사람을 "표절범"으로 몰아붙이는 정신 나간 고발자들이 늘 있어왔다. 러시아 작가 곤차로프는 투르게네프와 플로베르를 겨냥해 근거 없는 고발을

---

120 콘펠드 인터뷰.
121 래넘 인터뷰.
122 Ibid.
123 Ibid.
124 Ibid.
125 「피고 측 공판결과보고서」, 2.

일삼았다 — 투르게네프를 문자 그대로 쫓아다니면서 "도둑이야! 도둑이야!"라며 외쳤다. 멩켄은 1920년대에, 고발자의 동기를 헤아리는 불쾌한 가능성들 중에서 선택의 여지를 제시했다.

> 원고는 자기 재산권을 도둑맞았다고 어쩌면 정직하게 확신하는 경우가 안 그런 경우보다 많다. 우리의 생각이 어쩌면 다른 사람에게도 떠올랐을 수 있다는 사실을 납득하기는 우리 가운데 누구에게도 어려운 일이다. 더구나, 저자들 중에서 저급한 부류들은 괴짜들로 가득 차 있고, 그들의 탈선행위는 흔히 자신이 유례없는 천재라는 광포한 믿음의 형태를 띤다. 그런데 정직한 바보들에게 쉬운 일은 공갈범에게도 마찬가지로 쉬운 일이다. 근자에 미국과 영국에서 나온 표절의 고발은 많았지만, 겉보기에 무척 풍성할 것 같은 저작권료로 한몫 챙겨보려는 시도 말고는 아무것도 없었다.[126]

《팰컨 크레스트》 때문에 아니타 콘펠드가 금전상으로 손해를 봤다는 데에는 논란의 여지가 없다. 이 글을 쓰고 있는 지금, 이 연속극은 여전히 밤 10시 황금시간대에 본방이 나가고, 여러 곳에서 계약에 의해 재방송되고 있다. 래넘의 평가에 따르면, 사실은 누가 평가하더라도, 이 연속극은 "황금을 끌어모으고 있다."[127] 이 돈 중에 한 푼도 그녀가 권리를 가지지 못한다고 한다면, 거기에 더해《팰컨 크레스트》가 존재하는 한 해리 서먼이든 다른 어느 누구든 『포도 농장』을 가지고 미니시리즈를 만들 리도 없는 것이다.

---

126 Mencken, "Blackmail Made Easy," in *The Bathtub Hoax*, 188.
127 래넘 인터뷰.

그렇지만 콘펠드 여사와 이야기를 나눠보면 소송을 제기한 동기가 금전 문제는 아니었음을 누구나 금세 확신하게 된다. 그녀는 "괴짜"도 아니었고, "자신이 유례없는 천재라는 광포한 믿음" 같은 것도 가지지 않았다. 그녀는 말한다. "멍청한 책이든 똑똑한 책이든 평범한 책이든, 어떻게 분류되든지 이제 상관없어요 …… 그 책의 장점이 뭔지 신경도 안 써요. 내가 어떤 사람인지는 이 일에서 떼놓고 생각해주세요 …… 요점은 그들이 내 소유물을 훔쳤다는 것입니다."[128] 《팰컨 크레스트》가 자기 소설의 내용과 형식을 도용했다고 그녀가 확신하게 된 것은 일종의 직업병적인 편집증 때문일 수는 있다. 그러나 어떤 전문가 집단에서 나타나는 특정한 취약점은, 광부들에게 주맹증이 나타나듯 작가들에게 나타나는 증상은, 일반적인 사안에서 "괴짜"인 것과는 아주 다르다. 콘펠드 여사는 한눈에 호감을 주는 매력적인 사람이며, 유머와 초연함과 열정이 균형을 잡은 세계관의 소유자다. 그녀는 또한 자긍심도 높다. 로절린 카터와[129] 비슷한 목소리로 그녀는 이렇게 말한다. "테네시의 산악지역 출신이라면, 내가 태어나 자란 것과 같은 가정 출신이라면, 누구나 그저 원칙을 위해 일어설 뿐이에요. 원칙을 위해 일어서지 못한다면, 그것 말고 도대체 뭐가 있을까요? …… 한 사람의 존엄성이라는 게 뭐가 남지요?"[130]

『포도 농장』에 앞서 그녀는 자기 유년시절의 시대와 장소인 대공황기 테네시를 배경으로 한 소설을 하나 썼었다. 『파랑새의 시선』

---

128 콘펠드 인터뷰.

129 로절린 카터(Rosalynn Carter, 1927-): 미국 39대 대통령 지미 카터의 부인. — 역주

130 콘펠드 인터뷰.

(1975)은 아너라는[131] 이름을 가진 열한 살 소녀의 이야기다. 소녀는 그레이트 스모키 산맥에 있는 머지않아 폐쇄되기로 되어 있는 광산촌 마게이트에서 자란다. 아너는 영리한 작은 소녀지만, 아버지의 알코올 중독과 어머니의 허세 사이에 끼어 버둥댄다. 그 와중에 소원을 들어주는 신비한 파랑새를 상상하면서, 롤라라는 이름의 흑인 여성 가석방자가 감옥으로 다시 잡혀 들어가기 전에 마을을 탈출하도록 돕는 계획을 세우며 지낸다. 『파랑새의 시선』은 짧고, 잘 쓰였으며, 마지막으로는 아주 감동적인 소설이다. 여기에도 지역적 색채와 시대적 배경이 들어있지만, 『포도 농장』에 비해서 가볍고 덜 부담스럽다. 이것도 물론 일정한 장르에 속한다. 남부의 성장소설이라는 장르가 그것으로, 『결혼식의 주인공』과[132] 『다른 목소리, 다른 방』[133] 등이 해당한다. 콘펠드 여사는 한 가족이 삼대에 걸쳐 겪는 운수의 부침을 다루는 부풀어 오른 장르에서보다는 이 장르에서 더 자연스러워 보이고 유독 편안해 보인다. 『파랑새의 시선』과 『포도 농장』은 서로 워낙 달라서, 두 편을 다 읽은 사람은 작가가 같다는 사실에 놀랄 정도다.

아니타 클레이는 1928년 1월 17일, 테네시 주의 레이븐스크로프트에서[134] 태어났다.[135] 어머니와 알코올 중독자 아버지는[136] 모두 교

---

131 아너(Honor): 명예, 자긍심, 존엄 등의 뜻이다. — 역주

132 『결혼식의 주인공』(*The Member of the Wedding*): 맥컬러스(Carson McCullers, 1917-1967)의 1946년 작 소설. — 역주

133 『다른 목소리, 다른 방』(*Other Voices, Other Rooms*): 커포티(Truman Capote, 1924-1984)의 1948년 작 소설. — 역주

134 *Contemporary Authors*, vols. 97-100, 288.

135 2012년 3월 17일에 사망했다. — 역주

136 「공판속기록」, 698.

사였다. 그녀는 한때 정신과 간호사로 일하다가, 1950년에 존 존슨이라는 의사와 결혼했다. 존슨의 가족은 스웨덴계였다.[137] 아니타는 그들에게서 들은 이야기들을 『포도 농장』의 인물 에리카와 관련해서 사용했다. 특히, 에리카가 어렸을 때 목격한 것으로 그려진 화재 이야기가 그랬다. 아니타와 존슨은 1965년에 이혼했고, 둘 사이에는 세 자녀가 있었으며, 아니타는 존 콘펠드와 재혼했다.

아니타는 1962년에 《에스콰이어》의 편집장 러스트 힐스가 개최한 글쓰기 강좌에 참여했다.[138] 거기서 그녀는 다른 작가들과 함께 2주 동안 솔 벨로의 강의를 듣게 되었다. 설사 늦게 핀 작가고, (『포도 농장』의 분량을 감안하더라도) 다작하는 작가는 아닐지언정, 그래도 그녀에게 글쓰기란 항상 자기 인생에서 감정적으로 소란스러웠던 부분이었다. "어떤 대목도 쉽지 않아요. 어떤 때 나는 글쓰기라는 게 고래에게 굴레를 씌우는 작업과 같다고 생각해요. 그러나 아무리 어려워도, 한 작품이 '딱 맞다'고 느껴지는 그 지점, 괜찮은 정도의 의미와 예술적 형태를 갖췄다고 느껴지는 그 지점에 도달하기 위한 투쟁이 아무리 어렵더라도, 내게는 그보다 더 큰 승리는 없어요."[139]

콘드렌 교수는 『포도 농장』의 재판정에 출두해서 증언대에 섰을 때, 마음에 상처를 입었던 일을 기억한다. "나를 가장 강렬하게 응시하고 있는 두 얼굴 …… 그 법정 안에서 서로 가장 많은 점을 공유하는 두 사람이었습니다. 얼 햄너와 아니타 콘펠드. 두 사람은 같은

137 콘펠드 인터뷰.
138 *Contemporary Authors*, vols. 97-100, 288.
139 Ibid.에서 재인용.

분야에서 일합니다. 두 사람이 모두 예술가"라는[140] 사실을 깨달았을 때였다. 콘드렌이 멋있는 표현들을 약간 과장하기는 하지만, 그것은 선의의 표출이다. 하여간 이 사건의 원고와 가장 먼저 눈에 띄는 피고[141] 사이에 공통점이 많다는 그의 지적은 일리가 있다. 자긍심도 공통점 가운데 하나로 결코 작은 요소는 아니었다. 콘펠드 여사에게는 이 소송을 제기하게끔 만들 만큼의 자긍심이 있었듯이, 햄너에게는 반격하게 만들 만큼의 자긍심이 있었다. 재판이 일단 시작된 후, 어느 편도 타협할 기세가 아니었다.

얼 햄너는 1920년대와 1930년대에 버지니아 주, 넬슨 카운티에서 성장했다.[142] 텔레비전 극본으로 크게 성공하기 전, 그는 네 편의 소설을 썼다. 남부 소년의 성장기를 그린 『스펜서의 산』(1961)은 케네디 행정부 시절에, "우리나라의 긍정적인 면을 대변하는 서적 목록에 선정되어, 전 세계 국가수반들에게 선물로 증정되는 목록에 올랐다"고[143] 그는 자랑스럽게 증언한다. 그는 또한 "할리우드로 넘어갔다"는 이미지를 피할 수 없다는 사실에도 민감한 듯 보인다. "우리말을 사랑하는 사람으로서, 우리말에 스며드는 불순물에 반대하는 사람으로서, 우리말을 아름답고, 표현력 있고, 극적이며 생동감 있게 만들기 위해서라면, 내가 할 수 있는 모든 일을 다 했고 지금도 다 하고 있습

---

140 콘드렌 인터뷰.

141 〈콘펠드 대 CBS 사건〉은 역자가 편의상 줄여 쓴 명칭이다. 이 소송의 원고는 아니타 클레이 콘펠드, 피고는 주식회사 CBS와 주식회사 로리머 제작사와 얼 햄너였다. — 역주

142 *Dictionary of Literary Biography*, vol. 6(Detroit: Gale Research Co., 1980), 127-131을 보라.

143 「기자단 공판 청취록」, 1398.

니다."[144] 《팰컨 크레스트》가 방송에서 성공작으로 확고히 자리를 잡은 지 여러 해가 지났지만, 자기가 계속해서 "모든 대본을 검토하면서 상스러운 언어를 교정하고 있다"는[145] 사실에서 자부심을 가진다. 연속극을 제작비에 맞추느라 세부사항들을 조정하기는 하지만, 자기 일의 90퍼센트는 "창조적 기여"라고[146] 말한다. 《포도 농장의 나날들》 초고의 첫 페이지에 적힌 지시사항들은 영상 이미지의 시대에 문서 언어에 대한 일종의 향수를 담고 있는 듯이 보인다.

> 페이드인: 옥외, 통나무집 포도 농장 — 밤: 우리는 커다란 계곡 바닥에 있다. 이 장소의 한 가지 목적은 포도를 재배하고 포도주를 만드는 것이다. 계절은 가을 …… 포도의 검붉은 색은 가장 짙은 수준에 이르렀고, 포도알은 곧 떨어질 듯 탱탱하게 무르익었다.[147]

《월튼네 사람들》은 햄너의 짧은 소설 『귀향』(1970)을 원작으로 한 텔레비전용 영화에서 파생했다. 《월튼네 사람들》에 나오는 존-보이는 이 소설에서 클레이-보이라는 이름이지만, 마음이 따뜻한 작가 지망생인 점은 마찬가지다. 112페이지에서 클레이-보이는 아버지 클레이에게서 크리스마스 선물을 받는다.

> 가족들의 시선을 의식하면서 클레이-보이는 포장지를 뜯고 상자를

---

144 Ibid., 1463.
145 Ibid.
146 Newcomb and Alley, 162에서 재인용.
147 Hamner, "Vintage Years," 첫 번째 원고, 1980년 12월 1일, 1.

열었다. 양질의 원고용지 다섯 묶음과 새 만년필 하나가 들어 있는 것을 보고, 그는 감사하면서도 영문을 모르겠다는 듯 캐묻는 눈빛으로 아버지를 바라봤다.

"네가 작가가 되고 싶어 한다는 소식이 어떻게 북극까지 전해졌는지 도무지 모르겠더라" — 장난스럽게 웃으며 클레이가 말했다.

"어떤 현명한 분이 전해줬나 보죠" — 이렇게 대답하는 클레이-보이는 이미 목구멍이 거의 차올라 더 이상 말을 이을 수가 없었다.[148]

원고와 피고가 초기에 쓴 이 두 편의 소설, 『파랑새의 시선』과 『귀향』이 모두 크리스마스 이브에 아버지의 귀가를 —혹시 술에 취해 길을 잃지나 않았나 걱정하면서— 기다리는 젊은이를 그린다는 사실에 호기심이 일어난다. 아주 기이한 우연인데, 우연의 일치 이상의 의미는 전혀 없다. 이 두 편 중에 햄너의 소설이 몇 년 앞서지만, 콘펠드 여사가 그것을 "훔쳐다" 자기 소설에 넣었다고 볼 사람은 아무도 없다. 인생에서 다양성은 양념일 뿐 정수는 아니다. 허구를 쓰는 작가들에게 인생은 실제 벌어지는 한도 안에서 많은 원재료를 제공한다. 이런 종류의 일치는, 각기의 맥락에서 뜯어내 병치시킬 때에만 사악해 보일 수 있는 것으로, 항상 있는 일이다.

《월튼네 사람들》은 매회 방영될 때마다, 존-보이가 후일 회상하는 형식으로 이야기의 윤곽을 표시하는 해설을 맨 앞에 넣었는데, 햄너가 낭독을 맡았다. 이로써 실제로 햄너가 존-보이 월튼처럼 올바른 사람이라는 연상이 암시되었다. 그러나 아니타 콘펠드는 그런

---

148 Hamner, *The Homecoming*, 112-113.

암시를 믿지 않았다. 게다가, 그녀 편에서는 그런 식으로 하자면, 그녀야말로 원기왕성하고 강직한 젊은 소녀 아너가 성장한 후의 모습이라는 점을 강조할 수도 있었다. 실제로 그녀는 그처럼 강직한 목적을 가지고 1981년의 어느 날, 샌프란시스코의 몽고메리 가에 있는 멜빈 벨리의 법률사무소를 찾았다. 그녀가 들어갔을 때, 벨리는 어떤 수당 증서와 관련된 사무착오 때문에 누군가와 전화를 하면서 폭발한 상태였다. "전화통에 대고 고함을 지르고, 족보에 있는 모든 욕설을 퍼붓고 나서",[149] 전화를 끊은 다음 그는 그녀 쪽으로 얼굴을 돌리고 이렇게 소리를 질렀다고 그녀는 회상한다. "이런 젠장, 당신은 또 뭐야? …… 내 사무실에 앉아서 무슨 짓을 하고 있는 거냐고?"[150] 그녀는 조용히 대답했다. "벨리 씨, 저는 당신의 고객 아니타 클레이 콘펠드입니다. 당신은 최근에 저를 대신해서 1억 100만 달러의 소송을 제기하셨습니다."[151]

중세 문학을 전공하기 전에 해군에서 항공모함 전투기 조종사였던 콘드렌 교수는 "저 아래서는 야단법석이 벌어졌"다고[152] 회고한다. 〈콘펠드 대 CBS 사건〉의 재판은 마침내 1984년 5월 30일, 로스앤젤레스 중심지 노스 스프링 가에 있는 미국연방지구법원에서[153] 시작

---

149 콘펠드 인터뷰.

150 Ibid.

151 Ibid.

152 콘드렌 인터뷰.

153 미국연방지구법원(United States District Court): 연방국가인 미국에는 사법부도 주법원과 연방법원이 있다. 연방법원에는 지구법원(District Court), 항소법원Appellate Court), 대법원(Supreme Court) 등, 세 등급이 있다. —역주

되었다. 로스앤젤레스는 당시 올림픽 준비로 바빴고, 법원은 기자들로 북적거렸다 — 콘펠드 사건이 아니라 아래층 법정에서 벌어진 존 들로리언의[154] 재판을 취재하러 온 기자들이었다. 『포도 농장』 사건의 담당 판사는 리처드 개드부아 판사였다. 그의 법정은, 그 자신의 표현에 따르면, 자기 사무실에 비해 "그다지 대단히 크지 않은"[155] 방이었다. 레이건에 의해 연방판사에 임명된 터라, 더 큰 법정을 쓸 만큼 아직 서열이 높지 못했다.

배심재판도 아니었다. 벨리 법률사무소에서는 "연방민사소송규칙 38조"에 맞춰 배심재판을 신청해야 할 기한을 넘겨 버렸다("원고 측 변호인처럼 경험 많은 공판변호사가 연방민사소송규칙을 잘 몰랐던 척하는 일이 가능한가?"[156] CBS 측 법률가들은 사건 개요서에서 빈정거리듯 반문한다). 기실, 콘펠드 여사를 변호한 인물은 혈기왕성하고 공판절차에 익숙했던 멜빈 벨리 본인이 아니었다. 그는 다른 두 명의 변호사, 로드 셰퍼드와 폴 몬지오네를 투입해서 이 사건을 맡겼다. 〈콘펠드 대 CBS 사건〉은 몬지오네가 공판 변호사로 참여한 첫 사건이었다.[157] 콘펠드 여사는 벨리가 직접 변호하지 않아서 의외로 여겼을 수도 있건만, 어쨌든 자기를 대변해 준 "완전히 상이한 두 사람"을 지금도 한껏 칭찬한다. 나이가 더 많은 셰퍼드를 그녀는 "복숭아처럼 화사한, 아름다운 사람"이라고 부르고, 몬지오네에 관해서는

---

154 존 들로리언(John DeLorean, 1925-2005): GM의 유명한 자동차 디자이너로 당시에는 GM을 떠나 자기 회사를 차린 상태였다. 1982년 10월에 마약밀매 혐의로 재판에 넘겨졌고, 1984년 8월에 무죄판결을 받았지만, 그 사이에 회사는 파산했다. — 역주

155 개드부아 인터뷰.

156 「피고 측 사건개요」, 61.

157 여기부터 각주 159번까지 인용문들의 출처는 콘펠드 인터뷰.

"악동"과 "여드름투성이 성가대 소년"의 합성물이라며 농담하고 나서 "언젠가 훌륭한 법률가가 될 거"라고 말한다. 셰퍼드에게는 공격성보다 그윽한 "영혼"이 있어서, 그 때문에 자기가 재판에서 이기지는 못했는지 몰라도, 정서적인 지지는 많이 받았다고 한다. "이 친구들을 나는 정말로 좋아했어요 …… 그들과 끝까지 함께 가기를 원했던 거죠."

이 사건이 "다윗과 골리앗"의 싸움과 비슷했다고 보면서 콘펠드 여사가 우울한 상념에 빠지는 모습이 재미있다. 벨리 법률사무소에서도 나름대로 위세와 무자비를 과시했지만, 법정에서 단지 존재와 정확도만으로 보는 사람으로 하여금 겁을 집어먹게 만든 쪽은 〈로젠펠드, 마이어 그리고 서스맨〉의(제이콥 엡스타인과 그 동료들이 창조한 〈엘 에이 로〉의 법률회사와, 래넘이 보기에는, 그다지 다르지 않은) 팀이었다. "그들은 자료로 법정을 압도합디다" — 그녀의 말이다. "얼마나 대조가 되는지 볼만했어요. 그들은 모든 자료들을 작은 상자들에 정리해서 넣은 다음 표찰을 붙였어요. 그리고 작은 여자가 이리저리 뛰어다니며 필요한 서류를 집어다 주더군요 …… 우리 쪽은 피버 맥기의[158] 옷장 같습디다."[159] 로버트 더드닉과 윌리엄 빌릭이 셰퍼드와 몬지오네를 상대하라고 배치된 법률가였다. 두 사람은 마치 앵글로-색슨계 백인 개신교도를 대표하는 원투 펀치 같았다. 더드닉은 곱슬머리에 눈초리가 예리했고, 빌릭은 우주비행사처럼 날씬하면서도 다부진 몸매에 머리가 벗겨지고 있었다.

---

158 피버 맥기(Fibber McGee): 짐 조던(Jim Jordan, 1896-1988)이 1935년부터 1950년대 말까지 연기한 라디오 코미디극의 인물. — 역주

159 각주 157번부터 여기까지 인용문들의 출처는 콘펠드 인터뷰.

콘드렌에 따르면, 그리고 이 사건 관계자 거의 모두에 따르면, "명물 판사"였던[160] 개드부아 판사는 목소리는 거칠었지만 우호적인 농담을 변호사들과 나누는 데, 그리고 법정에서 편안할 수만은 없었던 증인들의 민감한 상태를 배려해 주는 데, 재간이 있었다. 가볍게 접근할 때가 언제인지, 1974년산 진판델 포도주에 관한 품평을[161] 햄너와 주고받을 때가 그때인지, 아니면 사이먼 앤드 슈스터 출판사가 『포도 농장』 원고를 "좀 더 세게" 해달라고 요청해서 "성행위 장면을 몇 개 첨가했다"는[162] 콘펠드 여사의 기억을 가지고 농담할 때가 그때인지를 그는 알았다. 그는 재판의 효율적인 진행을 중시했다—"빌릭 씨, 판사가 귀하에게 유리한 결정을 내리면, 귀하로서는 바로 나아가 준비했던 다음 질문을 개시할 때인 것입니다."[163] 하지만 증인들을 서로 반대신문 하는 법정의 본질 때문에, 그리고 다른 사안들에 주의를 기울여야 하는 빈번한 중단 때문에, 신속한 재판은 방해를 받았다. 한번은, 다른 사건에서 일하고 있는 변호사들과 얘기를 나누기 위해 판사가 휴정을 선언하기도 했다. 그는 이렇게 설명했다. "이 문제를 법정에서 해결한다는 것이 부질없다고 이 사람들이 생각할 가능성도 있습니다. 나도 그렇게 생각하기 때문에, 이 가능성은 찬양할 만하다고 생각합니다."[164] 『포도 농장』 소송의 와중에, 다른 형사재판의 관련자들이 개드부아 판사 앞에 때때로 불려나왔다. 한번은, 그녀의 소설의 한 장면, 법정에서 칼로 찌르는 장면에

---

160 콘드렌 인터뷰.
161 「기자단 공판 청취록」, 429.
162 Ibid., 923.
163 Ibid., 1409.
164 Ibid., 919.

관해 더드닉이 콘펠드 여사를 반대신문 하기 위해 쇠사슬에 묶인 죄수를 증언대에 세운 적도 있었다. 소설 작품이 논의되고 있다는 사실을 모르는 채 그 죄수는 놀란 표정으로 콘펠드 여사를 쳐다봤고, "그의 내부에서 나에 대한 감정이입이 일어나기 시작했었다"고[165] 그녀는 회고한다.

판사는 그 사건을 "격렬한 재판이 벌어진 사건"으로[166] 기억한다. 그런 사건이었던 만큼 분위기를 누그러뜨리려 재치를 발휘할 필요가 있었고, 그럴 때 말고는 재치를 발휘하지 않았다. 민사소송에서 사람들이 얼마나 타격을 입는지, "수많은 희망이 꺾이더라도 …… 우리는 할 수 있는 최선을 다한다"는 결과가 어떤지를 그는 안다. 이 재판에서 한 가지 흥미로운 점은 담당 판사가 스포츠나 영화가 아니면 텔레비전을 보지 않기로 결심한 사람이었다는 사실이었다. 그는 말한다. "이 재판이 내 담당이 되었을 때, 이 사람들은 진짜 백지 상태의 판사를 만난 겁니다." 개드부아 판사가 이때까지 담당한 텔레비전 저작권 소송은 코미디 프로그램 《바니 밀러》에 관한 소송뿐이었는데, 재판 전에 그 프로그램을 그는 한 번도 본 적이 없었다. 《팰컨 크레스트》 소송에서처럼 그 소송에도 엄청난 액수의 돈이 걸려있었다. "두 사람 사이에, 문자 그대로 두 명의 개인 사이에 걸린 1억 달러의 액수는 나로서 셀 수조차 없었어요. 사건이 진행할수록 액수가 올라가더라는 얘깁니다."[167] 《팰컨 크레스트》 재판이 끝나고 2년이 지나 자기 아내와 여행하던 중 어느 날 저녁에 호텔 방 TV에

165 콘펠드 인터뷰.
166 여기서부터 다음 각주까지 인용문들의 출처는 개드부아 인터뷰.
167 앞 각주부터 여기까지 인용문들의 출처는 개드부아 인터뷰.

서 그 연속극을 보게 되었을 때도, 그는 여전히(견본 프로그램은 제외하더라도) 그 연속극을 절반밖에 보지 못했다고 말할 수 있었다. 재판 도중의 한 시점에서, 비교를 위해 《댈러스》의 한 측면이 거론되고 있을 때, 그는 증인의 말을 가로막고 끼어들어 물어야 했다. "그런데 래리 해그먼이[168] 누군지 말해 줄 수 있나요?"[169]

이 사건의 재판은 접촉과 유사성에 관한 복잡한 법리에 따라 진행될 것이었다. 그러나 모든 사건에서 나타나고 이 사건에서 유난히 다채로웠던 인간의 신뢰성이라는 문제 역시 중심적인 관건이었다. 얼 햄너가 고의로 아니타 콘펠드의 소설을 훔쳤음을 원고 측 변호사들이 증명하는 데 성공하려면, 재판의 개시 직후에 빌릭이 몬지오네에게 설치해둔 가시밭을 통과해내야만 했다. "존-보이가 거짓말쟁이라고 증명해볼 작정입니까?"[170]

소송으로 점철되어 있는 할리우드에서는 영화제작사가 "어떤 저작물"을 검토해보기 위해 입수한 시점은 정확히 기록해둬야 한다고들 서로 주의한다. 래넘이 말하듯이, "대본을 받아보고, 제작사 내부에서 그것이 누구의 손을 거치는지 등에 관한 모든 절차들을 살펴본다면, 자기가 뭔가를 읽었다는 조그만 흔적이라도 혹시나 남기게 될까봐 사람들이 실제로 얼마나 조심하는지 알 수 있어요 …… 제정신을 가진 한, 칵테일 파티 같은 자리에서 무슨 원고 따위를 건네

168 래리 해그먼(Larry Hagman, 1931-2012): 《댈러스》에서 주인공 역을 연기한 배우. — 역주

169 「기자단 공판 청취록」, 492.

170 William Billick이 1986년 10월 7일 저자에게 말한 회고.

받는 사람은 이제 아무도 없지요 …… 그랬다가는 나중에 고소당하기 십상이라는 것을 알기 때문에 다들 기겁을 하는 겁니다."[171] 로리머 제작사에서 누구 손에 무엇이 언제 들어갔느냐는 질문에 공판 전 단계에서도 공판 진행 도중에도 많은 관심이 집중되었다. 다시 말해, 햄너와 그의 동료들에게 『포도 농장』의 원고 또는 출판본을 입수할 기회가 언제 있었는지, 그리고 그러한 접촉이 견본 프로그램을 구상하기 전이었는지 후였는지에 관한 질문이었다. 〈로젠펠드, 마이어 그리고 서스맨〉의 사건 개요서는 햄너가 견본 프로그램의 기본 구상을 완료한 것은 늦어도 1979년 8월이며, 이는 콘펠드 여사가 『포도 농장』 집필을 마치기 여러 달 전이라고 선언했다.[172] 줄거리를 구성하는 요소들이 그보다 몇 년 전에 작성된 문서에 어떻게 나오는지를 피고 측은 보여줄 수 있었고, 로리머 제작사의 뉴욕지사가 콘펠드 여사의 대리인 에버츠 지글러로부터 『포도 농장』 한 권을 받은 것은 1980년 9월 30일로, 그날은 "햄너 씨가 캘리포니아의 버뱅크에서 고용한 타자수가 기획서 타자를 완료하기 하루 전날"이었고,[173] 햄너가 일하는 곳이자 로리머의 본사가 있는 서해안으로는 그 책이 우송된 적이 없음을 증명할 수 있었다. 더군다나, 미국연방 제9 항소법원의 판례들에 따르면, "어떤 작품과의 접촉이란 그 내용을 읽거나 알 수 있는 기회가 있었다는 것만이 아니라 실제로 읽었거나 알게 된 것을 말한다"고[174] 피고 측은 주장했다.

---

171 래넘 인터뷰.

172 「피고 측 공판결과보고서」, 9.

173 Ibid., 7-8.

174 「피고 측 사건개요」, 31.

원고 측 변호사들도 나름의 시간표와 이론을 마련했고, (나중에 콘펠드 여사에 의해 해고되는) 지글러가 『포도 농장』 몇 권을 보내달라는 "요청을 로리머 제작사의 출판정보 조사원들로부터 받고 있었"으며, 지글러의 "우송기록(피고 측 증거 2309호)을 보면 그가 로리머에게 책을 보낸 날이 1980년 8월 31일로 나타난다"고[175] 주장했다. 또한 벨리 법률사무소는 사건개요에서, 《팰컨 크레스트》의 극본 편집에 참여했고 그 연속극의 초기 극본 일부를 직접 쓰기도 한 월런 그렌이 공술증언에서, 『포도 농장』을 30내지 40페이지 정도 읽은 다음에 자기 아내에게 줬다고 인정했음을[176] 지적했다(지루한 책이었다고 그는 주장했다).[177] 이 모든 점들을 지적하고 나서, 원고 측은 "접촉을 증명하기 위해 법정에서 제시된 증거는 피고들이 『포도 농장』에 접촉했다는 데 아무런 의문도 남기지 않을 정도로 압도적"이라고[178] 주장했다.

개드부아 판사도 여기에는 동의할 용의가 있었다. 단, 이것이 특별히 결정적이라고 보지 않았을 뿐이다. 재판이 끝난 후에 그는 연예산업에서는 모든 일이 "널리 퍼져나가기 마련"이라고 말했다. "어떤 사건에서든지 접촉이라는 요소는 거의 상수와 같아요." 그는 실제로 이 사건에서 나타나는 접촉은 법에서 "건설적 접촉"이라고 일컬어지는 부류에 해당한다고 마음속으로 생각하고 있었다.[179] 하지만 유사성도 있었지 않은가?

---

175 「원고 측 보충 의견」, 18.
176 「원고 측 사건개요」, 3.
177 콘펠드 인터뷰.
178 「원고 측 보충 의견」, 20.
179 이 문단의 인용문들은 개드부아 인터뷰가 출처.

D. H. 로렌스는 이야기를 믿지 말고 이야기꾼을 믿으라고 독자들에게 충고한 바 있다. 법은 인간의 나약성보다 확실한 사실을 선호하지만, 저작권법에서는 로렌스의 충고를 높이 산다. 필립 위턴버그는 유용한 책 『문학 저작권 보호』에서, "보호 대상은 줄거리가 아니라 그것을 전하는 말"이라고[180] 해설한다. 제목, 주제, 장소, 배경, 인물의 유형, 생각, 그리고 기본적 줄거리와 같은 문학적 요소들에는 저작권이 미치지 않는다.[181] 이와 같은 각도에서, 피고 측은 "포도주 생산지에서 한 가족의 모험담이라는 구상은 독창적이지도 않고(캘리포니아의 포도 생산지 연애 이야기라는 장르에 속하고)", "보호할 수도 없는 발상"이라고[182] 주장할 수가 있었다. 저작권법은 방금 열거된 "요소들을 담고 있는 특정한 표현만을 보호한다"는[183] 것이다. 위턴버그가 말하듯이, "단어들의 유사성이야말로 표절범을 나포할 수 있는 가장 쉬운 그물이다."[184] 실로, 17세기 초 제임스 1세 당시의 문인들부터 제이콥 엡스타인에 이르기까지, "창조적" 글쓰기에 잠재적으로 숨어있는 속임수를 잡아내기 위해 사용되는 방법 중에는 오직 그것만이 확실했고, 아마 정당한 방법도 그것뿐이었을 것이다. 스모킹 건을 찾아내야만 한다. 남의 아내를 취해다 간음하는 것처럼, 표절범이 문구들을 통째로 들어내서 만들어내려고 한 작품과 밀통했다는 증거가 필요하다.

관할구역 안에 할리우드를 포함하는 제9 연방항소법원에서 저

---

180 Wittenberg, *The Protection of Literary Property*, 143.

181 Ibid., 152.

182 「피고 측 사건개요」, 37.

183 Ibid.

184 Wittenberg, 144.

작권침해를 확정하는 기준은 포드 대통령이 1976년에 새로운 저작권법에 서명한 이래 확고하게 정해졌다. 그 후 몇 개의 판례들이 이정표 역할을 하고 있는데, 아직도 젊은 익숙한 사람들의 이름이 연루된 판례들이다. 콘펠드 소송에서 양측이 공히 언급한 세 개의 판례는, 〈제이슨 대 폰다 사건〉(1982), 〈마티 크로프트 텔레비전 제작사 대 맥도날드 주식회사 사건〉(1977), 그리고 〈리치필드 대 스필버그 사건〉(1984)이다. 벨리 법률사무소의 사건 개요서는 "실질적 유사성"을 판가름하기 위해 항소법원이 정립한 "두 갈래" 시험을 이렇게 요약했다. "원고의 저작권이 침해되었음을 입증하기 위해서는, 접촉에 더해서 실질적 유사성을 확정할 수 있는 외면적 유사성과 내면적 유사성이 함께 드러나야 한다. 외면적 시험을 위해서는 줄거리, 주제, 대화, 분위기, 배경, 속도, 순서 등을 비교해야 한다."[185] 『말드마르 별에서 온 로키』라는 제목의 희곡을 쓴 작가가 영화 《E. T.》를 상대로 저작권을 침해당했다고 제기한 소송 〈리치필드 대 스필버그 사건〉에서 적용되었듯이, "내면적" 시험은 "해당 작품들에 대해서 분별력을 가진 보통 사람들이 보이는 반응"에[186] 초점을 맞춘다. 원고 측 변호사들은 이 두 갈래 시험 모두에서 CBS로부터 자기들이 피를 뽑아낼 수 있다고 역설했다. 개드부아 판사는 보통 사람은 아니었지만 분별력만큼은 정평이 난 사람이었다. 원고는 자기가 느낀 것을 판사도 느끼게 만들 수 있을 것인가?

텔레비전 업계에서 가장 훔치고 싶어 하는 것은 창문 너머로 어

185 「원고 측 보충 의견」, 7.
186 Ibid., 11a.

렴풋이 보이는 것이 아니라 이미 화면 위에 떠오른 것이다.[187] 성공한 영화 또는 TV 프로그램은 이미 시장에서 검증이 끝난 것이고, 다양한 형태로 변형되거나 융합될 수 있다. 『황금시간대의 내면』에서 토드 기틀린이 지적하듯이. "모방은 너무나 당연시되며, 심지어 '가로채기'라는 단어조차 별로 불명예스럽지 않다."[188] 그렇더라도, 이 업계에서는 단순한 모방보다 "재조합"이 선호된다고 그는 말한다. "TV 방송사 경영진 중에 취향이 고급이라는 평판을 받았던 그랜트 팅커마저도 MTM 제작소에서 기획 작품 하나를 '단지 서둘러 만들기 위해' 제목을 잡탕으로 달았다는(그 작품은 1982년에 NBC가 사다가 《어딘지 다른 곳》이라는 제목으로 방송했다) 얘기를 내게 전해줬다. 기획물들이 서둘러 구입되고 판매된다는 것이 통상적인 방식이다."[189] 《팰컨 크레스트》 자체도 한 광고대행업체에 의해 "『대지』의 풍미와 《댈러스》의 대담함이 캘리포니아의 포도밭 가운데서 펼쳐지는 드라마"라고[190] 지칭되었다.

상상력을 가미한 개작이 원작보다 더 인기를 끈 경우들도 있다. 《블루문 탐정사무소》는 지난 몇 년간 유일하게 기지에 넘치는 연속극이었지만, 전에 나왔던 《레밍턴 스틸 탐정》의 (원작보다 나은) 모작이 분명했다. 《레밍턴 스틸 탐정》에서 남자 주인공을 맡은 피어스 브로스넌은 "《블루문 탐정사무소》는 직접적인 장물이지만 일을 다

---

187 도로시 파커: "할리우드가 신봉하는 유일한 이념은 표절의 이념뿐이다(The only ism Hollywood really believes in is plagiarism)." William Murray, *New York Times Book Review*, 1987년 5월 31일, 35.

188 Gitlin, *Inside Prime Time*, 70.

189 Ibid., 76.

190 Ibid.

른 방식으로 훨씬 신선하게 해치웠다"고[191] 말한다. 여자 주인공을 연기한 스테파니 짐벌리스트는 "우리가 《레밍턴 스틸 탐정》에서 했어야 했던 바로 그 일들을 지금 이 사람들이 《블루문 탐정사무소》에서 하고 있다"고[192] 덧붙인다. 옛날 악극단 쇼에서 그림자가 무희를 끌고 가는 판에 박힌 설정이 반복된 사례다.

연극은 언제나, 텔레비전 "산업"이라는 것이 생기기 전부터도, 협동적인 예술이었다. 보몬트와 플레처가 협동해서 쓴 희곡에서 일부 대목들은 셰익스피어를 닮았다. 아마도 셰익스피어 본인이 써준 것일 개연성이 높기 때문이다. 당시 극작가들은 다른 사람의 작품에 손을 대고, 자기도 같은 방식으로 도움을 받는 것이 흔한 일이었다. 지금도 그렇지만, 그 당시에도 성공을 대신할 만한 것은 달리 아무것도 없었다. 『윈저의 즐거운 아낙네들』이 집필된 것은 폴스태프가[193] 사랑에 빠지는 모습을 엘리자베스 1세가 보고 싶어 했기 때문이라는 전설이 맞든 틀리든, 그 희곡이 『헨리 4세』에서 파생한 속편이라는 것은 《로다》가 《메리 타일러 무어 쇼》에서 파생한 것만큼이나 확실하다.

텔레비전 업계에서는 하나의 기획을 위해 많은 사람들이 일하고, 한 방송국에서 많은 사람들이 일하기 때문에, 래넘 교수의 표현을 빌리면, "실상 복잡하게 엮이다 보니, 정신없는 가운데, 우연히 일어난 결과"인데도 당한 작가의 입장에서는 "사기라고 상상하기"가

---

191 Pierce Brosnan, *People*, 1986년 8월 11일, 88에서 재인용.

192 Ibid.에서 재인용.

193 폴스태프(John Falstaff)는 『헨리 4세 1부』, 『헨리 4세 2부』, 그리고 『윈저의 즐거운 아낙네들』에 공히 등장한다. — 역주

쉽다.[194] "정책 결정의 층위"가 워낙 다층적이고(X라는 작품은 오로지 Y라는 대리인이 인기배우 Z를 불러올 수 있다는 전제 아래서만 흥미롭다는 식으로), "계약 형태도 워낙 여러 가지이기" 때문에, 어떤 것이 누구의 구상에서 기원했는지 기록을 추적하기가 어렵다.[195] 재판정에서 햄너는 그 견본 프로그램에 관해 "모든 책임"을 받아들이면서도, 그 제작은 "회의체에 의해 진행된 사업"이었고,[196] 최종본이 나오기까지 CBS와 로리머도 어느 정도 영향을 미쳤다는 데 의문의 여지가 없다고 인정했다. 셰퍼드는 그 기획이 공동 작업이었음을 햄너가 인정하기를 원했다. 햄너 자신은 안 그랬더라도, 그의 협력자들이 콘펠드 여사의 소설에서 세부사항들을 가져다가 거기에 집어넣었을 수 있다는 것이 셰퍼드의 명백한 추론이었다. 햄너는 선서 아래 행한 증언에서 바로 그날, 1984년 6월 29일까지도 『포도 농장』을 읽지 않았다고 주장했다. "저는 그 소설과 조금이라고 엮이고 싶지 않습니다. 저는 결코 그 소설을 읽고 싶은 생각이 없습니다. 그 소설 때문에 이미 너무 많은 고통을 받았습니다."[197]

햄너의 변호사들에게는 그가 그런 고통을 받았다는 점보다는 그런 고통을 전에 한 번도 겪지 않았다는 점이 이상하게 비쳤던 것으로 보인다. 〈로젠펠드, 마이어 그리고 서스맨〉은 자기가 제작한 프로그램을 방송에 내보내기가 (래넘이 학계에 견줘 말한 비유로 말하자면) "하버드 대학교에서 종신재직권을 따내는 것만큼"[198] 경쟁이 극

---

194 래넘 인터뷰.

195 Ibid.

196 「기자단 공판 청취록」, 1487.

197 Ibid., 1488.

198 래넘 인터뷰.

심한 업계에서 소송을 대리하는 데 워낙 익숙했다. 가로막힌 측에서 성공한 측을 상대로 협의를 거는 일은 너무나 빈번해서, 「피고 측 공판결과보고서」에서 아주 보기 드물게 다음과 같은 점을 지적하면서 감탄할 정도였다. "의미심장하게도, 햄너 씨는 35년 동안의 작가 경력 내내, 표절 혐의로 고발된 적이 한 번도 없었다!"[199]

이 사건에서 원고와 주된 피고는 서로 상대방을 작가로서 실패한 탓에 도둑질할 표적 또는 복수할 표적이 필요한 상태였다고 몰아붙일 동기가 있었다. 벨리 법률사무소의 사건 개요서는 《월튼네 사람들》 이후 《팰컨 크레스트》가 나오기 전까지 햄너가 계속 실패를 겪고 있었다고 지적했다. "《포도 농장의 나날들》의 기획안이 1980년 여름까지는 서랍 속에서 잠자고 있었다는 사실이 의미심장하다. 나아가, 그랬던 기획안이 서랍 바깥으로 나온 시점이 바로 햄너와 [제작자] 마이클 필러맨이 성공을 간절하게 원하던 시점, 그리고 내파밸리에 관한 아니타 콘펠드의 소설이 캘리포니아의 베스트셀러 목록에 오른 시점과 겹친다는 사실 역시 의미심장하다."[200] 피고 측에서도 마찬가지로 콘펠드 여사를 자기 소설을 영화화하려고 애를 써 왔지만 실패한 사람으로 그리기 위해 노력했다. "『포도 농장』의 저작권을 영화나 텔레비전에 팔거나 계약하기 위해 콘펠드 여사가 기울인 모든 노력은 성공하지 못했다. 사실을 말하자면, 『포도 농장』의 저작권과 관련해서 가격 또는 여타 무슨 조건에 관해 논의나 협상

---

199 「피고 측 공판결과보고서」, 15.
200 「원고 측 보충 의견」, 5.

을 시작할 정도의 관심을 표명한 사람조차 아무도 없었다."[201]

이 마지막 얘기는 정직하지 않다. 콘펠드 여사와 해리 셔먼 사이에 오간 얘기가 구체적 액수를 논의하는 지점까지 이르지는 않았을 수 있지만, 얘기는 오갔고 관심도 있었으며, 6월 21일에 해리 셔먼이 그 사실을 증언하기도 했다. 셔먼은 로리머 영화사에서(그는 여기서 《스터즈 로니건》을 만들었다) 햄너와 함께 일한 적이 한 번 있지만, 『포도 농장』 얘기를 그와 나눈 적은 없다고 말했다. "지나치면서 가벼운 얘기들을 나누는 사이였습니다. 정확한 날짜는 기억나지 않지만, 한 번은 햄너 씨와 레스토랑에서 마주친 적이 있어요. 그는 가족들 그리고 다른 사람들과 함께 식사 중이었어요. 우리는 그냥 지나치면서 '안녕하시'냐고 말하고, '요즘은 무슨 일을 하시'냐고 흔히 하듯 물었지요. 그랬더니 내파 밸리에 관한 일을 하고 있는데, 그 지역이 너무 좋고 그 일이 즐겁다고 말합디다."[202] 그러나 셔먼은 『포도 농장』에 관해 해너-바버라 제작소의 빌 해너 그리고 텔레비전 작가인 블랜치 해널리스와는 논의한 바가 있었다. "그걸 한 번 해보고 싶다고 말했어요. 뛰어난 텔레비전 연속극이 될 것으로 생각했지요. 인물들의 성격이 전개되는 모든 조건들, 가족 간에 얽히고설킨 삼각관계들을 완비하고 있었어요."[203] 해널리스는 셔먼의 요청에 따라 그 소설을 읽어본 다음, 그에게 전화해서 "좋은 작품이라고, 우리가 함께 일을 진행할 수 있다면 자기도 일을 맡겠다고, 그리고 어떤 회

201 「피고 측 사건개요」, 6.

202 「기자단 공판 청취록」, 1056.

203 Ibid., 1052.

의라도 나와 함께 흔쾌히 참석하겠노라"고[204] 말했다. 이는 1980년 10월의 일로, 셔먼이 아니타 콘펠드에게 전화해서 변호사를 구해보라고 권고하기 한 달 전이었다. 셔먼에게서 받은 그 전화로부터 그녀는 여러 달의 우울과 여러 해의 소송이 시작되었지만, 『포도 농장』에 기울인 관심에 관한 셔먼의 기억은 재판 중에 그녀가 맞이할 수 있었던 아마도 최고의 순간이었다. "해리 셔먼을 아는 사람이라면 누구나 그에 대해 아름답게 말할 수밖에 없어요 …… 성실함의 표본이 거기 있어요. 존-보이도 그래야만 하는데, 실제로는 그렇지 못합니다."[205]

콘펠드 여사가 맞이한 최악의 순간들은, 누구나 예측할 수 있듯이, 래넘에 의해서 마련되었다. 공판이 열리기 전 단계에서 그가 쓴 문서들 때문에 그녀는 속이 상했고, 그가 증언대에 섰을 때에는 "내 글을 폄하하는 소리"를[206] 들어야만 했다. "그 앞에 앉아서 내 글을 그런 식으로 분류하는 소리를 들어야만 했다구요."[207] 더드닉의 증인신문과 몬지오네의 반대신문 내내, 래넘은 양식과 장르에 관한 자신의 주장을 되풀이했다. 수많은 소설들에 관한 자신의 지식을 토대로 피고를 위해 고도로 조직된 반론을 펼칠 수 있다는 계산에서 나온 행동이었다. 데이비드의 딸들이 처신을 잘못하는 등, 『포도 농장』에 나오는 수많은 상서롭지 못한 사건들이 동부에서 일어나고, 견본 프로그램에서는 체이스 조버티가 그 때문에 자기 식구들을 그 지역

---

204 Ibid., 1053.
205 콘펠드 인터뷰.
206 Ibid.
207 Ibid.

에서 멀리 떨어지게 만들려고 시도하는 사실에 관해 어떻게 생각하느냐고 몬지오네가 묻자, 래넘은 바로 그 자리에서 이미 대비했었다는 듯이, 『포도 농장』에는 동부에서 행복한 사연들도 나오며, 몬지오네 식으로 상서롭지 못한 사건들을 하나로 묶게 되면 불행한 가족은 각기 다른 이유로 불행하다는 톨스토이의 통찰을 간과하는 셈이라고 응수했다. 콘드렌이 전형적으로 주장하는 유사성이란 것은 "허위이자 가공된"[208] 것이라고 래넘은 힐난하면서, 견본 프로그램의 인물들이 현대의 포도밭 주위를 말 타고 돌아다닌다는 사실도 특별할 게 없다고 일축했다(예순다섯 살 먹은 안젤라가 건장한 수말을 타고 아래를 굽어본다는 식으로 묘사한 대본에 콘드렌은 코웃음을 쳤다.[209] 래넘은 와이먼의 전 남편이었던 미국의 대통령이[210] 70대에도 승마 솜씨를 뽐내고 있다는 사실에 법정의 주의를 환기함으로써 제인 와이먼이 맡은 배역이 현실에도 충분히 가능한 일임을[211] 변론했다).

래넘이 증언대에 오르기 전, 더드닉은 증언대에 선 콘드렌을 거칠게 몰아붙였다.

> 질문: 분명하지 않습니까? …… 매기라는 이름의 말과 매기라는 이름의 여주인공이 상응할 수는 없지요, 맞습니까?

---

208 「공판속기록」, 1641.

209 「콘드렌 진술서」, 31-32.

210 로널드 레이건은 제인 와이먼의 세 번째 남편이었고 와이먼은 레이건의 첫 번째 부인이었다. 이 공판이 벌어지던 1984년 여름, 레이건은 73세로 미국 대통령이었고 와이먼은 67세로 《팰컨 크레스트》 주인공이었다. — 역주

211 「공판속기록」, 1590.

대답: 맞습니다.[212]

콘드렌은 "단지 그 동영상에만 초점을 맞추기는 불가능하다"며[213] 항거했지만, 판사의 후원을 받은 더드닉은 증인으로 하여금 견본 프로그램을 벗어나 증언하지 못하도록 막았다. 『포도 농장』과 라베트 집안의 모험담에 나오는 등장인물들의 이름을 비교할 때 자기가 일부 부정확했음을[214] 콘드렌은 인정했다. 래넘 때문에 쓸데없는 일을 해야만 하게 돼서 화가 났었다는 것이었다. 그러나 더드닉은 전혀 구애받지 않고 나아가 특정한 지점을 헤집었다. 두 책에서 모두 알 스미스 주지사가[215] 등장한다고 해서, 유사성의 목록에 그 이름을 넣는 것이 정당화되느냐고 콘드렌에게 다그쳤다.[216] 콘펠드 여사는 콘드렌이 "여러 가지 면에서 예리했지만, 수학을 이용한 방식에는 더 잘할 수 있는 여지가 있었다고 생각한다"고[217] 말한다. 재판 후 2년이 지나 콘드렌 본인도 자신의 방법론에 관해 의문의 여지를 고백했다. 그가 사용한 확률공식은 실험상태의 것이었다. 이런 종류의 사건을 다시 다루게 될 것이 틀림없었기 때문에, 그는 그 공식이 맞는지 실험해보고 싶었다. "[그 공식이] 미래에 쓸모가 있다고 생각해요. 어떤 쓰임일지는 아직 모르겠어요 …… 어떤 의미에서 그것은

---

212 「기자단 공판 청취록」, 354.

213 Ibid., 355.

214 「공판속기록」, 302.

215 알 스미스(Alfred Emanuel "Al" Smith, 1873-1944)는 뉴욕 주지사(1923-1928)를 지냈고, 1928년에 민주당 후보로 대통령 선거에 나섰다가 낙선했다. — 역주

216 「공판속기록」, 289.

217 콘펠드 인터뷰.

법정이 만날 드러내는 본능에 비위를 살짝 맞춰준 거예요. 그들은 계량화를 원하니까요."[218]

캘리포니아 포도 생산지 연애 이야기에 관해 그리고 논픽션에 관해 콘드렌이 래넘처럼 샅샅이 훑어보지 않은 것은 명백하다. 그리고 견본 프로그램이 『포도 농장』에서 도용했다고 원고 측이 주장한 장소와 (수확 축제와 같은) 예식에 관해, 더드닉은 잘 알려지지 않은 책들을 가지고 콘드렌을 몰아세웠다.[219] 나아가 콘드렌의 배경과 이력에 관해 질문하는 와중에 더드닉은 약간의 놀라운 결과를 빚어냈다.

질문: 증인은 적어도 극본을 두 개 쓴 적이 있습니까? 맞지요?

대답: (어물거리면서) 어…엉.

질문: 텔레비전 연속극을 제안하기 위한 견본원고를 쓴 적도 있지요? 맞습니까?

대답: (어물거리면서) 어…엉.

질문: 증인은 분명히 들리게 대답해야 합니다.

대답: 예.

질문: 그 견본원고의 제목은 무엇이었습니까?

대답: 「배달부」입니다.

질문: 그 작품이 팔렸습니까? 계약을 맺었느냐는 뜻입니다.

대답: 순위에서 밀리고 있는 것 같아서 철회했습니다.[220]

---

218 콘드렌 인터뷰.

219 「공판속기록」, 668.

220 「기자단 공판 청취록」, 359.

콘펠드 여사는 이 순간을 동정적으로 기억한다. 견본 프로그램에 관해 논의하는 도중에, 실패로 끝난 자신의 견본작을 가지고 상대가 맞서자, 건장한 체구에 이제는 은발이 된 전직 해군 조종사 콘드렌의 말문이 "한마디로 막혀버렸지요 …… 말하자면 그에게 실로 아픈 지점을 그들이 찌른 거예요."[221] 더드닉에게 「배달부」 얘기를 알려줄 수 있었던 사람은 래넘 말고는 없다고 그녀는 짐작한다. 이 실패작이 거론됨으로써 콘드렌은 할리우드가 돌아가는 방식을 잘 모르는 것처럼 비쳐졌고, 나아가 설상가상으로 성공하지 못한 사람으로 부각되는 효과가 빚어졌다. 원고와 주된 피고인이 서로 상대방에게 덧씌우려고 애를 썼던 바로 그 효과였다. 성공하지 못했다는 것을 신빙성이 떨어지고 복수심에 가득 찼다는 징표로 받아들이는 미국식 확신을 캘리포니아의 법률가들은 끊임없이 이용하는 것으로 보인다.

재판이 끝난 후, 개드부아 판사는 교수 두 명이 모두 "반대신문을 잘 견뎌냈다"고[222] 말했지만, 콘드렌이 증언한 지 2주 후에 콘펠드 여사가 증언대에 섰을 때에는 전에 더드닉이 그녀 편의 전문가를 어떻게 무너뜨렸는지를 가지고 놀림감으로 삼았다. 몇 가지 점에 관해 더드닉이 요구하는 수준으로 비교할 수 있을 만큼 상세하게 기억을 할 수 없었던 콘펠드 여사는 이렇게 대답했다. "기억이 안 납니다. 콘드렌 교수에 관해서는 아마도 피고 측 변호사께서 저보다 훨씬 꼼꼼하게 조사를 했을 테니까 저보다 잘 아실 겁니다."[223] 그

221 콘펠드 인터뷰.
222 개드부아 인터뷰.
223 「기자단 공판 청취록」, 956.

러자 판사는 웃으면서 "그것은 확실히 맞는 말"이라고[224] 응수한 것이다. 래넘은 자신의 직장 동료가 겪었던 반대신문을 낄낄거리면서 회고한다. "그런 일이 내게는 결코 일어나지 않기를 신에게 빈다."[225]

콘펠드 여사를 상대로 한 6월 15일의 직접 신문에서, 셰퍼드와 더드닉은 재판의 신속한 진행을 위해 문서상의 증거 일부를 상호 인정하자는 데 동의했다.

> 더드닉: 재판장님, 신속한 진행에 도움이 된다면, 우리는 ……를 인정하기로 약속합니다.
> 재판장: 좋습니다.
> 셰퍼드: 저는 그 약속을 정중하게 수용합니다.
> 재판장: 인정하겠다는 약속의 정중한 제안을 셰퍼드 씨는 수용합니다. (웃음)
> 증인: "정중한"이라는 단어가 맘에 듭니다. 우리 모두 거기서 벗어나지 않기를 바랍니다.
> 재판장: 법정에서 활동하는 변호사들이 널리 활용하는 단어는 아닙니다.
> 증인: 법정은 제게 새로운 공간입니다, 재판장님.[226]

재판이 끝나고 2년 후, 개드부아 판사는 "정중한"이라는 그 단어를

---

224 Ibid.
225 래넘 인터뷰.
226 「기자단 공판 청취록」, 932.

콘펠드 여사에게 적용한다. 그녀는 "진실로 품위 있고 품이 넓은 여성"이고, "진실을 말하고 있는 것이 명백했기 때문에 아주 아주 호소력 있는 증인이었어요 …… 진실에 관한 그녀의 깊은 정서가 대단히 분명하게 드러났지요."[227]

그런데 그는 햄너도 마찬가지로 인식했다. 그가 보기에 햄너는 "할리우드 사람들에게 전형적인 태도가 없는 신사"로서, 그의 진술들은 "완전히 신빙할" 만했다.[228] 판사는 당사자 두 사람을 모두 좋아하는 가운데, 마음을 한쪽으로 정하게 된다. 콘펠드 여사는(자기가 본 대로) "진실을 말하고" 있었던 것이고, 햄너는 한마디로 말해서 "신빙할" 만했던 것이다. 이 차이가 결정적이었다. 판사는 관련된 법률에 관해 해박했고, 이 사건의 미묘한 점들을 존중했지만, 자신의 한쪽 눈으로 나무들을 살피는 와중에도 어떻게 해야 다른 눈으로는 숲 전체를 바라볼 수 있는지를 알았던 것이다.

햄너는 "마리오"라는 이름이 《포도 농장의 나날들》에 나오지만 『포도 농장』에서 따온 것이 아니라 자기 집에서 일하던 정원사 이름을 따온 것이라고 증언했다. "우리는 장난삼아 그를 '바리오에서[229] 온 마리오'라고 불렀습니다."[230] 마찬가지로, 조지프 조버티를(견본 프로그램의 기획서에 그린 가계도에 나타난 대로) 스웨덴계 여성과 결혼하게 만든 것도 애덤 도너티를 흉내 낸 것이 아니라, "수 년

---

227 개드부아 인터뷰.

228 Ibid.

229 바리오에서 온 마리오("Mario from the barrio"): 바리오(barrio)는 "같은 동네", "이웃한 지역"을 가리키는 에스파냐어 단어다. — 역주

230 「기자단 공판 청취록」, 1485.

전에 솔방으로[231] 온 스웨덴 출신 아가씨에게 자기가 영향을 받았기 때문"이라고, "그녀의 낡은 옷가방을 가져다가 자기 거실에 두고 커피 탁자처럼 사용하기도 했었다"고[232] 그는 주장했다(이에 대해 콘펠드 여사는 솔방은 스웨덴계가 아니라 덴마크 사람들이 많은 도시라고 말한다).[233] 그리고 안젤라의 중국인 하인 리퐁의(《팰컨 크레스트》에서는 초우-리로 바뀐다) 이름도 『포도 농장』에서 충성을 바치는 리포에서 따간 것이 아니라, 회사 내부 사람들끼리 통한 하나의 농담이었다는 것이었다. "그 이름은 로리머 제작소의 사장 리 리치와 로스앤젤레스 지역에 있는 중국식 레스토랑 체인점 아퐁에서 나온 것입니다."[234]

햄너는 견본 프로그램을 위한 여러 아이디어들을 록 허드슨과 진 시몬즈가 주연을 맡은 캘리포니아 포도주 양조업자 가문에 관한 영화 《여기는 내 땅이다》에서 따왔다고 무방비상태로 솔직하게 인정함으로써 자신의 신빙성을 높였다. 그 영화에서 진 시몬즈는 마사 페어론 역을 연기했다. 빌릭의 직접신문에 햄너는 이렇게 말했다. "마사라는 인물의 일부가 안젤라라는 인물의 일부로 아주 많이 스며들었다고 생각합니다. 저는 마사가 만일 포도밭을 상속받았더라면, 후일 그녀가 어떤 인물이 되었을지를 애써 상상해봤습니다."[235] 이 대목에서 판사는 귀를 쫑긋 세우고 증인에게 물었다. "그 모든 역량도

---

231 솔방(Solvang): 캘리포니아 산타바바라 카운티에 있는 도시. 솔방은 덴마크어로 "햇빛이 밝은 들판"이라는 뜻이다. — 역주

232 「피고 측 공판결과보고서」, 20.

233 콘펠드 인터뷰.

234 「피고 측 공판결과보고서」, 23.

235 「기자단 공판 청취록」, 1438.

함께 가졌더라면 말이죠?"[236] 햄너는 "그렇습니다"라고 대답했다. 계속해서 그는 그 영화에 나오는 중국인 하인들에도 주목했었고, 록 허드슨이 연기한 인물이 다리를 절었다는 사실에도 눈길을 줬다고 인정했다. 원래(다시 말해, 처음에) 《포도 농장의 나날들》을 제안한 햄너의 기획서에서, 랜스로 등장하는 인물은 자동차 사고로 다리를 절게끔 되어 있었다. 록 허드슨이 연기한 인물이 맞이하는 운명에서도 영향을 받았느냐고 빌릭이 묻자, 햄너는 이렇게 말했다. "의식적으로 그랬다는 기억은 없습니다. 무의식적으로는 그랬을 수 있다고 생각합니다."[237] 어떤 면에서 보면, 《여기는 내 땅이다》는 18세기 소설에서 잃어버렸던 자식의 친부모를 확인하는 장치로 흔히 그려지던 피부 위의 홍반 같은 역할을 수행했다. 판사는 이렇게 회고한다. "이 사건에서 원고가 곤란하리라고 내가 처음 알게 된 것은 그 영화를 봤을 때였다 …… 그 영화를 본다면 누구나 답은 하나뿐임을 알게 될 것이다."[238] 햄너가 영향을 실제로 받았다고 인정한 사실이 그로 하여금 표절 혐의를 벗도록 도움을 준 요소 중 하나였다는 말이다.

개드부아 판사는 기본을 중시하는 건강한 취향의 소유자였다. 햄너가 6월 29일 증언대에서 내려갈 때, 판사는 그에게 물었다. "증인은 표절범입니까?" 증인은 대답했다. "아닙니다, 재판장님." 그러자 판사가 말했다. "좋습니다. 내려가셔도 됩니다."[239] "[햄너의] 얼굴에 눈

---

236 Ibid., 1439.
237 Ibid.
238 개드부아 인터뷰.
239 「기자단 공판 청취록」, 1488-1489.

물이 두어 방울 흐르고 있었다"고 판사는 회상한다.[240] 콘펠드 여사는 이렇게 말한다. "이 일이 재판으로 가게 되었을 때," 그 "착한 시골 소년"은 "아주 세련되고 우아하고 발랄한 모습으로 변모한" 상태였음에도, "마치 존-보이와 얼 햄너가 과거의 후광을 변함없이 뒤에 달고 등장한 것과 같아 보였어요."[241] 그녀는 햄너의 가식적인 모음 발음들을 흉내 냈다. 그러면서도 그녀는 몬지오네로 하여금 존-보이가 거짓말쟁이임을 증명하기 위해 애를 쓰도록 만든 빌릭의 계획은 "전략적이고 영리한" 선택이었다고 말한다. 그랬을 수도 있겠으나, 하여간 그 문제가 논의의 주제가 되지는 않았다. 개드부아 판사는 끝내 《월튼네 사람들》을 시청하지 않았다.

판사가 판결을 내리기까지는 일 년이 흘렀다. 그 동안에, 《팰컨 크레스트》의 시청률은 《마이애미 바이스》에게 심각한 도전을 받게 되었고, 판사는 이 사건으로 생산된 엄청난 양의 서류들을 검토할 기회를 가졌다. 양측에서 제출한 공판결과보고서와 전투적인 최종변론은, 마치 투표일 전날 저녁에 후보자들이 유권자들을 향해 목쉰 소리로 마지막 열기를 내뿜는 연설과 같은 것으로, 이 경우에는 유권자가 단 한 명이었다. 벨리 법률사무소는 원고가 "압도적으로 치우친 증거에 의해 전문가가 제출한 증언과 조직적이고 체계적으로 대조한 목록을 통해, 《포도 농장의 나날들》은 『포도 농장』과 실질적으로 유사하다는 사실을 입증했다"고[242] 주장했다. 〈로젠펠드, 마이어

240 개드부아 인터뷰.
241 콘펠드 인터뷰.
242 「원고 측 보충 의견」, 20.

그리고 서스맨〉의 결론에는 일종의 자신감에서 비롯된 넌더리가 담겨 있었다. "피고들은 교육받고 싶어 하지 않는 것이 분명한 원고를 상대로 교육을 다시 시행하는 노력부터 기울일 것입니다."[243]

판사가 작성한 「사실의 확인과 법의 결론」은 일말의 여지도 없이 피고 측의 손을 들어줬다. 존과 아니타 콘펠드 부부는 프랑스에서 휴가를 보내고 있던 중에 판결 소식을 들었다. 얼 햄너에 대한 아니타 콘펠드의 비호감은 굽힐 수 없는 것이었고, 지금도 그렇다. 그리고 판사가 상대방의 진실성에만 초점을 맞췄다는 점이 그녀를 특히 아프게 했다는 데에는 의문의 여지가 없다.

> 이 재판정의 판결에서 중요한 점 하나는 얼 햄너의 증언 전체를 신빙할 만하다고 본 결론이다. 그는 오랫동안 증언대에 섰고, 우리에게 그가 진실하다는 인상을 형성할 좋은 기회가 되었다.
>
> 햄너는 정직한 증인이었다. 그 사실을 받아들이면, 햄너는 원고의 작품의 어떤 일부에 관해서도 들은 적이 없었다는 결론, 그리고 햄너가 아는 한에서는 그와 함께 견본 프로그램을 제작한 사람들도 그런 적이 없었다는 결론이 뒤따른다. 그리고 나아가, 그 견본 프로그램의 구상과 촬영은 독자적인 창조행위로서, 원고의 작품에서 전혀 비롯되지 않았다는 결론이 나온다.[244]

세 단계로 구분된 사건에서 그녀가 첫 번째 단계를 졌기 때문에, 사건 전체가 종료되었다. 지금도 확신에 차 있고 지금도 화가 나 있는

243 「피고 측 공판결과보고서」, 56.
244 *Richmond Times-Dispatch*, 1985년 6월 20일자에서 재인용.

콘펠드 여사는 항소를 시작했지만, 얼마 안 돼 현명하게 취하했다.

판결을 내리고 일 년 후에 판사는, 콘펠드 여사가 받아야 할 모든 존중을 담은 채 이렇게 말할 수 있었다. "그녀 쪽에서 승소할 가능성이 실상 처음부터 없었던 사건이었습니다."[245] 그녀의 주장은 "'느낌'의 시험을[246] 통과할 수 없는 것이 분명합니다."[247] 원고 측의 보충 의견은 재판정의 내장을 통과한 다음에 심장에 도달하려는 듯, 이런 장르가 있는지 없는지를 분간하는 법률적 시험에 별로 설득력이 없는 주장으로 맞섰다. "원고의 작품이 609페이지짜리 소설인 반면에 피고의 견본 프로그램은 46분짜리라는 사실을 감안하더라도, 피고가 원고의 소설을 각색했다는 반응이 누구에게나 '내장'에서 일어날 것이다."[248] 판사의 경우에는 내장에서 그런 반응이 일어나지 않았고, 햄너가 신빙할 만하며, 《여기는 내 땅이다》와 명백하게 유사하다는 점 등이 이 사건의 판결을 인도한 요인들인 것으로 보인다. 래넘은 판사들이 전문가들을 경멸한다고 말하지만, 개드부아 판사는 전문가들을 그렇게 경멸하지는 않는다. 오히려 그 재판의 두 전문가들은 공히 "매우 믿을 만한 증인이었고, 재판을 위해 많은 노력을 기울인 대단한 지성인"이었다고[249] 그는 말한다. 그 두 사람을 비교하는 데만 몰두하다가는 "핵심에서 심하게 벗어날 수 있을"

---

245 개드부아 인터뷰.

246 "느낌"의 시험(the "feel" test): "표현의 저작권 침해를 구성하려면, 두 작품의 총체적 발상과 느낌이 상당히 유사해야 한다"고 한 〈리치필드 대 스필버그 사건〉의 판례를 가리킨다. 위 406과 425페이지를 보라. — 역주

247 개드부아 인터뷰.

248 「원고 측 보충 의견」, 11a.

249 개드부아 인터뷰.

뿐이라고 덧붙인다. 핵심에서 벗어나면 대개는 많은 비용을 치러야 한다. 이 교수들도 이 점에서는 예외가 아니었다. CBS가 가입한 보험사에서는 래넘에게 보수를 지불할 것이었다("나는 언제나 보험회사 편에 도움이 되는 결말을 맞이한다").[250] 벨리 법률사무소는 패소 책임을 콘드렌에게 돌릴 것이었다. 판사는 자기가 텔레비전을 자주 봤다고 한들 이 사건을 더 잘 처리했으리라고 믿을 만한 이유는 전혀 없었다고 말한다.[251]

콘드렌은 개드부아를 높게 평가하면서도, 판사가 "제9 항소법원의 전통에 일방적으로 굴종했다"고[252] 말한다. 판사들로 하여금 번번이 제작사 편의 판결을 내릴 수밖에 없도록 유도하는 전통이 있다는 것이다. 표현이 반복되었느냐는 기준을 고수함으로써 제9 항소법원은 "우리가 마치 여전히 순수문학 시대의 이야기를 나누고 있다는 듯이 저작권법을 적용하고 있다"고 그는 주장한다. 제9 항소법원의 관할 지역 안에서 행해지는 종류의 대중예술은 협동작업으로 이뤄지기 때문에, 고급예술과는 다르게, 표현의 독창성이라는 축복을 본질적으로 결여하고 있는 현실을 보지 못하고 있다는 뜻이다. 대중예술가가 하는 일은 X에 관한 방송극을 Y를 무대로 해서 만들어보자는 식의 착상인데, 제9 항소법원에서는 이런 착상의 저작권을 인정하지 않는다. 콘드렌은 이렇게 말한다. "만일 제9 항소법원이 사실상 표현이라는 것을 언표적 인용문의 연속으로만 해석하는 입장을 고수한다면 …… 그렇다면 당연히 원고 편에 유리한 판결은

---

250 래넘 인터뷰.
251 개드부아 인터뷰.
252 콘드렌 인터뷰.

나올 수가 없다. 내가 항의하는 바가 바로 그 점이다. 진짜로 피해를 당했음에도 원고가 소송에서 이기기가 불가능한 것이다."[253] 제9 항소법원의 관할구역 안에서 지배적인 해석에 대항해서 "십자가"를 자기가 진 셈이라고 그는 인정한다.

"그런 식의 착상이 보호받을 수 있어야 한다"는 데 래넘은 동의하지 않는다. "그런 것을 보호한다는 것은 수정헌법 제1조가 보장하는 표현의 자유를 묵살하려는 시도로, 수정헌법 제1조를 폐지하지 않는 한 어떻게 법의 이름으로 그렇게 할 수 있을지 나는 모르겠소이다."[254] 오늘날 할리우드에서 극본을 팔기 위해 돌아다니는 사람이 1928년 주식시장에 몰려든 사람만큼 많을 거라고 그는 비유한다. 거물 제작자가 자동차를 몰고 선셋 대로를 지나가다가, 이런 착상을 떠올리는 경우를 상상해보라고 한다. "로스앤젤레스에 지진이 나는 영화를 하나 만들어볼까 …… 이거 굉장한 그림이네!" 이런 착상은 그보다 먼저 선셋 대로를 지나간 다른 사람 수백 명에게 떠올랐겠지만, 영화는 그 거물 제작자가 만들게 된다는 얘기다. "이 착상을 어떻게 보호할 겁니까? 어느 지점에서 그것을 보호할 겁니까?"[255] 저작권법으로써 "착상들"을, 마치 그 자체가 표현이라는 듯 보호한다면 "몹시 암울한 일일 것"이라고 개드부아 판사는 생각한다. 그렇게는 할 수 없고, "이 사건이야말로 …… 그 사실을 보여주는 완벽한 본보기입니다."[256]

---

253 Ibid.
254 래넘 인터뷰.
255 Ibid.
256 개드부아 인터뷰.

* * *

만일 벨리 법률사무소가 배심재판 신청을 기한 내에 했더라면, 배심원단도 이 상황을 마찬가지로 봤을까? 이 가상적인 시민 배심원 열두 명에게 판사가 편협한 지시를 내리지 않는 한, 그들은 "틀림없이 아니타 편의 평결을 내렸을 것"이라고[257] 콘드렌은 말한다. 콘펠드 여사 본인도 당시 날마다 위층의 들로리언 재판과 그녀의 재판에 단골로 드나들던 방청객 두 사람을 기억한다. 공판진행이 끝나가던 무렵, 그들은 만약 배심재판이었다면 "손쉽게" 그녀가 이겼을 거라고 말했다. "소송이 마무리될 즈음에 나는 그 두 사람과 아주 친해졌다"고[258] 말하면서 그녀는 웃는다.

배심재판이었더라면 어땠을지를 개드부아 판사에게 묻자, 그는 웃으면서 만일 그랬다면 원고 측 변호인들이 더 잘할 수 있었을지 여부는 모르겠다고 말한다. 그러나 잠시 생각해본 다음에는 부정적으로 대답한다. 배심원단이 평결을 내렸더라도 "그들이 이 사건을 이길 수 있었다고는 생각하지 않습니다."[259] 《월튼네 사람들》을 즐겨본 사람들이 배심원으로 참여해서, 존-보이의 어머니 역을 연기해도 괜찮았을 정도로 충분히 미인인 선량한 시골 여성이 존-보이에게 억울한 일을 당했다고 맹세하면서 고통 받는 광경에 속이 상해서, 존-보이가 거짓말을 할 리는 없지 않느냐는 빌릭의 전략에 저항했더라도 그랬을까요? 판사는 "배심원들이 그런 식으로 영향을 받는다고

257 콘드렌 인터뷰.
258 콘펠드 인터뷰.
259 개드부아 인터뷰.

는 생각하고 싶지 않"다고[260] 말하면서도, 가끔씩 그러기도 한다고 양보한다. 판사는 CBS의 명분이 건전하다는 나름의 확신을 충분히 가지고 있었기 때문에, 설사 배심원단이 콘펠드 여사 편으로 평결을 내렸더라도, 그랬을 때 피고 측의 재심청구를 십중팔구 받아줬을 것이다.[261]

『포도 농장』 소송은 울분에 찬 고발과 눈물에 젖은 변론과 수백만 달러의 비용과 수천 시간의 노동과 여든다섯 상자의 서류가 들어갔지만 어쩌면 사소한 탐닉에 불과했는지 모른다. 개드부아 판사 자신도 그것을 "하나의 일반명제에 영감을 제공할 판례"로 보지 않으며, 어떤 법률적 선례를 세웠다는 의미가 있다고도 보지 않는다. 다만 그는 대부분의 사건들이 그렇듯이 여기에 "나름의 비극이 있었다"고 본다.[262] 얼 햄너는 자신이 가혹하게 악행을 당했다고 진실로 느꼈다. 판결은 자기편이었지만, 원래 협의가 떠들썩하게 보도되었던 것만큼 언론의 주목을 받지는 못했다. 자신의 고향 버지니아의 신문 《리치먼드 타임스-디스패치》의 칼럼니스트와 인터뷰하면서 그는 이렇게 불평했다. "고발은 온 세상에 널리 알려졌지만, 무죄판결은 《로스앤젤레스 타임스》 경제면에 여섯 줄 다뤄졌을 뿐이에요."[263] 이 인터뷰 기사에는 「언론의 포도넝쿨이 햄너의 승리 소식을 퍼뜨리지 않아서 그가 직접 나섰다」는 제목이 붙었다. 그러

---

260 Ibid.

261 Ibid.

262 Ibid.

263 *Richmond Times-Dispatch*, 1985년 6월 20일, Douglas Durden이 쓴 기사에서 재인용.

나 그로부터 일 년이 지난 후 그는 이 사건에 짜증이 난 것으로 보였다. 이에 관해 글을 써보겠다고 면담을 요청했더니 면담은 변호인들과 하고 원하면 엄청난 양의 문서를 읽어보라는 대답이 돌아왔다.[264]

1984년 여름 증언대에 섰던 마지막 날, 그는 자신의 적수 아니타 클레이 콘펠드에게 약간의 동병상련을 표현하기도 했다.

> 이 경험 때문에 제가 겪어야 했던 모든 고통에도 불구하고, 그 책의 저자에 대해 일정한 정도의 동병상련을 느낍니다. 저 또한 한 사람의 작가로서, 책을 한 권 쓰는 데 시간이 얼마나 걸리는지, 보호받고 싶은 마음을 얼마나 많이 느끼는지를 알기 때문입니다.
>
> 자기 작품을 누군가 뜯어내 훔쳐갔다고 느낀다면, 작가는 누구나 짓밟혔다고 느낍니다. 마치 자기 아이가 욕을 당한 것과 같습니다. 그만큼 그 소설의 저자가 느꼈을 느낌은 안 된 일입니다. 그러나 제 양심은 맑고 깨끗합니다.[265]

모든 재판은 당사자의 인생이 걸린 재판이라고 오스카 와일드는 선언했다. 피고일 때만이 아니라 원고일 때에도 고난이 시작되기 때문이다. 콘펠드 여사는 지금도 소송을 제기한 것이 맞다고 생각한다. "내 아이들에게 빚을 남겨놓으면 안 된다고 느꼈어요 …… 내게는 원칙의 문제였지요."[266] 앙상하게 발린 칠면조 뼈다귀라는 이미지는

---

264 William Billick이 1986년 9월 29일에 저자에게 보낸 편지.
265 「기자단 공판 청취록」, 1480.
266 콘펠드 인터뷰.

그녀도 더 이상 사용하지 않는다. 그러나 판결 후 일 년이 지났을 때까지도, 그녀는 새로 이사한 샌러펠의 집에 설치된 남편의 조각상 가운데 하나를 응시하면서 여전히 이렇게 말하고 있었다. "그들이 내 책에서 갑옷을 벗겨서 가버렸네요."[267] 말하자면, 자기 특유의 표현을 찍는 활자를 주조할 금형을 가져갔다는 뜻이다. 《팰컨 크레스트》에 나오는 표현의 문언들은 『포도 농장』의 표현과 전혀 다르다고 누군가 아무리 역설해도, 그녀는 단호하다. 자기가 침해를 당했다는 것이다.[268]

소송을 제기한 대가로 그녀는(성공보수금을 조건으로 사건을 수임한 벨리가 돈을 그녀보다 더 많이 잃었기 때문에) 금전적 비용보다 감정적 비용을 더 많이 치러야 했다. 일종의 마비증상이 찾아와 글을 쓰지 못했다. 미시시피 강가의 삶에 관해 소설 한 편을 그때까지 상당한 공을 들여 쓰고 있었지만, 집필이 중단되었다. 후일 1986년에 쓴 편지에서 스스로 표현한 바에 따르면,

> …… 그 표절 소동의 참패에서 비롯된 또 하나의 여파. 자신감, 뚜렷한 목표, "글쓰기"라는 것이 자유롭게 뛰어다니다가 어떤 소설이나 이야기나 기사의 형식을 찾아낼 수 있는 상념들로 가득 찬 일종의 기이한 나라라는 감각 자체가 잠식당했다는 것입니다. 자연의 원초적 목초지처럼 가장 밝은 색으로 가득 찬 것처럼 보이던 시야가 지금은 생

267 Ibid.

268 『안네 프랑크의 일기』 출판된 판본은 자기가 극화한 판본을 표절한 것이라고 한 고(故) 마이어 레빈의 주장이 사실이든지 아니든지, 침해당했다는 느낌이 "그의 생애 마지막 30년 동안 그를 사로잡았다"고 스티븐 파이프는 썼다.

> 프란시스코가 만날 그러듯이 안개에 가려진 것 같아요. 내게 다시 영감이 찾아오리라 계속 생각한답니다. 계속 생각하고 우겨대고 합리화하고 있답니다. 내 활력, 그리고 그 활력을 주어진 초점에 쏟아 부을 추진력이 회복되려면 상당한 의지가 필요할 거예요. 하지만 그걸로 "창조적 글쓰기"가 되돌아올지는 전혀 확신할 수가 없네요.[269]

『포도 농장』 사건의 음향과 분노에 어떤 의미가 담겨 있다면, 저작권에 관해 아무리 타당한 긍지라 할지라도 폭탄을 숨길만 한 빈틈은 남긴다는 의미일 것이다. 소콜로 사건은 너무 많은 사람들이 고소당할까봐 너무 많이 겁을 낼 때 무슨 일이 벌어지는지를 보여준다. 이에 비해 콘펠드의 "참패"는 무언가 정반대되는 것, 법률가를 불러들이는 데 따르는 위험을 증명한다. 마담 레보의 좌우명과는 반대로, 어쩌면 도저히 고칠 수 없는 일도 개중에는 있는 것 같다.

벨리 법률사무소가 금전적으로 손해를 봤다면, 〈로젠펠드, 마이어 그리고 서스맨〉은 연예산업계에서 평판을 높였다. 햄너를 변호한 지 2년 후, 빌럭은 인기리에 방송되는 토요일 밤 시트콤《골든 걸스》를 겨냥해서 제기된 저작권 침해 소송에서 피고 측을 변호하고 있었다. 1986년에 이르자,《팰컨 크레스트》자체가 지친 기색을 보였다. 밤 10시 연속극 자체에 대한 인기가 시들해진데다가, 제인 와이먼과 다른 사람들 사이에 내부불화도 있었다. 라나 터너라든지 지나 롤로브리지다 같은 눈부신 특별 출연진들도 너무 많이 동원되었다. 전에 극본 편집에 참여했던 사람 하나는 이렇게 말한 것으

---

269 Kornfeld가 1986년 10월 30일에 저자에게 보낸 편지.

로 인용된다. "도중에 갈 길을 잃어버린 연속극이죠 …… 가족 내부의 투쟁 이야기로 시작했지만, 이제는 들판으로 너무 멀리 나가버렸어요."[270] 다른 말로 하면, 장르를 정하지 못하고 우왕좌왕한다는 얘기다.

UCLA의 롤프 홀에서, 리처드 래넘 교수는 지금 집필중인 책을 언제 완성할지는 모르겠지만, 그 다음에 기회가 된다면 지적재산권 이론에 관한 책을 하나 쓰고 싶다고 말한다. 그는 또한 로스앤젤레스의 대형법률회사 중 하나가 자기를 고용하여 미국작가조합에 등록된 모든 저작권의 목록을 컴퓨터에 정리하는 일을 맡기는 꿈을 꾸고 있다. 지금까지 여기저기 알아봤지만 성사되지는 못한 꿈이다. 《팰컨 크레스트》를 시청한 적이 있느냐고 물었더니, "장난하지 말라"고[271] 한다. 개드부아 판사는 요즘은 더 큰 법정을 사용하는데, 텔레비전 밤 연속극은 변함없이 보지 않는다. "그런 것보다는 좋은 책 한 권이 훨씬 나을 뿐이올시다."[272]

래넘의 연구실에서 복도를 따라 조금 내려가면 에드워드 콘드렌 교수의 연구실이 있다. 그는 여전히 텔레비전이 "미친 듯이 자기들을 벗겨 먹었다"고[273] 믿으며, "로리머의 장기 연속극이 …… 아니타의 책이 없었더라도 …… 《팰컨 크레스트》와 같은 모습이었으리라는 전제를 받아들일 수 없다." 자기는 원고 측으로 기울어지는 경향이 있는 반면에 래넘은 천성적으로 피고 측 변호인에 가깝다고 말한다.

---

270 Mary Murphy, "Falcon Cresters Pop Their Corks," *TV Guide*, 1986년 4월 5일, 31에서 재인용.

271 래넘 인터뷰.

272 개드부아 인터뷰.

273 콘드렌 인터뷰.

그렇다고 해도, 둘 사이의 법률적 기질의 차이는 시시때때로, 두 사람이 영문학과에서 평화롭게 협력하듯이 법정에서도 평화롭게 협력할 만큼, 충분히 숨을 죽이고 뒷전으로 물러났다. 1986년 가을 현재, 두 사람은 『얌전한 여성도 느낀다』는 제목의 책으로 잘 알려진 성치료사 아이린 카솔라 박사가 연루된 저작권 침해 소송에서 같은 편이 되어 함께 일하고 있다.[274]

274 Ibid.

맺음말

최종적으로 보면, 이것은 돈 문제가 아니다. 할리우드를 빼면, 부자가 되기 위해 글을 쓰거나 표절하는 사람은 거의 없다. 믿지지 않기 위해 글을 쓰거나 표절하는 사람이 훨씬 많다. 조지 오웰은 작가의 "네 가지 커다란 동기"를 열거했는데, 그 목록에서 첫 번째는 "뻔한 이기심. 똑똑해 보이기 위한 욕망, 화제의 대상이 되고, 죽은 후에 기억되며, 어릴 적에 그대를 무시했던 자들에게 성인이 된 다음 등을 돌리려는 욕망, 등등. 이것이 동기가 아니라든가, 강한 동기가 아니라는 식의 가식은 속임수일 뿐"이라고[1] 말했다. 대다수의 책들은 가치 있는 "재산"이 아니라, 저자들의 존재를 영원히 부각해주는 목소리일 뿐이다. 핵심을 짚어내기 위해 품위를 멀리했다고 볼 수 있는 영국의 일기 작가 바벨리온이 도서관에 다녀온 후 썼듯이,

> 책으로 가득 찬 지하 서고를 엄격한 눈초리로 감시하면서, 서가 사이를 지나다니며, 경비원은 일과시간을 보내지만, 책들이 거의 들릴 만큼 크게 속삭이는 욕구에는 결코 주의를 기울이지 않는다 — 누군가

---

1 Orwell, *A Collection of Essays*, 342.

> 자기를 서가에서 집어내려 읽어주기를 바라는 욕구, 누군가의 정신 속에서 다시 태어나 살고 싶은 욕구. 경비원은 대출대 바깥에서 책들을 집어다가 제자리를 찾아 다시 꽂아주기까지 하면서도, 하나의 책은 하나의 물건이 아니라 하나의 사람이라는 사실을 단 한 번도 깨닫지 못한다. 램의 『엘리아 수필집』이 짐짝처럼 수레에 실려 돌아다니는 생각만으로도 나는 몸서리가 난다.[2]

우리는 서로를 향해 이를테면, "맥니스(라는 이름의 작가)를 읽어본 적 있냐"는 식으로 말한다. 어떤 특정한 책을 읽어봤느냐고 묻는 것이 아니라, 어떤 사람, 자기가 쓴 책과 이제 동일해진 사람과 접해봤는지를 묻는다. 운문으로 적힌 시에서부터 과학적인 각주에 이르기까지, 인쇄된 단어란 저자가 자신의 존재를 증명하고 영속화하는 수단이다. 자아와 작품의 이와 같은 일치, 그리고 그것이 지속되리라는 전망을 저자는 이 영역에서 통용되는 어떤 잡다한 귀금속보다도 먼저 깨우친다. 집에 왔더니 좀도둑이 다녀갔더라도 지갑만이 없어졌고 사진첩은 남아 있다면 누구나 안도감을 느낀다. 표절범이 작가의 서재까지 들어갔다면, 그가 찾는 것은 그 사진첩, "정서적 가치"를 함유하는 질료다.

바벨리온이 읽으려고 꺼내둔 책 중에서는, 턱을 괴고 묵상하게 만드는 버튼의 책들이 스턴의 요란한 수레바퀴 뒤에 가려지고, 마담 레보의 겸손한 손짓이 관심을 끌기 위한 리드의 외침에 묻혀버린다. 표절은 형제끼리 저지르는 범행이다. 작가는 오로지 다른 작가로부

2 W. N. P. Barbellion(필명), *The Journal of a Disappointed Man*(London, 1919), 13.

터만 훔칠 수 있다. 그리고 표절을 처벌하려 해도, 벌칙은 첫 번째 범행 이후 형제들 사이에서 유포되는 "낙인"일 수밖에 없다. 공표하는 것이 가장 현실적이고 가장 정의로운 제재라는 점은 아이러니다. 고집부리는 위반자에 관한 소식을 퍼뜨려라. 전문분야에 따라 소식이 번져나가는 메커니즘은 조금씩 다를 것이고, 신뢰할 만한 길잡이는 오직 상식뿐이다. 《시카고 트리뷴》에 요르단 강 서안에서 기사를 송고하던 기자 조나단 브로더는 《예루살렘 포스트》에 실린 조엘 그린버그의 기사에서 "여러 문장과 문구들을 출처를 밝히지 않고"[3] 취해다 쓴 탓에 (자기를 퓰리처 상 후보로 추천하기까지 했던) 신문사에서 사임했다. "육체적으로 지쳐서 트라우마를 겪은 탓"이라고[4] 브로더는 변명했지만, 나중에 그가 일자리를 구할 만한 모든 주요 신문사에 그의 사임 소식은 공표되었다. 이것이 가혹해 보인다면, 소콜로의 사례는 전문적인 매질을 십 년간 아끼다가 맞이한 결과를 보여준다.

고양이 목에 방울달기에서부터 가택 연금된 악당 발목에 전자발찌를 채우기까지, 우리는 반칙행위를 기술이 막아주기를 꿈꾼다. 이제는 캘리포니아의 새크라멘토에서 "표절을 탐지하기 위해 특별히 고안된 최초의 컴퓨터 소프트웨어"라는 글래트 표절감지 프로그램이 나왔다. 개발에 10년이 걸린 이 프로그램은 "저작권 데이터베이스, 통계적 변수들, 그리고 확률 이론"을 기반으로 한다.[5] 그러나

---

3 Eleanor Randolph, "Reporter Accused of Plagiarism," *Washington Post*, 1988년 3월 2일, B1을 보라.

4 Ibid., B3.

5 Glatt Plagiarism Services(Sacramento, California)의 광고문.

탐지는 기껏해야 범행을 따라잡을 수 있을 뿐이기 때문에, 결단코 표절을 저지르기로 작정한 현대의 표절범이라면 오른손으로는 글래트 프로그램을 구동시키면서 왼손으로는 그 다음번 자료를 뒤지고 있을 것이다.

그러니 표절 따위에 신경을 끄지 않을 이유가 무엇일까? 표절 사건이 터져도 우리 중에 많은 사람들은 즐겁게 구경하거나, 아니면 양가적이지 않은가? 표절에 신경을 끈다는 것은 작가들이 더욱 지혜로워지고 더욱 너그러워졌음을 의미하는 것이 아니라, 작가들이 스스로 자존감의 상실을 허락했음을 의미하기 때문이다. 만일 자존감이 더 이상 중요하지 않게 된다면, 그렇다면 작가들이 글을 쓰지 않게 될 공산이 아주 높다 — 적어도 여태 그랬던 것만큼 자주 쓰지도 않을 것이고 그만큼 잘 쓰지도 않을 것이다. 그러므로 마침내, 표절은 독자에게 해를 끼치는 범죄가 될 것이다.

그렇지만 자존감은 글을 쓰게 만드는 동력이기도 하다. 음유시인의 시대로 돌아갈 수는 없는 노릇이기 때문에, 동력으로 작용하는 자존감의 역할이 종식되기를 기대할 수도 없다. 작가의 본질을 영구적으로 변혁한 인쇄기를 발명되지 않은 것처럼 되돌릴 수는 없다. 지난 5-6백 년 동안에 작가들은 자기가 쓴 최고의 문장들이 유명해지고 유명하게 기억될지도 모를 기회가 있다고 느낄 때에 최선을 다해서 일해 왔다. 이는 앞으로 5-6백 년 동안에도 마찬가지일 것이다.

제2판에 붙인 후기

『표절, 남의 글을 훔치다』는 1989년 가을에 서점에 나왔다. 베를린 장벽이 무너지기 몇 주 전이었다. 이 책이 나온 직후, 소련과 유럽의 공산주의가 무너졌고, 그 사건은 그때부터 10여 년간 세상의 이목이 집중된 사건이 되었다. 집산주의에서 사유재산으로 되돌리기 위한 과정의 굴곡이라는 차원 역시 초미의 관심사였다. 그렇지만 만약 이 기간 동안에 문학적 재산권이라는 더 작은 영역 역시 집산주의에서 사유재산으로 이행하는 방향에 휩쓸렸으리라고 기대한 사람이 있다면, 그런 기대는 부질없는 것으로 판명되었을 것이다. 1990년대의 팽창했던 경제적 "세계화"는 수백만 가지 제조업과 용역에서 도전적 기업가정신을 자극했을 수 있다. 그러나 소위 정보의 시대라는 것이 도래한 결과, 붉은 군대처럼 종전에 문학계에 일정한 지분을 가졌던 세력들이 가난한 농민이 남몰래 뒤뜰에 가꾸는 순무밭 정도의 수준으로 요란한 소리와 함께 전락할지도 모를 위험이 발생했다.

1989년에는, 보통 독자의 눈에는 인터넷이라는 것이 희미한 불빛 정도로도 비칠까 말까 했었다. 웹 브라우저라는 것은 아직 생기기도 전이었다. 『표절, 남의 글을 훔치다』의 본문에 컴퓨터가 단지 두세 군데에서만 언급되었다는 사실을 지금 음미해보면, 예지력을 발휘하기는커녕 원시적인 상태에 머물렀던 것으로 보인다. 당시에 컴퓨터 분야의 전문가가 아니었던 사람치고 사이버 혁명의 속도와 파장을 예견한 사람은 거의 없었다. 소위 "워드프로세싱"이라는 개념, 영화계에서도 역시 처음에는 야만으로 간주되다가 금세 뭔가 별난 일로 관심을 끌었던 그 개념 자체가 단지 시작에 불과하리라는 점을 예견한 사람은 거의 없었다. 이 글을 쓰고 있는 저자 역시, 주변 사람들 가운데 컴퓨터를 마지막에 가서야 구입했던 사람이었고 『표절, 남의 글을 훔치다』가 컴퓨터 없이 생산한 마지막 작품이었다고 회상하는 사람인만큼, 그 점을 예견하지 못했다. 이 책 원고와 참고문헌 목록 작성용 카드에서 수정액으로 지워진 대목들은 이제 보면 거의 찰스 리드의 필기장만큼 고색이 창연하다.

표절범이 체질이라면 플뤼사샹쥬[1]를 좌우명으로 삼을지도 모를 일이다. 그만큼 글 도둑들이 종래 애용하던 수법에 상응하는 가상세계의 판본이 새로운 기술에 의해 탄생했다는 사실도 놀랍지는 않다. 정치에 관한 언론계에서 아주 젊은 나이에 떠오르는 스타 중 한 명이었던 루스 섈릿은 1990년대 중반 남의 글을 여러 대목 베껴놓고 출처를 밝히지 않았다는 사실이 들통났다. 컴퓨터 화면을 두 단으로 나눠서 작업하는 와중에, 그 중 한쪽에 띄워놓고 있던 원전의 자료들이 어쩌다 보니 다른 쪽 화면 자기가 쓰고 있던 글로 출전 표시 없이 넘어가 버렸다는 것이 그녀의 해명이었다(섈릿은 그 후 광고업계로 직업을 바꿨다).

지난 십 년 동안 언론계에는 꽤 많은 표절 사례들이 발생했고,

---

1 플뤼사샹쥬(plus ça change): "Plus ça change, plus c'est la même chose"(변화해봤자 더욱더 똑같을 뿐이다)라는 프랑스어 속담을 앞부분만 떼서 가리키는 표현. — 역주

각각 잠시 동안 공론의 주제로 떠올랐다. 그리고 제4신분이[2] 대응해온 방식에는 학계의 대응이 그렇듯이 즉흥적인 면이 있다. 《콜럼비아 언론비평》에서 1995년에 시행한 여론조사를 보도하면서 트루디 리버먼이 지적했듯이, "심지어 중대한 범행에 대해서도 처벌은, 혹독한 수준에서 이뤄지는가 하면 사실상 아무 처벌도 없는 사례도 있는 등 균등하지 않다." 신문이나 잡지의 영역에서는 결정이 좀 더 빨리 내려진다고 볼 사람도 있겠으나, 반칙일 수 있는 행위가 최초에 발각 난 이후 초기 대응에서는 마치 그런 일이 없었다는 듯이 넘어가기 위해 부질없이 시간을 허비하는 경향이 두드러진다. 글을 직업으로 삼는 사람들이 새삼스럽게 표절이라는 것이 도대체 무엇인지, 그리고 그것이 참으로 그렇게 나쁜 일인지를 자문하기 시작하는 것이다. 마감 시간에 몰리다 보니(코미디언 조지 칼린의 재담에서부터 미국독립선언서 서명자들에 관한 진부한 논문들에 이르기까지 뭔가 건져내기 위해) 웹문서들을 훑어보고 싶은 유혹에 넘어갈 수밖에 없는 칼럼니스트는 한둘이 아니다. 이런 칼럼니스트들이 연루된 사례가 발생하면, 표절이라기보다는 위조에 해당하는 사례들에 관한 이야기들까지 끼어들어 논의가 뒤죽박죽될 때가 많다. 실재하지 않는 사람들을 기사화했다가 《보스턴 글로브》와 《뉴 리퍼블릭》에서 각각 해고당한 패트리샤 스미스와[3] 스티븐 글래

---

2 제4신분(the fourth estate): 언론계를 가리킨다. — 역주

3 스미스(Patrisha Smith, 1955-)는 1980년대 말 《시카고 선타임스》에서, 자기가 참석하지 않은 공연 기사를 참석한 것처럼 작성한 것이 탄로 난 적이 있었지만, 해고되지는 않았다. 《보스턴 글로브》에 칼럼을 쓰면서는 퓰리처상 최종 후보로 오른 적도 있었다. 《보스턴 글로브》는 1998년 6월 스미스를 해고하면서, 퓰리처상 후보에서도 배제했다. 스미스는 그 후 시인으로 활동하며 몇 권의 시집과 동화책을 펴냈다. — 역주

스의[4] 사례 등이 논의 중에 뒤섞이는 것이다. 《보스턴 글로브》를 1998년에 떠난 마이크 바니클은,[5] 그 신문사에 재직하는 동안 표절과 위조를 동시에 저지름으로써, 이 뒤죽박죽을 몸소 실천하기도 했다.

이 책의 초판이 출판된 이래로 드러난 표절 사건 중에 속을 가장 뒤집어놓은 —동시에 가장 별일 아닌 것처럼 넘어간— 것은 누가 봐도 마틴 루터 킹 목사의 사례일 것이다. 보스턴 대학교에 그가 1955년에 제출한 박사학위 논문에 출전을 밝히지 않고 베껴 쓴 대목이 상당한 분량 포함되어 있다고 최종적으로 밝혀졌다. 스탠포드 대학교에서 진행된 〈킹 목사 자료 정리 프로젝트〉에[6] 참여한 학자들은 결과적으로 조사결과를 발표할 때에는 아주 직설적이었다. 그렇지만 그렇게 되기까지의 과정에서 그들 사이에서는 여러 갈래의 감정들이 일어나 서로 충돌했다. 《월 스트리트 저널》이 1990년 11월 9일에 보도했듯이, "조사위원으로 참여한 학생 위원 몇 명은 왜 그 진상이 파헤쳐져야 하는지 의문을 제기했다. 개중에는 위원직에서 물러난 학생들도 있었다. 인턴으로 활동한 학생 한 명은 진상을 확인하고 나서 눈물을 쏟았다. 스탠포드 대학교 학부생으로 이 프로

---

4 글래스(Stephen Glass, 1972-)는 《뉴 리퍼블릭》에 여러 편의 날조된 기사들을 기고했다. 1998년 6월, 일주일 사이에 글래스와 스미스의 사건이 드러났다. 글래스는 자신의 이야기를 극화해서 2003년에 소설로 출판했다. — 역주

5 바니클(Mike Barnicle, 1943-)은 한 기사는 남의 책에서 몇 줄을 도용했고, 다른 한 기사는 사실에 날조를 가미했음이 드러나 1998년에 《보스턴 글로브》를 떠났다. 그 후 다른 신문사에 채용되었고, 방송에서도 평론가로 활동하고 있다. — 역주

6 〈킹 목사 자료 정리 프로젝트〉(King Papers Project): 1985년에 킹 목사 센터(The King Center)에서 시작되어, 스탠포드 대학교와 협동으로 지금까지도 진행 중인 연구프로젝트. 1990년 킹 목사 표절 혐의가 불거졌을 때, 진상조사에 착수했다. — 역주

젝트에 참여했다가 졸업 후 문서관리자로 일하고 있는 메건 맥스웰은 자신의 최초 반응이 분노였다고 말한다. '왜 당시에 아무도 그를 잡아내지 못했지?'와 '그런 짓을 하면 안 된다는 정도는 스스로 당연히 알았어야 하지 않나?'가 결합된 분노였다는 것이다."

나는 이 주제에 관해서 약간이나마 엄혹하다는 평판을 자초한 상태이기 때문에, 킹 목사의 전기 『십자가를 지다』를 쓴 작가 데이비드 개로와 함께 텔레비전에 출연해서 이 시민권운동 지도자의 표절에 관해 토론했던 시간이 즐거웠다고는 말할 수 없다. 그러나 이 사건의 결말은 결국 뻔한 것이었다. 이 때문에 사람들이 킹을 덜 경외하게 된 것은 사실이지만, 여전히 그는 사람들로부터 어쩌면 다른 어느 누구보다도 찬양을 받는 대상으로 남았다. 이 사건으로 말미암아 표절에 관한 사고가 유익한 방향으로 인도되는 효과마저 실제로 있었을 수 있다. 도덕적 비례라는 요소가 표절 논의에 도입된 것이 그 효과로서, 표절의 사례 가운데 그런 효과를 자아낸 경우는 거의 없다. 어떤 사설에서는 이를 다음과 같이 상냥하게 표현했다. "학생 시절에 자기가 썼다고 제출한 것을 그 자신이 썼든지 안 썼든지, 킹 박사가 이룩한 일은 그 자신이 이룩한 일이었다." 대부분의 작가들에게는 글쓰기가 유일한 활동이고, 그처럼 행동이 빠진 삶이란 킹의 인생과는 정반대다. 그런 사람들이 저지르는 표절은 더더욱 조악한 행위로 예리하게 두드러진다.

지난 10년 동안 나는 비평보다는 역사소설을 쓰는 데 시간을 더 많이 바쳤다. 그러나 역사소설을 쓰는 중에도 표절이라는 주제에서 완전히 벗어나지는 못했다. 허구에 속하는 어떤 하위 장르보다도 역사소설은 조사에 의존하는 만큼, "출전"의 문제가 불거지는 분야다. 그리고 소설가들은 맛은 없지만 점심을 공짜로 먹을 수 있는 식당에 가서 자기 입맛에 맞춰 양념을 쳐서 섭취하듯이, 도서관도 공짜 재료에 자신의 기예와 서사를 첨가한 다음 자기 것인 양 서명만 하는 장소로 생각하고 싶은 유혹을 떨쳐버려야 한다(수전 손택의 최신작 소설 『미국에서』가 그런 식 아니냐고 눈살을 찌푸리는 비평가들이 일부 있다). 소설가의 입장보다는 문학적 추문을 연구하는 학도의 입장에서 나는 표절에 함유되어 있는 이 특별한 양상에 관해 한 기자에게 이렇게 말한 적이 있다. "역사적 인물들을 신뢰할 만한 문학적 인물로 확립하기 위해서는 어느 정도의 혼성모방이 용납될 뿐만 아니라 필요하기까지 하다. 그러나 그렇다고 해서 다른 동시대 학자들이 공들여 엮어놓은 언어를 존중하지 않아도 괜찮은 것은 아니다. 소설가들은 학자들에게서 정보를 구해야지 언어를 구하면 안 된다."

왜냐하면, 일반적으로 표절이라는 것은 언어의 문제로, 어떤 단어들을 어떤 순서로 배열하느냐의 문제로 귀착하기 때문이다. 역사소설을 고찰하다 보면(마치 다른 소설은 그렇지 않은데 역사소설만이 실제 인생에서 있을 수 있는 상황이나 개인들이 그러는 것처럼) 패러디로 가득 찬 포스트모던 시대의 이 세상에서 무슨 "독창적"이랄 만한 예술이 있기나 하냐는 논의로 이어지기도 한다. 그러나 이런 논의에 —과거 어느 때보다도 오늘날 시각예술과 문학예술이 자신의 모습을 되돌아보는 경향이 있는 만큼— 미학적 관심이 어느 정도 포함되어 있는 것은 사실이지만, 단순한 표절 사건에 관한 진상조사를 방해할 정도로 초점이 분산되는 결과가 그 때문에 빚어지지 않도록 유의해야 한다. 로렌스 스턴을 다룬 제1장에서 일찍이 그랬듯이, 남의 것을 빌려다 쓰는 행위는 완전히 서로 다른 두 가지 종류로 나뉜다. 하나는 원본을 재발명하고 재편성하며 변용된 원본을 실제로 많은 경우에 관객이 눈치 챌수록 효과가 더 커지는 종류고, 다른 하나는 무엇보다도 그 원본을 알아채는 사람이 없기를 바라는 종류다.

이 책이 출판된 이래 여러 해 동안, 내 이름은 어떤 독특하거나 두드러진 표절 사건이 터졌을 때 연락할 대상 중 하나로 언론계 주소록 안에 들어 있는 상태다. 그러나 나는 —반드시 《팰컨 크레스트》 판례 때문만은 아니지만— 이런 문제들을 가지고 법정으로 가봤자 번번이 별 도움이 안 된다는 믿음이 변함없는 만큼, 전문가로서 견해를 밝히기를 결단코 거절해 왔다. 저작권 관련 법률들은 날이 무척이나 무딘 연장이다. 작품 전체를 통째로 허락받지 않고 출판하는 해적판을 다루기 위해 고안되었지, 표절범들이 작은 조각들을 훔쳐다가 자기 "자신의" 버젓한 문단 안에 숨겨 넣는 경우들을 처리하기 위해 고안된 것이 아니기 때문이다. 현재 인터넷 주위에서 벌어지고 있는 가장 큰 저작권 분쟁은 냅스터와 같은 새로운 기술을 통해서 모든 가정용 컴퓨터에서 나름의 음원 편집을 해도 되는지와 같은 사안과 관련된다. 마찬가지로, "언카버"를 상대로 저자협회가 제기한(최근에 725만 달러에 합의가 이뤄졌다) 소송 역시 문서 배송을 주업무로 삼은 그 회사가 개인 저자들이 쓴 기사들을 통째로 허락 없이 재생산했기 때문이었다(협회의 회원들에게 발송된 이메일은 다음과 같이 안내한다. "합의금의 일부를 받을 권리가 있는지 확인하려면 http://www.uncoversettlement.com을 방문하여 'Submit Claim'을 클릭하세요." 따라서 해 본 결과, 내 글 중에서 허락 받지 않고 재생산된 것은 오로지 내가 언젠가 미국저작권협회에서 행한 강연의 원고 인쇄본뿐이라고 나왔다).

『표절, 남의 글을 훔치다』는 출간 이후로 줄곧 학계와는 불편한 관계였고, 이는 놀라운 일이 아니다. 주류 언론에서는 충분히 따뜻한 환대를 받았지만, 미국대학교수협회에서 펴내는 기관지 《애커딤》에서는 혹평을 받았다. 예견했던 일로, 생각해보면 공화당 전국위원회가 펴내는 소식지에 『대통령의 사람들』의[7] 서평이 실리는 경우와 대략 비슷한 일이었다. 전체적으로 볼 때, 교수집단은 2001년 현재의 시점에서 자기 나름의 사찰을 강화하기보다는 조직 내부의 충성심 쪽으로 기우는 상태에 머물고 있다. 다만, 이 책이 소콜로의 사례를 보도한 지 일 년 정도 지났을 때 미국역사학회는 자기네 전문 분야의 관할권 안에서 표절을 조금이나마 더 규제하기 위해 적어도 두 가지 구체적인 움직임을 보였었다. 「표절에 관한 선언문」에 들어 있던 "다른 사람의 저작을 속이려는 의도를 가지고 사용함으로써"라는 문구를 이 학회는 삭제했다. 그럼으로써 표절범들이 전가의 보도처럼 활용하던 가장 손쉬운 변명의 여지를 제거했다. 미국역사학회의 사무부총장으로 일하던 제임스 가드너는 1990년에 《시카고 트리뷴》 기자에게 이렇게 말했다. "바로 거기에 빠져나갈 구멍이 있어서 사실상 누구나 악용할 수 있었다는 결론을 우리 윤리분과에서는 내렸습니다. 그런 지경에까지 내려갔다면, 의도했는지 안 했는지는 상관없이 표절을 한 것입니다." 미국역사학회는 「정책과 절차에 관한 부칙」 또한 개정했다. 만약 윤리분과에서 "어떤 개별적 사례에 관해 전모를 공표하는 것과 같은 조치가 필요하다는 결정이 내려진다면, 그러한 조치에 관해 학회의 평의회로부터 재가를 받기 위해 노력하라는 권고를 윤리분과는 학회의 부회장에게 지시할 수 있"게 되

7 『대통령의 사람들』(*All the President's Men*): 워터게이트 사건을 다룬 책. — 역주

었다.

그럼에도 불구하고, 학계는 흥미롭게도 표절이라고 하는 현상 전체를 프랑스식 이론의 불투명한 구름 속으로 기꺼이 밀어 넣을 태세를 여전히 유지하고 있다. 교수들을 상대로 강연하는 자리가 1990년에 있었는데, 그들의 (때로 적의를 품은) 질문들은 롤랑 바르트의 "저자의 죽음" 같은 개념이라든지, 독창성 같은 것은 존재하지 않을 가능성 따위를 왜 내가 논의하지 않느냐는 쪽에 관심이 있었다. 내가 그런 쟁점들을 논의하지 않은 까닭은(지금도 그렇지만) 당시 내게는 그런 문제들이 어불성설로 보였기 때문이다. 내게 질문한 그 교수들 본인도 그런 이론들을 사실은 별로 믿지 않고 있었다. 대학 구내의 주차장 규제를 논의하는 데 인간의 본성이 타고나는 것인지 아니면 후천적인지를 먼저 결정하지 않으면 아무 결정도 내릴 수 없다고 우겨대면서도, 만일 자기가 쓴 저술의 참고문헌 목록에서 뭔가를 훔쳐간 사람을 발견했을 때는 해석학의 쟁점들을 논의해보자고 초대하기보다 살인자라고 목청을 높이는 유형의 사람들이 바로 그들이었다.

그러나 이런 모든 점들에도 불구하고, 그들은 여전히 프랑스에서 수입된 추상적인 몽환을 계속 제안하고 있다. 학생들의 작문 지도를 전공하는 레베카 무어 하워드는 『표절, 남의 글을 훔치다』가 "모종의 자율적인 저자라는 규범"을 당연시하는 "하나의 과거로부터 올라온 봉홧불"일 뿐인데도 "영문학과에서 교범의 지위를 획득했다"고[8] —이것은 확실히 과대평가다— 개탄한다. 맞다, 내가 바로 그런 책

---

8 Rebecca Moore Howard, "*Stolen Words: Forays into the Origins and Ravages of Plagiarism*(Mallon)", *Kairos*, vol. 3, no. 1, Spring 1998.

을 썼다. 그리고 하워드 교수는 자신이 쓴 글에서, 여러 단계로 구성된 연역 추론을 통해, 그리고 다른 사람의 말을 전거로 달기까지 하면서, 나와는 반대되는 견해를 엮어내는 편안한 길을 택한다.

> 프랑수아즈 멜처처럼 독창성에 관해 데카르트와 프로이트가 겪어야 했던 고뇌를 설명하는 비평가도 있다. 인정을 갈구하는 작가들은 자기가 먼저라고 내세워야 한다. 자기가 먼저라고 내세운다는 것은 독창성을 내세우는 것이다. 그리고 독창성을 내세우게 되면 도둑맞을지 모른다는 두려움이 뒤따른다. 도둑맞을지 모른다는 두려움 뒤에는 "독창성 따위는 애당초 없다는 더 큰 두려움"이 숨어 있다.
>
> 독창성이 없다면, 문학적 저작권에는 근거가 없어진다. 독창성도 없고 문학적 저작권도 없다면, 표절이라는 개념에 근거가 없어진다.[9]

《대학영어》에 기고한 같은 논문에서 하워드 교수는 도둑질 혐의를 받는 학생들이 죄를 범했다기보다는 오해를 받은 것이라고 본다. "학생들의 표절 사건을 전하는 얘기들은 현대 문학계에서 저자의 정의가 얼마나 다양한지를 거의 고려하지 않는다." ("현대 문학계"라는 문구로써 그녀가 의미하는 바는 대학출판사들이 발행한 문학이론에 관한 책들이다.) "대신, 그 얘기들은 어떤 학생이 어떤 글의 저자인지가 마치 하나의 통일되고 안정적인 영역인 것처럼 단순화한다. '진정한'(자율적) 저자라고 하는 추정된 도덕의 원칙이 학생의 표절을 획일

---

9 Rebecca Moore Howard, "Plagiarism, Authorships, and the Academic Death Penalty", *College English*, Vol. 57, No. 7(Nov. 1995), p. 791. ― 역주

적으로 안정화하는 과업을 위해 사용된다"는[10] 것이다.

하워드 교수는 학생들의 글에 미학적 축복을 아끼지 않으면서, 아마도 그런 축복을 받을 정도가 되기까지 학생들이 얼마나 고생을 했을지를 고려해서, 학생들의 글에 관해서 실제 문장들을 인용해 드러내는 것만 빼고 무슨 일이든 기꺼이 해주고자 한다. 실상을 말하자면, 표절을 처벌해야 하느냐 마느냐고 하는 평범한 언어로 말할 수 있는 일을 두고 교수라는 사람들이 표절을 "획일적으로 안정화" 할지 말지를 논의하는 것이야말로 표절이 악화되는 원인의 하나다. "짜깁기"를, 다시 말해 도용한 남의 글들을 섞어서 조합한 혼성모방을, "담론의 공동체에 회원이 되기 위해 학생이 나아가는 진로의 도중에 하나의 중요한 이행적 전략"이라고[11] 간주하는 부류의 교수들 가운데 한 자리를 하워드는 스스로 차지한다.

《뉴욕 타임스》는 최근의 한 기사에서 대학생들이 도서관보다는 웹에서 조사하기를 선호한다고 보도했다. "도서목록 카드를 뒤적이기보다 하이퍼링크들 사이를 헤쳐 나가는 것이 한마디로 말해서 그들에게 더 편하다. 그들 자신도 웹을 이용하는 것이 힘이 덜 든다고 인정한다."[12] 기숙사 방에서 교정 잔디밭을 건너 도서관 서가까지 터벅터벅 걸어가지 않아도 된다는 이점은 분명하다. 옛날에 전화번호부만 있으면 손가락만으로 걸음을 대신할 수 있다고 말했던 것과 비슷하다. 그러다보니 학생들의 표절도 보폭이 불가피하게 달라졌다. 배

10 Ibid., p. 793. ─ 역주

11 Ibid., p. 788. ─ 역주

12 "Choosing Quick Hits Over the Card Catalog", *New York Times*, 2000년 8월 10일. ─ 역주

서 칼리지에 재직할 때의[13] 동료 로버트 디마리아 교수가 내게 말해 준 바에 따르면, 그 학교의 학사위원회에 판정대상으로 올라오는 표절 사건 중에는 책보다는 인터넷 출전에 관한 것이 명백히 다수라고 한다. 디마리아가 1980년대 중반에 집필진으로 참여한 소책자 『독창성과 출전 밝히기』는 다행히도 아직까지 하워드 교수가 제안한 관점을 수용하는 방향으로 수정되지 않았다. 학자적 책임에 관해서는 아무것도 변한 것이 실제로 없다고 이 책은 학생들에게 경고한다.

> 우리 대학은 컴퓨터로 생산된 문건을 어떤 다른 형태의 저작물에 상응한 것으로 간주한다. 인쇄된 문서에 적용되는 것과 동일한 출전표시의 규제가 컴퓨터 프로그램, 디스크, 여타 전자적으로 저장된 자료에도 적용된다.

배서 칼리지의 도서관은 "전자 정보를 인용하는 방법 안내"라는 웹페이지를 구축해서 운영하고 있다.

그러면서도 그 소책자는 동시에 모든 일이 변화했다는 인식 또한 드러낸다. "전자 문서는 그 본질 때문에 어떤 책이나 논문처럼 '개인적'인 저작은 아니라고 여겼다고 학사위원회에서 주장하는 학생들이 있다." 인터넷이 없던 세상이 기억 속에 거의 없는 학생들에게 윤리적이라기보다는 인식론적인 차원의 정신적 변화가 일어나고 있다. 표절을 논한 《로스앤젤레스 타임스》의 한 기사에서 마크 프리츠가 말했다. "컴퓨터 해커들 사이의 내부문화에 뿌리박은 모종의 철학,

13 맬런은 배서 칼리지 영문학과에서 1979년부터 1991년까지 교수로 재직했다. — 역주

모든 정보를 공짜로 취해도 되고 공짜로 취할 수 있어야 한다는 철학을 많은 학생들이 거의 반사적으로 받아들이는 것 같다."[14]

웹 때문에 학생들이 독창성의 가치를 인식할 수 없게 된 것도 마찬가지다. 이는 곧 글쓰기의 가치를 인식할 수 없다는 얘기다. 무슨 글이든지 즉각 대령할 수 있는 것이라면, 어떤 글도 별 가치를 가질 수 없다. 수요와 공급의 법칙이 정신에서도 작동해야 한다. 음식이든 섹스든 조사든, 인간은 귀한 것을 소중히 여기듯이 흔한 것을 소중히 여길 수는 없다. 심지어 종이로 만들어진 책을 실제로 살 때마저 웹이 어떤 의미를 가지는지 생각해보라. 나는 최근에 중고서점들이 전자적으로 결합해서 만든 콘소시움 www.bibliofind.com에 흠뻑 빠졌다. 어떤 절판된 잘 알려지지 않은 책을 찾고자 할 때마다 결코 실망시키는 법이 없기 때문이다. 보통은 원하는 책 십여 권 정도의 정보가 화면에 뜬다. 그리하여 가격, 배송비, 각 책의 상태 등을 비교해서 구입할 수 있다. 주문을 넣으면 이틀 후, 빠른우편으로, 책이 내 손에 들어온다. 몇 년 전만 해도 그런 책을 구하려면 뉴욕의 엄청나게 넓은 스트랜드 서점에 들러야 했을 것이다. 거기서 원하는 책을 찾을 수도 있었지만, 찾지 못할 수도 있었다. 가령 그 책을 찾았다고 할 때, 그러한 구입의 경험과 지금 내가 bibliofind.com을 이용해서 구입하는 경험 사이에 어떤 차이가 있을까? 스트랜드 서점에 가서 성과를 얻는 경험은 그만큼 노력이 들어갔고 실망할지도 모른다는 위험부담이 담겨 있었기 때문에, 어느 정도 유레카 같은 만족감과 성취감을 자아냈을 것이다. 반면에 웹 페이지를 통한 경험은 확실

14 Mark Fritz, "Redefining Research, Plagiarism", *Los Angeles Times*, 1999년 2월 25일. —역주

하기 때문에 단순하고 평이한 만족감을 줄 뿐이다. 다시 말해서, 그만큼 강력하지는 않은 말초적인 만족감, 심지어 약간이나마 지연된 종류의 만족감 만한 보람도 남기지 못하는 그런 만족감일 뿐이다.

조사와 글쓰기의 영역에서는 이 차이가 엄청난 심리적 결과를 빚어낸다. 특히 학생들에게 인터넷은 뭔가를 창조해야 할 필요 자체를 고갈시킬 수 있다. 모든 것이 이미 저기에 다 있다. 아니면 적어도 그런 것처럼 보인다. 어떤 주어진 주제에 관한 모든 지식을, 그리고 서로 경합하는 모든 관점들을, 마치 한 권의 책에 담듯이 하나의 기계에 담아 휴대할 수가 있다. 여기 덧붙일 것이 무엔가? 수도꼭지만 돌리면 되는데 우물을 파야 할 필요가 어디 있는가?

우편 주문으로 작동하던 구식 기말보고서 공장들 역시 사이버 업체들에게 불가피하게 자리를 내줬다. "제공되는 모든 작품은 오직 연구 목적만을 위해 사용할 수 있"다는 위선적이지만 이미 하나의 전통으로 자리 잡은 면책조항을 내걸고, A1-termpaper.com은 "미리 작성된 기말보고서들"을 마이크로소프트 문서의 형태로 고객들에게 이메일로 전송한다. 최신 기술에 의한 편의의 뒤편에는 학생 고객들이 감당해야 할 위험이 따른다. 위험은 특히 이른바 "맞춤 조사"를 원하는 학생에게 특히 크다. 이런 사이버 보고서 공장을 운영하는 한 사람은 버클리에서 나오는 《데일리 캘리포니언》 기자에게 이렇게 말했다. "기말보고서 사이트 가운데 많은 곳의 질이 의심스러워요. 아시아와 중동이 근거지인 업체가 많고, 심지어 영어를 말하지도 못하는 사람들이 직원으로 일할 때도 많아요."[15] 웹 검색을

15 Ann Benjaminson, "Internet Presents New Path To Term Paper Plagiarizing", *Daily Californian*, 1999년 10월 6일. — 역주

통해 스스로 조사를 해보려는 학생들이라도 웹에 떠 있는 많은 페이지들 자체가 표절의 결과라는 사실을 인식하지 못할 수도 있다고 켄트 주립대학교 조거 캠퍼스의 도서관 사무국장 메리 흐리코는 주장한다.

날로 발전하는 도둑질을 따라잡기 위해 탐지 기술에도 물론 많은 노력이 있었다. 이 책 초판 말미에서 일종의 마지막 고함처럼 언급되었던 글래트 탐지 프로그램은 여전히 위력적이다. 다만 요즘에는 여기에도 경쟁이 벌어진다. 에이블소프트는 오늘날 "rSchool Detective"를 광고한다. 학생들의 보고서를 대상으로 일종의 체강검색을[16] 실시하는 프로그램이다. "교사들은 학생이 쓴 문서 파일을 열기만 하면 소프트웨어 프로그램이 인터넷을 통해 그 과제물에 웹사이트에서 베껴온 부분이 있는지를 확인합니다. 분석결과에 웹 사이트의 주소가 명기되기 때문에, 교사는 자기 눈으로 원본을 확인할 수 있고, 교사의 말에 이의를 제기하는 경우에 대비해서 원본 문서를 출력할 수도 있습니다."

여기에도 물론 오류의 가능성이 있다. 탐지 프로그램들은 자기 나름의 면책조항을 병기할 수밖에 없고, 그럴 만한 이유도 충분하다. 작가 앤디 데너트는 자기가 Plagiarism.org에서 시험해본 결과를 1999년 6월 온라인 잡지 《살롱》에 실었다. 데너트는 30페이지짜리 자신의 졸업논문을 그 회사의 검색 프로그램에 올렸는데, 그 결과가 "문단 하나만이 일치하는데, 그 문단은 8,367개의 단어로 이뤄졌다"고 금세 보고되었다. "내가 웹에 올려놨던 바로 그 졸업논문이

16 체강검색(體腔檢索, body-cavity search): 마약 따위를 숨기지 않았는지 몸 안의 빈 공간들을 샅샅이 뒤져보는 검색. — 역주

Plagiarism.org가 검색한 문서들 안에 들어 있었던 것이다."[17]

학문적 정직의 기준이 새로운 웹의 세계에서도 계속 적용되어야 한다고 생각하는 교원들은 물론 저질러진 표절을 잡아내기보다는 예방을 선호한다. 그렇지만 학생들로 하여금 표절을 범하지 않도록 방지하기 위한 교육적 전략으로 오늘날 논의되고 있는 일부 방안들은 미국의 대학생활을 점점 더 바보노름으로 만들고 어리광으로 가득 차게 만드는 일반적인 추세를 부추기는 사례들로 보인다. 웨스턴 일리노이 대학교의 브루스 릴런드는 교수들에게 이렇게 권고한다. "학생들이 글 쓰는 모습을 지켜보라. 그들의 메모장이나 초고를 강의실로 가지고 오게 해서, 과제물에 관해 잠시나마 논의해보는 회의 자리를 가지고, 동료 학생들로부터 초고에 대한 논평을 듣게 하고, 최종 보고서와 함께 초고를 같이 제출하게끔 하라." 켄트 주립대학교 도서관의 메리 흐리코가 제안하는 얘기는 설상가상이다. "과제를 조직하는 방식을 바꿈으로써 표절하려는 유혹을 약화시킬 수 있다." 그 학교에서는 "일부 교원들이 학생들에게 몇 가지 자료를 지정해 알려주고 조사에 참고하게끔 하고, 뒤져봐야 할 웹 사이트 목록도 학생들에게 제공한다. 이런 절차가 선택을 구속한다고 비칠 수 있으나, 이를 통해 학생들은 특정한 참고 자료들을 어떻게 활용해야 할지를 배우고, 같은 자료를 가지고 다른 학생들이 각각 어떻게 나름의 과제물로 엮어내는지를 비교할 줄 알게 된다." 투표 연령을 넘긴 학생들에게 해당 분야의 모든 지식을 검색해보라고 요구하기보다는, 정보의 고속도로를 횡단할 때 손을 잡아 이끌어줘야 한다는 얘기다.

---

17 Andy Dehnart, "The Web's Plagiarism Police", 《*Salon*》 (http://www.salon.com/1999/06/14/plagiarism/), 1999년 6월 15일. — 역주

웹에 담겨 있는 표절의 함의는 작문하느라 지친 학생들의 기숙사에 그치지 않고 훨씬 멀리 번져나간다. 모든 전자문서의 출처와 소유권이 금세 소멸된다는 것이 이 시대의 특징이다. 누군가 다른 사람의 창작물이라도 "다른 이름으로 저장"을 한 번만 클릭하면 새 이름으로 신원이 바뀔 수 있다. 역사학자 칼라 헤세가 표현한 방식을 따르자면, 우리는 "고정된 문화적 형식이 없어졌다는 깊은 불안감"을 모종의 "들뜬 기분"으로 자극하는 "무제한적으로 난잡한 작문"의 시대에 진입했다. "그리하여 독자는 이제 끝없이 흘러가는 문서의 흐름 안에서 항해하는 독자적인 항해사로 인식된다."[18] 글쓰기를 글을 쓰는 일로 보는 관념 자체가 실제로 퇴조하고 있는지 모르겠다고 헤세는 추측한다. "디지털화로 말미암아 지금까지는 전적으로 말을 통해서만 가능했던 일시적인 발화의 양식, 랑그보다 파롤이 글쓰기에도 적용될 수 있는 가능성이 열렸다. 구조주의 언어학의 용어로 말하자면, 글쓰기가 랑그보다 파롤로서 작동할 수 있게 된 것이다."[19] (문단의 친구들이 느닷없이 오타투성이로 보낸 이메일을 받았을 때 아직도 경악하는 사람들은, 이메일은 기술적인 측면에서만 바라보면 편지라기보다는 전화통화라는 사실을 깨달음으로써 위안을 삼을 수 있을 것이다.) 헤세 교수는 게티 재단의 한 연구 결과를 인용하면서 이렇게 경고한다.

---

18 Carla Hesse, "Humanities and the Library in the Digital Age", pp. 112-113, in Alvin B. Kernan ed., *What's Happened to the Humanities*, Princeton University Press, 1997. — 역주

19 Carla Hesse, "Books in Time", p. 32, in Geoffrey Nunberg ed., *The Future of the Book*, University of California Press, 1996. — 역주

> 끊임없이 이어지는 온라인 대화들로 구성되는 순전한 기억의 흐름으로 인간의 경험이 녹아내리지 않으려면 …… 문헌적이고 시각적인 인공물들이 디지털의 형태로 전환되더라도 그것들의 순결한 본령은 유지될 수 있도록 표준을 개발하고 대비책을 마련할 필요가 있다. 아울러 시간이 지난 후에도 그것들의 출처가 기록되어 있도록 그리고 그것들이 원래 모습으로 보존되도록 만전을 기할 필요가 있다.[20]

이 모든 이야기들은 인쇄되어 제본된 책이라는 형식이 계속 유지되어야 한다는 편의 매우 훌륭한 논증처럼 들린다.

신원을 밝히지 않은 채 여기 저기 돌아다니다가, 다른 사람의 글과 신용카드 번호와 법률적 지위를 슬쩍 훔쳐 쓰기도 하는 온라인의 모든 기회에도 불구하고, 우리는 여전히 인간의 정체를 확인하기 위해 애를 몹시 많이 쓰는 시대에 살고 있다는 사실을 기억하는 것이 유익하다. DNA 연구 그리고 인간게놈지도 등을 통해 우리는 다른 사람들 말고 우리 각자가 누군지를 점점 더 정확하게 알아가고 있다. 이와 마찬가지로, 문단에서도 논쟁의 여지가 없는 신원확인을 갈구하는 노력이 기울여지고 있는 것은 놀라운 일이 아니다. 『윌리엄 피터를 애도하는 조사』가 셰익스피어의 작품이라는 주장을 설득력 있게 펼쳐서 유명해진 도널드 포스터 교수는, 유나바머[21]처럼 잘 잡히지 않는 다양한 인물들이라든지 한때 작자미상이었던 『삼원색』

---

20 Hesse, 1997, p. 118. — 역주

21 유나바머(Unabomber): 폭발물을 우편으로 보내 대상을 해친 연쇄범죄자 커진스키(Theodore Kaczynski, 1942-)에게, 그 신원을 알지 못하던 시기에, FBI가 붙인 명칭. — 역주

의 저자 등을 밝혀내는 데 도움을 줄 수 있도록 "문학적 감식의 과학"을 최근 여러 해 동안 개발하고 있다. 최근에 펴낸 책 『미상의 저자』에서 포스터는 이렇게 선언한다. "어떤 두 사람도 똑같은 단어를 똑같이 결합해서, 또는 철자와 구두점을 똑같은 방식으로 사용하면서, 정확히 똑같이 글을 쓰지는 않는다." 대중적인 언론은 포스터의 작업에서 컴퓨터의 역할을 과대평가했지만, 그가 자기 나름의 결정적인 추리를 시작하기 전까지 컴퓨터는 "독자 여러분이 이 한 문장을 읽는 데 걸리는 시간에 수백만 개의 단어들을" 검색해준 따분한 노역을 수행했을 뿐이다. 포스터가 행한 탐사의 결과, 저자라는 지위는 "규범적"이고 "자율적"일 뿐만 아니라 어느 것으로도 대체할 수 없는 것으로 판명되었다.

이 책이 처음 출판된 이후 지난 십여 년 동안 표절의 역사가 결국 한 바퀴 돌아 원점으로 돌아왔다고 말하고 싶은 유혹을 뿌리칠 수 있는 까닭이 이와 같은 사태의 진전에 있다. 원점이란 곧 문학적 저작권과 독창성에 부여되는 문화적 프리미엄이 완전히 자리 잡기 전 18세기 이전의 시대를 가리킨다. 그렇지만 사이버 세계에 엔트로피처럼 작용하는 힘이 있어서 우리를 원점 방향으로 잡아당긴다는 사실만은 부인할 수 없다. 웹에서 표절에 관한 최근의 논의전개를 검색해보면, "가상 강의"와 "종이 없는 강좌"의 전문가라 자처하는 "로드니 리글 박사"가 「표절의 죽음과 재탄생」이라는 제목 아래 올려놓은 작은 논란거리 하나를 마주치게 된다. 리글 박사가 다소 조잡하고 중뿔나게 내놓는 주장은 이렇게 요약될 수밖에 없다. "정보의 시대에 표절은 죽을 것이고, 그랬다가 모종의 긍정적인 함의를 품고 재탄생할 것이다. 우리가 지금 표절이라고 부르는 재주는 누구나 갖춰야 할 하나의 기본적인 재주가 될 것이다. 표절을 예방하기보다

가르치게 될 것이다 …… 과제에 대한 멋진 해답을 찾아내서 분석하고 내보여줄 수 있는 학생이 정보의 시대에 성공하기 위해 필요한 재주들을 보유한 학생이다. 그 해답이 자기 것인지 아니면 누군가 다른 사람의 것인지는 상관이 없다."

옛것이 새것에 자리를 양보하는 데서 리글은 희열을 느낀다("표절은 죽었다. 표절 만세").[22] 그리하여, "좋은 발상들이 공론장으로 나오도록 하는 것이 사회에 최선의 이익이다 …… 좋은 발상을 가진 학자들에게 보수를 지불할 길을 개발할 필요가 있다"고 씩씩하게 역설한다. 그러면서도, 내가 보기에 그는 핵심적인 사실 하나를 정면으로 직시하지 않는다. 대가를 지불하기는커녕 각주에 표시할 생각조차도 전혀 없이 (우리가 요새 이렇게 부르듯이) "콘텐츠"만을 빨아들이는 인간 검색자 역시 마찬가지로 자기 현시욕과 야심을 가진 피조물이라는 사실이다. 자신의 웹 도메인을 등록하고 보호 장치를 설정하는 바로 그 인간인 것이다. "무제한적으로 난잡한 작문"을 그가 즐겨 사용할 수는 있겠지만, 자기 두뇌에서 나온 자식들이 그렇게 이용당하는 것은 그도 원치 않는다.

이 때문에, 지난 십여 년간의 모든 문화적 기술적 변화에도 불구하고, 나는 이 책 초판 맺음말의 마지막 문단 — "자존감이 글을 쓰게 만드는 동력"이기도 하다는 발언을 철회할 준비가 아직 안 되었다. 이런 생각을 해롤드 블룸은 『서양문화의 규준』에서 더욱 딱

22 "표절은 죽었다. 표절 만세"(Plagiarism is dead. Long live plagiarism): 과거 영국에서 왕이 죽었을 때, 왕의 사망을 공표하는 동시에 새 왕의 즉위를 축하하던 문구의 패러디. "왕이 서거했다. 왕 만세"(The King is dead. Long live the king!) 죽은 왕은 전왕이고 만세를 기원 받는 왕은 신왕이다. — 역주

부러지게 잘 표현한다.

> 핀다로스의 시대부터 지금까지, 어떤 작가가 문화적 규준을 수호하기 위해 싸웠다는 것은 핀다로스가 귀족계급을 위해 싸웠듯이 하나의 사회계급을 위한 싸움이었을 수 있다. 그러나 야심적인 작가 각자는 일차적으로 오로지 자기 자신을 위해 바깥으로 나오고, 전적으로 개성을 중핵으로 삼아 형성되는 자신의 이익을 증진하기 위해 자기 계급을 배반하거나 무시할 때가 많다 …… 호메로스와 경쟁한 헤시오도스에서부터 디킨슨에 대한 엘리자베스 비숍의 갈등에 이르기까지, 남자든 여자든, 서양문화의 기초를 이루는 창조성의 심리를 어떤 이상주의가, 아무리 오랜 시간이 걸리더라도 바꿀 수 있을지 나는 의문이다.[23]

이제는 누구나 iPublish 같은 웹 기반 장비 덕택에 저자가 될 수 있다고들 한다. 그리고 아마존을 비롯한 여타 인터넷 서점들에 리뷰를 올림으로써 누구나 비평가가 되었다고들 한다. 그러나 이런 새로운 현상이 얼마나 오래 지속될까? 사이버 세계에서 가능해졌다고 하는 일들이 모두 실현되지는 않는다. "하이퍼텍스트" 소설에 관한 이야기를 내가 들은 지도 벌써 십 년이지만, 그런 소설을 읽어봤다는 사람은 아직 만나 보지 못했다. 우리를 들뜨게 했던 전자민주주의의 가능성들도 상당 부분은 가라앉아 새로운 엘리트주의로 편입되기 마련인 듯 보인다. 더 나쁜 것보다는 더 좋은 것을 추구하며,

---

23 Bloom, 1994, pp. 27, 35. — 역주

심지어 인터넷이 존재하기 전부터도 문단의 진짜 문제는 출판되는 책이 너무 적어서가 아니라 너무 많아서였음을 인정하는 형태의 엘리트주의다. 자신의 정치적 적수들이자 이론에 매몰된 학문적 적수들이기도 한 사람들을 한데 묶어 "원한학파"라고 지칭하면서, 블룸은 그들에게 "독창성"이란 것은 "개인사업, 자급자족, 경쟁 따위 용어들에 상응하는 문학적 등가물"이라고 지적한다. "연애하듯 책을 읽는 낭만"과 원본을 향한 존경심을 모두 재생시킬 "미학적 전위운동"이 물밑에서 일어나리라고 예언하면서 그는 그날을 기다린다. 현재와 같은 평단의 세력들이 학계의 숨통을 틀어쥐고 있는 만큼, 사이버 세계에서 새로운 혁신이 일어날 때마다 사유라는 것이 일종의 기계장치로 전락할지도 모르는 위협이 발생하는 만큼, 표절을 금해야 한다고 목청을 높이는 사람들은 채찍을 휘두르는 기성 권위가 아니라 블룸이 소환하고 있는 전위운동의 회원이라고 자처해도 괜찮을 것이다. 지금은 주류로부터 쫓겨난 상태지만, 독창성이 강둑 위 잡풀 사이에서 다시 모습을 단장하기 시작해서, 다시 한 번 (단지 강하기만 한 것이 아니라) 그야말로 독창적인 가치로 등장하게 되기를 바란다.

토머스 맬런

코네티컷, 웨스트포트

2000년 10월

옮기고 나서

신경숙의 단편 중 한 문단이 미시마 유키오의 단편 중 한 문단을 (정확하게 말하자면 그것을 김후란이 한국어로 번역한 문단을) 베꼈다는 고발 때문에 2015년 여름에 (새삼스럽게) 논란이 있었다. 출판된 지 이미 30년 가까이 된 토머스 맬런의 『표절, 남의 글을 훔치다』를 번역하기로 맘먹은 것은 그 논란 때문이었다.

신경숙이 문제된 그 단어들을 베껴다 썼다는 데에는 의심의 여지가 전혀 없다. 하지만 이런 결론에 도달하기까지 한국 사회는 쓸데없는 시간을 몇 달이나 허비했고, 소위 지식인입네 전문갑네 나서는 사람들이 스스로 얼마나 정신이 혼미한지를 드러냈다. 당시 신경숙을 변호하는 의견들 중에 특히 어이없었던 대목은 두 가지다. 변론이 탈바꿈하는 양태가 전형적인 둘러대기 어법과 같았다는 점이 하나고, 어쭙잖은 완벽주의(실상은 허무주의) 비슷한 것이 끼어들었다는 점이 다른 하나다.

신경숙에 대한 변론은 시간의 흐름에 따라 이렇게 탈바꿈했다. ① 신경숙은 미시마의 「우국」을 본 기억이 없다. ② 기억은 분명치 않지만, 본 것 같기도 하다. 그러나 의도적으로 베낀 것은 아니다. 필기장에 기록해 둔 내용 또는 기억 속에 저장된 내용을 부주의하게 사용했을 뿐이라. ③ 전체적으로 다른 작품인데 부분적으로 겹친다는 것만으로 표절이라는 낙인을 찍으면 되느냐. ④ 한국 문학을 세계에 알리는 첨병 노릇을 하고 있는 작가를 이 정도 일로 쓰러뜨릴 수 있느냐. ③과 ④는 표절이지만 덮고 넘어가자는 뜻이고, ②는 표절이지만 의도적이지는 않았다는 뜻이며, ①은 베낀 것이 아니라 우연의 일치라는 뜻이다. 이것들은 한 입에서 나올 수가 없는 세 갈래 서로 다른 말들이다. 이런 변명은 일관성이라든지 사태의 진상 따위에는 아무런 관심이 없고, 어떻게든 문제를 덮고 넘어가는 데에만 몰두한 둘러대기 어법이다.

신경숙과 관련된 논란의 와중에는 모방 아닌 문학이 어디 있느냐는 소리도 제법 많이 나왔다. 이런 소리는 옛날부터 있던 것이지만, 옛날에는 뭔가 인간의 한계를 직시하고 오만을 경계하는 듯한 느낌을 담고 나왔었다면, 요즘은 포스트모더니즘이라는 간판 아래 도리어 모방과 창작의 경계 자체를 부인하는 뻔뻔한 모습으로 나타난다. "해 아래 새것"이 있을 수 있는지 여부를 따지는 질문은 나름대로 따져 물을 가치가 있지만, 아마도 확정적인 답은 영원히 나오지 않을 질문이다. 남에게서 영감이나 영향을 받은 경우와 남의 공로를 가로챈 경우를 어떻게 분간하느냐는 질문은 전혀 다른 질문이다. 전자에 정답을 찾을 때까지 후자도 대답할 수 없다는 어쭙잖은 완벽주의(실상은 허무주의)는 현실감각을 상실한 추상적 사유가 어느 정도까지 소외와 혼동을 초래하는지를 보여주는 실례가 된다.

재밌는 점은 이런 식의 둘러대기와 어쭙잖은 완벽주의(실상은 허무주의)는 영문학의 역사에서도 표절과 관련해서 늘 있었던 일이라는 사실이다. 문장의 일치가 드러나기 전까지는 잡아뗀다 — 도저히 부인할 수 없는 일치가 드러나면, 필기장 또는 무의식적 기억을 핑계로 댄다 — 그래도 안 된다면, 글 전체에서 표절은 일부였다고 변명한다. 맬런은 이런 식의 둘러대기가 표절범들의 변명에서 하나의 패턴임을 보여준다. 아울러 맬런은 표절이 드러났을 때조차 표절을 표절이라 부르지 못하고 미적거리는 풍토를 질타한다. 사법제도에 대한 불신 때문이기도 하고, 이런 문제를 법정에 맡기는 것이 지식인 사회 전체에게 창피한 노릇이라는 정서 때문이기도 하지만, 가장 깊은 곳에는 지식인들의 자기소외와 어쭙잖은 완벽주의(실상은 허무주의)가 있다.

표절이라는 개념은 인쇄술의 발전 및 출판업과 뗄 수 없는 관계다. 책이 귀하던 시절에는 남이 쓴 문장을 암송하는 것이 훌륭한 미덕으로 간주되었다. 동양의 경우, 주희의 『근사록』이나 이율곡의 『격몽요결』은 인용문들의 조합일 뿐이다. 책을 펴내서 돈을 번다는 발상을 수치스러운 타기의 대상으로 여기던 시절에는, 헛소리를 자기 이름으로 내놓기보다는 선인의 훌륭한 말씀을 모방하고 반복하는 편이 낫다고들 생각했다. 독창성 자체가 하나의 가치가 되고, 덧붙여 돈벌이로까지 연결되는 현상은 근대적인 현상이다. 그러나 예술적/학문적 가치와 상업적 가치가 뒤섞이지 말아야 한다는 형태의 정서로서, 근대성을 마냥 수용할 수만은 없다는 거부감도 여전히 우리 마음속 한구석에는 남아 있다. 그리하여 우리는 표절을 비난하면서도, 막상 무엇이 표절인지, 그리고 표절을 어떻게 징계할 것인지를 결정해야 하는 단계에서는 번번이 머뭇거린다.

한국 사회에서는 최근 10여 년 사이에 표절 논란이 부쩍 늘어났다. 이 논란은 앞으로 상당한 기간 동안 계속 증가할 것이다. 그럼에도 불구하고, 표절을 가려내는 기준은 점점 더 불투명해지고 있는 현실이다. 그만큼 표절을 가려내는 기준이 절실하게 필요해지고 있다. 이를 위해서는 영감, 영향, 모방, 차용, 변용 등과 표절을 분간할 수 있어야 할 것이다. 맬런이 이 책에서 소개하는 다양한 사례들은 이러한 분간을 위해 유용한 재료가 될 수 있을 것이다.

저작권과 관련되는 문제들은 대부분 표절의 문제이기도 하지만, 표절의 문제 중에는 저작권과는 상관이 없는 차원도 있다. 이 책 3장에 나오는 엡스타인의 사례에서 만일 에이미스가 저작권 소송을 제기했더라면 십중팔구 승소했을 것이다. 엡스타인이 결국 사과하고, 그 책 출판을 중단했다는 사실이 바로 만일 법정으로 갔다면 도저히 이길 수 없는 일이었음을 반증한다. 헤일리가 코얼랜드에게 거액의 배상금을, 소송이 제기되기도 전에, 지불한 일도 마찬가지다. 이와는 달리, 5장에서 거론된 햄너의 경우는 저작권 침해가 아닌 것으로 재판에서 승소했지만, 작가로서 그의 명성은 크게 훼손되었다.《팰컨 크레스트》와 아니타 콘펠드의 『포도 농장』 사이의 유사성이란, 법정에서 저작권 침해로 인정받을 정도까지는 아니었을지 몰라도, 상식적인 수준에서 떳떳하지 못한 일로 간주되기에는 충분했기 때문이다.

저작권은 법률적인 개념이다. 그러므로 저작권에 관한 법령이나 판례가 존재하지 않는 곳에 저작권 침해는 있을 수가 없다. 로렌스 스턴이나 콜리지는 표절은 했지만 저작권을 침해한 것은 아니다. 따라서 민사상 또는 형사상 책임을 당시에도 질 필요가 없었고 지금도 질 필요가 없지만, 작가로서 위상은 분명히 달라진다. 이름을 날리고 싶은 욕심에, 또는 (콜리지의 경우 더욱 절실했듯이) 당장 몇 푼의 원고료를 위해 글을 쓰기는 해야 하지만 새로운 아이디어는 떠오르지 않을 때, 남의 글을 적당히 변조하고 짜깁기해서 그럴듯한 작품 하나를 엮어내는 재주도 쉬운 일만은 아니다. 콜리지 같은 천재가 그렇게 궁핍을 겪어야 했다는 사실에서 연민을 느낄 사람도 있을 것이고, 그의 변조 능력을 찬탄할 사람도 있을 것이다. 하여간, 콜리지가 표절을 상습적으로 했다는 점은 사실이고, 작가이자 평론가로서 콜리지를 평가할 적에는 이 사실이 좋은 방향으로든 나쁜 방향으로든 빠지면 안 된다.

학술적인 연구 성과를 담은 논문이나 저술에서도 저작권이 문제될 수는 있다. 그러나 실제로는 저작권 분쟁이 벌어질 만큼 돈벌이가 될 만한 학술적 저술 자체가 그다지 많지 않다. 그리고 작가들이 표절 문제를 법정으로 끌고 가기 꺼려하는 것만큼이나 학자들도 표절 문제를 법정으로 끌고 가기를 꺼려하는 것이 사실이다. 4장에 나오는 니센바움도 소콜로를 저작권 침해로 고소할 생각은 애당초 없었다.

학술적인 저술에서는 다른 사람의 연구 성과를 마치 자기 것인 양 말하는 것이 가장 기본적인 형태의 표절이다. 마땅히 출전을 표시해서 원저자의 공로를 인정해야 할 대목에서, 그런 작업을 생략해버리면 그 공로를 가로채는 셈이 된다. 그렇다면 출전만 충실하게 표시하면 표절이 아닌 것일까?

다른 사람들의 연구에서 여기저기 따다가 짜깁기로 일관하든가, 다른 사람들이 이미 했던 얘기들을 표현만 바꿔서 반복하는 경우, 만약 출전을 밝히지 않고 그랬다면 기본적인 형태의 표절에 해당한다. 만일 출전을 충실히 밝히면서 그랬다면, 공로를 가로챈 것은 아니기 때문에 엄밀하게 따지면, 표절이라기보다는 연구 성과로 봐줄 만한 가치가 없다고 판정해야 할 것이지만, 통상적으로는 표절로 간주된다. 남의 성과들을 가져다가 대충 모아놓고서 거기에 마치 자기 나름의 가치가 있다는 듯이 포장한 셈이기 때문이다.

문헌 연구의 경우 연구 성과로 봐줄 가치가 있는지 아니면 남의 글들을 대충 엮어 모은 데 불과한지를 분간하려면 해당 분야의 전문적인 조예가 필요하다. 제이미 소콜로의 경우는 출전을 성실하게 밝히지도 않은 사례로서, 기본적인 형태의 표절에 해당한다. 그럼에도 전문가들이 "표절"이라는 판정을 내리지 못하고 머뭇거림으로써 표절 행위가 반복될 수 있도록 길을 열어줬다.

표절이 허용된다면 정직한 글쓰기가 불가능해질 것이라는 말은 정확하지 않다. 엡스타인 같은 작가는 언제든 나올 수 있고, 걸리기 전까지 제법 많은 책을 팔 수도 있다. 소콜로의 표절은 끝내 공식적으로 확인된 바가 없다. 햄너가 콘펠드의 소설을 표절하지는 않았을 수 있지만, 《팰컨 크레스트》 제작 과정 전체에서 콘펠드의 소설을 군데군데 참고하고 차용했을 개연성은 매우 높은데도 불구하고, 콘펠드의 저작권은 법정에서 인정받지 못했다. 조경란과 신경숙이 표절 논란의 주제가 되었고, 장관 인사를 위한 청문회에서는 표절을 둘러싼 공방이 단골 메뉴 중 하나지만, 깔끔하게 진상이 정리되는 경우는 드물다. 우리는 지금 표절을 허용하는 시대에 살고 있는가? 그래서 정직한 글쓰기가 불가능해지고 있는 것일까?

이 주제에 관해 과도하게 심각해지지 않는 것이 건강한 대응의 출발점이다. 표절은 잘못이기는 하지만 살인, 인신매매, 인종청소 등과 동급의 잘못은 아니다. 더구나 여기저기서 표절을 고발하는 목소리가 나오고 있다는 사실은 우리가 표절을 더 이상 허용할 수 없다는 의지가 분출하고 있음을 보여준다. 살인 사건이 완전히 사라지지 않고 있다고 해서 우리가 살인을 허용하고 있는 것은 아니다. 맬런이 전하듯 영미 사회에서도 표절은 공식적인 확인과 징계보다는 수다와 뒷공론이 훨씬 많은 주제다. (맬런의 공로만은 아니겠지만, 영어권 사회에서 1980년대에 비해 최근으로 올수록 명확한 확인과 징계의 확률이 높아지고 있다.) 한국 사회에서는 아직도 명확한 확인과 징계가 드물고 수다와 뒷공론만이 무성한 상태지만, 그렇다고 해도 우리가 표절을 허용하고 있다는 징후라기보다는 이제는 표절을 참을 수 없다는 징후라고 봐야 할 것이다. 2장에서 다뤄지는 찰스 리드의 경우는 이와 같은 이중성이 한 개인의 심성 안에 공존했던 사례에 해당한다. 리드 역시 표절을 상습적으로 해치우면서, 저작권 제도의 확립이 필요하다고 열심히 외쳤던 것이다. 자기 안에 도사린 잘못된 습관을 치유해보려는 몸짓이었던 것이 분명하다.

맬런은 명백한 표절의 사례 앞에서 미적거리다 못해 "진정한" 독창성 같은 것이 어디 있느냐는 식으로 물타기를 시도하는 지적 풍토를 강하게 질타한다. 그러면서도, 그의 필치에는 유머가 가득하다. 표절이 도벽처럼 중독성이라든지, 들키기를 바라는 듯 숱한 단서들을 뻔하게 남겨 둔다는 등, 표절범의 불가해한 의식을 거론하는 대목에서도 맬런은 표절범들을 괴물로 다루기보다는 인간으로 다루고 있다.

표절에 관한 논란이 늘어날수록 다른 사람의 표절을 고발해서 자신의 욕심을 채우려는 사람들도 늘어난다. 이런 사람들은 고발이 목적이기 때문에 고발이 정당한지 부당한지에는 신경을 쓰지 않는다. 어떻게든 물의를 일으키고자 기를 쓸 뿐이다. 이런 사람들일수록 한 문장의 표절, 몇 군데의 부주의한 인용만으로 마치 세상이 끝장이라도 날 것처럼 호들갑을 떤다. 그리고 얘기가 이런 식의 호들갑에 일단 휘말리고 나면, 표절이라는 주제는 실종되고 누가 누구를 더 사납게 공격하느냐 하는 인민재판식 여론몰이만이 남는다.

그러므로 표절을 방지해야 한다고 진심으로 믿는 사람일수록, 이 주제를 냉정하게 여유 있는 시선에서 바라 볼 필요가 있다. 학술적 저술은 연구 성과의 가치에 따라 평가되어야 한다. 예술 작품은 작품 자체의 가치에 따라 평가되어야 한다. 표절된 문장들을 담고 있는 저술이나 작품이면서 가치 있는 내용을 담고 있는 경우는 드문 것이 사실이다. 그러나 아무리 드물더라도, 만일 어떤 연구나 작품에 자체의 가치가 충분한데, 군데군데 표절이 행해졌거나 출전표기가 불성실했다면, 그런 경우는 마땅히 정상이 참작되어야 맞다.

무엇보다 중요한 것은 표절과 표절 아닌 것을 분간하는 시선이 사회적/문화적으로 정립되어야 한다. 영향을 받았다고 해서, 차용했다고 해서, 심지어 모방했다고 해서, 반드시 표절이 되는 것은 아니다. 영향이든 차용이든 모방이든 형태와 정도에 따라 표절일 수도 있고 아닐 수도 있다. 이런 점들을 분간하는 시선은 단순한 선악 이분법으로는 생성될 수 없다. 침소봉대나 마타도어로도 생성될 수 없다.

독자들이 이 책을 무엇보다도 재미있게 읽기를 나는 바란다. 실제로 재미있는 사례들이 많이 들어 있다. 표절에 관해 더 많은 관심과 논의가 일어나는 데 일조할 수 있겠다 싶어서, 영문학 전공도 아닌 주제에 이 책을 번역했다.

참고문헌목록(선별)[1]

Ackroyd, Peter. *Chatterton*. New York: Grove, 1987.

Altick, Richard D. *The Scholar Adventurers*. New York: Macmillan, 1950.

Amis, Kingsley. *The Crime of the Century*. London: Dent, 1987.

Amis, Martin. *Einstein's Monsters*. New York: Harmony, 1987.

__________. *Money: A Suicide Note*. New York: Viking Penguin, 1985.

__________. *The Moronic Inferno*. New York: Viking Penguin, 1987.

__________. "The D. M. Thomas Phenomemon". *Atlantic*, April 1983: 124-126.

__________. *Invasion of the Space Invaders*. Introduction by Steven Spielberg. London: Hutchinson, 1982.

__________. "Tough Nut to Crack". *Observer*, October, 31, 1982: 27.

__________. "A Tale of Two Novels". *Observer*, October 19, 1980: 26.

__________. Contribution to *My Oxford, My Cambridge: Memories of University Life by Twenty-four Distinguished Graduates*. New York: Taplinger, 1979, 203-213.

__________. *The Rachel Papers*. London: Cape, 1973.

Annan, Noel. *Leslie Stephen: The Godless Victorian*. New York: Random House, 1984.

Anonymous. "Yorick's Skull: or College Oscitations, 1777". *Sterneiana XII: Imitations and Parodies of Sterne, 1775-1782*. New York: Garland, 1974.

---

1 주의: 이 목록에 포함된 책들은 여러 면에서 유용했다. 이 목록에 포함되었다는 이유로 독창적이지 않다는 함의가 있다는 오해는 없기를 바란다.

__________. "Madame Charles Reybaud". *Temple Bar* 103(September 1894): 63-74.

__________. "The Portrait in My Uncle's Dining-room". *Month* 11(July, August, September, and October 1869): 60-75, 179-195, 244-258, 352-363.

__________. "What the Papers Revealed". *St. James's Magazine* 20(August-November 1867): 81-99.

__________. "Contemporary French Literature". *North American Review* 89(July 1859): 209-232.

Aristotle. *On Poetry and Style*. Translated by G. M. A. Grube. The Library of Literary Arts, 1958.

Baker, Ernest A. *The Age of Dickens and Thackeray*. Vol. 7 of *The History of the English Novel*. New York: Barnes and Noble, 1936. (Reprinted 1966 and 1968).

Baker, Michael. *Our Three Selves: The Life of Radclyffe Hall*. New York: Morrow, 1985.

Bate, Walter Jackson. *The Burden of the Past and the English Poet*. Cambridge, Mass: The Belknap Press of Havard University Press, 1970.

__________. *Coleridge*. New York: Collier, 1973.

__________. ed. *Criticism: The Major Texts*. New York: Harcourt Brace, 1970.

Bayley, John. "Looking In on Pushkin". *New York Review of Books*, February 3, 1983: 35-38.

Berghahn, V. R. "Hitler's Buddies". *New York Times Book Review*, August 2, 1987: 12-13.

Blake, Robert. *Disraeli*. London: Eyre and Spottiswode, 1966.

Bloom, Edward A. *Samuel Johnson in Grub Street*. Providence, R. I.: Brown University Press, 1957.

Bloom, Harold. *The Anxiety of Influence: A Theory of Poetry*. New York: Oxford University Press, 1973.

__________. *The Western Canon: The Books and School of the Ages*. Harcourt Brace, 1994.

Bok, Sissela. *Lying: Moral Choice in Public and Private Life*. New York:

Pantheon, 1978.

Borges, Jorge Luis. *Labyrinths*. New York: New Directions, 1964.

Boswell, James. *Life of Johnson*. Edited by R. W. Chapman. A new edition corrected by J. D. Fleeman. Oxford: Oxford University Press, 1970.

Bowen, Elizabeth. "Out of a Book". *Collected Impressions*. New York: Knopf, 1950, 264-269.

Bowen, Ezra. "Stormy Weather in Academe". *Time*, January 14, 1985: 85.

Brady, Frank. *James Boswell: The Later Years, 1769-1795*. New York: McGraw-Hill, 1984.

Braudy, Leo. *The Frenzy of Renown: Fame and Its History*. New York: Oxford University Press, 1986.

Bronson, Bertrand Harris. *Facets of the Enlightenment: Studies in English Literature and Its Contexts*. Berkeley and Los Angeles: University of California Press, 1968.

Brown, Sanborn C. *Count Rumford: Physicist Extraordinary*. Garden City, N.Y.: Doubleday, 1962.

Burchfield, Robert. "Dictionaries, New and Old: Who Plagiarises Whom, Why and When?" *Encounter*, September-October 1984: 10-19.

Burns, Wayne. *Charles Reade: A Study in Victorian Authoship*. New York: Bookman Associates, 1961.

Burton, Robert. *The Anatomy of Melancholy*. Edited with an introduction by Holbrook Jackson. New York: Vintage, 1977.

Campbell, Collin. "History and Ethics: A Dispute". *New York Times*, December 23, 1984: 1, 35.

Campbell, Joseph, and Henry Morton Robinson. *A Skeleton Key to Finnegans Wake*. new York: Harcourt, 1944.

Capote, Truman. *The Dogs Bark*. New York: Plume, 1977.

Cash, Arthur Hill. *Laurence Sterne. Vol. 1, the Early and Middle Years*. London: Methuen, 1975.

__________. *Laurence Sterne. Vol. 2, The Later Years*. London: Methuen, 1986.

Cather, Willa. *The Lost Lady*. New York: Knopf, 1923.

Chesnut, Mary. *The Private Mary Chesnut: The Unpublished Civil War Diaries*. Edited by C. Vann Woodward and Elisabeth Muhlenfeld. New York: Oxford University Press, 1984.

Chesterton, G. K. "On Literary Parallels". *Come to Think of It* .... Freeport, N.Y.: Books for Libraries Press, 1971, 20-21. (First Published 1931).

Coleridge, S. T. *Biographia Literaria*. Edited with his *Aesthetical Essays* by John T. Shawcross. London: Oxford, 1907.

__________. *Coleridge: Biographia Literaria*(Chs. 1-4, 14-22), in a double volume with *Wordsworth: Prefaces and Essays on Poetry, 1800-1825*, edited by George Sampson, with an introductory essay by Sir Arthur Quiller-Couch. Cambridge: Cambridge University Press, 1920.

__________. *Samuel Taylor Coleridge: The Oxford Authors*. Edited by H. J. Jackson. Oxford: Oxford University Press, 1985.

__________. "On the Distinctions of the Witty, the Droll, the Odd, and the Humorous; The Nature and Constituents of Humour; - Rabelais - Swift - Sterne". *The Literary Remains of Samuel Taylor Coleridge*. Vol. 1. Edited by Henry Nelson Coleridge. London: William Pickering, 1836(reprinted, New York: AMS Press, 1967), 131-148.

Connolly, Cyrill. "On Being Won Over to Coleridge". *Previous Convictions*. New York: Harper & Row, 1963, 156-159.

Cooper, John R. *The Art of the Compleat Angler*. Durham, N.C.: Duke University Press, 1968.

Corrigan, Timothy. *Coleridge, Language, and Criticism*. Athens: University of Georgia Press, 1982.

Crane, R. S. "A Neglected Mid-Eighteenth Century Plea for Originality and Its Author". *Evidence for Authorship: Essays on Problems of Attribution*. Edited by David V. Erdman and Ephim G. Vogel. Ithaca, N.Y.: Cornell University Press, 1966, 273-282.

Cross, Wilbur. *The Life and Times of Laurence Sterne*. New York: Macmillan, 1909.

Dawson, William James. "Charles Reade". *The Makers of English Fiction*, 3rd ed. Freeport, N.Y.: Books for Libraries Press, 1971, 164-178. (First Published 1905).

DeMaria, Robert, Jr., et al. *Originality and Attribution: A Guide for Student Writers at Vassar College*. Poughkeepsie, N.Y.: Vassar College.

De Quincey, Thomas. "Plagiarism". *New Essays by De Quincey: His Contributions to the "Edinburgh Saturday Post" and the "Edinburgh Evening Post", 1827-1828*. Edited by Stuart M. Tave. Princeton, N.J.: Princeton University Press, 1966, 181-184.

Donovan, Denis G., Margaretha G. Hartley Herman, and Ann E. Imbrie. *Sir Thomas Browne and Robert Burton: A Refernece Guide*. Boston: G. K. Hall, 1981.

Dunne, John Gregory. *The Red White and Blue*. New York: Simon and Schuster, 1987.

Dvoichenko-Markov, Eufrosina. "Benjamin Franklin and Leo Tolstoy". *Proceedings of the American philosophical Society* 96(April 1952): 119-128.

Eliot, George. "The Wasp Credited with the Honeycomb". *Impressions of Theophrastus Such*. Vol. 20 of *The Works of George Eliot*. Edinburgh and London: Blackwood, 1880, 157-173.

Eliot, T. S. "Philip Massinger". *Selected Essays*, 1917-1932. New York: Harcourt, 1932, 181-185.

Ellmann, Richard. *Oscar Wilde*. New York: Knopf, 1988.

Elwin, Malcolm. *Charles reade: A Biography*. London: Cape, 1931.

Epstein, Jacob. *Wild Oats*. Boston: Little, Brown, 1979.

Epstein, Jason. *The Great Conspiracy Trial: An Essay on Law, Liberty and the Constitution*. New York: Random, 1970.

Ferriar, John. *Illustrations of Sterne*. New York: Garland, 1974. (Originally Published 1798).

Fife, Stephen. "Meyer Levin's Observation". *New Republic*, August 2, 1982: 26-30.

Fitzgerald, F. Scott. *The Great Gatsby*. New York: Scribner's, 1925. (See new introduction by Charles Scribner III, vii-xx).

Fluchère, Henri. *Laurence Sterne: From Tristram to Yorick: An Interpretation of Tristram Shandy*. Translated and abridged by Barbara Bray. London: Oxford University Press, 1965.

Foster, Donald. *Author Unknown: On the Trail of Anonymous*. Henry Holt and Co., 2000.

France, Anatole, "An Apology for Plagiarism". *On Life and Letters*, 4th series. Edited by Frederic Chapman and James Lewis May. Freeport, N.Y.: Books for Libraries Press, 1971. (Originally published 1924).

Frazier, Ian. *Dating Your Mom*. New York: Farrar, Straus and Giroux, 1986.

Freedman, Morris. "Plagiarism Among Professors or Students Should Not Be Excused or Treated Gingerly". *Chronicle of Higher Education*, February 10, 1988: A48.

Fruman, Norman. "The Ancient Mariner's Wife". *Times Literary Supplement*, August 22, 1986: 910-911.

__________. *Coleridge: The Damaged Archangel*. New York: Braziller, 1971.

Gitlin, Todd. *Inside Prime Time*. New York: Pantheon, 1983.

Gooch, G. P. *History and Historians in the Nineteenth Century*. Boston: Beacon Press, 1959.

Graham, Martha. *The Notebooks of Martha Graham*. Introduction by Nancy Wilson Ross. New York: Harcourt Brace Jovanovich, 1973.

Graves, Robert. *The Crowning Privilege: Collected Essays on Poetry*. Garden City, N.Y.: Doubleday, 1956.

Grobel, Lawrence. *Conversations with Capote*. Foreword by James A. Michener. New York: New American Library, 1985.

Gross, John. *The Rise and Fall of the Man of Letters: A Study of the Idiosyncratic and the Humane in Modern Literature*. new York: Macmillan, 1969.

Haller, William. *The Rise of Puritanism*. New York: Columbia University Press. 1938.

Halliday, F. E. *The Cult of Shakespeare*. New York: Thomas Yoseloff, 1957.

Hamilton, Paul. *Coleridge's Poetics*. Stanford, Calif.: Stanford University Press, 1983.

Hamner, Earl, Jr. *The Homecoming*. New York: Random House, 1970.

Haney, John Louis. "Coleridge the Commentator". *Coleridge: Studies by Several Hands on the Hundredth Aniversary of His Death*. Edited by Edmund Blunden and Earl Leslie Griggs. London: Constable, 1934, 107-129.

Hanson, Lawrence. *The Life of S. T. Coleridge: The Early Years*. New York: Russell and Russell, 1962. (Originally published 1938).

Hazlitt, William. "Whether Genius Is Conscious of Its Powers?" *Selected Essays of William Hazlitt*. Edited by Geoffrey Keynes. new York: Random House, 1930, 637-652.

Helmholtz, Anna Augusta. *The Indebtedness of Samuel Taylor Coleridge to August William Von Schlegel*. Bulletin of the University of Wisconsin. No. 163, Philology and Literature Series, Vol. 3, No. 4, 273-370. Madison, Wis., June 1907.

Hesse, Carla. "Books in Time". Geoffrey Nunberg ed., *The Future of the Book*. University of California Press, 1996. 21-36.

__________. "Humanities and the Library in the Digital Age". Alvin B. Kernan ed., *What's Happened to the Humanities*. Princeton University Press, 1997, 107-121.

Higham, John, and Robert L. Zangrando. "Statement on Plagiarism". Perspectives: *American Historical Association Newsletter*, October 1986: 7-8.

Himmelfarb, Gertrude. "The Evolution of an Idea". *New York Times Book Review*, July 6, 1980: 7, 10.

Holmes, Richard. *Coleridge*. Oxford: Oxford University Press, 1982.

Holroyd, Michael. *Lytton Strachey: A Critical Briography*. Vol. 2, *The Years of Achevement (1910-1932)*. New York: Holt, Rinehart and Winston, 1968.

Holtz, William V. *Image and Immortality: A Study of Tristram Shandy*.

Providence, R.I.: Brown University Press, 1970.

House, Humphry. *Coleridge: The Clark Lectures, 1951-52.* London: Rupert Hart-Davis, 1969.

Howells, W. D. "The Psychology of Plagiarism". *Literature and Life.* Port Washington, H.Y.: Kennikat Press, 1968, 273-277. (Originally published 1902).

Howes, Alan B., ed. *Sterne: The Critical Heritage.* London and Boston: Routledge and Kegan Paul, 1974.

__________. *Yorick and the Critics: Sterne's Reputation in England, 1760-1868.* New Haven: Yale University Press, 1958.

Iovin, Julie V. "Query: Be Honest, Now: Have You Ever Been Tempted to Plagiarize?" *Connoisseur,* January 1986: 108.

Jackson, H. J. "Sterne, Burton, and Ferriar: Allusions to the *Anatomy of Melancholy* in Volumes Five to Nine of *Tristram Shandy*". *Philological Quarterly* 54(1975): 457-470.

Jacox, Francis. *Aspects of Authorship: or, Book Marks and Book Makers.* Freeport, N.Y.: Books for Libraries Press, 1972. (Originally published 1872).

Johnson, Samuel. *The Idler and The Adventurer.* Edited by W. J. Bate, John M. Bullitt, and L. F. Powell. New Haven and London: Yale University Press, 1963.

__________. *Johnson's Dictionary of the English Language.* Facsimile edition. Times Books, 1983.

__________. "Life of Savage". Vol. 2 of *Lives of the English Poets.* Introduction by Arthur Waugh. London: Oxford University Press, 1952.

__________. *The Rambler.* Vol. 2. Edited by W. J. Bate and Albrecht B. Strauss. new Haven and London: Yale University Press. 1969.

Jones, Richard F. "The Originality of 'Absalom and Achitophel'". *Studies in the Literature of the Augustan Age: Essays Collected in Honor of Arthur Ellicott Case.* Edited by Richard C. Boys. New York: Gordian Press, 1966, 141-148. (Originally published 1952).

Joyce, James. *Finnegans Wake.* New York: Viking, 1982.

Keene, Donald. *World Within Walls: Japanese Literature of the Pre-Modern Era, 1600-1867.* New York: Grove Press, 1976.

Klass, Perri. "Turning My Words Against Me". *New York Times Book Review,* April 5, 1987: 1, 45–46.

Klein, Joe. *Primary Colors: A Novel of Politics.* Random House, 1996.

Kornfeld, Anita Clay. *In a Bluebird's Eyes.* New York: Holt, Rinehart and Winston, 1975.

__________. *Vintage.* New York: Bantam, 1982.

Lahr, John. *Prick Up Your Ears: The Biography of Joe Orton.* New York: Knopf, 1978.

Land, Myrick. *The Fine Art of Literary Mayhem: A Lively Account of Famous Writers and Their Feuds.* New York: Holt, Rinehart and Winston, 1963.

Landau, Sidney I. *Dictionaries: The Art and Craft of Lexicography.* New York: Scribner's, 1984.

Lang, Andrew. *How to Fail in Literature.* New York: AMS Press, 1970. (Originally published 1890).

Langbaine, Gerald. *Momus Triumphans: or, The Plagiaries of the English Stage*(1688 [?1687]). Introduction by David Stuart Rhodes. Publication No. 150. William Andrews Clark Memorial Library. University of California, Los Angeles, 1971.

Lanham, Richard. *Style: An Anti-Textbook.* New Haven: Yale University Press, 1974.

__________. *Tristram Shandy: The Games of Pleasure.* Berkeley and Los Angeles: University of California Press, 1973.

Lardine, Bob. "In a Case of Old Wine in New Bottles, and Angry Author Takes 'Falcon Crest' to Court". *People,* April 12, 1982: 34–35.

Larson, Kay. "The Genius of Gris". *New York,* June 11, 1984: 68–69.

__________. "Supper with Marisol". *New York,* June 4, 1984: 70–71.

Laski, Marghanita. *George Eliot and Her World.* London: Thames and Hudson, 1973.

Laswell, Mark. "People Who Need People". *Spy,* April 1988: 47–48, 50–54.

Lefebure, Molly. *Samuel Taylor Coleridge: A Bondage of Opium*. New York: Stein and Day, 1974.

Leibovich, Lori. "Choosing Quick Hits Over the Card Catalog". *New York Times*. 2000년 8월 10일.

Lemann, Nancy. "Dixie in Manhattan". *Spy*, May 1987: 69-70.

__________. "The Trials and Jubilations of Governor Edwin Edwards". *Esquire*, May 1987: 79-82, 84, 86-89.

Lindey, Alexander. *Plagiarism and Originality*. New York: harper, 1952.

Lubell, Ellen. "Begged, Borrowed, or Stolen?" *Village Voice*, January 8, 1985: 68.

McAleer, John. *Rex Stout: A Biography*. Foreword by P. G. Wodehouse. Boston: Little, Brown, 1977.

McFarland, Thomas. *Romanticism and the Forms of Ruins: Wordsworth, Coleridge, and Modalities of Fragmentation*. Princeton, N.J.: Princeton University Press, 1981.

Mair, John. *The Fourth Forger: William Ireland and the Shakespeare Papers*. Port Washington, N.Y.: Kennikat Press, 1972. (Originally published 1938).

Mann, Ralph. Review of *Eros and Modernization*. *The History Teacher* 19(Novermber 1985): 161.

Matthews, Brander. "The Duty of Imitation". *Gateways to Literature*. New York: Scribner's, 1912, 77-90.

__________. "The Ethics of Plagiarism". *Pen and Ink: Papers in Subjects of More or Less Importance*, 3rd ed. New York: Scribner's, 1902, 25-52.

Mencken, H. L. "Blackmail Made Easy". *The Bathtub Hoax and Other Blasts and Bravos from the Chicago Tribune*. Edited by Robert McHugh. New York: Octagon, 1977, 186-191.

Mernit, Susan. "Two of a Trade: When Writing Runs in the Family". *Poets and Writers* 15(January-February 1987): 9-12.

Merton, Robert K. *On the Shoulders of Giants: A Shandean Postscript*. San Diego: Harcourt Brace Jovanivich, 1985. (Originally published 1965).

Michener, Charles. "Britain's Brat of Letters: Who Is Martin Amis, and

Why Is Everybody Saying Such Terrible Things About Him?" *Esquire* 107(January 1987): 108-111.

Miller, Karl. "Gothic Guesswork". *New York Review of Books* 21(July 18, 1974): 24-27.

Montégut, Emile. "Romanciers et Ecrivains Contemporains: Mme. Charles Reybaud". *Revue des Deux Mondes*(October 15, 1861): 879-900.

Morton, A. Q. *Literary Detection: How to Prove Authorship and Fraud in Literature and Documents*. New York: Scribner's, 1978.

Moss, Sidney P. *Poe's Literary Battles: The Critic in the Context of His Literary Milieu*. Durham, N.C.: Duke University press, 1963.

Murphy, Mary. "Bending the Rules in Hollywood". *TV Guide* 30(January 16, 1982): 4-8, 12.

________. "Falcon Cresters Pop Their Corks". *TV Guide*, April 5, 1986: 28-31.

Nevill, John Cranstoun. *Thomas Chatterton*. Port Washington, N.Y.: Kennikat Press, 1970. (Originally published 1948).

Newcomb, Horace, and Robert S. Alley. *The Producer's Medium: Conversations with Creators of American TV*. New York: Oxford University Press, 1983.

Nissenbaum, Stephen W. *Careful Love: Sylvester Graham and the Emergence of Victorian Sexual Theory in America, 1830-1840*. Ann Arbor, Mich.: University Micorfulms, 1968.

________. *Sex, Diet, and Debility in Jacksonian America: Sylvester Graham and Health Reform*. Westport, Conn.: Greenwood Press, 1980.

Nobile, Philip. *Intellectual Skywriting: Literary Politics and the New York Review of Books*. New York: Charterhouse, 1974.

Noble, June, and William Noble. *Steal This Plot: A Writer's Guide to Story Structure and Plagiarism*. Middlebury, Vt.: Paul S. Eriksson, 1985.

Norwick, Kenneth P., and Jerrry Simon Chasen. *The Rights of Authors and Artists: The Basic ACLU Guide to the Legal Rights of Authors and Artists*. New York: Bantam Books, 1984.

Oates, John Claud Trewinard. "Cambridge and the Copyright Act of Queen Anne(1714-1814)". *Quick Springs of Sense: Studies in the Eighteenth Century*. Edited by Larry Champion. Athens: University of Georgia Press, 1974, 61-73.

Oates, Joyce Carol. "The Union Justified the Means". *New York Times Book Review*, June 3, 1984: 1, 36-37.

Orwell, George. "Charles Reade". *My Country Right or Left, 1940-1943*. Vol. 2 of *The Collected Essays, Journalism, and Letters of George Orwell*. Sonia Orwell and Ian Angus. New York: Harcourt Brace, 1953.

__________. *A Collection of Essays*. New York: Harcourt Brace, 1953.

Ozick, Cynthia. *The Messiah of Stockholm*. New York: Knopf, 1987.

Patten, Robert L. *Charles Dickens and His Publishers*. Oxford: Clarendon Press, 1978.

Paul, Diane B. "The Nine Lives of Discredited Data". *The Sciences* 27(May-June 1987): 26-30.

Paull, H. M. *Literary Ethics: A Study in the Growth of the Literary Conscience*. Port Washington, N.Y.: Kennikat Press, 1968. (Originally published 1928).

Peer, Elizabeth, Lea Donosky, and George Hackett. "Why Writers Plagiarize". *Newsweek*, November 3, 1980: 62.

Perelman, S. J. *Don't Tread on Me: The Selected Letters of S. J. Perelman*. Edited by Prudence Crowther, New York: Viking, 1987.

Peyser, Joan. "Ned Rorem Delivers a Solo on the State of Music". *New York Times*, May 3, 1987: Arts and Leisure, 21.

Pinckney, Darryl. "Spooking Plagiarism". *Village Voice* 25(November 12-18, 1980): 47, 49.

Plath, Sylvia. *The Journals of Sylvia Plath*. New York: Dial, 1982.

Plimpton, George, ed. *Writers at Work: The Paris Review Interviews, 5th series. Introduction by Francine du Plessix Gray*. New York: Penguin, 1981.

Poe, Edgar Allan. "The Longfellow War". *Literary Criticism*. Vol. 12 of *The*

Complete Works of Edgar Allan Poe. Edited by James A. Harrison. New York: AMS Press, 1979, 41-106.

Pope, Alexander. *The Dunciad*. Vol. 5 of *The Twickenham Edition of the Poems of Alexander Pope*. Edited by James Sutherland. New Haven: Yale University Press, 1964.

_________. Minor Poems. Vol. 6 of *The Twickenham Edition of the Poems of Alexander Pope*. Edited by John Butt. New Haven: Yale University Press, 1963.

Posner, Ari. "The Culture of Plagiarism". *New Republic* 198(April 18, 1988): 19-20, 22, 24.

Pynchon, Thomas. *Introduction to Slow Learner*. New York: Bantam, 1985. (Originally published by Little, Brown in 1984).

Quinn, John F. *Charles Reade: Social Crusader*. Doctoral dissertation, New York University, 1942. (Abridged version 1946).

Rawson, Claude. "The Mimic Art". *Times Literary Supplement*, January 8-14, 1988: 27.

_________. "Swansea's Rimbaud". *Times Literary Supplement*, May 2, 1986: 475.

Reade, Charles. *The Autobiography of a Thief and Other Stories*. New York: AMS Press, 1970. (Originally published 1896).

_________. *The Cloister and the Hearth*. New York: Grosset and Dunlap, n.d.

_________. *The Eighth Commanment*. Boston: Ticknor & Fields, 1860.

_________. "The Picture". *The Jilt &c. and Good Stories of Man and Other Animals*. London: Chatto and Windus, 1896, 167-205.

_________. *Plays by Charles Reade*. Edited by Michael Hammet. Cambridge: Cambridge University Press, 1986.

_________. Preface to *A Simpleton: A Story of the Day*. New York: AMS Press, 1970. (Reprint of the 1896 edition).

_________. "The Rights and Wrongs of Authors", "Letter to Mr. J. R. Lowell on International Copyright", and "The Sham Sample Swindle".

Readiana: Comments on Current Events. New York: AMS Press, 1970, 111-205, 206-212, 283-293. (Reprint of 1896 edition).

Reade, Charles L., and Rev. Compton REade. *Charles Reade: A Memoir. Compiled Chiefly from his Literary Remains.* New York: Harper and Bros., 1887.

Reybaud, Madame Charles. "Mlle. de Malepeire". *Revue des Deux Mondes* 8(1854): 1049-1085; and 9(1855): 5-49.

"J.S." Review of Mézélie by Madame Charles Reybaud, *Revue de Paris*, n.s., 60(1839): 267-270.

[Reybaud, Mme. Charles]. *Where Shall He Find Her?* Translated by I. D. A. New York: Crowen, 1867.

Riegle, Rodney P. "The Death and Rebirth of Plagiarism: Ethics and Education in the InfoSphere". Education 5611-W1 Austin Peay State University(https://elearn.apsu.edu).

Robinson, Phyllis C. *Willa: The Life of Willa Cather.* Carden City, N.Y.: Doubleday, 1983.

Rogers, Pat. "The *OED* at the Turning-Point". *Times Literary Supplement*, May 9, 1986: 487.

__________. *Grub Street: Studies in a Subculture.* London: Methuen, 1972.

Rosen, R. D. "Epping". *New Republic*, November 15, 1980: 13-14.

Royko, Mike. "Vintage Whines from Professors". *Chicago Tribune*, May 20, 1985.

Salzman, Maurice. *Plagiarism: The "Art" of Stealing Literary Material.* Los Angeles: Stone and Baird, 1931.

Schiff, Stephen. "Gore's Wars". *Vanity Fair* 50(June 1987): 84-89, 123-124.

Shaw, Peter. "Plagiary". *American Scholar* 51(Summer 1982): 325-337.

Sheavyn, Phoebe. *The Literary Profession in the Elizabethan Age*, 2nd ed. Revised by J. W. Saunders. Manchester University Press. New York: Barnes and Noble, 1967.

Sheridan, Richard Brinsley. *The Plays and Poems of Richard Brinsley Sheridan.* Vol. 2. Edited by R. Crompton Rhodes. New York: Russell and Russell, 1962.

Skom, Edith. "Plagiarism: Quite a Rather Bad Little Crime". *AAHE Bulletin*, October 1986: 3-7.

Smith, Elton E. *Charles Reade*. Boston: Twayne, 1976.

Smith, Wendy. "Martin Amis Cites Plagiarism in Jacob Epstein Novel". *Publishers Weekly*, November 7, 1980: 13.

Sokolow, Jayme. *Eros and Modernization: Sylvester Graham, health Reform, and the Origins of Victorian Sexuality in America*. Rutherford, N.J.: Fairleigh Dickinson University Press, 1983.

_________. "Revolution and Reform: The Antebellum Jewish Abolitionists". *Journal of Ethinic Studies* 9(Spring 1981): 27-41.

_________. "Count Rumford and Late Enlightenment Science, Technology, and Reform". *The Eighteenth Century*(Winter 1980): 67-86.

_________. "'Arriving at Moral Perfection': Benjamin Franklin and Leo Tolstoy". *American Literature*(1975-1976): 427-432.

_________. "Revivalism and Radicalism: William Lloyd Garrison, Henry Clarke Wright, and the Ideology of Nonresistence". Doctoral dissertation, New York University, 1973.

_________. and MaryAnn Lamanna. "Women in Community: The Belton Women's Commonwealth". *Texas Journal of Ideas, History, and Culture* 9(Spring 1987): 10-15.

Spoto, Donald. *The Kindness of Strangers: The Life of Tennessee Williams*. Boston: Little, Brown, 1985.

Squire, J. C. [Solomon Eagle]. "The Limits of Imitation". *Books in General*, 2nd series. New York: Knopf, 1920.

Stedmond, J. M. *The Comic Art of Laurence Sterne*. Toronto: University of Toronto Press, 1967.

_________. "Sterne As Plagiarist". *English Studies* 41(1960): 308-312.

_________. "Genre and Tristram Shandy". *Philological Quarterly* 38(January 1959): 37-51.

Steinmann, Jean. *Saint Jerome and His Times*. Translated by Ronald

Matthews, Notre Dame, Indiana: Fides Publishers, 1959(?).

Stephen, Leslie. *English Literature and Society in the Eighteenth Century*. London: Methuen, 1966.

Sterne, Laurence. *The Life and Opinions of Tristram Shandy*. Edited by Graham Petrie. Penguin, 1986.

__________. *A Sentimental Journey with The Journal to Eliza and A Political Romance*. Introduction by Ian jack. Oxford: Oxford University Press, 1984.

Stevenson, Robert Louis. "Books Which Have Influence Me". *Selected Essays*. Edited by George Scott-Moncrieff. Chicago: Henry Regnery, 1959.

Stout, Rex. *Plot It Yourself*. New York: Bantam Books, 1970. (Originally published 1959).

Sutcliffe, Emerson Grant. "Charles Reade's Notebooks". *Studies in Philology* 27(1930): 64-109.

Swearingen, James E. *Reflexivity in "Tristram Shandy": An Essay in Phenomenological Criticism*. New Haven: Yale University Press, 1977.

Thackeray, William Makepeace. "Sterne and Goldsmith". *The English Humorists of the Eighteenth Century*. Edited by Stark Young. Boston: Ginn, 1911.

Thomson, David. *Wild Excursions: The Life and Fiction of Laurence Sterne*. New York: McGraw-Hill, 1972.

Trollope, Anthony. *An Autobiography*. Introduction by Bradford Allen Booth. Berkeley and Los Angeles: University of California Press, 1947.

Tuchman, Barbara W. *Practicing History: Selected Essays*. New York; Knopf, 1981.

Turner, Albert Morton. *The Making of "The Cloister and the Hearth"*. Chicago: University of Chicago Press, 1938.

Urdang, Laurence. "'To Plagiarise, or to Purloin, or to Borrow …'?" A Reply to R. W. Burchfield, *Encounter* 63(1984): 71-73.

Usborne, Richard. *Wodehouse at Work – To the End*. London: Barrie and

Jenkinds, 1976. (Originally published 1961).

Vaughan, C. E. "Sterne, and the Novel of his Times". *The Age of Johnson.* Vol. 10 of *The Cambridge History of English Literature.* Edited by Sir A. W. Ward and A. R. Waller. Cambridge: Cambridge University Press, 1913, 46-66.

Vidal, Gore. *The Second American Revolution and Other Essays(1976-1982).* New York: Random House, 1982.

Wallace, Catherine Miles. *The Design of Biographia Literaria.* London: George Allen and Unwin, 1983.

Wallace, William A. "Galileo and His Sources". *Times Literary Supplement,* January 3, 1986: 13, 23.

Walsh, Harry Hill. "On the Putative Influence of Benjamin Franklin on Tolstoi". *Canadian-American Slavic Studies* 13(Fall 1979): 306-309.

Walsh, Willam S. *Handy-Book of Literary Curiosities.* Detroit: Gale Research, 1966. (Originally published 1892).

Watkins, W. B. C. *Perilous Balance: The Tragic Genius of Swift, Johnson, and Sterne.* Princeton, N.J.: Princeton University Press, 1939.

Wells, Henry W. *New Poets from Old: A Study in Literary Genetics.* New York: Russell and Russell, 1964. (Originally published 1940).

Welsh, Alexander. *From Copyright to Copperfield: The Identity of Dickens.* Cambridge, Mass.: Harvard University Press, 1987.

White, E. B. *Letters of E. B. White.* Edited by Dorothy Lobrano Guth. New York: Harper & Row, 1976.

White, Harold Ogden. *Plagiarism and Imitation During the English Renaissance: A Study in Critical Distinctions.* New York: Octagon, 1965. (Originally published 1935).

Whitehead, John. *This Solemn Mockery: The Art of Literary Forgery.* London: Arlington Books, 1973.

Wilde, Oscar. "The Decay of Lying". *De Profundis and Other Writings.* Introduction by Hesketh Pearson. New York: Penguin, 1973.

__________. *The Letters of Oscar Wilde.* Edited by Rupert Hart-Davis. New

York: Harcourt, 1962.

__________. *More Letters of Oscar Wilde*. Edited by Rupert Hart-Davis. New York: Vanguard, 1985.

Wittenberg, Philip. *The Protection of Literary Property*, rev. ed. Boston: The Writer, 1978.

Wolfe, Tom. *From Bauhaus to Our House*. New York: Farrar, Straus and Giroux, 1981.

Woolf, Virginia. *The Diary of Virginia Woolf*. Vol. 3, 1925-1930. Ed. Anne Olivier Bell. Penguin, 1982.

Wordsworth, Dorothy. *Home at Grasmere*. Edited by Colette Clark. Penguin, 1978.

Yarmolinsky, Avrahm. *Turgenev: The Man – His Art – And His Age*. New York: The Century Co., 1926.

Yoseloff, Thomas. *A Fellow of Infinite Jest*. Westport, Conn.: Greenwood Press, 1970. (Originally published 1945).

색인 및 간략한 정보

ㄴ

ㄷ

ㄹ

ㅁ

ㅂ

ㅅ

ㅇ

ㅈ

ㅌ

ㅍ

ㅎ